KB143909

GB

한길그레이트북스

인 류 의 위 대 한 지 적 유 산

인류의 위대한 지적 유산

프레드릭 제임슨

후기 마르크스주의

김유동 옮김

한길사

인류의위대한지적유산

Fredric Jameson

LATE MARXISM

Adorno, or, The Persistence of the Dialectic

Translated by
Kim, Yu-dong

서구의 지적 전통에 대한 단단한 기초를 토대로 세계의 문화 전반에 대해 탁월한 비평을 펼치는 미국 마르크스주의의 대부 프레드릭 제임슨.

아도르노. 제임슨은 더 이상 어떠한 그림도 그릴 수 없고 어떠한 전망도 제시할 수 없는 포스트모던한 현재의
세계에 대한 해석의 틀로서 아도르노의 변증법을 다시 부각시킨다.

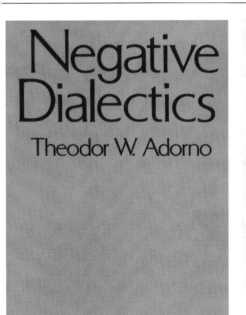

이 책에서 주된 분석 대상이 되고 있는 『부정변증법』, 『미학이론』, 『계몽의 변증법』, 『최소한의 도덕』.

(위)비판이론을 굴절시킨 2세대 프랑크푸르트 학파의 대표 주자 하버마스. 하버마스에 대해 제임슨은 비판적 입장을 분명히 한다.
(아래)프랑크푸르트 학파의 거장들. 호르크하이머를 이 학파의 수장으로 그리고 있는 이 삽화에서 보듯 마틴 제이는 『변증법적 상상력』에서 이 학파에 대해 호르크하이머의 관점에서 독일 귀환 시기까지의 역사를 다루지만, 비거스하우스는 초창기로부터 최근의 변모까지 이 학파의 실체적인 모습을 다루고 있는 『프랑크푸르트 학파』에서 호르크하이머에 대해 비판적인 입장을 취하면서 아도르노를 비판이론의 중심인물로 그린다.

발터 벤야민. 아도르노의 변증법은 벤야민이라는 시대의 지진계를 해석한 것이라고 보아도 무방하다.

칸트, 헤겔, 마르크스, 후설.
아도르노의 방법론은 기존의 철학적 입장들 중 어느 하나를 답습한다기보다는 '의자들 사이에 앉아 있다'고 평
가된다.

아도르노와 지적 긴장관계를 유지하던 경쟁자들 사르트르, 하이데거, 브레히트, 루카치(왼쪽부터 시계방향으로).
사르트르의 실존적인 결단이나 앙가주망에 대한 비판은 아도르노의 '자율적 예술' 이론의 핵심을 이루는데 이 쟁
점에 대한 제임슨의 태도는 불투명하다.
제임슨도 지적하듯이 하이데거는 아도르노와 앙숙이지만 두 사상가의 유사성도 대체로 인정된다.
브레히트는 이론적으로나 삶의 실천 면에서나 다른 길을 걸어갔지만 아도르노의 시야에 항상 문제적인 인물로 남
아 있던 사상가이다.
루카치의『소설의 이론』에 대해 아도르노는 존경심을 표하지만 그후의 루카치에 대해서는 "자기 다리를 묶고 있
는 쇠사슬 소리를 세계사의 행진곡이라고 착각한다"고 비아냥거린다.

들뢰즈. 데리다. 푸코. 알튀세르.
포스트구조주의자들과 아도르노 사이의 쉽지 않은 관계정립은 이 책의 독특한 스타일을 만들어내고 있다.

'세이렌'의 노래.
아도르노는 『오디세이』 12장에 나오는 이 이야기를 통해 자기유지를 위한 자아와 자연의 억압이 초래한 모순과
고통을 생생하게 그려내면서 이중적인 해결, 즉 지배자와 피지배자가 한 배를 타고 있지만 그들에게는 서로 모
순된 구원의 가능성이 있음을 묘사한다. 따라서 아도르노 미학이론의 근원적인 신화인 이 이야기는 인류 문명
전반에 대한 마르지 않는 상징의 샘이 된다.

아우슈비츠.
아도르노의 비관주의에 근본 모티브를 제공하는 아우슈비츠라는 카타스트로프. 포스트모더니즘의 문화장치들은
역사에 대한 기억을 유효하게 추방하지만 과연 역사는 끝난 것일까?

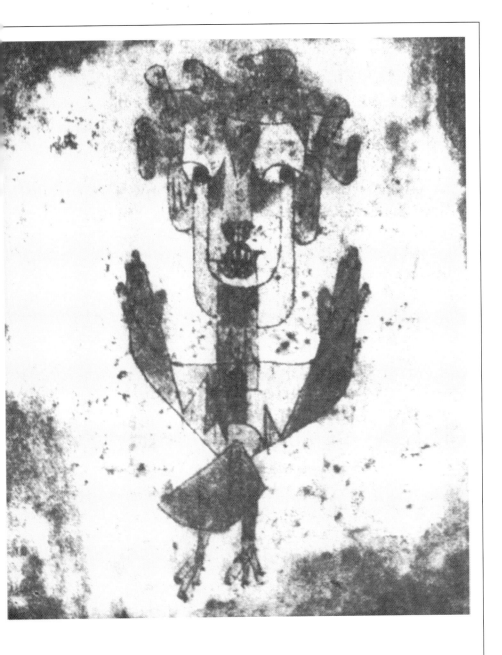

클레의 「새로운 천사」, 벤야민의 '역사철학테제 9'에서
"클레의 천사는 그가 응시하고 있는 어떤 것으로부터 금방이라도 멀어지려 하는 것처럼 보이도록 묘사되어 있다. 역사의 천사도 바로 이렇게 보일 것임에 틀림없다. 우리들 앞에서 일련의 사건들이 그 모습을 드러내고 있는 바로 그곳에서 그는 잔해 위에 잔해가 쉬임없이 쌓이는 파국만을 볼 뿐이다. 천사는 머물러 있고 싶어하고, 죽은 자들을 불러 일깨우고 또 산산이 부서진 것들을 모아 다시 결합하고 싶어한다. 그러나 천국으로부터는 폭풍이 불어오고 있는데, 그 폭풍은 그의 날개를 옴짝달싹 못하게 할 정도로 세차게 불어오기 때문에 천사는 날개를 다시 접을 수가 없다. 이 폭풍은, 그가 등을 돌리고 있는 미래를 향하여 간단없이 그를 떠밀고 있으며, 그의 앞에 쌓이는 잔해더미는 하늘까지 치솟고 있다. 우리가 진보라고 일컫는 것은 바로 이러한 폭풍을 두고 하는 말이다."

옮긴이 **김유동**은 서울대학교 독문학과와 같은 대학교 대학원을 졸업했으며, 베를린 자유대학에서 수학했다. 프레드릭 제임슨 초청으로 미국 듀크대학에서 1년간 공부를 하였고, 지금은 경상대학교 교수로 재직하고 있다.

주요 논문으로는「루카치 문학관의 총체적 이해와 올바른 수용을 위하여」「루카치냐 아도르노냐」「니체와 아도르노:총체적 니체상 정립을 위한 시론」「아도르노와 하버마스:이론의 심미화 대 실천의 구제」「벤야민의 새로운 천사」「현대에서의 아도르노 사상」등이 있다.

저서로는『아도르노 사상—고통의 인식과 화해의 모색』(문예출판사, 1992),『아도르노와 현대사상』(문학과지성사, 1997)이 있으며, 역서로는『계몽의 변증법』(문예출판사, 1995),『아도르노』(한길사, 1997) 등이 있다.

GB
한길그레이트북스

인류의위대한지적유산

프레드릭 제임슨

후기 마르크스주의

김유동 옮김

한길사

후기 마르크스주의 차례

우리는 어디로 가는가
●포스트모던한 시대의 아도르노 해석

김유동 경상대 교수 · 독문학

포스트모던한 현재

토마스 만의 소설 『토니오 크뢰거』의 주인공 토니오는 그의 여자 친구를 찾아가 삶과 예술에 대한 자신의 사설을 늘어놓는 첫 장면에서 다음과 같은 말을 한다.

무슨 생각에 사로잡혀 있으면 어디를 가나 그것이 표출되어 있음을 발견하게 되요. 바람 속에서조차 냄새를 맡게 되지요.[1]

토니오가 맡았던 냄새는 '갈등과 모순'이었다면 우리가 지금의 세상에서 맡는 냄새는 그러한 갈등과 모순을 은폐하고 있는 '표면'인 포스트모더니즘이라는 유령이 풍기는 냄새이다. 글쓰기를 재촉하며 눈앞에서 초조하게 깜박이는 커서, 다른 아이콘만 클릭하면 무한한 정보의 바다로 곧장 연결시켜주는 컴퓨터로부터, 매일매일 만나는 도시의 풍경이나 텔레비전, 신문과 같은 매체들, 정보사회, 소비사회, 이미지 사회, 다국적자본주의, 세계화와 IMF체제, 정신분열적인

---

1) Thomas Mann, Tonio Kröger, *Gesammelte Werke in dreizehn Bänden*, Frankfurt am Main, 1974, Bd. VIII, p.293~294.

주체 등……어디를 가나 우리는 포스트모던한 현상들을 만난다.

'내 뒤에는 아무것도 없다'라는 앤디 워홀의 표어처럼 사물을 어떤 개념작용 없이 그대로 감각에 수용하도록 요구하면서 초와 분을 다투며 명멸하는, 통일성이 결여된 파편화된 이미지들의 홍수는 "우리의 사회를 벌거벗은 몸뚱이"로 보이게 하는 "포르노 같은 세상"[2]으로 느껴지게 만든다. 또한 정보사회라는 새로운 정언명령은 감각기관에 새겨진 정보들을 음미하고 아우르면서 대상세계에 대한 구체적 총체성을 만들고 그러한 대상세계와 자아와의 건실한 관계를 추스르는 '주체'의 인식과 실천행위를 낡아빠진 것으로 만들고는 홍수 같은 정보의 유입에 적응하도록 요구한다. 거기다가 세계화, 지구촌, 다국적자본주의라는 명제는 세계가 하나의 운명공동체라는 인식과 함께 우물 안에서 벗어날 것을 명령하지만 또한 개인들에게 세계를 인식면에서나 실천면에서나 어찌해볼 수 없는 숭엄의 대상으로 느껴지도록 만든다.

이 포스트모던한 공간 속에서 이제는 포스트모더니즘적이 된 우리의 몸뚱이는 공간좌표를 설정하거나 거리를 가늠하는 일이 불가능한 시점에 이르렀다. 제임슨의 말처럼 "고도로 발달된 문명의 단계는 인간을 아메바와 같은 존재로 만들었다."[3] 이런 상황 속에서 구슬을 꿸 수 있는 주체의 주권적 관점은 의혹을 받게 되고 그러한 낡은 주체의 자리를 정신분열적인 주체가 대신하게 된다. 상징의 질서를 만들 능력도 그럴 필요도 없는 정신분열적 주체는 좌우명과 신념으로 무장된 낡은 주체보다 이러한 포스트모던한 상황을 살아남는 데 더 효율적일지도 모른다. 실제로 실증주의 정신이 완전한 승리를 구가하는 포스트모던한 현대에서는 카프카의 『성』에 나오는 주인공 K처

---

2) Fredric Jameson, *Signatures of the visible*, New York, 1992, p.1.
3) 같은 책.

럼 성으로 들어가는 길을 찾아 '미련스럽게' 미로를 헤매는 것보다
는 획일화된 틀 안에서 다람쥐 쳇바퀴 도는 것에 불과하겠지만 작은
탈주의 놀이에 만족하고, '종합'을 꾀하는 헤겔적인 '이성'을 저버
린 채 '분석적 오성'이나 '도구적 이성'만을 가지고 살도록 요구받
는다. 헤겔은 여기서는 이랬다 저기서는 저랬다 하고, 이 때는 이렇
게 말하고 저 때는 저렇게 말하는, 이성을 결여한 오성적 인간을 비
난했지만 오늘날은 파편화된 정보와 상황의 논리와 실증주의적인 합
리성만이 난무하며 이런 것들을 넘어서는 이성 개념 같은 것은 완전
히 질식당하는 지경에 이른 것 같다. 이러한 오늘날의 포스트모던한
공간에서는 '심미적 깊이'나 '비판적 거리'는 소멸된다. 깊이라는
은유나 비판적 거리라는 것은 대상(또는 담론)에 대해 그 바깥에서
그것을 음미하고 관조하고 반성하는 자아에 의해 가능한데, 이미
지·정보·소비 사회라는 것은 그러한 자아의 상상력이 작동하지 못
하도록 만드는 메커니즘을 뜻한다고도 할 수 있을 것이다.

　이러한 메커니즘은 문화·학문·예술의 영역에서도 작동한다. 학
문이나 예술과 같은 문화행위는 이제 심미적 깊이나 비판적 거리를
통해 통일성 있는 유의미한 전체로서 대상세계를 재현하거나 개념적
인 체계로 만들 수 없다. 재현이나 해석의 불능은 '이론의 시대'를
도래시켰지만 우리 시대에는 이론 자체가 포스트모더니즘적 현상의
하나가 되었다. 포스트모더니즘적인 이론의 사명은 현상과 본질의
해석학적 모델을 불신하면서 그런 것들을 이데올로기적이고 형이상
학적인 것이라 낙인찍는 것을 사명으로 한다.

포스트모더니즘이 왜 우리에게 문제인가

　포스트모더니즘은 지금까지 본 바와 같이 지금 시대의 지배적인
경향, 즉 제임슨의 용어를 빌리면 '문화적 우세종'으로 볼 수 있는

데, 그럴 경우 이러한 경향은——많은 사람들이 그렇게 하듯——적어
도 우리 나라에서는 아직 지배적이 되지 않은 별 '가치'가 없는 일
부 세태나 유행으로 취급하는 것이 가능할지도 모른다. 그러나 포스
트모더니즘을 단순한 양식개념을 넘어서는 시대개념으로 볼 경우 상
황은 달라진다. 즉 포스트모더니즘을 후기산업사회나 후기자본주의
라 불리는 새로운 경제질서와 생활방식으로 볼 경우 그것은 우리가
회피할 수 없는 문제로 다가온다. "절대적으로 현대적이어야(모던해
야) 한다"[4]는 랭보의 명제나 '지금·여기'에 대한 리얼리즘적인 관
심은——현재를 탈현재화하거나 미래로 넘기는 포스트라는 단어가 기
이한 느낌을 주지만——포스트모더니즘에 대한 관심으로 바뀌지 않
을 수 없는 것이다.

포스트모더니즘을 시기적으로 확정하려 들 경우 제임슨의 시대구
분은 매우 적절한 모델로 활용될 수 있을 것이다. 제임슨은 자본주
의 시대의 문화를 세 단계로 나누어 리얼리즘·모더니즘·포스트모
더니즘을 각각 자본주의 발달의 초기 단계, 제국주의와 독점자본주
의 단계, 후기자본주의 단계에 대응시킨다. 그 특징으로서 리얼리즘
에서는 봉건시대의 마술적 언어가 해체되고 어떤 지시물을 가리키는
기호가 발생했지만 지시대상에 대한 재현이 가능했다면, 모더니즘에
서는 기호와 지시대상이 분리되면서 재현에 대한 순진한 환상은 상
실되지만 주체나 객체의 물화에 저항하려는——실패할 수밖에 없
는——영웅적인 노력이 전개된다. 포스트모더니즘은 1950년대 이후
모더니즘이 대학의 정규교과를 지배하면서 제도화된 모더니즘과는
다른 새로운 감수성을 바탕으로 한 새로운 문학운동을 지칭하기 위
해 미국에서 처음 사용된 후 70년대 이후 새로운 현금의 문화, 후기
산업사회의 경제와 사회를 포괄할 수 있는 용어로 자리잡았다. 이러

---

4) Th. Adorno, *Ästhetische Theorie*, Frankfurt/Main, 1981, p.286.

한 포스트모더니즘의 특징은 기표와 기의의 분리, 기의라는 관념 자
체의 부인, 기표들 사이의 자유로운 유희와 의미사슬의 붕괴로 일반
화할 수 있을 것이다. 이러한 미국의 포스트모더니즘은 미국의 경제
적·정치적 지배를 타고 전 세계로 확산되어, "우리는 포스트모더니
즘이라는 문화 내부에 살고 있으므로 그것을 무턱대고 찬미하는 것
은 자족적이고 타락한 행태지만 그것을 가볍게 부인하는 것 또한 불
가능하다"[5]는 제임슨의 입장이 우리에게도 해당되는 상황이 되었다.

제임슨에 주목하게 되는 근거

그렇지만 포스트모더니즘이나 그것의 철학적 형태인 포스트구조주
의를 올바로 제어하는 것은 쉽지가 않다. 이 기이한 새 표면은 기존
의 인식체계나 가치관을 모조리 해체시켜 더 이상 쓸모없는 것으로
만들어버리지만 다른 대안을 내놓지는 않는다. 우리는 이 새로운 표
면이 어떻게 생겼는지만이라도 알고 싶어하지만, 해석하고 반성하는
주체의 권한 자체를 의문시하는 실증주의 정신이 압도하는 시대에
그러한 주체가 펼치는 반성적 자의식의 수사학을 토대로 분산적이고
이질적이며 절충주의적인 포스트모더니즘을 고정된 카테고리 속에
집어넣는 행위는 혼돈을 질서로 바꾸는 억지가 될 것이다. 어떻게
이론화가 차단되는가가 이론이 되고 있는 포스트모더니즘을 인식하
거나 재현하려 드는 행위에는 이미 그 자체 안에 '이긴 자가 지게
되는' 이치가 들어 있는 것이다.
　이런 상황에서 우리는, 주체에 의한 객관세계 전체의 인식이 중심

---

2) Fredric Jameson, "The Politics of Theory," *The Ideologies of Theory,
Essays 1971~1986*, vol.2 : *The Syntax of History*, London :
Routledge, 1988, p.111.

문제가 되어온 독일의 변증법적 전통에 든든한 뿌리를 박고 있으면
서도, 사르트르에 관한 박사논문이나 예일대 프랑스학과의 10년 재
직 등의 경력에서 보듯 프랑스의 지적 전통에 대한 해박한 지식을
토대로 포스트구조주의의 도전을 철학적으로 감당하면서, 포스트모
던한 문화의 중심인 미국에서 비평이론 부문 미국 1위로 평가받은
듀크 대학의 문학학과를 이끌면서 문화현상 전반에 대한 독보적인
비평활동을 펼치는 프레드릭 제임슨에 눈을 돌릴 만하다. 그의 눈을
통해 현대의 문화를 읽는 것은 이미지와 정보의 홍수 속에서 선후
(先後)와 대소(大小)를 가늠할 수 있는 분별력을 조금이나마 회복할
수 있는 이점이 있을 뿐만 아니라 포스트모더니즘을 인식하고 포스
트모던한 현대를 살아갈 수 있는 방법을 배울 수 있을지도 모른다.

제임슨의 방법론

제임슨의 방법론적 결단은 무엇보다도 실증주의나 경험주의의 파
편화된 인식에 맞서 현실에 대한 총체적·변증법적 인식이라는 전통
적인 학문의 과업을 떠맡는 것이다. 그는 영미의 경험주의에 대해
"그러한 사고방식은 정치적인 것을 경제적인 것으로부터, 법적인 것
을 정치적인 것으로부터, 사회적인 것을 역사적인 것으로부터 분리
함으로써, 주어진 문제에 담긴 의미 전체가 시야에 들어오지 못하게
하며, 사회 전체에 대한 조망을 가능케 할 총체화하는 사변적 사유
를 배제한 채 즉각적으로 검증 가능한 것에만 진술을 제한하는 데
있다"[6]고 본다. 그가 염원하고 있는 것은, 세상은 어디로 흘러가는

---

6) Fredric Jameson, *Marxism and Form : Twentieth-Century Dialectical
Theories of Literature*, Princeton : Princeton University Press, 1971,
p.367~368.

가, 인간은 무엇을 할 수 있고 무엇을 해야 하는가라는 질문에 답하기 위한 전제로서 세상은 어떻게 되어 있는가라는 '인식의 지도만들기'(cognitive mapping)이다. 그에 따른 당연한 결과는 포스트구조주의에 의해 거덜이 난 역사·사회·현실과 같은 총체적 관념과 이의 파악을 위한 수단인 총체성, 해석과 같은 범주를 되살려내는 것이다. 이러한 방법에 대해 그 스스로 붙인 이름이 마르크스주의이다. 제임슨에게 있어서 마르크스주의는 "초월 불가능한 궁극적 지평"[7]으로서 모든 독서와 해석을 위한 절대적 지평을 이룬다. 제임슨의 마르크스주의는 '절대적 역사주의'를 표방하는데, 이 개념은 우선 '골동품주의'나 니체적인 '반역사주의'와 대립된다. 골동품주의는 타임머신을 타고 현재를 떠나 과거 속에 살려는 입장이라면 반역사주의는 과거를 망각함으로써 현재를 절대화한다. 포스트모더니즘의 선구자로서 니체는 "모든 것을 이해하는 것으로서의 역사주의를 쇠퇴로서의 비관주의"라고 거부하고는 역사를 과감히 떨쳐버린 채 현재에 살려고 했다.

어디까지나 삶과 행동을 위해서 역사를 사용하는 것이지, 삶과 행동으로부터 도피하기 위하여, 또는 이기적인 삶과 비겁하고 더러운 행동을 미화하기 위해 역사를 사용하는 것은 결코 아니다. 단지 역사가 삶에 이바지하는 한 우리는 역사에 봉사하려 한다. 동물은 '비역사적'으로 살아간다. 꾸밀 줄도 숨길 줄도 모르고 어느 순간에나 순수하게 있는 그대로의 모습으로 나타나므로 정직할 수밖에 없기 때문이다. 이와 반대로 인간은 점점 거대해져만 가는 과거라는 무거운 짐과 대항한다. 이 짐이 그를 억누르며 눈에 보

---

7) Fredric Jameson, *The Political Unconscious : Narrative as a Socially Symbolic Act*, London : Methuen, 1981, p.10.

이지 않는 부담으로서 인생행로를 어렵게 한다. 행복으로 하여금
행복이게 하는 것은 언제나 하나다. 그것은 망각할 수 있음이며
비역사적으로 감각하는 능력이다. 일체의 과거를 망각하고 순간이
라는 문지방 위에 설 수 없는 사람, 어려움도 두려움도 없이 한 점
위에 설 능력이 없는 사람은 행복이 무엇인지 결코 알지 못할 것
이며 더욱 나쁜 것은 다른 사람을 행복하게 하는 일도 전혀 하지
않으리라. 불면, 반추, 역사적 감각에는 일정한 한도가 있는데 이
한도에 이르면 개인이든 민족이든 문화든 살아 있는 것은 모두 해
를 입고 마침내는 파멸되고 만다.[8]

이러한 골동품주의나 반역사주의에 대항하는 절대적 역사주의는
'실존적 역사주의'와 '구조적 유형학'의 장점을 자기 것으로 만든
다. 실존적 역사주의는 "현재 속에 있는 개인적 주체와 과거 속에
있는 문화가 만나는 역사적 경험",[9] 즉 역사에 대한 심미적 경험이
라면 구조적 유형학은 사건들의 객관적 과정을 추적, 사건들의 인과
관계가 아닌 가능성의 조건을 드러낸다. 좀더 객관적인 구조적 유형
학에 실존적 역사주의의 긴박함과 밀도를 접목시킨 것이 절대적 역
사주의인데, 여기서 한 주체가 과거와 맺는 관계는 개인적 주체와
고립된 문화적 사실과의 관계가 아니라 비개인적 · 집합적 성격을 띤
상이한 두 사회형식 · 생산양식의 만남이 된다. 이러한 절대적 역사
주의로서의 마르크스주의는 "인류의 단일한 거대한 모험으로서의 과

---

8) Friedrich Nietzsche, Unzeitgemäße Betrachtungen, zweites Stück:
Vom Nutzen und Nachteil der Historie für das Leben, *Sämtliche
Werke : Kritische Ausgabe in 15 Bänden*, München, 1980, Bd.I,
pp.245~253.

9) Fredric Jameson, 'Marxism and Historicism', in *The Ideologies of
Theory, Essays 1971~1985*, vol.2 : The Syntax of History, p.150.

거를 포착할 수 있다"[10]는 것이다.

그러나 제임슨은 역사, 총체성, 거대서사, 변증법과 같은 개념에 대한 포스트구조주의자들의 감당하기 힘든 비판에 대처하기 위해 역사의 본질에 대한 궁극적 진술을 담는 목적론적 역사관은 포기하게 된다. 제임슨의 총체성 개념은 기능적 · 방법론적 척도로 변질되어 다울링이 지적하듯, "구체적이고 적극적인 역사에 대한 비전이 아니라, 관념적이고 추상적인 척도로서 자신의 고유한 구체적 내용을 갖고 있지 않게 된다."[11] 역사 개념 또한, 상징화를 거부하는 '부재원인'으로서의 '실재'라는 라캉의 개념이나, "역사란 목적도 주체도 없는 과정"[12]이라는 알튀세르의 '구조적 인과성' 개념에 연결된다.

루카치의 총체성 개념은 알튀세르의 부재원인으로서의 역사나 실재와 재결합될 수 있을지도 모른다. 총체성이란 적절히 재현될 수 있는 것도, 궁극적 진리의 형태로 접근 가능한 것도 아니다. 우리는 기껏해야 복잡하게 뒤엉킨 과정을 그려낼 수밖에 없는데 그렇지만 이런 과정 속에서 전체에 대한 신뢰는 지켜지며 이 전체는 그 부재 속에서나마 재현될 수 있을 것이다.[13]

내용적 · 윤리적 · 정치적 입장보다는 형식적 · 기능적 · 패러다임적 · 방법론적 입장으로 변질된 이러한 마르크스주의는 포스트구조주의의 무차별적인 텍스트화의 전략으로부터 역사를 구하면서도 도그

---

10) Fredric Jameson, *The Political Unconscious*, p.19~20.
11) William C. Dowling, *Jameson, Althusser, Marx : An Introduction to the Political Unconscious*, London : Cornell University Press, 1984, p.50~51.
12) Fredric Jameson, *The Political Unconscious*, p.29에서 재인용.
13) Fredric Jameson, 앞의 책, p.55.

마적이고 이데올로기적이라는 온갖 비난에서 면제받은 후 모든 방법론을 자기 안으로 끌어들일 수 있는 우위를 확보하게 된다.

제임슨은 이러한 비도그마적인 열린 마르크스주의의 품안에 형식주의 · 포스트모더니즘 · 포스트구조주의 등, 언뜻 보기에는 마르크스주의와 전혀 양립할 수 없을 듯한 여타의 방법론들을 끌어들여 자리매김해준다. 제임슨의 수사학적인 전략은 배척과 거부보다는 포용(inclusion)과 채용(co-option)인데, 이러한 전략에서 볼 때 약간은 예외가 되는 것은 하버마스에 대한 태도이다. 포스트구조주의의 무책임한 해체전략에서 대안 없는 무질서의 징후를 읽어내고는 적극적으로 모더니티, 이성, 합리성의 개념을 방어하고 나서는 하버마스에 대해 제임슨은 분명한 비판의 입장을 보인다.[14]

제임슨 글의 난해성

제임슨의 방법론적 입장, 즉 혼돈의 시대에 인식의 지도를 만들려는 염원, 역사 · 사회 · 총체성 등의 개념을 복권시키기 위한 "항상 역사화하라"[15]는 명제, 모든 텍스트 안에 억압되어 들어 있는 정치

---

14) 비근한 예로 제임슨은 『후기마르크스주의』에서 하버마스는 "변증법에 대해 적대적"이며 "우리 시대의 정신적 상황에 대한 하버마스의 진단은 잘못된 것"이라고 말한다. 또한 "아도르노의 오성에 대한(이성보다는) 비타협적인 비판이 비합리주의로 전락할 위험이 있다고 보는 하버마스의 결론은 잘못된 것이다. 새로운, 진정한 변증법적 사유의 가능성이나 현실—그러한 새로운 사유는 비변증법적인 '서구' 이성의 한계와 실패가 백일하에 드러난 현 상황에서 다른 해결책을 제시할 수 있을지도 모르는데—을 스스로에게 허락할 수 없는 하버마스는 그렇게 생각하지 않을 수 없을 것이다"라고 말한다.

15) Fredric Jameson, *The Political Unconscious*, p.9.

적 무의식을 읽어내려는 노력, 이를 위한 약호전환(transcoding)이
나 해석에 대한 적극적인 옹호 등은 명확하다. 소피스트에 맞서 존
재의 집을 세웠던 플라톤처럼 해체와 이완과 몰락의 도도한 흐름에
맞서 세계에 대한 총체적 인식을 도모한다는 그의 의도는 분명하지
만 결론은 항상 모호하다. 시턴이 지적하듯이 "제임슨의 글을 조금
만 더 면밀히 살펴보면 그의 수사학이 수많은 혼란을 감추고 있음을
알 수 있다."[16] 그 때문에 그의 글은 난해하다. 주변부의 지식인으
로서 세상을 잘 조망할 수 있는 중심의 위치를 차지하고 있는 제임
슨의 눈을 통해 현대를 읽기 위해서는 그의 난해성을 통과해야 하는
것이 일차적인 과제인데, "순진한 독자는 난해성을 이성적 사고의
투명성으로 재용해시키려 하는 반면, 변증법적으로 훈련된 독자는
난해성 자체의 특정한 특질과 구조를 해명하려" 들어야 한다[17]는 그
의 주문을 준수하면서 난해성을 해명하기 위해서는 먼저 난해성이
나오게 된 조건들을 살펴보아야 할 것이다.

미국의 마르크스주의와 제임슨

마르크스주의는 어떤 것이든 총체적 인식으로서의 이론과 함께 실
천에의 관여이기 때문에 사변적이면서도 구체적인 역사상황과 얽혀
있어 난해하기 이를 데 없지만 미국이라는 독특한 여건 속에서 다시
태어난 제임슨의 마르크스주의는 자신만의 독특한 특성과 색다른 난

---

16) James Seaton, "Marxism without Difficulty : Fredric Jameson's *The Political Unconscious*", *The Centennial Review*, Fall-Winter, 1984~1985, p.127. 오민석, 『프레드릭 제임슨의 해석론 연구』, 경희대 박사학위 논문, 1997, 16쪽에서 재인용.
17) Fredric Jameson, *Marxism and Form*, p.341.

해성을 지닐 수밖에 없을 것이다. 정통마르크스주의란, 우리도 1980
년대에 비슷한 경험을 했듯이, 사회 갈등이 날카롭게 가시화되어 어
느 편에 설 것인가를 결단하고 죽을 수도 있던 총력동원의 시대가
낳은 산물이라면, 페리 앤더슨이 지적하듯,[18] 독일과 중유럽의 프롤
레타리아 혁명의 좌절에 대한 경험을 기반으로 한 서구마르크스주의
는 대중적 혁명운동이나 실천과 결별하고는, 부르주아 이론과의 공
생관계 속에서 좌파적인 비판이나 급진적인 양심으로 기능해왔다.
제임슨의 마르크스주의도 이러한 서구마르크스주의의 한 계열이지만
구세계와 전혀 다른 특징을 지닌 사회인 북미에서 새롭게 태어난 마
르크스주의는 전혀 다른 속성을 지닐 수밖에 없을 것이다.

60년대말 유럽의 마르크스주의는 완전한 좌절을 겪게 되면서 유럽
에는 자본가계급과 노동자계급, 지배이데올로기와 대항담론 사이의
고전적인 투쟁보다는 제도화된 권력에 대해, 세계적인 팽창과 표준
화에 대해 게릴라식으로 저항하고, 자본주의의 총체적·체계적 성격
에 대항하는 유목민적·이질적·정신분열적 논리를 전개하는 포스트
구조주의 시대가 도래했다면, 유럽에서 고사지경에 이른 마르크스주
의는 불모지와 다름없는 북미의 아카데미 시장에서 경쟁력 있는 상
품으로 화려하게 부활한다. 피로 얼룩진 역사의 녹이 두텁게 끼어
있어 역사의 무게를 힘겹게 짊어지고 다녀야 하는 구세계의 시민에
게, 그러한 역사로부터 탈출한 이민들과 그들의 후손이 만든 신세
계, 역사가 없는 나라 또는 "역사란 유럽 사람들이 수치로 여겨야
할 무엇"[19]이라고 생각하는 나라, 민족국가의 범주를 넘어서는 다민

---

18) Neil Larsen, Foreword, in : Fredric Jameson, *The Ideologies of
    Theory*, p.X.

19) Fredric Jameson, *Late Marxism ; Adorno, or, The Persistence of the
    Dialectic*, London : Verso, 1990, p.243.

족 · 다문화(multiculture)의 나라이기 때문에 나라(nation)보다는 초
국가(superstate)라는 단어가 그럴듯하게 들리는 나라, 이러한 초국
가적인 속성과 영어라는 소통매체 덕분에, 개인적 경험지평을 의미
하는 국가라는 경계가 무너지는 다국적자본주의 시대의 세계화과정
에서는 이미 양지를 선점하고 있는 것처럼 보이는 나라인 미국은 기
이한 거리감을 갖게 만든다.

그러한 미국의 시민에게는 '역사 이후'의 영원한 현재에 산다는
착각이 가능할지도 모르지만 구세계의 시민에게는 역사를 청산하고
새로운 세계시민으로 다시 태어나는 것이 어떻게 가능할 수 있는지
막막함만을 준다. 어쨌든 이러한 미국과는 다른 여건 속에 있는 제3
세계의 시민에게, 질(質)이나 '가치'를 부정하는 돈이라는 교환가치
만이 지배하게 된 세계에서 바로 그 돈의 위기를 뜻하는 금융체계의
위기는 요동치는 역사의 날개를 피부로 느끼게 한다.

세계체제의 헤게모니를 쥐게 된 이러한 미국이 구세계에 대한 문
화적 콤플렉스에서 벗어나 자신의 문화를 스스로 긍정하고 외부에
대해 당당하게 외치게 된 것이 포스트모더니즘이라면, 제임슨의 총
체성 개념은 북미의 전지구적 헤게모니와 연관성이 있다는 호머의
지적처럼,[20] 미국의 중심적 위치로부터 총체적인 조망을 시도하는
이론이 나오는 것은 필연적이라고 여겨진다. 이러한 이론을 대표하
는 것이 제임슨의 마르크스주의라면 이것은 사회변혁이나 실천과 깊
이 연루되어 있던 예전의 마르크스주의와는 다른 것일 수밖에 없다.
제임슨은 현대의 미국 사회에서 실천 문제는 그 자체가 이론적인 문
제라고 지적하면서, "거리의 투사가 현대국가의 테크놀러지에 대항
해서 승리할 수 있는가가 아니라 '거리'가 도대체 어디에 있는가?

---

20) Sean Homer, *Fredric Jameson ; Marxism, Hermeneutics,
Postmodernism,* New York, 1998, p.2.

예전 스타일의 거리가 존재할 수 있는가?"[21]라는 명제를 던진다. 초기에는 그래도 제3세계를 통한 변화에의 기대나 문화정치에 대한 신뢰가 있었고 이러한 신뢰가 마르크스주의의 확산을 위한 명분으로 작용했었다면 1980~90년대가 진행되면서 그러한 문화정치의 가능성은 점점 비관적이 된다.[22]

학문이 대중사회에 대한 영향력을 행사할 가능성이 차단된 채 고립적이고 자율적인 부분영역으로 전락한 아카데미에서 정치적인 어떤 주장도 학자들간의 탁상공론, 즉 찻잔 속의 태풍 이상일 수 없게 되었다. 이런 맥락에서 미국의 학계에서 유행하는 용어인 '정치적으로 올바름'(political correctness)에 대해 제임슨과 함께 듀크 대학을 대표하는 또 한 명의 인물인 스탠리 피시가 '직업적인 올바름'(professional correctness)을 주장하고 나선 것은 어느 정도 설득력이 있을 것이다(물론 제임슨의 마르크스주의는 포스트모더니즘이라는 큰 흐름을 중화하는 기능을 하고 있다). 오슨 웰스 류의 반항은

---

21) Fredric Jameson, *Marxism and Form*, p.XIX.
22) 제3세계에 대한 입장변화는 다음과 같은 인용에서 읽을 수 있다.
　　"상품으로 흘러넘치는 제1세계는 역사의 '끝'을 자기도취 속에서 찬미하고 제3세계의 부채국들에서는 역사의 날개가 급박하게 펼떡인다."
　　"신식민지가 된 제3세계를 뒤덮은 해방운동들은 하룻밤 사이에 증발해버렸다. 다른 한편 실제로 존재하던 사회주의 제도들도 따뜻한 햇살을 받은 눈처럼 녹아 없어지고 있는 것처럼 보인다. 그렇지만 마르크스가 떠올렸던 사회주의로의 이행은 더 향상된 생산성과 더 진보된 기술의 지배하에서 가능한데, 이러한 가능조건에 대해 사람들은, 소망이 사유의 아버지가 된다는 식으로, 엉뚱한 꿈을 꿔서는 안 될 것이다. 스탈린주의는 그것이 실패했기 때문이 아니라 성공했기 때문에, 즉 저개발국가의 급속한 산업화를 부추기는 자신의 사명——이러한 사명 때문에 스탈린주의는 제3세계의 많은 국가들에서 모범으로서 역할을 했었다——을 완수했기 때문에 사라지고 있다."

"할리우드에게 테크닉의 변화와 현대화를 허용하는 마케팅 전략의 한 형식으로 간주되며, 기술혁신 자체는 판에 박힌 작품생산을 위한 도구로 전락한다"[23]는 자본주의의 메커니즘은 마르크스주의를 미국적 풍토에 맞게 변조하는 제임슨의 작업에도 해당될 것이다. 이러한 정황 속에서 포스트모던한 시대의 이론은 어떤 것이든(그러한 시대를 비판하는 이론도 포함하여) 가상현실 속에서의 언어놀이일 수밖에 없었다. 이제 이론은 삶의 표현인 사상이 아니라 아카데미라는 전문가 집단 속에서 이루어지는 유희로서 이러한 유희에서 이기는 길은 모든 것을 이야기하면서 아무것도 이야기하지 않는 기술일 것이다. 이러한 기술을 누구보다 잘 구사하는 제임슨의 글이 난해해지는 것은 어쩔 수 없을 것이다. 제임슨의 이론은 물화에 대한 비판이 중심을 이루지만, 라카프라의 지적대로 "제임슨 스타일의 난해성은 물화라는 문제의 해결이라기보다는 그 징후"[24]라고 보아야 할 것이다.

이러한 맥락의 연장 속에서 제임슨은 아도르노를 어떻게 다루는가 라는 이 글의 중심 주제를 살피고자 한다.

제임슨이 아도르노에 눈을 돌리게 된 까닭

제임슨은 1990년에 나온 『후기 마르크스주의 : 아도르노 또는 변증법의 생명력』에서 "90년대에 적합한 변증법적 모델"[25]로서 아도르노를 독자에게 소개한다. 그는 아도르노에 대한 자신의 태도가 변화되

---

23) Fredric Jameson, *Late Marxism*, p.69.
24) Dominick LaCapra, "Review of *The Political Unconscious*," *History and Theory*, vol.21, no.1, 1982, p.103.
25) Fredric Jameson, *Late Marxism*, p 251.

었음을 다음과 같이 밝힌다.

『변증법적 문학이론의 전개』(*Marxism and Form*)를 읽은 사람은 이 책이 출간된 1971년에 이르기까지, 아도르노에 대해 또는 소련, 제3세계, 미국의 흑인 민권운동에 대한 그의 적대감에 대해 필자가 느꼈던 거리감이 점점 커져가고 있었음을 감지할 수 있었을 것이다. 그러나 회고해보건대 60년대라는 새로운 시기는 적어도 나의 경우에는 소련, 제3세계, 흑인운동 등에 마음이 기울어 있던 시기였다. 민족해방전쟁의 시기에 아도르노의 묵시록적인 감정은 사실 너무나 퇴영적으로 보였다. 아도르노의 사유에 불을 붙인 결정적인 계기는 아우슈비츠로서 아도르노는 '총체적 체계'라는 재앙을 우리에게 환기시켜주었지만, '모든 것은 가능하다'라는 감정이 만연해 있던 혁명 전야의 시기에는 지극히 소수의 사람들만이 그러한 총체적 체계를 멀지 않은 장래에 닥칠 위협으로 느꼈을 것이다.[26]

예전에는 아도르노가 이처럼 퇴영적으로 보였다면 이제는 매력적인 호소력을 지니는 인물로 탈바꿈한다.

기성세력이 볼 때 아도르노는, 강력한 반대 정치세력이 아직 존재했을 때까지는, 의심스러운 동맹자였다. 입장이 불분명하고 이해하기에 난삽한 아도르노의 정적주의는 그러한 저항세력에 대해 유보적인 태도를 취하는 독자들을 헷갈리게 하는 역할을 할 수 있었던 것이다. 그러나 이제 그러한 조류들마저 입을 다물게 되어버렸기 때문에, 세상과 타협하지 않으면서 세상에 대한 심기불편을

---

26) 앞의 책, p.4~5.

줄기차게 떠들어대는 아도르노의 태도는 현존하는 세상의 표면에 붙어 있는 녹을 제거할 수 있는 세척제나 유쾌한 해독제가 되었다. 그의 고풍스런 경제학마저 이제는 적절하고 시대에 걸맞는 것처럼 보인다. 이제는 완전히 유행이 지나버린 아도르노의 독점자본론마저, 스스로는 이 시대를 재현하는 어떠한 그림도 그릴 수 없는 우리에게는 커다란 호소력을 지닌다.[27]

그런 다음 그는 아도르노 사상을 지금 시대에 적합한 해석틀로서 천거한다.

이제 마침내 '총체적 체계'에 대한 아도르노의 예언은 전혀 예기치 못한 방식으로 진실임이 밝혀졌다. 분명 아도르노는 30년대의 철학자(아도르노가 하이데거와 동일시될 수 있을지도 모르는 두려운 사태)도 아니며, 사르트르와 같은 40~50년대의 철학자도, 마르쿠제 같은 60년대의 철학자도 아니다. 구태의연한 그의 변증법적 담론이 철학적으로나 이론적으로나 지금의 시대와 어울릴 수는 없겠지만 그럼에도 불구하고 아도르노는 그가 살아보지도 못한 바로 지금 이 시대에 대한 탁월한 분석가임이 입증될 수 있을지도 모른다. 바로 이 시대에 후기자본주의는 자연이나 무의식, 혁명이나 심미적인 것, 개인적·집단적 실천 같은 것들을 엿볼 수 있는 바늘구멍마저 없애버렸으며, 지금의 이 포스트모던한 풍경 속에서는 더 이상 존재하지 않는 기억의 자취를 마지막 확인사살하듯 제거해버렸던 것이다. 지난 시대에는 별 도움이 되지 않았던 아도르노의 마르크스주의가 오늘날 우리가 원하는 바로 그것임이 입증될 수 있을지도 모른다.[28]

---

27) 같은 책, p.249.

제임슨은 아도르노에 대한 이러한 평가를 바탕으로 "어떤 개념도 더 이상 사용할 수 없는 포스트구조주의적인 시대에, 또한 어떤 예술작품도 더 이상 가질 수 없는 포스트모던한 시대에, 아도르노가 우리에게 제공해준 것은 분명 쓸모 없는 재능으로 보인다"[29]고 우리 시대에 대해 자조하면서 『부정변증법』, 『미학이론』, 『계몽의 변증법』, 『최소한의 도덕』과 같은 아도르노 주저들의 핵심주제들을 분석해나간다.

제임슨의 아도르노 연구서는, 연구대상을 그 자체의 맥락에 충실하게 차근차근 음미하고 이해해서 독자에게 연결시켜주는 통상적인 주해서와는 다르다. 지금 시대에 대한 독자적인 해석을 전개하는 탁월한 이론가인 제임슨의 아도르노 해석은 당연히 시대의 여건과 자신의 입장에 따라 변형되고 굴절될 수밖에 없다. 그 때문에 텍스트의 올바른 이해를 위해서는 굴절과 변형이 어떻게 이루어지고 있는지를 살피지 않을 수 없는 것이다.

포스트모던한 후기자본주의 시대에 적합한——또는 '변증법의 생명력'(The persistence of dialectic)이라는 부제가 암시하듯 포스트구조주의의 도전을 버텨낼 수 있는——변증법적 모델로 아도르노를 제시하고 있는 데서 보듯 제임슨의 글쓰기 과정에서 항상 뒷덜미를 잡아당기고 있는 것은 포스트모던한 현재의 상황이나 포스트구조주의의 논리이다.

아도르노 사상과 포스트모더니즘과의 관계는 서론과 결론에서 직접적으로 주제화되고 있고 포스트구조주의자들과의 비교나 약호전환은 수시로 이루어지고 있지만, 그렇지 않은 경우에도 아도르노의 핵심주제에 대한 해석은 항상 포스트구조주의자들을 염두에 둔 재해석

28) 같은 책, p.5.
29) 같은 책, p.9.

임을 유의해야 한다. 제임슨은 책 전반에 걸쳐 포스트구조주의의 전범이 될 수 있는 아도르노의 개념 비판, 동일성 비판, 보편자에 대한 비판, 유명론적 논리를 꼼꼼하게 추적한다. 동시에 그는 "위대한 체계들이 종말을 고한 다음에 올 철학함 자체에 대한 그의 견해는 포스트모던한 것이라 부를 수 있을지 모른다"[30]고 말하면서 아도르노의 사유가 "포스트모더니즘이 출현할 충분한 여지를 자신의 내부에 포함하고 있다"[31]는 사실을 인정하지만 아도르노는 "결코 포스트구조주의들만큼 멀리 나아가지는 않는다는 것"[32]을 분명히 한다.

'타율성'(heterogeneity)이라는 단어가 자신의 온갖 이데올로기적 부대물을 거느린 채 전면으로 부상되어 아도르노를 다시 포스트모더니즘과 포스트마르크스주의에 연결시키려는 경향이 있는 것 같다. 타자나 비동일성에 대한 아도르노의 관념을 자연이나 자연미라는 주제와 연관시켜볼 때 아도르노는 예상과 전혀 다르게 훨씬 더 전통에 가까운 미학이론으로 돌아가고 있으며, 그 때문에 변증법이나 마르크스주의보다는 포스트구조주의와 훨씬 양립하기 곤란하다.[33]

개념이나 동일성의 사슬을 풀기 위한 개념 비판, 동일성 비판 또한 개념을 통해 행하는 합리주의적 전통을 고수하고, 철학적 체계를 탄핵하는 극도의 비체계적인 변증법을 제안하면서도 체계의 관념을 견지하는 아도르노는 "통상적 의미에서의 동일성 철학자는 아니지만

30) 같은 책, p.247.
31) 같은 책.
32) 같은 책, p.235.
33) 같은 책, p.22.

그럼에도 불구하고 동일성의 철학자"[34]라는 사실을 적절히 지적한다. 이러한 지적은 아도르노를 포스트구조주의의 대세에 합류시키려는 추세를 견제하면서 아도르노의 변증법을 포스트구조주의에 대한 적절한 대안으로 제시하려는 의도일 것이다. 나아가 제임슨은 "철학의 포스트모던한 자유로운 유희는 그것이 아무리 바람직하게 보일지 몰라도 현재로서는 실천될 수 없으며, 반체계적인 글쓰기는 그것이 아무리 철학적 미학으로서 상상 가능할지 몰라도 현재로서는 유감스럽게도 '체계' 내부에 머물러 있을 수밖에 없다"[35]고 말한다.

이 시대에 대한 '인식의 지도'를 만들고 싶어하고 '재현'된 전체상을 얻고 싶어하지만 후기자본주의의 재현 불가능성만을 토로할 수밖에 없는 제임슨은 이러한 아도르노에게서 이 시대가 총체적으로 재현된 구도(constellation) 비슷한 것을 언뜻 발견한다.

그러나 중요한 것은 재현의 문제이다. 녹슨 철도와 버려진 공장의 풍경은 이미 30년대에 볼 수 있었던 풍경이며, 소비사회나 그 이미지(하얀 이를 드러내고 웃는 모습)에 대한 비판은 이미 50년대에도 있었다. 이 모든 것들은 이제 이미, 그 요소들을 기발한 방식으로 재결합시켜 새로운 구조를 만들어낸다 할지라도, 진부한 것이 되어버렸다. 진정한 문제는 바로 재현의 문제이다. 비록 모든 포스트모더니스트들이 총체성은 존재할지라도 인식될 수도 묘사될 수도 없다고 주장하지만 그럼에도 불구하고, 문제는 이 총체성을 재현하는 것이다. 변증법이란—부정변증법 같이 실망과 분노를 자아내는 변증법일지라도—우리가 엄두도 내지 못했던 작업인, 이 원의 전체 넓이를 구하는 작업이다. 이 작업은 적어도, 이

---

34) 같은 책, p.15.
35) 같은 책, p.27.

러한 작업이 주관적이고 개인적인 것에 그치는 것만은 아니라는
믿음을 한순간도 포기하지 않은 채, 의식의 내부로 들어가 머리
속에 있는 자질구레한 상념들과 함께 시작하지 않을 수 없다. 이
러한 작업이 궁극적으로 성공하여 베케트의 『마지막 유희』에 나오
는 인물처럼 두 눈을 뜨고 지금의 상황을 직시하는 것이 가능하다
면, 역사의 사다리가 완전히 무너져내리기 전에 한순간이나마 살
아 있는 현실을 엿보는 것이 가능할 것이다.[36]

제임슨의 아도르노 수용에 내재된 문제점

하버마스에 의해 주도되는 현재 독일의 지적 풍토에 거리감을 느
끼고 있던 필자가 제임슨에 관심을 갖게 된 것은 포스트구조주의와
의 변별 속에서 지금 시대와 어울리게 아도르노를 재해석하는 그의
아도르노 연구를 통해서이다. 그러나 아도르노의 문체와 제임슨의
문체 사이에 놓여 있는 깊은 골은 커다란 물음표가 되어 줄곧 머리
속을 떠나지 않았다. 이러한 골은 아도르노와 제임슨이 처해 있는
시대적 차이와 그들이 개인적으로 차지하고 있는 서로 다른 위상에
서 온다고 여겨진다. 우선 이러한 골이 어떻게 제임슨의 아도르노
해석을 굴절시키고 있는지를 살펴보자.

제임슨의 포용과 채용의 전략은 아도르노의 해석에도 어김없이 적
용된다. 그러한 전략은, 예전의 철학들을 자신의 구미에 맞게 편식
하고 굴절시키는 하버마스의 '재구성' 전략과 닮은 데가 있다면 아
도르노의 '내재적 비판'——제임슨은 내재적 비판을 옹호하지만——
에는 미치지 못한다. 내재적 비판은 대상의 내적 논리를 추적하여
그것의 한계와 부정성이 드러나 스스로 무너지도록 만드는 대상과의

---

36) 같은 책, p.248.

생명을 건 대결과정이라면 포용 전략은 왕성한 식욕으로 다양한 이론들을 편력하면서 자신의 들뢰즈적인 욕망을 살찌우는 방편으로 여겨진다.

독일 학계에서 아도르노 사상을 마르크스주의로 분류하는 것을 보기 힘들다면, 제임슨이 자신의 아도르노 연구서에 '후기 마르크스주의'라는 제목을 붙인 것은,[37] 변증법적인 전통을 뭉뚱그려 마르크스주의라고 명명하고는 마르크스주의를 자신의 등록상표로 만든 시장 전략의 일환으로서 아도르노라는 새로운 상품을 내놓은 것이라고 보아도 무방할 것이다. 독일에서 태어난 사상은 프랑스에 가면 유행이 되고 미국으로 건너가면 상품이 된다는 말은 상품화나 물화에 대한 저항이 핵심을 이루는 아도르노의 사상에게도 피할 수 없는 운명이 된 것이다. 물론 이것은 제임슨의 탓이라기보다는 모든 것을 자신에 맞게 변질시키는 '자본의 논리' 때문일 것이다.

아도르노에 대한 제임슨의 불분명한 태도[38]——이것은 제임슨의 글을 결정적으로 난해하고 불투명하게 만드는 문제로 보인다——는 역사나 총체성과 같은 중심 개념을 둘러싸고 일어난다. 어중간한 중간이나 '설마'보다 극단을 통해 생각하며 최악의 상태를 상정하고 그것에 대비하는 아도르노의 사고방식은 보편사를 구상하는데, 그것은 역사를 아직 모르는 고대의 순환적인 세계관도, 근대적인 진보사관도, 포스트모던한 역사의 끝이나 영원한 현재도 아닌, 기독교적인 역사관과 흡사한 '몰락의 논리'이다. 왜냐하면 최악의 상태는 항상 상상할 수 있으며, 그러한 몰락의 논리에 저항하고 부정할 수 있기

---

37) 제임슨은 아도르노를 마르크스주의자로 보는 결정적인 전거로서 "마르크스의 가치법칙과 함께 총체성이라는 개념장치"를 든다.
38) 오스본은 제임슨의 방법과 아도르노의 입장은 양립 불가능하다고까지 말한다.

위해서도 "보편사는 구성될 수 있고 구성되어야"[39] 하기 때문이다. 이러한 몰락의 논리는 모든 인식론적 추론이 궁극적으로 아포리아로 흘러들어가게 되는 '비동일성'의 관념이나 이 관념을 토대로 미래에 대한 생각을 차단하는 '우상금지'의 관념에 의해 완화되고 위로되지만 지금까지 흘러온 역사를 해석하는 근본 틀로서, 온 세상에 충만한 죽음의 논리인 물화를 비판하고 거기에 저항하는 인식과 실천은 이러한 틀로부터 나온다고 할 수 있을 것이다. 제임슨은 문명 전반에 대한 아도르노의 이러한 비타협적인 태도를 이어나가기보다는 그러한 문명비판을 포스트모던한 문화의 해석을 위한 헤게모니 전략으로 활용한다. 제임슨 특유의 포용 전략은 이러한 문제와 치열한 대결을 벌이기보다는 아도르노 역사관에 대한 직접적인 언급은 회피한 채──이러한 회피가 의도적인 것인지 아니면 '거짓 믿음'(mauvaise fois)의 작용 때문인지는 알 수 없지만──결정적인 부분에서는 예의 알튀세르로부터 채용한 '부재원인으로서의 역사 개념'(역사에 대한 실질적인 논의를 피할 수 있는)에 의존한다. 제임슨은 "보편사는 구성되어야 한다"는 앞의 인용을 이상하게도 누락시킨 채 "보편사는 야만에서부터 휴머니티로가 아니라 투석기에서부터 핵폭탄으로의 전개과정이다"라는 잇따라 나오는 문장을 인용하지만 다음과 같은 논의에서 빗나간 대항전거를 내세워 초점을 흐려버린다.

아도르노는 소위 헤겔의 '대서사'('직선적인 역사'라는 표현을 대신할 수 있는)에 대한 오늘날의 거의 보편화된 본능적 거부감에 동의하면서 자신만의 독특한 방식으로 그에 대한 이견을 제시한다. "보편사는 야만에서부터 휴머니티로가 아니라 투석기에서부터

---

39) Th. Adorno, *Negative Dialektik*, Frankfurt/Main : stw113, 1966, p.314.

44

핵폭탄으로의 전개과정이다." 그러나 아도르노가 마르크스와 함께 제기하고 싶어하는 질문은 역사를 필연성보다는 우연성의 관점에서 생각하는 것―폭력과 국가권력과 자본주의로 전락하게 된 것을 '피할 수 없었던' 적대관계의 표출로 보기보다는 꼭 일어날 필요는 없었던 카타스트로프로 간주하는 것(이것은 '문명'의 발생에 관한 레비스트로스의 태도이다)―이 더 낫지 않을까 하는 것이다.[40]

아도르노와 제임슨의 차이는 총체성의 문제에서 더욱 분명히 드러난다. 예전의 총체성 관념은 진리 전체가 시야에 들어와 주객동일성을 획득하고 그러한 필연에 자신을 기꺼이 내맡길 수 있는 깨달음으로서 축복이나 구원을 의미했었다면, 아도르노에게서 총체성은 그야말로 체계가 되어버린 사회, 거미줄처럼 인간을 옴짝달싹 못하게 속박하고 있는 '마법의 올가미'를 의미하는 부정적 개념이다. 아도르노의 이러한 '부정적 총체성' 개념과 제임슨의 기능적·방법론적 총체성 개념은 양립하기가 곤란한데 양자를 오락가락하는 제임슨의 기이한 절충주의적 태도는 (영혼을 흔드는 강렬한 메시지를 전달하는 벤야민이나 아도르노와 같은 스타일리스트와는 거리가 먼) 불투명하고 난해한 문체를 만드는 근본 요인으로 작용한다. 제임슨이 아도르노의 '부정적 총체성' 관념을 과거지사로 돌리고 어느 정도의 거리를 유지하면서 현재적인 입장에 포용하려는 태도는 다음의 인용에서 잘 드러난다.

'총체성'에 관해 우리는, 이 총체성의 하인인 개념이 총체성의 비진리와 지배형식을 재생산하고 있기는 하지만, 총체성 자체는

---

40) Fredric Jameson, *Late Marxism*, p.92.

생각할 수도 재현할 수도 없는 무엇이라는 사실——바로 이 단어의
현재적인 의미에서——을 지적했었다.[41]

제임슨의 이러한 태도는 '이데올로기'와 '문화' 개념에서도 이어
진다. 프랑크푸르트 학파가 '허위의식'과 동일시될 수 있는 이데올
로기 개념을 수단으로 대상의 허위성과 부정성을 드러내는 광범위한
문명비판을 전개했다면 알튀세르의 이데올로기 개념에 의존하는 제
임슨은 "아도르노 철학의 전제들이 문화와 이데올로기의 문제에 관
한 한 구식의 마르크스주의"[42]라고 말한다. 제임슨의 이러한 태도는
중립적인 것으로 확장된 이데올로기 개념에 의해 예전의 이데올로기
개념으로부터 뇌관을 제거하는 행위라고 볼 수 있다. 문화의 문제에
서 제임슨은 『계몽의 변증법』의 문화산업의 장이 현대적 의미에서의
문화에 관한 이론이 아니라 문화라고 불리던 것으로부터 돈을 버는
산업에 관한 이론이라고 하면서 아도르노의 문화비판은 포스트모던
한 상품화를 겪은 후 역사적인 것이 되어버렸다는 입장을 취하며,
아도르노가 대중문화에 대한 이론을 가졌다는 것 자체를 거부하는
데, 이에 대해서는 "최근의 문화에 대한 자부심에 찬 이론(포스트모
더니즘에 대한 자신의 이론화 작업)을 당연시하면서, 아도르노의 사
유가 이러한 해석에 대한 정당한 도전이 될 수도 있다는 것은 전혀
고려하지 않는다"[43]는 오스본의 비판이 정당하다고 생각된다. 이러
한 것은 아도르노 사상과 적극적으로 대결하기보다는 자신의 이론적
편향과 아도르노 사상이 충돌하는 것을 회피하면서 아도르노를 자신

---

41) 앞의 책, p.49.
42) 같은 책, p.230.
43) Peter Osborne, "A Marxism for the Postmodern? Jameson's
   Adorno", *New German Critique*, no.56, 1992, p.181.

의 이론 내부로 끌어들이는 포용 전략의 일환으로 보인다.

헤겔의 '이성의 책략' 개념은 보편자를 긍정적인 것으로 생각하면서 역사의 완성과 같은 것을 상상할 수 있었다면 아도르노에게서 보편자는 나쁜 보편자로서, 아도르노 철학은 보편과 특수의 화해를 꾀하기보다는 보편자의 폭력성을 인식하며 보편과 특수의 불화를 감당하는 '불행한 의식'이다. 이러한 사정을 숙지하면서 포섭(subsumption)의 개념이 "폭력과 지배의 표지이며 흔적"[44]임을 지적하는 제임슨이지만 자신의 포용과 채용의 전략은 아도르노 사상을 부당하게 변질시키는 것이 아닌지를 의심하지 않을 수 없다.

아도르노와 제임슨의 차이

이러한 문제점은 두 사람의 경험적 토대를 이루는 독점자본주의 시대와 후기자본주의 시대의 차이, 독일과 미국의 문화적 차이, 두 사람의 학문하는 태도의 차이 등에서 야기된다고 볼 수 있을 것이다. 예민한 감수성이 전혀 상처받지 않은 채 곱게 성장하여 세상을 일그러짐 없이 맑게 담을 수 있는 거울과 같은 정신을 갖게 된 아도르노가 성년 이후 겪게 된 시대의 고통과 그의 사상은 무관하지 않을 것이다. 굶주린 이리떼처럼 희생양을 만들어가는 반유대주의와 전쟁의 메커니즘, 여리고 자긍심 강한 난민에게 소외감과 좌절만을 안겨주었을 미국 물질주의의 폭력성 등은 그러한 정신에 기록될 수 있었던 것이다.

『계몽의 변증법』이나 『최소한의 도덕』은 파괴와 몰락의 도도한 흐름에 맞서 쓰러지지 않기 위한 '정신'의 위대한 저항을 의미했다면

---

44) Fredric Jameson, *Late Marxism*, p.90.

이렇게 살아남은 '정신'은 미국에서 돌아온 뒤인 전후의 독일에서도
그러한 정신을 못마땅해하는 외부로부터의 위협을 감당하면서 대세
를 따르기보다 강물을 거슬러 올라가는 비타협적 태도를 견지할 수
있었을 것이다. 그러한 상처받은 주체는 주체의 마지막 보루를 지키
면서 "관리되는 세계에 의해 완전히 주조(鑄造)되지 않은 사람만이
그것에 저항할 수 있다"[45]는 주장을 감히 할 수 있었던 것이다. 이
러한 물화되지 않은 주체는 '관리되는 사회'의 바깥에서 이 사회를
조망할 수 있는 위치를 확보할 수 있었다. 제임슨은 상처받은 주체
가 가질 수 있는 지적 창조성에 대해 스스로에 대한 변명이 될 수도
있는 부러움을 드러낸다.

　다국적자본주의의 발달에 의해 철 지난 것이 되어버린 '국가자
본주의적' 경제모델로 돌아가보는 것은 오늘날은 그나마도 불가능
한 '상처받은 주체'가 가지고 있던 척도를 잘 볼 수 있게 해준다.
이 척도의 '기록장치' 속에는 공간의 제약성, 점점 커가는 배타성,
항상 동일한 것이 지루하게 반복되는 상황이 가속화되면서 초래
된, 가능성이나 창조적 혁신의 제거에 관한 이미지들이 들어 있
다. 이러한 과정은 아도르노의 서사적·미메시스적 형식 속에 기
록될 수 있었는데, 그 이유는 그들이 한때는 번창했던 작은 개인
사업들의 광범위한 몰락이 드라마틱한 징후로서 관찰자에게 감지
될 수 있었던 과도기에 살았기 때문이다. 이러한 상황은 물론 사
회적 동질화가 훨씬 더 완벽해지고 과거는 폐기처분되어버렸으며
시대를 포착하는 아도르노 같은 모더니스트의 변증법이 효율적으
로 작동할 수 없는 지금의 시대보다 훨씬 유리한 여건일 것이다.[46]

---

45) Th. Adorno, *Negative Dialektik*, p.51.
46) Fredric Jameson, *Late Marxism*, p.71~72.

제임슨은 이러한 아도르노를 통해 세상을 볼 수는 있지만 아도르노의 태도를 자신의 것으로 만들려고는 하지 않는다(만들 수도 없지만). 그 대신 제임슨은 애매한 포용의 자세를 취하는데 이에 대해서, "제임슨은 문화에 뒤엉킨 온갖 이데올로기와 패러독스들을 담담하게 위에서 관조할 위치에 있다. 그러나 그가 의미심장한 이론적 결실을 거둘 수 없다면 그것은 그 또한 체계 안에 붙잡혀 있기 때문이다"[47]라는 포웰스톡의 지적이 적절하다고 여겨진다. 우리는 또한 아도르노의 다음과 같은 비판이 제임슨에게도 해당되지는 않는가, 그리하여 관리되는 세계에 대한 아도르노의 저항은 제임슨의 관리요목으로 된 것이 아닌가를 의심해보아야 할 것이다.

모든 문화적 영역에 대한 조직화가 진보하면서 예술에 대해 그의 사회적 위치를 이론적으로나 실제적으로 제시해주려는 욕구도 증가한다. 무수한 원탁회의나 심포지엄이 그런 일을 목적으로 한다. 예술이 일단 사회적인 사실로 인식되자 사회적인 위치설정 작업은 예술에 대해 우월감을 느끼면서 예술에 대해 처분을 내리려든다. 그들은 총체적인 사회화에 장악되지 않거나 최소한 이에 대항해서 머리를 치켜드는 것들에 대항해서 암묵적으로 관리되는 사회의 행정적인 일에 우선권을 부여한다. 예술의 사회적 반성은 이런 정신에 일조하기보다는 이런 정신 자체를 문제시하고 저항해야 한다.[48]

---

47) David Powelstock, "book review ; The Seeds of Time", *Modernism/Modernity* 3.1, 1996, The Johns Hopkins University Press, p.168.

48) Th. Adorno, *Ästhetische Theorie*, p.371~372.

혼돈의 시대와 아도르노 사상

형이상학적 질문에 대한 현대적 의식의 무관심 속에 숨겨져 있는 것은, 그러한 질문을 억누르지 않을 경우 사람의 호흡을 빼앗아갈 것 같은 공포이다. 사람들은, 인간을 의식—죽음에 관한 의식을 포함하여—으로 이끈 진화과정 안의 반전은, 그러한 의식을 품는 것을 막는 끈질긴 동물적 기질과 모순된 것은 아닌가라는 인류학적 상상을 하도록 유혹받는다.[49]

아도르노의 이러한 상상은 역사 · 현실 · 의미 · 본질 · 해석 등에 대한 질문들을 근원적으로 차단하는 포스트모더니즘의 반형이상학적 충동이 어떻게 생겨났는가에 대한 추측을 가능케 해준다. 포스트모더니즘의 선구가 되는 니체는 혼돈의 원리인 디오니소스적인 것에 전율하다 나중에는 스스로가 디오니소스가 되어 해체의 칼을 휘둘렀지만 그 다음에는 다음과 같은 반성도 했음을 기억해야 할 것이다.

우리가 태양으로부터 대지를 떼어낼 때 도대체 우리는 무슨 일을 하고 있는 것인가? 지구는 이제 어디로 가나? 모든 태양으로부터 떠나 우리는 어디로 가는 것인가? 우리는 계속 곤두박질치지 않는가? 뒤로, 옆으로, 앞으로, 온 사방으로? 아직도 위나 아래가 있는가? 끝없는 허무 속에서 헤매지 않는가? 허공의 냄새가 나지 않는가? 더 추워지지 않았는가? 계속 밤이 또 밤이 오지 않는가? 오전에도 등불을 켜야만 하지 않을까?[50]

---

49) Th. Adorno, *Negative Dialektik*, p.388.
50) Friedrich Nietzsche, *Fröhliche Wissenschaft*, *Sämtliche Werke*, Bd.Ⅲ, p.481.

제2차 세계대전 중 캘리포니아에 망명해 있던 토마스 만은 전쟁의 파괴와 혼돈을 감당하기 위한 정신적 작업으로 『파우스트 박사』를 쓴다. 이 작품에서 주인공 레버퀸은 외부세계의 혼돈을 알레고리화 한 초시대적인 천재라면 그러한 주인공의 생애는 평생의 친구이자 묵묵한 목격자인 화자(話者) 차이트블롬에 의해 묘사된다. 나치를 피해 교직을 은퇴한 뒤 은둔생활을 하는(두 아들마저 아버지에게 등을 돌리고 나치를 위해 봉사한다) 차이트블롬은 휴머니즘의 전통에 대한 든든한 믿음 속에서 초조해하거나 화내지 않는 특유의 산문정신을 가지고 레버퀸이 광기와 몰락에 이르는 긴 과정을 기술해나가는 작업을 난세를 버티는 방편으로 삼는다. 이러한 토마스 만이나 그 비슷한 태도를 보인 아도르노(아도르노 또한 토마스 만과 같은 시기, 같은 망명지에서 자신의 주저들을 집필함으로써 망명생활을 버텨나간다)의 정신에서 우리는 혼돈의 시대를 버텨가는 지혜를 배울 수 있지 않을까?

서문
시대의 조류 속에서 본 아도르노

이 책은 아도르노가 서로 다른 시기에 단독으로 또는 공동저작자 중의 한 사람으로 펴낸 세 권의 주저(主著)에 대한 상세한 분석을 담고 있다. 세 권의 주저란 1947년에 출판된 『계몽의 변증법』과 1966년에 나온 『부정변증법』, 그리고 사후에 출간된 『미학이론』을 일컫는다. 그렇지만 필자는 여타의 저서들, 예를 들면 『문학 노트』라는 제목 아래 출판된 에세이들, 『최소한의 도덕』, 『바그너에 관한 시론』과 기타 중요한 자료들을 상당 부분 참조했다. 필자의 공시적 고찰방식은 이 저서들을 단일하게 전개되는 체계의 구성요소로서, 즉 「2001년 오디세이」[1]에서처럼 청년기부터 노년기까지 여러 단계에서 상이하게 나타나는 아도르노들이 모두 '대영박물관의 한 탁자에 함께 앉아 있는 것처럼' 취급하였다.

역사기술에서—그것이 어떤 형식을 대상으로 하든, 즉 한 민족의 인구를 대상으로 하든, 생산적인 개별 정신을 대상으로 하든—연속성이나 불연속성이냐를 결정하는 것은 경험적 성질의 것이 아니다. 이 결정은—다른 곳에서 언급한 적이 있지만—사전에 주어지는

---

1) 「2001, a space odyssey」, 스탠리 큐브릭(Stanley Kubrick, 1928~99)이 1968년에 만든 공상과학영화의 고전.

절대적인 전제로서, 이 결정에 따라 재료들(종종 '사실들'이라고도 불리는)에 대한 이후의 분석이나 해석이 이루어지는 것이다. 오늘날 우리는 이러한 사실을 인식할 수 있는 충분한 위치에 있다. 예를 들어 우리는, 프랑스 혁명이나 러시아 혁명이 당시에 치렀던 무자비한 피의 제전에도 불구하고 도도한 흐름을 형성한 경제적 진보에 단절을 가져다주는 데는 아무런 힘을 쓸 수 없었다는 사실을 증명하려는 일련의 반(反)혁명적 역사기술이 펼쳐져왔음을 목격했던 것이다.

이런 식의 '역사'는 진정한 의미에서의 브레히트적인 낯설게 하기 효과를 초래하는 것으로서, 이러한 낯설게 하기 효과는 우리의 상식이나 기성관념에 거슬러 새로운 무엇에 주목하도록 만들며 이를 둘러싼 논쟁을 부추긴다. 이러한 논쟁은 지금까지 암묵적으로 통용되어 오던 시대구분 자체를 문제삼을 때 진정으로 생산적이 될 것이다. 왜냐하면 시대구분의 문제는, 스스로를 지극히 역사와 무관한 것으로 이해하면서도 온갖 종류의 역사적인 서사(敍事 : narrative)와 서사적인 재해석을 열망하는 시대에는 중심적인 이론적 이슈 중의 하나일 것이기 때문이다. 이러한 관심은 어느 정도 최근의 역사학을 포함한 포스트구조주의적인 왈가왈부에 대한 흥미로서 이러한 흥미는 역사의 무게로부터 새털처럼 가벼운 일탈을 기도하는 흐름——오래 지속될 것 같지는 않지만——에 대한 일종의 보상이 될 것이다.

이와는 다른 접근방식으로서, 할리우드 영화나 텔레비전 다큐멘터리극 스타일로 만들어진, 다양한 국면 속에서 펼쳐지는 아도르노의 인생 여정*——황망중에 영국으로, 그리고 다시 미국으로 날아갈 수

---

* 아도르노에 대한 간략한 전기는 다음과 같다.

1903년 9월 11일 프랑크푸르트 출생, 1969년 8월 6일 스위스에서 사망.
1924년 프랑크푸르트 대학에서 후설에 관한 연구로 철학박사학위 받음.
1925년 빈에서 알반 베르크(Alban Berg)로부터 작곡 공부. 1927년 이후 베를린에 자주 체류하면서 벤야민 · 브레히트 · 블로흐 · 바일 등과 친교. 1931년

밖에 없었고 전후에는 폐허가 된 독일로 귀환할 수밖에 없었던 어쩔
수 없는 정황, 그리고 1960년대 학생운동 시기에 세상의 이목을 집
중시켰던 상황 등——에 관심의 초점을 맞추는 연구태도는 대체로 철
학적·미학적 측면들(그러한 측면들이 아도르노 평생의 집요한 관심
사였음에도 불구하고**)을 무시한 채 아도르노의 정치적 견해라는
쉬운 주제만을 다루고 있다. 다른 말로 하면, 아도르노는 언제 마르
크스주의에 대한 믿음을 철회했는가? 또는 아도르노가 지적으로나
재정적으로 호르크하이머(Max Horkheimer, 1895~1973)나 프랑크
푸르트 학파와 피할 수 없는 관계 속에 있었음을 고려할 경우, '그
들'은 언제 마르크스주의에 대한 믿음을 철회했는가에만 관심을 집
중시켰다는 것이다. 필자는 이 책에서 정치적인 개입, 이데올로기의

프랑크푸르트 철학 조교수 취임 강연, 아직 호르크하이머의 '사회문제연구
소'와의 긴밀한 협업은 이루어지지 않음. 1938년 옥스퍼드 대학에서의 교
수직 취득이 좌절되자 미국으로 이민. 프린스턴 라디오 연구 계획에 참여,
호르크하이머와 긴밀한 협업, 남캘리포니아로 이주. 1953년 서독으로 귀
환, 프랑크푸르트 대학의 철학·사회학 교수로 취임. 1964년 호르크하이
머 후임으로 '사회문제연구소' 소장이 됨.
　　좀더 상세한 전기는 비거스하우스(Rolf Wiggershaus)의 『프랑크푸르트
학파』(뮌헨, 1987)를 참조하기 바란다. 이 책은 아직 공개되지 않았던 방
대한 자료와 편지들을 다루고 있으며 하버마스의 협력에 상당히 힘입고 있
다. 이 책은 프랑크푸르트 학파에 대한, 초창기부터 최근의 변모에 이르기
까지 실체적인 모습을 담고 있다. 호르크하이머의 관점에서 독일 귀환 시
기까지의 이야기를 들려주는 마틴 제이(Martin Jay)의 선구적 작업, 『변증
법적 상상력』(보스턴, 1973)과는 달리 비거스하우스는 '사회문제연구소'의
중심인물인 호르크하이머를 단호하게 비판적인 모습으로 그려내고 있다.
** 누구보다도 수잔 벅 모스(Susan Buck-Morss)는 『부정변증법의 기원』(뉴
　　욕, 1977)의 24~25쪽, 63~65쪽에서 『부정변증법』의 전체 프로그램이
　　1931년의 교수 취임 강연(「철학의 현재성」, 아도르노 전집 1, 322~344
　　쪽, 『텔로스』 31집, 1977 봄호에 영어로 번역됨)에 들어 있다고 단언한다.

선택, 철학적·문학적 생산의 본질에 대해 이처럼 피상적으로 다루는 태도에 반대한다. 이러한 변절 혹은 전향은 논란의 여지가 없는 사실이고 탁월한 드라마 소재를 이룰 것이다. 그렇지만 여기에만 관심을 쏟는 것은 냉전 시기, 즉 아도르노가 복구된 독일로 귀환한 후 아데나우어 수상 시기에 겪었던 것에는 전혀 접근하지 못한다. 사실 이 때 아도르노는 여기서 다룰 두 권의 주저(主著)—그를 20세기 최고의 마르크스주의 철학자의 한 사람으로 만들어준—의 집필에 착수했다. 이 책의 제목에서 엿볼 수 있겠지만 필자는 아도르노가 오늘날의 마르크스주의에 어떠한 기여를 했는가를 밝히기 위해 이 책을 쓰는 것이다.

진실에 있어 변하는 것은 사람들이 아니라 상황들이다. 이것은 아도르노를 보는 필자 자신의 견해 변화에도 해당된다. 사실 아도르노의 저서는 10년을 주기로 전혀 다른 모습으로 다가왔다. 아이젠하워 시기가 끝나갈 무렵 아도르노는 필자가 발견한 결정적 방법론으로서 그 당시 북미의 문맥에 적합한 변증법을 개발하는 것이 무엇보다 절박한 문제로 느껴졌었다. 그 시기는 필자가 음악에 관한 아도르노의 분석(이 책이 거기까지 소급해서 다루는 것은 어렵지만)을 통상 '사회사적 배경'—계급적 내지 이데올로기적 배경이라고도 말할 수 있는—이라고 불리는 것의 실제적인 본보기로, 즉 '외적' 형식분석이 아닌 '내적' 형식분석의 실례로 이용하던 시기였다.

그러나 『변증법적 문학이론의 전개』(Marxism and Form)를 읽은 사람은 이 책이 출간된 1971년에 이르기까지, 아도르노에 대해 또는 소련, 제3세계, 미국의 흑인 민권운동에 대한 그의 적대감—적어도 내가 보기에는—에 대해 필자가 느꼈던 거리감이 점점 커져가고 있었음을 감지할 수 있었을 것이다. 아도르노가 흑인운동에 대해 적대감을 가지고 있다고 생각한 것은 다른 사람들이 그러했던 것처럼 재즈에 관한 그의 에세이를 읽고 내린 성급한 결론이었다. 그러나 회고해보건대 1960년대라는 새로운 시기는 적어도 나의 경우에는 소련, 제3세계, 흑인운동 등에 마음이 기울어 있던 시기였다. 민족해방전쟁의 시기에 아도르노의 묵시록적인 감정은 사실 너무나 퇴영적으로 보였다. 아도르노의 사유에 불을 붙인 결정적인 계기는 아우슈비츠로서 아도르노는 '총체적 체계'라는 재앙을 우리에게 환기시켜주었지만, '모든 것은 가능하다'라는 감정이 만연해 있던 혁명 전야의 시기에는 지극히 소수의 사람들만이 그러한 총체적 체계를 멀지 않은 장래에 닥칠 위협으로 느꼈을 것이다.

　1970년대, 적어도 미국에서는 이론 내지 이론적 담론이 번창했던 시기, 구조주의로부터 포스트구조주의에 이르는, 모택동주의로부터 서사분석(narrative analysis)에 이르는, 리비도적인 투자(libidinal investment)로부터 이데올로기적인 국가장치에 이르는 것들이 활개치던 이 시기는 본질적으로 프랑스 풍이 지배하던 시기였다. 그 당시의 논쟁에서 아도르노는——루카치(Georg Lukács, 1885~1985)나 다른 중유럽 사상가들과 함께, 벤야민(Walter Benjamin, 1892~1940)과 브레히트(Bertolt Brecht, 1898~1956)는 특이한 예외지만——당황감을 안겨준다고까지는 말할 수 없을지는 모르지만 적어도 부담스러운 존재였으며, 아직 아도르노에 매달리고 있던 연구자들마저 그를 데리다(Jacques Derrida, 1930~)적인 정통노선과 화해시키기 위한 아도르노 해석을 만들어내는 데 골몰했다. 이 모든 상황이 미국에서 전개되는 동안 프랑스의 지식인들은 마르크스로부터 완전히 벗어나는 데 온 힘을 기울였다. 그리하여 유럽의 위대한 이론가들은 고인이 되고 독창적인 철학의 전통은 매장되어버리고 난 뒤인 70년대에 펼쳐진 무대는 온통 부유하고 자족적이며 비정치적인 유럽을 보여준다(아도르노나 변증법이 서독에서 어떤 운명에 처해 있는가에 대해서는 책의 말미에서 이야기하고자 한다). 이제 분석적인 철학을 배우고 고유한 형태의 비즈니스 경영과 국제무역을 만들

어낸 이 유럽은 포스트모던한 미국에서 자신의 메아리를 발견하게
된다. 미국에서 토착기업이나 소기업들은 힘없이 도태당했지만 미국
은 전혀 새로운 세계경제체계를 영도하게 되며 예전의 동유럽 국가
들조차 이 체계 속에서 한 자리를 차지하기 위해 혈안이 된 듯하다.

이제 마침내, 지금 막 끝났지만 아직도 우리에게 속하는 이 10년
동안에, '총체적 체계'에 대한 아도르노의 예언은 전혀 예기치 못한
방식으로 진실임이 밝혀졌다. 분명 아도르노는 30년대의 철학자—
회고해보면 아도르노가 하이데거(Martin Heidegger, 1889~1976)
와 동일시될 수 있을지도 모르는 두려운 사태—도 아니며, 사르트
르(Jean-Paul Sartre, 1905~80)와 같은 40~50년대의 철학자도,
마르쿠제(Herbert Marcuse, 1898~1979) 같은 60년대의 철학자도
아니다. 구태의연한 그의 변증법적 담론이 철학적으로나 이론적으로
나 지금의 시대와 어울릴 수는 없겠지만 그럼에도 불구하고 아도르
노는 그가 살아보지도 못한 바로 지금 이 시대에 대한 탁월한 분석
가임이 입증될 수 있을지도 모른다.

바로 이 시대에 후기자본주의는 자연이나 무의식, 혁명이나 심미
적인 것, 개인적·집단적 실천 같은 것들을 엿볼 수 있는 바늘구멍
마저 없애버렸으며, 지금의 이 포스트모던한 풍경 속에서는 더 이상
존재하지 않는 기억의 자취를 마지막 확인사살하듯 제거해버렸던 것
이다. 지난 시대에는 별 도움이 되지 않았던 아도르노의 마르크스주의가
오늘날 우리가 원하는 바로 그것임이 입증될 수 있을지도 모른다고 필자는
생각한다. 필자는 결론에서 아도르노와 포스트모더니즘의 관계를 다
시 다룰 것이다.

그러나 마르크스주의에 관한 한, 그를 마르크스주의자로 특징짓는
데 당황할 사람은 난삽하기로 정평이 나 있는 아도르노의 글을 많이
읽지 않은 사람들일 것이라고 말하거나, 우리가 접할 수 있는 대부
분의 2차문헌들이 마르크스주의를 탈현대적인(postcontemporary)

논의가 더 이상 고려할 필요 없는 한물간 유행사조로 취급한다는 사실을 지적하는 것은 사태를 너무 쉽게 단정하는 것이 될 것이다. 그러나 아도르노가 진정으로 마르크스주의자인가 아닌가, 그는 어느 정도로 마르크스주의자인가에 관한 논의에 흥미(그를 포스트마르크스주의자라고 말하기는 어려워도 결국 헤겔주의자로 보아야 하지 않을까?)를 느끼는 사람들——비(非)마르크스주의자이든, 반(反)마르크스주의자이든, 마르크스주의자 자신들이든——에게 필자는 과학과 이데올로기 사이의 해묵은 구별——다른 많은 것들과 함께 그러한 구별은 오늘날 달갑지 않은 의심의 눈초리를 받고 있지만——을 잠시나마 재환기시키는 것이 생산적이지 않을까 생각한다. '마르크스주의자가 된다는 것'은 마르크스주의는 어쨌든 과학이라는 믿음을 필연적으로 내포한다. 그것은 즉 마르크스주의가 공리에 관한 원리(axiomatic), 방법론적 원칙(organon), 또는 지식과 방법의 특수한 결합체라는 것이다. 이러한 주장을 더욱 발전시키면 마르크스주의도 하나의 담론이기는 하지만 그것은 철학의 담론이나 여타의 글쓰기 방식과는 다른 특수한 지위를 갖는 담론이라는 것이다.

그렇지만 모든 과학은 단지 하나의 이데올로기만을 구상하는 것이 아니라 무수한 수의 가능한 이데올로기를 내놓을 수 있는데, 이것은 긍정적인 의미로 받아들일 수 있을 것이다. 이데올로기란 특정한 실천을 실행시키기 위한 이론, 즉 특정한 실천의 '철학'으로서, 이러한 실천을 운동시키고, 그것을 윤리학, 정치학, 심지어는 미학으로 무장시키는 일련의 가치와 관념들이 뭉쳐진 것이라 할 수 있는 것이다.[2] 다양한 마르크스주의들——세상에는 수많은 마르크스주의가 있

---

2) 제임슨은 이데올로기라는 용어를 사용할 때 마르크스주의의 전통적인 이데올로기 개념과 알튀세르적인 이데올로기 개념을 그때 그때의 상황에 따라 선택적으로 채용하고 있음을 주의해야 한다. 전통적인 이데올로기 개념이

을 뿐 아니라 서로는 공존 불가능한 것들도 많은데—도 바로 그러한 것이다. 다시 말해 역사상 마르크스주의 과학은 국지적으로 타당하거나 구체적인 역사상황에만 타당한 이데올로기를 가지게 되며 그러한 이데올로기들은 그런 조건 속에서 자신의 강점과 한계를 갖게 되는 것이다. 레닌(Vladimir Il'ich Lenin, 1870~1924)의 마르크스주의, 체 게바라(Che Guevara, 1928~67)의 마르크스주의, 또는 알튀세르(Louis Althusser, 1918~90)나 브레히트의 마르크스주의—페리 앤더슨(Perry Anderson, 1938~), 이글톤(Terry Eagleton, 1943~) 심지어는 필자 자신의 마르크스주의까지—가 '이데올로기적'이라고 말하는 것에 담겨진 뜻은—마르크스주의라는 용어의 비판적 의미에서—각각의 마르크스주의는 계급이나 지지세력의 문화적·민족적 범위를 확정하는 문제에서 상황에 따라 아주 특수하다는 것이다(여기서 이러한 지지 범위는 무엇보다 그때 그때의 시기에 노동계급의 정치가 얼마나 발달되어 있는가라는 문제를 함께 포함한다).

아도르노의 마르크스주의도 사람들이 보통 '요인들'이라고 부르는 이런 것들에 의해 결정(즉, 제한)된다. 기이한 것은 다만, 역사적 유물론과 같은 관점—이러한 관점에서는 역사적 상황에 대한 고려가 무엇보다 우선적이라는 것이 중심을 이루지만—도 마르크스주의 '이데올로기'의 복수성이라는 측면에서는 부르주아 철학만큼이나 우리를 당황스럽게 한다는 점이다. 이러한 의식이 의미하는 것은 아도르노의 마르크스주의를 타당성 있는 것으로 받아들인다는 것이 곧 그의 입장들을 미래를 위한 지침으로 확정하는 것은 아니라는 것이

허위의식과 동일시될 수 있는 부정적 개념이라면 알튀세르에게서 이데올로기는 개인들이 현실적인 조건과 맺는 상상적 관계를 의미하는 좀더 중립적이고 넓은 개념이다.

다(사실 아도르노의 많은 철학적 업적들은 역사적으로는 유통가치가 없어져버렸지만 아직도 '살아 있는 사유'에 우리가 어떻게 종사할 수 있는가라는 바로 이 문제에 주목하고 있다). 특히 정치적 예술에 대한 그의 견해들은——그것이 모더니즘 자체의 심오한 정치적 소명의식이라는 철 지난 관념을 폐기처분하지 않고 살려내려는 노력을 위해 지불된 대가라는 것을 잊어버리는 사람들에게는 적어도—눈에 거슬리는 부분이 되었다. '실제로 존재하는 사회주의'에 대한 그의 태도는——제3세계의 혁명에 대한 그의 동정심이나 이해의 부족과 마찬가지로——분명히 자신의 계급에 매여 있다. 그러나 이것들은 사회주의 국가들 스스로가 격변을 겪고 있는 지금의 시점에서는——냉전시대에 좌파 지식인이 겪는 딜레마에 대한 역사적 증거물이 될지는 몰라도——더 이상 문젯거리가 되지 않는다. 그렇지만 아도르노는 그가 공적으로 표명한 자신의 의지*보다는 60년대의 학생운동에 좀더 호의적——경찰을 대학 안으로 불러들인 씻을 수 없는 치욕에 의해 물론 탈색될 수밖에 없는 호의겠지만——이었던 것처럼 보인다.

그렇지만 아도르노의 정치적 입장에 대한 평가 때문에 그의 학문적 실천을 등한시해서는 안 된다. 전후 서독의 학술계에 대한 체계적인 관여——이 문제에 관해 잊어서는 안 될 것은 히틀러(Adolf Hitler, 1889~1945) 시대 때부터 자리를 지켜오던 많은 수의 학자들이 전후에도 상당한 영향력을 행사하고 있었다는 점이다——나, 사회학 재건에 바쳐진 책임감 있는 역할이 간과되어서는 안 될 것이다. 한때 음악 문제의 전문가였던 미학자의 이러한 운명적인 변신은 희귀한 사건일 것이다. 사회학의 본질과 기능에 대해 정곡을 찌르는 정력적인 비평행위——이 부분은 보통 간과되고 있지만『부정변증법』이나『미학이론』에 이어 제3의 범주를 이루는 부분으로 제1부에서

---

* 비거스하우스,『프랑크푸르트 학파』, pp.688~689.

논의할 예정이다——는 미학에 이은 제2의 관심사나 아니면 동시적
인 관심사를 이룰 것이다. 세칭 프랑크푸르트 학파는 미국의 경험적
사회연구——정당한 것이든 부당한 것이든*——라는 후광을 업고 독
일로 돌아왔다. 아도르노는 독일 사회철학계의 좀더 형이상학적인
적들을 공격하는 데 경험적 사회연구에서 얻은 역량을 자유자재로
사용할 수 있게 되며, 다른 한편 경험주의나 실증주의에 칼끝을 돌
려서는 이것을 변증법——이 단어를 아도르노는 철학적인 글들보다는
사회학적인 글에 훨씬 많이 사용한다——의 비판 아래 굴복시킨다.
오늘날 저 '국가의 이데올로기 장치', 즉 대학이라는 제도나 교수라
는 직업이 얼마나 막강한 힘을 지니고 있는가라는 문제에 대한 우리
의 감각은 예전보다 훨씬 예민해졌다고 볼 수 있으며, 그 때문에 우
리는 아도르노가 이 영역에서의 진정한 실천이라고 불렀을지도 모르
는 사안을 좀더 잘 음미할 수 있는 처지에 있을 것이다.

아도르노의 이론들이 지금도 충분한 시의성을 지니고 있기는 하지
만, 독일에서 변증법은 짧은 승리를 거둔 후 새로운 비변증법적 조
류에 자리를 양보한 것처럼 보인다. 그 예로서 아도르노나 호르크하
이머의 비판적 후계자로서 그들의 이론을 본래와는 전혀 다르게 변
질시킨 하버마스(Jürgen habermas, 1929~)나,** 변증법적 사유에
지독한 알레르기 반응을 보이는 다양한 영미 조류를 들 수 있을 것

---

* 비거스하우스, 앞의 책, pp.503~508. 이 책은 이민 전이나 이민 중, 이
  민 후에 이루어진 다양한 경험적 프로젝트에 대해 상세히 다루고 있다.
** See Axel Honneth, 'Communication and Reconciliation : Habermas`s
  Critique of Adorno', in *Telos*, no.39, Spring 1979, pp.45~61 ; and
  see of course Habermas himself, especially *Theorie des
  kommunikativen Handelns*, vol.Ⅰ, Frankfurt, 1981, ch.4, esp.
  pp.489~534 ; and *The Philosophical Discourse of Modernity*, trans.
  Frederick Lawrence, Cambridge, MA 1987, ch.5, pp.106~130.

이다. 레비스트로스(Claude Levi-Strauss, 1908~91)의 구조주의가
미친 영향은 이 분야의 인식변화에 결정적인 역할을 했다. 인류학은
예외지만 사회과학의 다른 분야에서는, 내가 틀리지 않았다면, 레비
스트로스에 버금가는 내적 '혁명'이 일어나지 않고 있다. 사회학 분
야에서 최근 피에르 부르디외(Pierre Bourdieu, 1930~)라는 한 개
인이 이룩한 독보적인 노력은 고려되어야 마땅하겠지만 그의 영향이
보편적이 될 수 있을지는 아직 미지수다. 사회과학에서 변증법은 방
법론의 측면에서 보면 아직 터지지 않은 시한폭탄에 불과하다. 변증
법은 사회주의 국가의 전혀 다른 전통 속에 있는 지식인들, 즉 서구
의 신들을 맹신하지 않는 지식인들에게서는 향후 중요한 역할을 할
수 있을지도 모른다.

어쨌든 사회학을 강조하는 것은 진선미라는 전통철학의 세 요소,
아도르노의 저서에서는 독특한 변형을 겪고 있는 이 세 요소를 완성
시키기 위한 것임을 각별히 주목해야 할 것이다. 윤리학을 (역사적
인 색조를 띤) 사회학으로 변형시키는 것[3]은 이 분야의 가장 주목할
만한 전략적인 움직임으로서, 어떤 무엇보다도 즉각적으로 받아들이
기는 곤란한 형식면에서의 간섭행위이다. 마르크스주의가 재통합을
기도했지만 성공할 수 없었던 제 분과학문들은, 아도르노의 경우,
외적으로는 분과학문들의 경계가 존중되는 것 같지만 내적으로는 그
경계가 의심스러운 형태로 살아남는다.

그러나 필자는 이론적인 차원에서 이 모든 것이 어떻게 마르크스
주의적이 될 수 있는가라는 문제를 판단하는 데 『정치적 무의식』
(*The Political Unconscious*)에서 제안한 구별들이 여전히 유효하다
고 주장하고자 한다. 필자는 정치적 차원(직접적인 역사적 사건),

---

3) 윤리나 윤리학의 문제가 그런 것이 실현 불가능하게 된 사회상황에 대한
   사유로 대체되는 것.

62

사회적 차원(계급과 계급의식), 경제적 차원(생산양식)들이 서로에 대해 상호의존적 독립이라는 역설(또는 상대적 자율성——만약 여러분들이 이 표현을 더 선호한다면) 속에 있다고 제안했었는데, 아도르노의 견해도 이러한 필자의 견해와 그렇게 다르지 않다고 생각한다. 이러한 견해는 잘못 설정된 문제나 무의미한 논쟁——특히 노동자 계급의 능동적 역사형성 역할에 대한 옹호자와 인간으로부터 분리된 자본의 힘과 논리가 모종의 역할을 하고 있다고 믿는 사람들이 서로 대치하고 있는 '자본주의로의 전이'라는 문제를 둘러싼 영역에서—— 을 해결하지는 못해도 중화시킬 수 있다고 생각한다. 물론 두 입장은 연구대상을 구성하고 분석하는 완전히 다른 두 가지 방식이거나 전혀 다른 차원의 추상화에 대한 '설명틀'로 보이기 때문에 종국에 가면 둘 사이에 견해의 불일치 또는 상호모순적이고 양립 불가능한 '해석'들이 얼마나 문제인가를 확인하는 것조차 어렵게 된다.

아도르노의 마르크스주의 정신에서 필자가 확인하고 싶은 것은 바로 이런 종류의 문제, 특히 유명한 계급적 판단의 부재라는 문제이다 (사실 계급과 이데올로기 문제에 관한 모든 결정적 쟁점에서 아도르노는 모든 논쟁을 종식시킬 수 있는 결정적 성격을 띤 국지적인 판단을 행할 수 있었다).* 그렇지만 마르크스주의 전통에 대한 아도르노의 기여를 세 국면으로 구성된 이 책의 두 번째 국면, 즉 사회계급에 관한 부분에서 다루지는 않을 것이다. 이 문제에 관해서는 다른 곳, 예를 들면 톰슨(E.P. Tompson)에서 찾아볼 수 있을 것이다.

---

* 예를 들면 칸트에 대한 아도르노의 평가를 참조하라. "무정부상태에 대한 그의 시민적 소심증에서 나온 혐오는 후견에 대한 시민적 자긍심에서 나온 거부감보다 못하지 않다"(『부정변증법』, 248/250/340). 바그너의 '사회적 성격'에 대한 분석 또한 이러한 판단들을 풍성하게 보여준다. "부모가 거절하지 못하게 하기 위해 스스로에게나 다른 사람에게나 '부모는 자신에게 모든 것을 들어 줄거야'라고 말하는 응석받이의 태도이다."

다른 곳에서는 찾아볼 수 없는, 마르크스주의 전통에 대한 아도르노만의 각별한 기여를 언급하지 않을 수 없는데, 그것은 경제체제와 생산양식을 분석하는 세 번째 국면에서 다루어질 것이다. 사실 그의 철학적 저서(제1부에서 『부정변증법』에 대한 주해의 형태로 논의된다)나 미학적 저서(제3부는 『미학이론』에 대한 주해이며, 제2부는 부분적으로 『계몽의 변증법』을 토대로 예술 자체에 대한 아도르노의 사회적 분석이 갖는 특징을 살피고자 한다)가 갖는 독창성은 후기자본주의를 총체성——우리의 개념들이나 예술작품 자체의 형식적 속성에 있어서——으로 파악하는 기발함에 있다. 다른 어떤 마르크스주의 이론가도 보편과 특수, 전체(또는 체계)와 부분의 관계를 아도르노처럼 치밀하면서도 포괄적으로 분석하지는 못했다. 극소수의 당대 사상가들만이 복잡한 철학 개념을 다룰 수 있는 세련된 능력을 적절한 심미적 감수성과 결합시킬 수 있었다. 그러한 사람으로서 크로체(Benedetto Croce, 1866~1952)나 사르트르를 떠올릴 수 있을 터인데, 반면 루카치는 여러 면에서 훨씬 큰 역사적 인물이겠지만, 이런 면에서는 희극배우에 가깝다.

어떤 개념도 더 이상 사용할 수 없는 포스트구조주의적인 시대에, 또한 어떤 예술작품도 더 이상 가질 수 없는 포스트모던한 시대에, 아도르노가 우리에게 제공해준 것은 분명 쓸모 없는 재능으로 보인다. 적어도 아도르노의 글은, 총체성이라는 개념에 적대감을 갖고 있는 사람들에게 이러한 종류의 사고방식이나 해석방식이 갖고 있는 의미나 기능을 가르쳐줄 것이다. 다음에서 필자는 이 문제를 좀더 면밀히 살펴볼 예정이지만, 어쨌든 아도르노가 행한 평생의 작업은 '총체성'이라는 개념과 맞아떨어진다.

아도르노가 현재 정신계라는 주식시장에서 차지하고 있는 위치를 살펴볼 때 필자가 놀란 점은 그의 앙숙인 하이데거(그의 철학에 대해 아도르노는 언젠가 '골수까지 파시스트적'이라고 말한 적이 있다*)와의 비교가 급증하고 있다**는 사실이다. 두 사람의 철학을 이렇게 접근시킬 수 있는 근거는, 그들의 철학이 소비사회에 위협적일 수 있는 모든 것을 뭉뚱그려 중화시켜버린다는 점 이외에도, 아도르노의 개념 중 자연, 또는 소위 비동일적인 것이라는 개념을 둘러싼 신비로운 분위기와 연관된다. 다른 한편 사람들은 프랑크푸르트 학파에서 나타나는 지배의 모티브를 강조하면서 푸코(Michel Foucault, 1926~84)와의 유사성을 성급하게 이끌어내려 한다(자신의 인생을 마감할 시기에야 아도르노를 읽은 푸코는, 자기포기의 순간에서였기는 하지만 어쨌든 이 독일인들과의 유사성을 토로한 바 있다***). 교묘하게 비비꼬인 우회로를 통해 개념이 만든 응어리를 풀어가는 『부정변증법』의 방법은 많은 학자들로 하여금 데리다 해체주의와의 친족관계를 증명하도록 유도했다. 내 생각으로는, 데리다와 마르크스주의와의 '대화'를 위한──양자의 근본 차이를 가볍게 무시하면서──단단한 토대를 만드는 것은 어렵다고 본다. 필자 자신은 다른 곳에서 아도르노의 근본 문제의식이 어떤 의미에서는 데리다보다는 폴 드망(Paul de Man)에 가깝다는 견해를 대변했다.****

---

* *Gesammelte Schriften*, vol.6, Frankfurt, 1976, pp.637~638.

** 예를 들어, H. M rchen, *Macht und Herrschaft im Denken von Heidegger und Adorno*, Stuttgart, 1980 ; R. Bubner, 'Kann Theorie ästhetisch werden?' in *Materialien zur Ästhetischen Theorie*, ed. Lindner und Lüdke, Frankfurt, 1979, esp. p.111.

*** '구조주의와 포스트구조주의'(*Telos*, no.55, Spring, 1983, pp.195~211)라는 제목을 가진 Gérard Raulet과의 인터뷰를 참조하라(in Wiggershaus, p.12). "프랑크푸르트 학파를 좀더 일찍 알았더라면 나는 많은 노고를 덜 수 있었을 뻔했다. 프랑크푸르트 학파가 열어놓은 길을 제대로 밟아갈 수 있었더라면 나는 수많은 헛소리들을 피할 수도, 그토록 많은 우회로들을 밟지 않아도 될 수 있었을 것이다"(역자 첨가).

**** 'Immanence and Nominalism in Postmodern Theory', in *Postmodernism*,

이러한 모든 비교연구에 반대하면서 나는 다음과 같은 주장을 하고자 한다. 아도르노에게서 자연의 이념은 하이데거의 그것과 유사한 것처럼 보이지만——하이데거에서의 존재는 비동일적인 것으로 대체된다——이러한 상황은 아도르노 사상에서 자연사의 이념이 행하는 근본 역할에 주목할 경우 전혀 다른 모습으로 나타난다. 자연사의 이념은 과학에 대해 프랑크푸르트 학파가 취하고 있는 태도에 관한 우리의 진부한 상식(이 학파는 과학에 대해 부정적 입장을 취하고 있다고 보통 생각되어왔다)을 바로잡아줄 것이며, 또한 푸코와 깊은 유사성을 지니고 있다는 착각도 없애줄 수 있을 것이다. 왜냐하면 자연사의 관념 자체가 푸코의 '권력' 개념이 지니고 있는 인류학적이고 이데올로기적인 측면 모두를 제거해버릴 것이기 때문이다. 해체주의와 아도르노가 서로 친족관계를 갖고 있다는 인상은, 하이데거로부터 빌려온 것으로서 애매하기 그지없는 데리다의 '서구 형이상학의 역사'에 근거한 것인데, 여기서 보여지는, 시야를 엄청나게 확장시킨 데서 연유하는 신화적 · 비역사적 경향은 사실 '계몽의 변증법'과 별반 차이가 없는 것처럼 느껴진다.

그렇지만 형이상학이나 동일성이라고 불리는 오류가, 아도르노의 경우에는 점점 더 막강한 힘을 행사하는 사회체계의 효과라면, 하이데

Or *The Cultural Logic of Late Capitalism*, Durham, NC 1990을 참조하라. 프랑스 포스트구조주의와 독일의 다양한 전통들을 비교한 연구 중 분별력이 있으면서 풍성한 자극을 가장 많이 주는 저서는 Peter Dews, *Logics of Disintegration*, London, 1987이다. 데리다와 아도르노에 대해서는 또한 Rainer Nägele, 'The Science of the Other', in *Literature*, vol. II, nos 1~2, Fall-Winter 1982~3, pp.59~79를 참조하라. Perry Anderson은 *Considerations on Western Marxism*, London, 1976, pp.72~73에서 아도르노와 알튀세르 사이의 흥미로운 대비를 보여준다.

66

거의 경우에는 본래적인 진리로부터 점점 더 멀리 떨어져나온 결과—비록 하이데거에게서도 라틴어나 로마제국의 형태를 띤 권력은 저 진리를 시들게 하고 왜곡하고 억압하는 데 일조하기는 했지만—이다. 물론 하이데거의 경우 권력은 현대에서 테크놀로지라는 형태로 되돌아오기는 하지만, 아도르노와는 달리 하이데거는, 오류의 형식들이나 형이상학적 사유의 내적인 강압 내부에 들어 있는 사회적인 것의 편재성에 대해서는 아무 말도 하지 않는다. 어쨌든 독자적인 힘의 실체로서 주체를 설정하고 그 주체의 오류를 강조하는 것은 반드시 관념론에 빠지게 되어 있다.

철학자들의 상호비교에 대한 이러한 필자의 입장을 배후에 깔고, 아도르노의 철학적 텍스트에 대한 필자 자신의 접근방식을 피력하지 않을 수 없는데, 그러한 방식을 불충분하나마 서사적 분석이라고 특징지울 수 있을 것이다. 철학적인 에세이가 문학작품에서 볼 수 있는 서사적 구조를 갖고 있음을 발견한다면—사람들은 우선 쉽게 그것의 개방적(exoteric) 형식이나, 어떤 한 개념이 벌이는 모험이나, 주인공에 해당하는 개념이 그의 적들과 치르는 싸움이나, 수많은 시험과 시련으로 점철된 부분들, 행복한 결혼 같은 철학적인 종합을 떠올릴 수 있을 것이다—이러한 서사적 구조는 좀더 현대적인 또는 '반성적인' 범주 속에서, 즉 재현의 위기에 연관지어 파악하는 것이 좀더 재미있을 것이다. 이 점에서 철학적인 텍스트를 흥미있게 만드는 것은, 그의 '개념'이 어떻게 결말에 가서 승리를 거두는가보다는 오히려 어떤 과정을 통해 또한 어떤 대가를 치르고 자신을 표현할 수 있는 데까지 이르게 되는가이다.

이런 의미에서 '모더니즘'은 무엇인가를 재현할 수 있는 능력에 대한 좀더 심화된 회의이다. 이 말의 궁극적인 의미는 결국 '무엇인가를 말할 수 있다는 사실'에 대한 회의로서 이러한 회의주의는, 지금까지 사물들은 실제로 말해지고 재현되어왔다는 '눈으로 확인할 수 있는 사실'에도 불구하고 재현능력이, 그러한 재현을 가능케 하는 구조나 사전조건, 선거사기, 기만, 사전계략, 말재간에 대한 호기심에 찬 연구에 굴복하고 말았다는 인식이다. 우리가 유념해야 할 것은 그러한 과정 속에서 무엇이 포기되고 말해지지 않은 채 남아 있는지, 무엇을 속이고 있으며 무엇이 잘못 재현되고 있는지에 대해 냉정한 분석과 평가를 내려야 한다는 것이다.

그렇지만 모더니즘에서는 지시물 자체가 아직 살아 있으므로—비록 문제성은 있지만—말하는 주체의 가능성(혹은 그것의 구조적인 불가능성)은 아직 객체의 구조로부터 동떨어지지 않은 채 논의될 수 있었다. 이것을 지금의 연구에 적용하면 아도르노 자신의 모더니즘과 필자가 제시한 접근방식 사이에는 일종의 '예정조화'가 존재하고 있다고 말할 수 있을 것이다. 다른 말로 표현하면, 아도르노 자신이 철학적 글쓰기의 본질을 언어적 실험이나 재현(Darstellung), 형식만들기라는 것을 분명히 자각하고 있었으므로 그의 작품 또한 같은 방식으로 관찰하는 것은 흥미로울 뿐만 아니라 적절하다는 것이다. 그렇지만 그 다음 필자는 관찰된 것을 다시 한번 교정해야만 할 것이다. 아도르노 또한 하나의 '스타일'을 가지고 있고 필자도 종종 그런 식으로 말해왔지만(이것은 자신의 문제가 역사적이고 객관적인 범주를 다루고 있다고 생각한 '근대의 대가들'에게도 마찬가지로 해당된다), 그럼에도 불구하고 필자가 제안한 독서방식을 단순히 문학적인 것—제한적이고 속화된 의미에서—으로 치부해버릴 수 있다고 생각하지는 않는다.

아도르노의 모더니즘은 포스트모더니즘 텍스트에서 볼 수 있는 도박적인 유희에 자신의 텍스트가 동화될 위험을 사전에 봉쇄하고 있다. 이 문장에 담긴 뜻은 즉 언어나 형식면에서, 확정할 수는 없지만 그 어떤 진리의 이념이 계속 문제되고 있다는 것이다. 심미적인 모더니즘에서 언어를 통해 구성될 수 있는 것에는—비록, 침묵으로부터 빠져나오기 위한 언어의 싸움뿐 아니라, 발화형식이 갖는 척박한 속성이나 주제화와 물화의 위험에서 빠져나오려는 싸움, 그리고 어떤 특정한 지점에서 시작을 하고 끝을 맺어야 할 필요성 또는 전통으로부터 이런 저런 척도를 끌어들일 필요성이 빚어내는 피할 수 없는 (또한 형이상학적인) 환상과 왜곡으로부터 빠져나오려는 싸움을 통해서이기는 하지만——어쨌든 진리성이 부여되는 것이다. 그러므로 이 책이 지니는 심오한 사명은, 아도르노 자신이 그의 특수성 속에서 변증법 자체와 구별 불가능한 지경에 이르는 정도와 비슷한 정도로, 변증법에 대한 찬미와 연관된다. 이것은 오늘날 최소한 그 어떤 참신성을 지닐지도 모른다.

이러한 상황은, '후기 마르크스주의'(Spätmarxismus)라는 오래 전부터 사용되어온 독일어 표현을 영미의 독자에게 내놓은 이 책의 제목에도 타당할 것이다. 이 제목은 무엇보다 위에서 발전시킨 시사점, 즉 마르크스주의도 여타의 문화현상들처럼 사회경제적 문맥에 따라 변화한다는 사실을 날카롭게 부각시킬 것이기 때문에 유용할 것이다. 제3세계 국가에서 필요한 마르크스주의는, '선진' 국가들의 다국적 자본주의는 말할 것도 없고, 이미 쇠퇴일로에 있는 사회주의를 일컫는 마르크스주의와도 사뭇 다르리라고 주장하는 것이 터무니없는 것은 아닐 것이다. 다국적자본주의조차 물론 심히 '불균등'하고 '비동시적'이라 할 때, 다른 종류의 마르크스주의 또한 여기서 여전히 충분한 의미를 지니고 있을 것이다. 그렇지만 이 책은 아도르노의 마르크스주의나, 지금 우리의 독특한 '후기' 자본주의 또는 제3단계에 들어선 자본주의를 해석할 수 있는 그의 독특한 능력이 갖는 각별한 중요성을 다루고자 한다. 여기에 담긴 의미로서 아예 없는 것보다는 나중에라도(better late than never)라는 여전히 항상 타당한 모토보다 더 극적인 것은 없을 것이다.

제 1 부

개념의 곤혹스러운 매력

1 동일성과 반(反)동일성

아도르노에 관한 오해 중 가장 널리 유포되어 있는 두 가지는 그를 포스트마르크스주의자로 보는 것과 포스트모더니스트로 보는 것이다. 아도르노를 포스트모더니스트로 보는 두번째 견해는 결론 부분에서 다룰 것이다. 아도르노를 포스트마르크스주의자로 보는 견해는 아도르노의 중심 모티브인 비동일성 개념을 잘못 이해한 데서 비롯된다. 다음에서 상론하겠지만, 이 비동일성 개념에 주목한 연구들이 이 개념을 물화시켜 일종의 철학 프로그램으로 만듦으로써 온갖 부당한 결론들을 도출해왔던 것이다.

아도르노는 통상적인 의미에서의 동일성 철학자는 아니지만 그럼에도 불구하고 동일성의 철학자다. 『계몽의 변증법』이나 『부정변증법』은 동일성의 개념—통상적인 의미와는 다르겠지만—과 함께 시작하는데, 그 이유는 이 개념이 '계몽'이나 '학문'이라는 용어처럼 '개념'과 '체계'의 문제를 자신의 내부에 완전히 포용할 수 있기 때문이다. 그렇다고 동일성의 철학을 쓰는 것이 동일성을 찬양하거나 동일성의 대변자로 나선다는 의미는 결코 아니다. 프랑크푸르트 학파를 '이성 비판'의 전형으로 간주하는 데서 알 수 있듯, 이 학파는 사실 경제 체계에 의해서뿐만 아니라 '서구 학문'에 의해 강요된 세계의 규격화를 체계적으로 탐구했던 것이다. 『부정변증법』은 동일성이라는 이 기본적인 개념적 전제를 통해 접근되어야만 하는데, 이러한 전제는 철학이 처한 절대적이며 모순된 상황을 구성할 뿐 아니라 그책의 개별 장들이 펼치는 온갖 지엽적 논쟁을 만들어낸다.

『부정변증법』 이전에 이미 『계몽의 변증법』은, 동일성을 매개—이매개는 무엇보다 일상생활의 '실존적인' 물적 토대를 포함하는데 그중에 유명한 것은 모든 대중문화에 동일성의 인장을 찍는 과정이다—의 형식을 통해서나 접근 가능한 것[1]으로 만듦으로써 이 개념의 운명에 쐐기를 박았다. 『계몽의 변증법』은 비체계적인 단편(斷片)—의도적으로 그렇게 만든 것이지만—이기 때문에 이 책은 대체로 『계몽의 변증법』을 하나하나 떨어져 있는 삽화로서만 인용하겠지만 나중에 가면 그 책이 드러낸 문화의 관념, 반유대주의에 대한진단이나 자연사의 관념으로 돌아가게 될 것이다.

그렇지만 동일성이라는 개념에 대한 철학적 분석을 이제 막 시작하려는 지금의 시점에서는, 우리가 매일의 일상생활에서 대하게되는 이 개념의 얼굴을 살펴보는 것이 요긴하다. 동일성이 일상생활 속에서 갖는 얼굴이란 바로 반복 그 자체, 비슷한 것이 끊임없이 되풀이되는 것, 그로 인해 우리 마음이 갖게 되는 **황량함과 지루함**—다른 말로 표현하면 노이로제—이다. 아도르노는 프로이트(Sigmund Freud, 1856~1939)의 노이로제 개념을 매우 제한된 의미로 사용하는데, 이러한 사용방식은 어떤 맥락에서는 엉성하고 구태의연하게 보이지만 어떤 때는 분석의 새로운 차원을 열어주기도한다. 이러한 맥락에서 노이로제란 단순히 자아가 자신의 내부에 지루하게 갇혀 있는 상태로서 그러한 자아의 감수성은 새로움이나 예

---

1) 우리는 동일성이나 총체적 체계 안에 갇혀 있기 때문에 그것을 직접 볼 수는 없다는 것.

기치 않은 사태가 가져다주는 공포에 질려 마비되어 있기 때문에 자아는 자신의 천편일률성을 어디를 가든 달고다녀야 비로소 보호받고 있다는 안정감을 느낀다. 노이로제에 걸린 그러한 자아의 손은 무엇을 만지든 그 손이 이미 알고 있는 것 이외에는 아무것도 만날 수 없다. 이러한 노이로제 관념에 마주칠 때 당장 솟구치는 의구심은―단순히 심리학적 관심이라고만은 할 수 없는―새로움과 당당히 맞서고 새로움에 열려 있거나 그 이상이 되기 위해 자아는 어떠한 능력을 갖추어야 하는가의 문제이다. 다시 말해 그러한 새로운 힘은 어떠한 힘이고 무엇을 닮았으며, 또한 정의내릴 수도, 상상할 수도, 예견할 수도 없는 그 무엇, 지금까지의 경험 안에는 비슷한 어떤 것도 비축되어 있지 않은 그 무엇을 상상하고 개념화하기 위해 어떻게 해야 하는가의 문제인 것이다.

이러한 의문을 품을 때 자신의 '동일성' [2] 내부에 철저히 갇혀 있는 노이로제에 걸린 자아의 이미지와 반대되는 대항 이미지―신기루에 불과할 수도 있겠지만―는 무엇일까? 그것은 절대적으로 새로운 무엇이 끊임없이 흘러가는 것, 결코 두 번 다시 되풀이될 수 없는 거대한 흐름, 누가 주체이고 누가 객체인지 상상하는 것은 불가능하고, 다만 어떤 표지도 이정표도 없으며 상처를 핥으며 잠시의 평화와 휴식을 취할 좁은 틈새마저 허락하지 않는 완전한 차이들이 주는 공포와 기진맥진만을 상상할 수 있는, 들뢰즈(Gilles Deleuze, 1929~95)가 영원한 변화의 유전(流轉 : flux)이라고 부른 저 거대한 탁류를 상상해봄으로써 언뜻 떠올려볼 수 있을지도―어떠한 재현이

---

2) 아도르노의 철학이나 이 책에서 동일성은 매우 널리 쓰이는 근본 개념이나 이 경우처럼 좁은 의미의 자아동일성으로도 많이 쓰인다. 이 경우는 아이덴티티 또는 정체감이라는 용어를 사용하는 것이 보통이지만 이 역서에서는 혼동을 피하기 위해 대체로 동일성이라고 번역한다.

나 기술도 거부하겠지만—모른다. 우리의 보호벽을 떠나 동일화할 수 없는 이 공포스러운 탁류에 송두리째 몸을 던지는 것은 물론 포스트모더니즘의 윤리관이 만들어낸 가장 위대한 환상이고 이미지면서, 동시에 정신분열적인 영웅에 잘 어울리는 이미지다. 왜 포스트모던한 사회공간이, 타자나 타자성을 몽땅 성공적으로 추방해버린, 역사상 어떤 관료적 사회보다도 규격화되고 획일화된 이 사회가 정신분열적인 차이들이 난무하는 탁류로 그려져야 하는가의 문제는 또다른 곤혹스런 질문으로서 그러한 질문은 사회학적—아도르노가 우리에게 던져준 훨씬 복잡한 개념인 변증법의 개념으로 이 단어를 대체할 때까지 우리는 이 용어를 잠정적으로 사용하고자 한다—으로만 대답이 가능할지 모른다.

자신의 내부에 갇힌 자아와 원초적 흐름에 한없이 내맡겨진 자아를 극단적으로 대치해 보는 것은 인류의 역사 속에서 우리에게 좀더 친숙한 매일의 일상적 모습을 띠고 나타나는 수없이 다양한 타협 형태들의 '기능'을 파악하는 데 유용하다. 우리가 손쉽게 만날 수 있는 보통의 '심리적 동일성'을 구성하는 이러한 타협 형태들은 경험 속에 침전되는 것들을 견딜 만한 것으로 만들기 위해 극도로 새로운 무엇을 걸러내버림으로써 우리로 하여금 살아 있는 한 동일한 자아로 남아 있음을 스스로에게 확신시키려 한다. 이에 따라 자아의 개인적 의식은 자신이 겪은 온갖 모험과 굴절에도 불구하고 어쨌든 자기자신으로서 동일하게 남아 있으며, 새롭게 떠오르는 태양은 아무리 장소가 바뀌더라도 옛 이름을 그대로 간직하면서 아무리 멀더라도 여전히 친숙한 대상세계를 열어주리라고 느낀다. 그리하여 개인적 동일성이라는 좀더 넓은 의미에서의 자아는 방어메커니즘일 뿐만 아니라 실천과 생존을 위한 도구이며 무기가 되는 것이다.

아도르노에게서 인류학이나 사회심리학은 주변 분야에 불과하지만 그는 이 분야 또는 심리적 주체의 문제를, 잠시 후 보게 되겠지만,

지금까지와는 다른 방식으로 개념화한다. 그렇지만 여기서 잠시 멈추어서, 앞에서 본 논의와 연관하여 사유가 처한 상황이 어떠한 특징을 가지고 있는지 살펴보는 것이 필요하다. 이 상황이란 아도르노의 실천이 그리고 있는 어떤 철학적 이상(理想)뿐만 아니라 아도르노의 독특한 미학적 제한들이 그 자신에게 갖는 의미와 연관되어 빚어내는 상황 내지 딜레마를 의미한다.

개념이 사물을 똑같은 것이나 '동일한 것'으로 파악하고 이러한 파악은 다시 개념화하는 정신에게로 돌아와 정신에마저 '동일함'이라는 인장을 새겨놓게 될 경우, 사유가 벌이는 싸움은 적어도 사유의 역사의 어떤 단계에 들어서게 되면, 동일성이라는 장벽을 뚫고나가 동일성에 의해 배제된 무엇에 도달하기 위해 동일한 것이 끝없이 순환되는 논리의 밑둥치를 파헤치려 들게 된다. 나는 동일성에 의해 배제된 무엇, 즉 '비동일적인 것'을 기술하기 위해 타자나 새로움이라는 용어를 사용하고자 한다(이 모든 논의를 또다시 이원주의에 떨어지게 만드는 실재나 지시물이라는 관습적인 용어는 피하고자 한다. 아도르노에게 있어서 개념은 다른 모든 것들처럼 실제적인 것이었다). 그러나 우리는 개념을 통해 새로움이나 타자의 경험에 도달해야만 한다. 이러한 아도르노의 입장은 비합리주의자에 대한 하버마스의 비판에 가장 접근하는 것으로서, 아도르노는 여러 형태의 직관주의자들—베르그송(Henri Bergson, 1859~1941), 후설(Edmund Husserl, 1859~1938), 어떤 의미에서는 하이데거까지 포함되는—에 등을 돌리고 이러한 비합리주의자들의 시도가 개념을 포기한 채 '실재'와의 좀더 직접적이고 무매개적인 접촉을 시도하는 경향이라고 낙인찍는다.[3] 그렇지만 통상적인 경우 우리를 동일성이라는 감옥

---

3) "현재의 역사적 수준에서 볼 때 철학은 헤겔이 철학의 전통에 부합되게 무관심을 표명한 곳, 즉 플라톤 이래 무상(無常)하고 중요하지 않은 것으로

속에 가두어놓는 경향이 있는 개념이 차이와 새로움에의 접근을 가능케 하는 열쇠 역할을 할 수 있을까?

사유는 자신의 고유한 법칙성 속에 머물러 있는 것만으로는 충분하지 않다. 사유는 자신을 포기하지 않고도 자신을 거역하는 방향으로 나아갈 수 있다. 변증법에 대한 정의가 만약 가능하다면 이런 식으로 정의해보는 것은 해볼 만하다(『부정변증법』, 144/141/216).

폐기처분당하고 헤겔에 의해서는 게으른 존재라는 딱지가 붙여진 '개념 없는 것', '개별적인 것', '특수한 것'에 진정한 관심을 보인다. 철학의 주제는, 철학에 의해 '필수불가결한 것이 아닌 것', '무시해도 좋은 양'으로 전락된 질(質)들이다. 개념에게 절박하게 문제되는 것은 개념이 도달하지 못하는 곳, 개념의 추상화 메커니즘이 배제해버린 것, 개념의 단순한 실례에 불과한 것이 아닌 것이다. 철학 분야에서 '현대성'을 추구했던 베르그송과 후설은 이러한 사실을 지각했지만 개념 없는 것이나 개별적인 것 앞에 이르러서는 전통적인 형이상학으로 돌아가버리고 말았다. 베르그송은 비개념적인 것을 위해 무리하게도 인식의 다른 유형을 구상해냈다. 이로써 변증법적 묘미는 무차별적 삶의 흐름 속에서 씻겨나가고 만다. 후설은 본질 인식의 방식을, 일반화하는 추상과 엄격히 대립시켰다. 그는 특수한 것으로부터 본질을 파악해낼 수 있어야 하는 특유한 정신적 경험을 염두에 두었다. 그런데 그런 경험이 적용된 본질은 흔한 보편개념들과 아무 차이도 없었다. 실제로 마련되는 본질직관들과 그것의 목표 사이에는 현격한 부조화가 존재한다. 두 사람의 탈출시도는 관념론에서 벗어나지 못했다. 후설도 베르그송도 주관적 내재성의 언저리에 머문다."베르그송이 시간 개념을 이중화한 것은 시간 자체의 무의식적 변증법의 일부이다. 그는 지속적 시간(temps durée) 내지 체험된 지속의 개념에서 살아 있는 시간경험과 아울러 이의 내용적 계기를 이론적으로 재구성하려 시도했지만 변증법적 개념으로 넘어가지 못했다. 또 점증하는 의식의 물화에 대한 혐오로 인해 그는 역동적 계기를 마치 의식의 한 형태인 것처럼 절대화시켰던 것이다."

그러므로 이것은 건강한 상식의 리얼리즘이라는 가면을 쓰고 매일 매일의 일상생활을 지배하고 있는 전통적인 철학 범주들을 폐기하는 사태가 아니며, 직접적인 직관, 새로운 유토피아적 개념들, 신논리주의처럼 개념과 개념의 동일성이라는 철창으로부터의 탈출을 허용하지도 않는다. 그렇지만 '개념이 어떻게 자신과 반대되는 방식으로 사용될 수 있는가'의 문제는 나중에 살펴보겠지만 아주 까다로운 문제이다.

어쨌든 현재로서 개념에 의해 억압되고 있는 무엇인 새로움의 또다른 특성은 이러한 딜레마가 어느 정도는 미학적 성격을 띠고 있음을 환기시킨다. 이러한 딜레마는 무엇보다도 소위 모더니즘의 영역 속에 자신의 독특한 심미적 · 예술적 등가물을 가지고 있는데 이에 대해서는 나중에 다른 연관 속에서 상세히 논의하게 될 것이다.[4] 지금으로서는 좀더 전통적인 언어미학적 구조에 대한 아도르노의 관심이 갖는 중요성에 초점을 맞추는 것이 좋을 듯하다. 이 언어미학적 구조란 서사시를 일컫는데——아도르노가 서사시에 관한 이론을 전개했다는 사실조차 별로 주목받고 있지 못하지만——이에 대한 아도르노의 이론을 몇몇 저서로부터 이끌어낼 수 있다. 암묵적인 서사시 이론은 『계몽의 변증법』에서 발견되는데, 「오디세이에 관한 부언설명」은 신화의 불변성으로부터 어떻게 서사적 언어나 서사적 서술방식이 나오게 되었는가를 암시적으로 보여준다. 좀더 명시적으로는 『문학노트』(Noten zur Literatur)에 실린 두 개의 탁월한 에세이에서 발견된다. 그 중 하나는 「서사적 순진성」(On Epic Naïveté)이며 다른 하나는 횔덜린(Johann Christian Hölderlin, 1770~1843)의 후기 서정시에 관한 방대한 에세이인 「병렬적 서술」(Parataxis)——이 에세이

---

4) 325~326쪽(새로움의 경험은 곧 심미적 경험), 328~329쪽(새로움과 유명론), 370~381쪽(새로움과 생산력), 403쪽을 참조하라.

는 이 시에 관한 하이데거의 유명한 해석에 대한 사명감에 찬 반론
으로 간주할 수도 있다——이다.

아도르노는, 병렬적 서술이란 동일한 범주를 사용한 에리히 아우
어바흐(Erich Auerbach, 1892~1957)의 영향력 있는 서사시 분석
에 대해서는 알지 못했던 것 같다. 아우어바흐가 의미하는 병렬적
서술은, 그리고……그리고……그리고……로 연결되는 서사시의
부가적(additive) 시간과 좀더 선후관계와 인과관계를 고려해 종합
을 꾀하는 시간이 벌이는 불안정한 갈등 속에서 하나의 계기를 이루
는데, 후자에서 나오는 서술방식이 종속적 서술(hypotaxis)이라면
전자에서 나오는 서술방식이 병렬적 서술이다. 그 전거로 아우어바
흐는 구약성서와 호머의 서사시를 대비시킨다.*

이 두 주석가들은 물론 서사적 시간의 정지상태——이러한 시간은 일
련의 고립된 순간들 속에서 극적인 장면에 매료당해 움직이지 않는,
'스스로의 내부에 침잠한' '고요한 평정'을 보여준다——에 관한 전
통적 견해를 공유하고 있다. 그렇지만 아우어바흐는 이러한 서사적
문장들이 단순한 병렬적 흐름의 완전한 규칙성 속에서 전개된다고
가정한다면, 아도르노는 이 문제에 관해 앞에서 본 바와 같이, 동일
한 것의 신화적 반복이 중단되면서 새로운 계기나 시간적 변화가 생
산된다는 관점을 내놓고 있다는 것이 놀랄 만한 일은 아니다. 초점

---

* Sabine Wilke는 병렬적 서술로 이루어진 작품이 근본 구조상 가질 수밖에
없는 모호성을 예리하게 지적했다. "Kritische und Ideologische
Momente der Parataxis : Eine Lekt re von Adorno, Heidegger und
Hölderlin", *Modern Language Notes* 102(3), April 1982,
pp.627~647, esp. p.646. 비슷한 논의로는 고전적 파라탁시스에 관한
Empson의 글도 참조할 수 있을 것이다. "the Homeric but where one
expects 'and'"——in *Some Versions of Pastoral*, New York, 1960,
p.136.

은 한편으로, 겉보기에는 태양계처럼 중심을 싸고도는 안정된 단자 (單子 : monad) 같은 문장들을 텍스트 내의 좀더 큰 구문이나 시간 관계에 연결시켜주는 역할을 하는 비자율적 접사(接詞)나 연결사(連結詞)에 맞추어지며, 다른 한편으로는 분리된 문장들을 필사적으로 좀더 큰 시간성 속으로 묶어주는 역할을 하는 요소들, 즉 앞에 나온 것들을 환기시키거나 주제를 반복하는 요소들에 집중된다.

아도르노의 텍스트 독해는 '그리고'와 같은 그러한 연결사들의 평정한 논리보다는 문장에 굴레를 씌우는 폭력 또는 '그러나', '그렇지만', 횔덜린의 '말하자면'(nämlich)과 같은, 보통 같으면 단순한 기능어에 머물 만한 단어들의 의미가 갖는 서사적 비논리에 주목한다. 연결성을 만들어내면서 그 연결성을 동시에 부정해버리는 이러한 단어들의 비논리적 의미는 서사적 방식의 특수성을 전면에 부각시키며, 흔히 서사시의 특징이라고 할 수 있는 동일한 것의 안정적 재생산이나 순환적인 반복성의 내부에 새로움이나 단절을 고의적으로 집어넣는다. 그러나 실제로 이러한 반복성이란, 서사시가 해체하거나 극복하고 싶어하는, 훨씬 더 심층부에 자리잡고 있는 신화적 세계의 특징적 경향이다. 이러한 독특한 고전적 통사론은 모더니즘의 좀더 노골적인 형식적 장치나 해결책일 뿐 아니라 아도르노 철학의 상용 수법으로 간주해도 좋을 것이다. 특히 죽음이 아무런 떨림도 없는 평화로운 호머의 언어에 기록되는 독특한 방식——『계몽의 변증법』의 오디세우스에 관한 장은 결론부에서 하녀의 끔찍한 처형장면을 언급한다[5]——을 『부정변증법』 자체의 몇몇 궁극적 목표들과 견

---

5) "줄지어 매달린 하녀들은 '발을 약간 버둥거렸지만 오래 가지는 않았다'라고 보고하는 시행이 나온다. 오디세우스가 탈출해 나온 영역으로 떠밀린 피지배자들의 최후의 경련에 관한 의정서를 기록한 것이다. 교수형에 대해 심사숙고한 시민인 호머는, 그러한 끔찍한 장면이 오래가지는 않고 잠깐 동안이었으며 그리고는 모두 끝나버렸다고 자신과 독자들을 위로한다."

주어보는 것도 흥미로울 것이다.

'그렇지만' 우리는 이제 개념의 문제, 특히 스스로의 꼬리를 물고 돌고도는 다층적 개념인 아도르노의 '동일성'이라는 용어로 돌아와 야만 한다. 이러한 다의적 기능은 예전의 철학 속에서 비슷한 전거 를 찾을 수 있다.

근대 철학의 역사 속에서 동일성이라는 개념은 몇 가지 의미를 지녔다. 예를 들어 이 단어는 개인적 의식의 통일성을 지칭한다. 즉 '나'는 자아가 겪는 경험 전반을 통해 동일한 것으로 유지된다는 것이다. 이것은 칸트(Immanuel Kant, 1724~1904)가 '나는 그것 이 나의 모든 생각들에 동참할 수 있어야 한다고 생각한다'고 말 할 때의 의미이다. 그 다음으로 동일성이란 이성을 부여받은 존재 속에 있는 동일한 법칙, 즉 논리적 보편성으로서의 사유를 의미한다. 이러한 동일성은 모든 사유대상의 자기동일성, 즉 간단히 말해 A =A라는 것을 포함한다. 마지막으로 이 단어가 갖는 인식론적 의 미는, 주체와 객체는 아무리 매개되어 있을지라도 결국은 일치한다 는 것이다. 처음의 두 의미층은 칸트에게서조차 엄격하게 분화되 지 않는다. 그렇지만 이것이 부주의한 언어사용 때문에 초래된 것 만은 아니다. 오히려 관념론에서 동일성 개념은 심리적 계기와 논 리적 계기가 분별되지 않는 영역을 지칭한다고 보아야 할 것이다 (『부정변증법』, 145 주/142 주/217 주).

이로써 동일성이라는 개념이 겪을 수밖에 없는 현격한 의미 변화 는 이 인용에서 이미 하나의 차원, 즉 이제 막 형성되고 분화되는 분과영역이나 기호들의 인식론적 공간을 지칭하게 된다(이런 점에서 '법칙적'(gesetzlich)——이 용어를 글자 그대로 영역하면 'lawful'에 해당되는데 여기서는 이성 자체의 개념적 규칙성과 통일성을 의미한다──이라는 표현을 사법 내지 입법적 차원 자체의 출현, 즉 '법적 인' 주체의 동일성을 암시하는 것으로 파악해도 무방할 것이다. 이 러한 측면이, 아도르노 자신은 이에 대해 특별히 주목하지 않았지 만, 오늘날의 우리에게는 가장 큰 관심을 끄는 부분이다). 궁극적인 차원인 경제적 차원은 아직 여기서는 드러나지 않지만, 적절한 때와 장소가 되면 이 차원이 부각될 것이다.[6]

이로써 우리는 어느 정도 동일성의 심리적 차원(주체의 통일성)으 로부터 진정한 논리적 차원으로 옮겨가게 되는데, 이 차원에서 비로 소 처음으로 동일성과 비동일성이라는 아도르노의 중심적인 공간이 시야에 들어오게 된다. 이 차원은 바로 '개념'이 문제되는 공간이 다. 개념(Begriff)은 헤겔[7] 또는 벤야민이 『독일 비극의 기원』(*The Origin of German Tragic Drama*)에 붙인 유명한 글인 「인식론 비 판 서문」(Epistemo-Critical Prologue)에 나온 이념(Idee)과는 매우 다르다. 벤야민의 이 서문은 아도르노가 처음 철학을 시작했을 때뿐 아니라 훗날의 『부정변증법』에서도 최고의 중요성을 갖는 텍스트인 데 우리는 이 글에 대해 나중에 다시 언급하게 될 것이다.[8]

어쨌든 아도르노 철학의 틀 속에서 '개념'은 엄청나게 다양한 실 재의 대상들을 동일한 용어나 관념 밑에 포섭하는 강력한 동일성의 형식이다(이 과정에서 대상들은 모두가 제각각 분리해서 존재하기 때문에 서로 구별되는 것으로 정의된다). 그러므로 개념의 우위는, 전(前)개념적 사유의 특징인 순수한 이름들의 범람으로부터 어렵게 추상화를 쥐어짜내어 보편적인 것들을 존재하게 만드는 역사적 순간 을 포함하게 된다. 그렇지만 레비스트로스는 전(前)개념적 사유를

---

6) 동일성은 곧 교환의 논리라는 것. 88, 96~97쪽을 참조하라.
7) Georg Wilhelm Friedrich Hegel(1770~1831).
8) 139쪽을 참조하라.

지각에 의해 조종되는 질적인 과학('야생적 사고')으로 간주하며 아
도르노의 경우도 계몽이라는 역동적 힘은 어떤 출발 시점도 갖지 않
는 과정이었다는 점을 상기할 때,[9] 서구 철학사에서 개념의 우위가
주술적인 이름붙이기와 아주 다르다고 보기는 어려울 것 같다. 그 이
유는 양자가 모두, 자연에 대한 지배를 보장하고 자연상태의 '화려
하고 어지러운 혼돈'을 그토록 많은 추상의 그물 속에 가두어놓는다
는 의미에서 '계몽'의 형식들이기 때문이다.

　그런데 개념은——어떤 개념이든——그것이 사물 또는 자신의 대상
과 일치한다고 확신한다. 이러한 관계가 어떻게 이루어지는가의 문
제는 개념이 사물의 내적 진리를 대변한다는 생각으로부터 어쨌든
개념은 대상과 '비슷하다'는 생각에 이르기까지 광범위한 인식론적
환상을 포함한다. 사실 디킨스(Charles Dickens, 1812~70)의 인물
들——"월터, 만약 당신이 저 남자를 강어귀로 데려가 그 위에 떠 있
는 부표(浮漂)를 보여주면서 그것에 대한 그의 의견을 묻는다면 그
는 그것이 아저씨의 조끼단추가 그렇게 보이지 않는 것만큼이나
부표처럼 보이지 않는다고 대답할 것이오"——처럼 대상과 전혀 다
른 개념들을 만들어내는 철학자의 역량을 찬양하는 사람들은 아주
드물다.

　이런 의미에서 극단적인 비동일성을 바탕으로 인식론을 전개하는
알튀세르가 우리에게 "설탕의 개념은 달지 않다"는 것을 지겹도록
상기시키려 드는 것은 당연하다. 그러나 이렇게 상기시키는 충격요
법이 갖는 치료효과는 그리 오래가지 않을 것이다. 나의 육감으로
는, 단맛의 속성을 개념적으로 파악하려 드는 사람은 결국 정신의
승리란 단맛을 사유의 일부로서 정신의 내부에 합병시키는 데 있다
는 사실을 스스로에게 설득할 것이다.

---

9) "신화는 이미 계몽이었다"라는 명제를 상기할 수 있다.

이러한 실패는 단순히 정신이 허약하기 때문에 또는 낡은 철학적 이데올로기나 인식론에 집착했기 때문에 초래된 것만은 아니다. 이러한 실패는 전혀 반대로 개념 자체의 탓으로 돌려질 수 있다. 그 이유는 개념의 역동성은 온통 자신이 주체와 객체를 통일시키고 그러한 통일성을 끊임없이 강화하고 있다는 느낌을 확인하고 영속시키는 데 있기 때문이다. 아도르노는 여전히 이데올로기나 허위의식이라는 용어를 사용하지만 가끔은 개념과 사물이 동일할 수 있다는 근원적 환상 자체가 이데올로기의 강력한 형식이라고까지 말한다. 이에 관해서는 다음과 같은 아도르노의 정의가 있다.

이데올로기가 항상 명시적으로 관념철학의 형식을 취하는 것은 결코 아니다. 이데올로기는 개념과 사물의 암묵적인 동일성 속에서 무엇인가를 제1자로——그 내용이 무엇이든——설정함으로써 자신의 비밀스런 과업을 수행한다. 그런데 개념과 사물의 동일성을 설정하는 것은 어떤 이론이 의식의 존재구속성을 설교하려 들 때조차, 있는 그대로의 세계를 정당화하게 된다(『부정변증법』, 50/40/99).

제1자의 문제에 대해서는 나중에 철학적 '재현'이나 글쓰기의 형식에 관한 아도르노의 견해를 다루는 부분에서 다시 언급할 것이다.[10] 그렇지만 머리를 한 번 더 돌려보면 앞의 인용 속에는, 개념과 사물의 동일시가 암묵적으로——또한 종종 명시적으로——개념은 곧 사물이라는 우리의 믿음 또는 개념이 마치 실세계의 사물인 양 우리가 그 속에 살고 있다는 착각을 초래한다는 사실을 암시하고 있

---

10) 개념의 체계를 세우는 것을 거부하고는 미메시스나 구도를 통한 글쓰기를 일컫는 것으로 보인다. 135, 139, 150쪽을 참조하라.

음을 알 수 있다. 이 지점에서 우리의 주목을 끄는 용어는 '물화' 라는 단어이다. 동일성이라는 아도르노의 중심동기 또한 마르크스 (Karl Heinrich Marx, 1818~83) 이래의 물화 비판이라는 전통적 장치의 변주라는 사실을 입증하기는 어렵지 않지만 동시에 이것은, 틀에 박힌 통속 마르크스주의나 이들의 물화이론에 대한 그의 비방을 상기하면 역설적으로 들린다.

그렇지만 그러한 문맥 뒤에는 두 가지의 당혹감이 숨어 있는데 그하나는 형식적인 것이고 다른 하나는 내용적인 것이다. 사물과 대상속에 있는 삶을 가능케 해보려는 목적을 띤 아도르노의 유물론은 물화라는 슬로건을 비방의 도구로 사용할 때 일종의 도덕적 유심론 (moralizing spiritualism)으로 느껴진다. 여기서는 마치 모든 물질적인 장식물을 벗어던지는 것이 바람직한 것처럼 보인다! 특히 현대예술에서 볼 수 있는 물화에의 충동은 필수적인 것으로 여겨지며 긍정적으로 평가된다.[11] 그러나 이것을, 헤겔이 소외와 대상화를 혼동했다는 마르크스의 비난을 다시 역전시킨 것으로만 보는 것은 사태를 너무 단순화하는 것이다. 왜냐하면 아도르노의 관점은 이 문제를 역사화하면서 상품생산의 좀더 강화된 영향으로서의 물화가 곧 현재의 소외되지 않은 대상화라고 보기 때문이다.

그러나 형식적인 면에서 볼 때 '물화' 라는 용어에 의해 제기된 문제는 색다른 종류의 문제로서, 나중에 개별 사례들을 뒤지게 되겠지만, 이 문제는 국지적 타당성밖에 갖지 못하는 개별상황에 대한 특수한 설명모델을 근본적이고 자립적인 이데올로기 내지 인류학적

---

11) "예술작품은 물화와 그 죽음의 원칙에 미메시스적으로 자신을 내맡긴다. 비소를 섞지 않는다면, 즉 잠재적으로 살아 있는 것을 부정하지 않는다면 문명의 억압에 대한 예술의 항의는 무기력한 위안물이 될 뿐이다." 예술작품과 물화의 관계는 3부 3장 '물화' 를 참조하라.

'이론'으로 '테마화'하는 바람직하지 못한 상황을 초래한다. 이에 따라 내용과 형식은 모순에 빠지게 되는데, 그 이유는 형식이 근본적으로 자율적 메시지를 전달하려 들기 때문이다. 간단히 말해서 아도르노는 물화의 개념 자체가 너무나 자주 물화된다거나 최소한 너무 쉽게 물화될 수 있다는 (적절한) 이의를 제기한다고 볼 수 있을 것이다. 이 경우에 아도르노 비판의 특징은 그가 물화이론 속에 있는 진리의 계기를 빌려 '물화'를 비판한다는 것이다.

동일성의 기능은 지배와 억압의 계기를 통해 특징지워진다는 상황에 의해, 동일성이라는 개념 자체로부터 동일성에서 배제된 것들을 소극적으로 암시하는 대안적 내지 보충적 묘사가 생겨난다. 고전적 변증법조차—여전히 동일성을 중심으로 조직되어 있기 때문에—"의심할 여지없이 경험의 질적 다양성을 희생한다는 쓰디쓴 대가를 치러야만 한다"(『부정변증법』, 18/6/59). 헤겔은 여전히 낡은 동일성철학의 전통 위에서 "플라톤(Platon, BC 427?~BC 347) 이래 무상(無常)하고 중요하지 않은 것으로 폐기처분당하고 헤겔 자신 '게으른 존재'라는 딱지를 붙인, 개념 없고 개별적이고 특수한 것"(『부정변증법』, 20/8/61)에 대해 무관심하다. 이 인용이 암시하고 있는 것은 개념성에 들어 있는 금욕적 자제나 체념 그리고 바로 이러한 체념에 대한 '원한감정'으로서, 이러한 태도는 아도르노의—동일성의 억압적 기능에 국한되지 않는—전형적인 특징일 것이다. 다른 곳에서는 "언어의 육체를 죄악시하는"(『부정변증법』, 66/56/118) 전통철학자들의 수사학에 대한 혐오감이 드러난다.

욕망과 억압의 언어가 가느다란 고음으로 새어나오듯, '비동일성'의 특징을 통해 동일성의 본질에 접근하는 이러한 계기는 우리에게 익숙한 많은 포스트구조주의의 주제들과 아도르노 사상 사이에 존재하는 친화성을 드러내준다. 우리는 이미 전술적인 목적에서 들뢰즈적 유전(流轉 : flux)을 떠올렸었다. 여기서 나오는 '타율성'(heterogeneity)이라는 단어가 자신의 온갖 이데올로기적 부대물을 거느린 채 전면에 부상하여 아도르노를 다시 포스트모더니즘과 포스트마르크스주의에 연결시키려는 경향——이러한 연결에 대해 우리는 서론에서 강력히 반대해왔다——이 있는 것 같다. 타자나 비동일성에 대한 아도르노의 관념을 전혀 다르게 보는 것은 『미학이론』에 관한 논의에서 개진할 예정인데, 이곳에서 아도르노는 자연이나 자연미라는 주제와 연관시켜 볼 때 예상과는 전혀 달리 훨씬 더 전통에 가까운 미학이론으로 돌아가고 있으며, 그 때문에 변증법이나 마르크스주의보다는 포스트구조주의와 양립하기가 훨씬 더 어렵다. 이성과 개념성이 질적인 계기(감각적으로 지각할 수 있는 계기, 심지어는 육체적인 계기)를 걸러내는 방식은 분명 오늘날의 시대정신과 잘 어울리는 주제라면, 보편자에 의한 특수자의 억압이나 일반적인 것에 의한 개별적인 것의 억압이라는 문제는 우리로 하여금 단호하게, 아도르노의 동일성비판이론이 무엇보다도 날카롭게 스스로를 구별짓고 싶어하는 저 반(反) '전체주의적'이며 반(反)유토피아적인 입장으로 돌아가도록 만드는 것처럼 보인다.[12] 이 이론이 현대 예술의 유명론적 경향에 대한 역사적 비판과 함께 이에 대한 승인과 해명을 포함하고 있다는 사실은 나중에 보게 될 미학이론에 관한 논의에서 분명히 밝혀질 것이다.[13]

그렇지만 『부정변증법』의 서두에 나오는 주변적인 언급은 이러한 주제들이 무엇보다 먼저 그리고 전체적으로 보더라도 다른 전통, 즉 마르크스주의적인 전통 속에서 파악되어야 한다는 것을 분명히 한

---

12) "아도르노는 동일성의 비판에도 불구하고 동일성의 철학자이다"라는 앞의 논지를 상기할 수 있다. 이런 면에서 아도르노는 포퍼류의 반전체주의나 포스트구조주의적인 반유토피아주의와는——전체주의나 유토피아에 대한 비판에도 불구하고——거리가 멀다.

13) 3부 1장 '유명론'을 참조하라.

다. 이에 관한 결정적인 문구로서 아도르노는 "동일성 밑에 포섭될 수 없는 것"——다시 말해 차이, 타율성, 타자, 질적인 계기, 극단적으로 새로운 것, 육체적인 것 등 다양한 방식으로 떠올렸던 것들——을 "마르크스의 용어인 '사용가치'라고 불리는 것"(『부정변증법』, 22/11/65)으로 동일화한다.[14] 이것은 동일성과 비동일성에 대한 아도르노의 관념에 밑거름이 되는 기본적인 철학적 논의——『자본론』, 1권, 1부, 1장——뿐 아니라, 이제(최소한 잠정적으로) 교환과 상품에 의해 이루어지는 경제영역 속에서 마지막 휴식을 취하게 되는 궁극적인 '동일성' 자체의 동일성(이에 대해 우리는 심리적 · 논리적 · 인식론적 동일성 등 다양한 형태 속에서 관찰해왔다)——에 대해 결정적인 실마리를 제공한다. 논의의 열악한 형식만이 이 과정들 사이의 '상동관계'(homology)를 암시해준다(경제적인 추상성은 심리적인 추상성 '인 양' 구조화되고 이 심리적 추상성은 다시 철학적 추상성 내지 통일성 '인 양' 구조화된다). 반면 논의의 강력한 형식은——상품들에 획일성의 인장을 찍어 획일적인 상품을 생산하는 일은 획일적인 사상을 생산하는 일보다 기능 면에서 훨씬 다층적이라는 의미에서——'경제'의 우위를 주장한다.

『자본론』의 앞 부분에 나오는 고전적인 장(章)은 사실 동일성——우리가 당연한 것으로 인정하는——의 비밀에 관한 명상이다 : 대상의 소비(또는 '사용')가 일회적인 것이라면 그리고 또한 우리 자신의 삶에서 비교 불가능한 일회적 사건을 의미한다면 어떻게 우리는 그러한 대상들을 '같은 것'으로 생각할 수 있을까? 여기서 같다는 것은 이 특정한 대상이라는 범주의 개념이 같다는 것뿐만 아니라(여

---

14) "지배적인 생산관계 속에서조차 삶이 지속되기 위해서는 동일성 밑에 포섭될 수 없는 무엇——마르크스의 용어에 따르면 '사용가치'——이 필요하다는 것이 지울 수 없는 유토피아의 흔적이다."

기서 상이한 사물들은 스테이크, 차, 린넨, 책이다), 무엇보다도 그들의 '가치'가 같다는 것이다. 우리는 상이한 대상들을 비교할 수 있다고 생각해왔지만 (자동차 한 대와 그에 상응하는 양의 스테이크), 소비를 통해 경험으로 느끼는 사용가치는 비교 불가능하며 스테이크를 먹는 경험과 자동차를 타고 시골길을 달리는 경험을 저울로 재어 비교할 수는 없다. 두 개의 비교 불가능한 사물 사이에 있는 제3의 추상적 용어인 교환가치는 인간의 역사 속에서 동일성이 출현하게 된 본래의 형식으로서 마르크스가 기술한 역사적 변증법에 의해 궁극적으로는 돈의 형식을 취하는 추상성이다.

'교환관계'(Tauschverhältnis)는 아도르노의 저서 전반에 걸친 또 다른 중심동기로서 지금까지 추적해온 '동일성'이라는 이름을 가진 철학적 중심동기와 엄격한 의미에서 '동일한' 것이다. 동일화하는 개념에 내재된 지배의 의지를 철학적으로나 인류학적으로 환기시키는 것은 동일성의 모든 표현형식 속에 감추어져 있는 경제적 체계(상품생산·돈·노동력)의 제약성에 대한 예민한 촉수에 자리를 양보하며, 다른 한편 경제적 제약성이라는 동일성 개념의 하부구조는 왜 자신의 효과(위에서 보았듯이 가끔은 이데올로기라고 불리는)가 더 나은 사상이나 새로운 방식의 철학함이나 좀더 적절한(좀더 유토피아적인) 개념에 의해 가볍게 극복될 수 없는가를 인식시켜준다. 역사는 이미 사유하는 주체를 생각하고 있으며 우리의 사유가 벗어날 수 없는 사유의 틀 속에 이미 각인되어 있는 것이다.

"사회는 주체보다 선행한다"(『부정변증법』, 132/126/200)는 명제에서 보듯 사유의 범주들은 집합적이며 사회적이다. 동일성은 선택사항이 아니라 운명이다. 이성이나 이성의 범주들은 문명이나 자본주의의 발생과 하나이며, 후자가 변화되지 않는 한 거의 변화될 수 없는 것들이다. 그러나 아도르노의 오성에 대한(이성보다는) 비타협적인 비판이 비합리주의에 떨어질 위험이 있다고 보면서 오늘날 우리에게는 친숙한 무두성(無頭性, l'acéphale : 즉 예전의 이성적인 존재가 가지고 있던 참을 수 없는 초지성적인 머리를 잘라버리는 것) 이외에는 어떤 다른 출구도 아도르노에게 허용하지 않으려는 하버마스의 결론은 잘못된 것이다. 새로운, 진정한 변증법적 사유의 가능성이나 현실――그러한 새로운 사유는 비변증법적인 '서구' 이성의 한계와 실패(파괴적인 영향력을 행사하고 있다고도 말할 수 있는)가 백일하에 드러난 현 상황에서 다른 해결책을 제시할 수 있을지도 모르는데――을 스스로에게 허락할 수 없는 하버마스는 그렇게 생각하지 않을 수 없을 것이다.

2 변증법과 외래적인 것

　모든 문제는 근본적으로 다르게 사유하고 철학하는 방법, 즉 대안으로서의 사유나 철학을 생각할 수 있는가——이것을 실천하는 것은 차치하더라도——라는 문제로 수렴한다. 변증법적인 사유는 종종 반성이나 자의식, 또는 일상적인 사고와 거리를 두면서 "이 과정을 자신의 의식 속에 끌어들일 수 있도록 관심을 확장시키는 이차적 권능을 지닌 사유"로 기술되어 왔다.＊ 이것은 문제를 파악하는 한 방식이지만 그 효과는 상당한 정도 자의식의 수사학——'의식' 자체가 개념이나 범주로 구실할 수 있는지 의혹을 받는 시대에서는 그 실효성을 별로 소유하고 있지 못한——이 갖고 있는 신선도에 의존하고 있다. 반성이란——이런 표현을 선호한다면——모더니즘적인 사유의 보따리 속에서 끄집어낸 것으로 포스트모더니즘 시대에는 그 권위를 거의 상실해버렸다.

　『부정변증법』은 변증법적 과정을 전개하는 새로운 방식을 우리에게 제시한다. 이러한 방식은 적어도 아도르노에 관한 한 헤겔적인 관념론의 취약점을 씻어낸 것이라고 말할 수 있다. 우리가 이제 요

＊ *Marxism and Form*, Prinston, NJ, 1971, p.307.

청받고 있는 것은, (여기서의 은유는 내가 만들어낸 것이지만) 달의 뒷면처럼 직접 볼 수도 접근할 수도 없는 개념의 다른 측면, 즉 개념의 바깥 면을 사유하는 것이다. 우리는 개념의 그러한 다른 얼굴을 잠시도 잊어버려서는 안 된다. 그렇지만 그러면서도 옛날 방식대로 개념의 내부에 머물면서 개념을 계속 사용하고 생각해야 한다. 이 국면에서 경우에 따라서는 '무의식'의 관념이 끼여드는 것처럼 보이지만 이 관념은 궁극적인 철학적 해결이 될 수 없는 미흡한 것으로 여겨진다. 그러한 관념은 라캉(Jacques Lacan, 1901~81)이나 레비스트로스의 프로이트 읽기에서 보듯, 그 구조상 항상 필연적으로 우리가 다가갈 수 없는 저 너머로 달아나버리는 극단적인 타자의 차원을, 사유하는 정신에 부과하려는 비슷비슷한 수많은 상징들 중의 하나에 불과하다. 천문학자처럼(레비스트로스의 비유*) 우리는 바깥의 영역에 눈으로 볼 수 없는 거대한 물체나 중력의 원천이 존재한다는 것을—결코 직접 경험할 수 없음에도 불구하고—고려할 수는 있을 것이다(실제에 있어 그러한 가설을 사용하는 것은 매개되지 않은 의식적인 사유를 불신하고는 이것의 한계를 분명히 하기 위한 것이겠지만).

그렇지만 아도르노를 이런 식으로 읽는 것은 아도르노 사상을 잘못 해석하는 것이다. 프랑크푸르트 학파의 선구적인 업적은 프로이트의 범주들을 일종의 보충적 사회심리학으로 이용했지—억압이나 상처받은 주체란 자본주의의 역동성이나 교환과정이 빚어낸 결과로 여겨졌다—중심적인 개념이나 조직원리로 만들지는 않았다는 데 있다.**

---

* Lévi-Strauss, *Structural Anthropology*, vol.I, New York, 1964, pp.341~378.
** 우리는 마르쿠제에 와서야 완전히 실현되는 프랑크푸르트 학파의 프로이트

어떻게 사유가 '스스로에 반대되게 사유'할 수 있을까라는 문제를
상상해보려면 우리는 아도르노의 두 기본개념, 즉 동일성과 총체성
에 대한 천편일률적인(포스트마르크스주의의) 견해를 바로잡는 것이
문제되었던 제1장의 출발점으로 돌아가야만 한다. 동일성에 관해서
는 이 개념이 사실은 교환관계──이 용어도 아도르노는 자주 사용하
지만──라는 마르크스의 개념을 대체하는 아도르노의 용어라는 것
을 보았었다.[1] 이 문제에서 아도르노가 거둔 업적은 그가 좀더 높은
철학적 인식을 위해 교환가치 이론에 함축된 의미나 반향을 마르크
스주의나 변증법 전통에 속해 있는 어떤 다른 사상가들보다도 철저
히 일반화시켜 세세한 국면에 이르기까지 풍부하게 보여준다는 데
있다. 총체성에 관해서 우리는 이제, 아도르노가 수많은 비난을 받아
완전히 거덜난 이 개념의 적대자나 비난자가 아니라는 사실에 그치
는 것이 아니라, 그 개념이 앞에서 제기한 문제, 즉 개념을 수단으
로 개념에 반대되게 사유한다는 문제에 대한 적절한 해결책임을 알
게 될 것이다. 개념을 폐기하지 않으면서 동시에 개념을 물화로부터
회복시키기 위한 근본 작업은 개념을 총체성이나 체계──이 용어는,
금방 보게 되겠지만, 철학적 체계와 사회경제적 체계의 관념 사이를
오락가락하고 있기 때문에 결정적인 중요성을 지닌다──속에 다시

적인 마르크스주의를 너무 강조해온 것 같다. 『최소한의 도덕』에 나타나는
프로이트에 대한 공격은 혹독하다(예를 들면 136번 「노출증 환자」를 참조
하라). 여기서는 '치료'라는 것을 억지로 만들어낸 좋은 건강, 깨끗한 치
아, 항상 미소를 머금는 것 등과 일맥상통하는 것으로 취급하는 프로이트
가 '미국적인' 사상가로 간주된다. 프로이트에 대한 이러한 평가는 후에
「사회학과 심리학」(Part II, *New Left Review*, no.47, 1968, 또는
Gesammelte Werke, vol.8, Part I, Frankfurt, 1972, pp.42~85)에서 아
도르노가 보여주는 그에 대한 인정과 대비시켜 함께 고려되어야 한다.
1) 88쪽을 참조하라.

집어넣는 것이다. 총체성 개념이 가지고 있는 특징을 잠시 일별할 수 있는 다음의 인용(크로체에 대한 논박)에서 보듯, 총체성은 개념의 '주문'(呪文)으로부터 우리를 해방시켜주는 역할을 한다.

의식이 그 속성상 통일성을 추구할 수밖에 없다면——의식과 동일하지 않은 것은 의식의 총체성 요구라는 척도에 따라 측정된다는 점에서——이에 반해 분화된 대상세계는 많은 편차와 불협화음을 갖고 있으며 부정적이다. 이러한 사실이 모순이 아니냐고 변증법은 의식에 대해 따지고 든다(『부정변증법』, 17/5~6/59).

이 인용 속에는, 총체성으로 나아가는 충동(루카치의 총체성 의도, Totalitätsintention)이란 개념의 음흉한 제국주의적·관념론적 속성, 즉 탐욕스럽게 모든 것을 자신이 안전하게 지배할 수 있는 영역 안으로 끌어들이려는 속성을 지칭할지도 모른다는 사실이 암시되어 있다. 총체성의 관념을 가장 절실한 중심문제로 여기기 때문에 '전체주의적'이라고 낙인찍힌 사상가들에게 낯설지 않을 이런 측면이 아도르노 안에도 분명히 있다. 여기서의 오해는, 이 총체성의 범주를 포기할 수 없는 것으로 강조하는 것이 마치 총체성을 무작정 찬양하는 것이라거나 (반유토피아주의자들이 제기하는 좀더 강력한 형식의 비판에서 보듯) 총체성을 철학적 영역 바깥에 존재하는 실재나 지시물로 은연중 항구화하는 것이라는 결론을 이끌어내는 데서 빚어진다. 이러한 경우는 어떤 비판이나 풍자나 탄핵도 불가능하게 되는데 그 이유는 비판하는 행위가 곧 비판대상을 단순히 재확인하는 행위로 될 것이기 때문이다.

이러한 오해 속에 있는 진리의 계기는 총체성 관념의 좀더 순수한 철학적 변형태인 철학적 체계의 관념이나 체계적 사고의 이상(理想)이라는 관념에 눈을 돌릴 때 좀더 가시적이 된다. 겉으로 볼 때 『부

정변증법』은 분명 철학적인 체계의 이상이나 실천을——헤겔의 체계
마저——거부한다. 이미 언급했듯이 이 책은 극단에 이르면, 포스트
모던한 철학이 진정으로 찬미하는 잠정적이고 단편적이며 자기파괴
적인 개념유희로서의 글쓰기를 승인하는 사유의 실천을 촉구하는 것
처럼 보인다.*

그렇지만 지금 분명히 확인해야만 하는 것은 이 모든 상황이 전혀
반대라는 것이다. 즉 철학의 포스트모던한 자유로운 유희는 그것이
아무리 바람직하게 보일지는 몰라도 현재로서는 실천될 수 없으며,
반체계적인 글쓰기는 그것이 아무리 철학적 미학으로서 상상할 수
있을지는 몰라도 현재로서는 유감스럽게도 '체계' 내부에 머물러 있
을 수밖에 없다는 것이다(이러한 이상의 관념이나 이런 것을 상상할
수 있는 가능성의 역사적 전제조건을 돌아보는 것이 중요하다). 우
리는 우선 이러한 패러독스를 이른바 포스트마르크스주의와 연관된
반(反)유토피아적인 논의로 돌아감으로써 드러내보이고자 한다. 왜
냐하면 아도르노는 철학적 체계를 탄핵하고 '체계' 자체를 반대하는
극도로 반체계적 변증법을 제안하면서도 체계의 관념을 견지할 뿐 아
니라, 비판의 목표물이나 대상으로서 체계를 자신의 반체계적 사유
의 중심으로 만들기조차 하기 때문이다. 그가 체계의 우위를 그 자
체로서 항구화하고 있다고 단언하는 것은 바로 이러한 의미에서이
다. 아도르노의 가장 강력한 철학적 내지 미학적 간섭행위는 우리가

---

* 아도르노가 에세이 형식을 높이 평가하는 것은 사회과학에서는 전혀 다른
결과를 초래한다는 것을 주목해야 한다. 이 분야에서 그러한 입장은 경험
적인 세부사항을 뒤지는 것으로 충분하다는 믿음——재현에 대한 믿음의 사
회과학적 형태라고 할 수 있는——의 뿌리를 파헤쳐버리고 이것을 잠정적인
모델과 국부적인 가설로 대체한다. 에세이는 역사와 추상적 사회학 사이에
쐐기를 박아 양자 사이의 빈틈을 만듦으로써 두 경향이 각각 서로를 교정하
고 낯설게 만드는 것을 허용한다(458, 460쪽의 첫번째 원주를 참조하라).

체계 내부에 사로잡혀 있음을 경고──가끔씩은 베버(Max Weber, 1864~1920)나 푸코와 유사한 어조로──하는 것이다. 체계의 사슬은 망각이나 억압을 통해 더욱 견고해졌을 뿐만 아니라, 동일성── 어떤 의미에서는 체계와 실제로 동의어가 되어버린──의 환상을 우리에게 심어준다는 것이다.

그렇지만 동일성은 출구가 막혀버린 체계와 비슷한 것으로서 잊혀지고 억압될수록 좀더 효율적으로 체계의 기능을 수행하는 총체성이다. 동일성이라는 폐쇄회로를 뚫고나오기 위해 체계나 총체성을 의식적으로 다시 도입하는 것은 바로 이러한 의미에서이다. 이러한 도입이 동일성의 환상이나 신기루로부터 우리를 해방시키는 것은 아니지만──단순한 사유가 그런 것을 행할 수는 없다──이 환상을 일순간 볼 수 있도록 만들어주며 현대의 삶을 꼼짝달싹 못하도록 사로잡고 있는 거대한 '마법의 올가미'(呪文, spell, Bann)에 대한 시야를 열어준다. 영웅소설에나 나올 법한 이러한 이미지는 현대적 사유 속에서 역설적인 역동성을 지닌다. 그 이유는 이러한 시야 열기는 정확하게 세계──이 세계는 바로, 마르크스가 명시적으로 18세기 인류학에서 빌려온 용어에 따르면, 총체적인 새로운 물신화의 제국이라고 특징지을 수 있다── 의 계몽이나 '탈신화화'(desacralization)나 베버의 '탈마법화'(Entzauberung)를 의미하기 때문이다.*

체계는 정확하게 우리가 위에서 언급한 개념의 바깥 면, 즉 우리가 영원히 접근할 수 없는 바깥 면이다. 그러나 왜 체계는 그렇게 될 수밖에 없는가를 보기 위해서는 체계와 총체성이라는 이 쌍둥이 개념의 내적 변형이나 변증법적 다의성(多義性)에 대해, 동일성 개념이 어떤 것들을 가리켰던가를 보았을 때와 같은 실험 정신으로 살펴

---

* Le Président de Brosses ; *Du Culte des dieux fétiches*, Paris, 1760. 또한 297쪽의 원주(*)를 참조하라.

볼 필요가 있다. 이 경우 철학적 체계의 이상이란 이성이나 보편성 또는 추상화에 대한 요구와 다른 것이 아님이 드러날 것이다. 이런 것들이 어떻게 개념 속에서 체계화를 일구어내는가의 문제는 내용과 형식의 변증법을 수단으로 파악하는 것이 적절하다. 가장 고립적이고 자립적인 '개념'에 이르기까지 모든 것 속으로 삼투해들어가는(in-forming) 체계의 현존은 개념의 형식, 즉 그 안에 포함된 내용이 어떠하든 이와 무관하게 항상 보편적이고 추상적인 것으로 남아 있는 형식 속에서 감지될 수 있다. 이를 통해 개념의 다른 '얼굴'이나 '바깥 면'이라고 부른 것의 모습이 분명히 드러난다. 왜냐하면 어떤 주어진 개념의 형식이나 내용을 동시적으로 또는 똑같은 방식으로 생각할 수는 없기 때문이다. 사유의 형식에 주목하는 것은 일종의 형태심리학적인 지각작용 속에서 사유의 내용, 즉 사유의 공식적 의미나 지시물을 불신하고는 괄호로 묶어버리기 때문에 내용은 임의적인 범례의 차원으로 떨어지며 내용 속에 내재되어 있던 '확신'은 증발하거나 허구가 되어버린다.

통상적인 방식으로 개념을 사유한다는 것은 그것을 '신뢰'하고 그 내용을 받아들인다는 의미로서, 그에 따라 그 형식을 지각하는 것은 사소한 귀찮음이나 헷갈리게 하는 교란작용이 되어버린다. 이로 인해 요청되는 것은—내가 보기에는 아도르노가 제안하고 있는 것—일종의 입체적 사유(stereoscopic thinking)인데, 이러한 사유에서는 개념이 계속 철학적으로 사유되고 그것의 액면가가 고려되지만 다른 한편 마음의 다른 구석에서는 전혀 다른 종류의 지적 분위기가 지배한다. 이것은 일련의 생경한 사회학적 용어와 범주들이 어지럽게 널려 있는 상태로서, 이런 용어나 범주들을 통해 개념의 형식을 언뜻 포착하며 그 전제조건인 재정 내지 금융제도의 존재에 생각이 미치는 것이다.

동일성에 관한 논의에서 보아왔듯이 추상화 자체—논리나 보편성의 형식 속에 있는 미묘한 철학적 등가물들을 포함한——는 또 다른 차원에서 등가성이나 교환의 논리와 하나임이, 즉 자본의 논리와 같은 것임이 드러난다. 동일성이라는 것을 근본적으로 가능케 하는 교환관계와 추상적 가치형식은 세상의 어떤 것도 우연한 사건이나 무작위로 선택된 고립 행위로 존재할 수 없다는 것을 의미한다. 교환관계나 추상적 가치형식은 교환체계 자체와 동일한 것이기 때문에 철학적 용어인 체계는 근본적으로 사회적 내지 사회경제적 용어인 총체성으로 넘어가게 된다. (이에 관해 아도르노는 베버를 연상시키는 사회학적 용어인 관료제 사회나 '관리되는' 사회라는 용어를 종종 사용하지만 보통은 간단히, 덜 완곡한 표현인 '후기자본주의'라는 용어를 더 즐겨 사용한다.) 체계적인 것의 본질을 이처럼 결정적으로 폭로하는 것은 왜 우리가 '체계'라는 용어를 포기하지 못하고 계속 사용해야만 하는가를 분명히 해주며, 나아가 왜 오늘날 '총체성'이 이성이나 추상적 사유라는 기본 차원을 위한 필수불가결한 명칭——어떤 의미에서는 이에 대한 별칭이나 이들 모두를 포괄하는 이름——으로 남을 수밖에 없는가를 밝혀준다.

보편과 특수의 변증법적 매개가 특수자의 편을 드는 이론으로 하여금 질투심에 차서 보편자를 단순한 비누거품으로 다룰 수 있도록 허용하는 것은 아니다. 이 경우 이론은 기존의 상태 속에서 확인할 수 있는 보편자의 파괴적인 우위를 포착할 수도, 개체들이 제자리를 찾게 됨으로써 [즉 특수자가 되는 것을 말하는데, 여기서 특수자(Besonderheit)란 정확히 말하면 특수성(specificity)이나 개별성(individuality)을 일컫는다—제임슨 첨가] 보편자가 잘못된 파편성을 벗어버리고 진정한 보편자가 되는, 지금과는 다른 사물의 상태를 떠올릴 수도 없다. 그러나 반면 초월적 주체의 관념, 즉 사회도 없고 사회에 의해 선이나 악으로 통합되는 개인들도 없는 주체의 관념은 상상할 수 없다. 그 때문에 초월적 주체라는 관념은 좌초할 수밖에 없는 것이다(『부정변증법』, 199~200/199~200/282).

이 인용에서 아도르노의 언어는 오해의 소지가 있는데 이 오해는 그가 자유자재로 구사하는 철학적 개념들(보편·특수)이 어떤 '종합적 판단'에서나 함께 묶어 생각할 수 있는 동일한 차원 속에 존재하고 있는 것처럼 보이며 이에 따라 주어와 술어의 철학적·논리적 위계질서를 뒤바꾸더라도 별 문제가 되지 않을 것 같은 인상을 주기 때문이다. 그러나 헤겔에 대한 아도르노 비판의 무게중심은 바로 헤겔이 양 극단 사이의 관계를 보편자의 관점에서 보고 있음을 비판하는 데 있다. 아도르노는 "변증법이 펼쳐보이는 보편과 특수의 차이는 다만 보편자에 의해 교시된 것이다"(『부정변증법』, 18/6/59)라고 말한다. 이러한 왜곡은 바로 보편화하는 철학적 언어로부터 나온다. 철학적 언어는 보편자의 타자를 기술하기 위해 절망적으로 몸부림치지만 이러한 언어의 조작이나 논리적 형식에 항의하기 위해서도 자신 또한 추상적 용어나 이원론에 입각한 반대논리의 형식을 계속 사용하지 않을 수 없다. '특수자'를 언어화한다는 것은 이들 단어들로 제아무리 어찌해보려 해도 결국은 '보편자'를 강화하는 것이다.* 이 점이 갖는 효과를 강조하는 것은 보편화하는 철학적 체계의 형식이 내용에 가하는 (앞에서 논의한) 왜곡을 예증하기 위해서뿐만 아니라, 아도르노의 경고는 그러한 경고에도 불구하고 그 자신이 내놓은 이중적 척도—여기서 우리는 이 문제를 다루기 시작했지만—의 급진성을 흐리게 하는 경향이 있기 때문이다.

---

* 그러므로 "헤겔의 논리학은 특수자를 다루지만 그것은 이미 개념적인 것이다"(『부정변증법』, 322/328/428).

이 말이 뜻하는 바는 철학적인 사유나 글쓰기(아도르노는 이미 이 둘이 사실 하나라는 포스트구조주의의 입장에 접근하고 있다)의 순수성, 즉 뒤섞이지 않은 것이나 '본래적인 것'(intrinsic)은 가능하지도 바람직하지도 않다는 것이다. 이러한 태도는 개별적인 개념뿐 아니라 예술작품에도 (아도르노를 이 분야에서 심미주의자의 전형으로 간주하는 사람들에게는 역설적으로 보이겠지만) 해당된다. 개념이 말할 수 없는 것은 어떤 방식으로든 자신의 불완전성을 하나의 상흔처럼 자신의 내부에 지니고 있어야 은폐해서는 안 된다. 마찬가지로 모나드적인 예술작품 또한 자신의 바깥 면이나 지시물을—이런 것들이 경박한 사족이 되는 고통을 감수하더라도—자신의 내부에 '포함'시켜야 한다. 그렇지 않을 경우 동일성이라는 막강한 힘은 아무런 통제도 받지 않은 채 지배권을 행사하게 될 것이다. 변증법적 사유 일반에 대해 그리고 특수하게는 아도르노의 글에 대해 공감을 느끼는 사람들보다는 거리감을 느끼는 사람들이 이러한 비순수성을 훨씬 더 강하게 감지한다. 이들은 지나치게 길고 비비 꼬인 '변증법'적인 글들이 결국은 모든 문제를 푸는 요술방방이인 후기자본주의라는 용어로 간단하게 요약하고 '설명'하는 속류 마르크스주의적 해석에 귀착되고 있음을 환기시킨다.

후기자본주의니 '관리되는 사회'니 독점단계에 나타나는 심리적 주체의 분열성이니 하는 '해석 경향'이 이전의 위대한 철학시대의 탁월한 지성이 지니고 있던 내적 완결성과는 다르다고 보는 것은 일리가 있다. 그렇지만 그러한 이중기준이 변증법의 정당한 사냥감인 주제들과 접근할 수 없는 진리들 사이에 경계선을 설정하는 것은 아니다(그 이유는 그러한 주제들이 결정적인 아르키메데스 점을 구성하고, 여타의 정신적인 작업들은 이 아르키메데스 점과의 연관관계 속에서 수행되기 때문이다). 이러한 이중기준은 오히려 동일성 사유의 내부에 머물면서 사유의 바깥 면—사유로부터 빠져나와 이것을 정복하는 것은 불가능하다——을 가리키기 위해 마련된 것이다.

지나치는 김에 슬그머니 후기자본주의니 체계니 교환이니 총체성
이니 하면서 짤막하게 요약하여 규정하는 것은, 여타의 사유체계나
개념체계들——그로스만(Henryk Grossman)이나 폴록(Friedrich
Pollock, 1894~1970)의 후기자본주의 이론* 또는 베버의 관료제
같은——에 자신의 사상을 연결하기 위한 것은 아니다(그러한 사상이
지니는 일관성이나 유효성 또는 거기에 담겨 있는 이데올로기적 요
소는 각각의 고유한 내적 기준에 의해 검증되어야 할 것이다). 그러
한 규정은 사유의 바깥 면, 즉 개별 사상가나 개별 사유에 의한 재
현으로부터 빠져나가는 사유의 바깥 면——합리화의 형식 내에 있는
체계 자체든 지배와 착취의 사회경제적 메커니즘으로서의 총체성이
든——으로 눈을 돌리려는 제스처이다. 순수하지 못한 외래적인
(extrinsic) 언급의 기능은 해석을 위한 것이라기보다는 해석 행위 자
체를 비난하기 위한 것으로서, 체계로부터 빠져 달아나버리면서 다
시 체계를 항구화하는 것은 그 자체가 체계의 어쩔 수 없는 결과——
이러한 사정은 사유가 급진적인 방식으로 자신이 포착한 요소에 흠
뻑 젖어 이와 맞설 때, 그리고 이러한 요소가 자신이 해명하고자 하

---

* 폴록의 작품은 종종——마틴 제이(*The Dialectical Imagination*, ch.5)나
헬무트 두비엘(*Theory and Politics*, trnsl. B. Gregg, Cambridge, MA
1985) 등등에 의해——논의된다. 내가 알기로는 Giacomo Marramao만이
그로스만과의 관계를 다루고 있다(「Political Economy and Critical
Theory」, *Telos*, no.24, Summer 1974). 내 자신의 견해는 밑에서 약간
다루고 있지만 내 생각에 프랑크푸르트 학파의 경제적 차원에 대한 궁극적
인 연구는 아직 나오지 않고 있다. 폴록이 '후기자본주의'라고 부른 것
은——여기에 대해서도 일부 학자는 이 용어를 사용하고 있지만——세계 체
제에 대한 현재의 포스트모던한 연구와는 아무런 연관이 없다는 것이 덧붙
여져야 한다.

는 대상들만큼이나 주관적인 과정에도 완전히 침투하여 이 과정을 결정할 때조차 일어난다──라는 회상을 다시 사유의 내부에 끌어들이는 것이다.

그러므로 내용의 문제를 진지하게 다룰 수 있기 위해서는 먼저 형식의 문제를 살펴보지 않을 수 없다. 왜냐하면 후기자본주의에 관한 아도르노의 '이론들'은 그의 글쓰기나 '재현' 방식 속에서 '총체성 효과'라고 부를 수 있는 것과 분리될 수 없기 때문이다. 이 효과는 들뢰즈의 영화 같은 현대*라는 (라이프니츠적인) 거대 이론에 기대어서 떠올려볼 수 있다. 이 이론을 원용하면 총체성 효과란 눈앞에 펼쳐지는 이미지와 쇼트(shot), 이러한 쇼트 뒤에 있는 총체성으로서의 세계(영상은 단지 이 세계의 외양에 불과하지만 이 세계는 이런 외양을 통하지 않고는 달리 표현될 길이 없다), 쇼트들이 하나하나 이어지면서 만들어내는 동적인 시퀀스(sequence)──이것 또한 그 기저에 있는 총체성의 변화를 펼쳐보인다──를 연결하는 한없이 이어진 순환고리라고 할 수 있다. 아도르노의 문장들은 바로 그러한 개개의 '쇼트들'처럼 좀더 큰 형식적 운동들(곧 보게 될 구도나 모델), 즉 부재하는 총체성이 끊임없이 흘러가도록 만드는 크고 작은 차원들로 편집된다(사실 들뢰즈는 에이젠슈테인[2]에 기대어 이러한 모더니즘의 형식 내지 '총체화하는' 체계의 형식이 바로 변증법이라고 특징짓는다).

사유나 글쓰기의 이러한 형식에 대해 철학이 제기한 반발은 언어의 차원에서 '해석학적 순환'의 관념에 의해 부각된 문제와 다르지

---

* See Gilles Deleuzes, *Cinéma I : L'Image-mouvement*, Paris, 1983, chs 2 and 3.
2) Sergey Mikhaylovich Eisenstein(1898~1948). 소련의 영화감독. 몽타주 이론의 개척자.

않다. 우리가 개별 문장들 또는 이런 문장들을 통해 펼쳐지는 광범위한 주장과 구조들을 섭렵해야만 한다면, 이 문장들에 담긴 특수한 의미의 또 다른 측면을 열어줄지도 모르는 총체성의 관념은 도대체 어디서 유래할 수 있을까? 우리가 특수자들 사이를 헤집고 돌아다녀야 하는 저주받은 존재라면 어떻게 보편자나 총체적인 체계의 관념에 도달할 수 있을까? 이에 대해 명시적인 대답을 주려는 것, 즉 우리는 어쨌든 보편자라는 용어를 가지고 있기 때문에 어디로부터인지는 모르지만 이 보편자에 대한 관념을 부여받고 있는 것만은 확실하다고 말하는 것은, 특수자에 의미를 부여해줄 초월적 보편자나 총체성 없이 특수자를 하나하나 읽어나가는 것만이 가능해 보이는 포스트모던한 상황, 또한 보편자라는 관념이 아직 살아 있을지는 모르지만 그것은 이제 어떤 새로운 내용도 갖지 못하는 진부한 상투어가 되어버렸다는 의혹을 받는 지금의 포스트모던한 상황에서는 허무맹랑한 시도가 되어버렸다.

좀더 만족스러운(결코 만족스러운 것은 아니지만) 대답은 문제를 자체적인 해결로 유도함으로써 가능할지 모른다. 이 말은 보편과 특수 사이의 모순 자체가 현대 세계에 대한 아도르노의 진단을 구성한다는 의미로서 이에 따라 그 모순이 해결될 수는 없지만 이 시대의 고유한 징후를 이루는 주제로서 전면에 부각될 수는 있다는 것이다. 포스트헤겔적인 그의 철학적 언어에서 화해(reconciliation, Versöhnung)—철학적으로 이해하든, 실존의 문제로 이해하든, 사회학적으로 또는 미학적으로 이해하든—는 보편과 특수 사이의 긴장과 모순 자체를 부각시키기 위해 채용된 용어이다. 이 용어 안에 주체와 객체의 화해가 포함되리라는 통상적인 견해는—객체란 포괄적인 사회질서를, 주체란 개별자나 특수자를 지칭하는 한—잘못 짚은 것이다. 아도르노의 관점은 그런 식의 해석—즉 특수자를 부재하는 보편자라는 배경을 통해 읽는 것—을 변증법적으로 변형하고

'지양'하면서 새로운 방식의 해석을 내놓는데, 이러한 해석에서는 특수자가 보편자의 빛 속에서가 아닌 보편과 특수의 모순 자체를 통해 일차적으로 해석된다. 해석은 이제 텍스트의 안과 밖을 뒤집어 놓는 것, 텍스트를 해석 자체의 문제가 드러나는 징후로 만드는 것을 의미한다.

그러나 이러한 철학적 해결——이것을 해결이라고 할 수 있을지는 모르지만——이 통상적 해석방식에서 떨쳐버릴 수 없는 미진함을 제거하지는 못한다. 이러한 미진함은 많은 독자들의 속을 불편하게 하는 아도르노 자신의 해석방식에도 해당되는 것이다. 아도르노가 이 문제를 예리하게 자각하고 있다는 사실은——좀더 문학적 내지 심미적인 문맥 속에서 행해진——해석에 관한 다음의 언급에서 엿볼 수 있다.

모든 형태의 예술 해석에서 운명적인 것은——철학적인 책임성을 지니는 해석에서조차——이러한 해석이 개념을 통해 표현하지 않을 수 없는 한 이미 익숙한 것을 통해 익숙하지 않은 것이나 충격적인 것을 표현하지 않을 수 없다는 사실이다. 이리하여 그러한 해석은 설명을 요하는 무엇을 설명으로부터 배제하게 된다. 예술작품은 열렬하게 해석을 갈망할수록 그만큼 열렬하게——자신의 의지에 반해서까지——순응주의를 배격한다*(『문학 노트』, 101).

결과는 순응주의——이 경우는 이미 존재하는 이념이나 상투적인 관념들의 순응주의——가, 작품 내에 동화되기를 고집스럽게 거부하고 있는 특수성이나 독특한 무엇의 뇌관을 제거하고 길들이기 위해 해석이라는 옷을 입고 다시 나타난다는 것이다. 바로 이러한 정신

---

* Quoted in Karl-Heinz Bohrer, *Plötzlichkeit*, Frankfurt, 1981, p.14.

속에서 아도르노의 '방법'을 악의적으로 희화화하는 비우호적인 비
평가는 프루스트[3]에 대한 뛰어난 에세이에 담겨 있는 '발견물'들을
열거한다(다음 인용에서 괄호 안에 들어 있는 쪽수는 아도르노 전집
에 포함된 『문학 노트』의 쪽수를 일컫는다).

전체는 비진리다(203), 이미 예정된 부조화의 폐쇄된 체계인 부
르주아 사회(206), 자아의 비동일성(206ff), 소외 속에서 일어나는
경험의 붕괴, 단순한 가상으로서만 여전히 존재하는 미(207ff), 기
능이 지배하는 총체성 속에서 불가능해진 사랑(209ff) 등등.*

다른 여지를 남겨놓지 않는 듯한 이 '등등'이란 표현은——아도르
노의 방법 자체에 대한 윌러(Dolf Oehler)의 비판에 동의하지 않더
라도 프루스트 에세이에서는 아도르노의 비판능력이 둔화되어 있음
을 인정할 수 있다——『부정변증법』의 마지막 장(章)에 나오는 프루
스트에 관한 주목할 만한 성찰을 고려하지 않고 있는데, 이 부분은
확실히 전혀 다른 종류의 '해석'을 내놓고 있다.
　아도르노의 해석방식은 가장 집중된 순간에는 해석학적 순환에 대
한 형태심리학적 변형처럼 작동한다. 보편과 특수의 관계를 논리적

---

3) Marcel Proust(1871~1922). 프랑스의 소설가. 『잃어버린 시간을 찾아서』
　라는 명작을 통해 인간의 심리 · 감정 · 감각에 의한 소설 형식을 창조함.
* Dolf Oehler, "Charisma des Nicht-identischen", in T. W. Adorno,
　special issue, ed. H.L. Arnold, text+kritik, 1977, p.155. 그런 식으로
　볼 경우 베케트에 관한 아도르노의 위대한 에세이("Versuch, das
　Endspiel zu verstehen", Noten zur Literatur, pp.281~321 ; or "Trying
　to Understand Endgame", New German Critique, no.26, Spring-
　Summer 1982)에 대해서도 비슷한 평가를 내놓겠지만, 나는 지적인 독자
　에게 그 책에서 또한 비슷한 인상밖에는 받지 못했는지 묻고 싶다.

으로 연결하는 방식은 어떤 경우든 종(種)을 유(類) 밑에 포섭하는 전통적인 아리스토텔레스(Aristoleles, BC 384~BC 322)의 방식이 아니다. 어쨌든 독자가 평소의 습관에 따라 교과서에 지시된 대로 주(主)와 부(副)의 관계 속에서 판단하려 든다면 아도르노의 문장들은 이러한 질서를 고의적으로 뒤집어놓아 우리의 지각이 잘 닿지 않는 어두운 영역을 뒤진다. 해석의 대상이 되는 개별적인 것이나 텍스트 또는 현상을 향한 체계적 관심——이를 위한 해석의 척도는 시야의 바깥에 있는 사전전제된 총체성이다——이 발견하는 것은, 텍스트 속에서 말해진 것이란 자기도 모르는 사이에 총체성 자체에 관계하며 이를 변경시키려 드는 것이지 개별자에 대해서는 아무것도 말하지 않는다는 것이다. 다시 말해 개별자란 단순한 핑계나 구실에 지나지 않는다는 것이다. 다른 한편, 동시에 이런 저런 역사적 사건을 단순한 사례나 삽화로 만들면서 총체성을 주제화하는 것(예를 들면 독점자본주의) 또한, 충격이나 새로움을 통해 또는 개별 사례라는 이름을 내세워 해석을 기도하는 충격요법에 대한 핑계에 지나지 않음이 드러난다. 아도르노 자신이 이러한 과정——이러한 과정은 분명 어떤 무엇에 대해서도 결코 '일직선적인' 논의전개를 불가능하게 하지만——에 대해 에세이 형식과 문화 형식 사이의 친화성과 관련하여 기술하고 있다.

에세이 자체가 문화적 현상이나 제2의 자연 또는 제2의 직접성 속으로 침잠해 들어가는 것은 이런 것들을 다른 무엇으로 환원시키기 위해서가 아니라 자신의 집요함을 통해 직접성의 환상을 지양하기 위해서이다. 에세이는 근원철학처럼 문화와 문화 밑에 있는 것 사이의 차이에 기만당하지 않는다. 그러나 에세이에게 문화란 존재 위에 떠도는 부수현상으로서 제거해야 할 무엇이 아니다. 에세이가 제기하는 비판의 대상은 오히려 문화 밑에 있는 것, 즉 잘못된 사회이다. 그 때문에 에세이에서 원천은 상부구조만큼이나 별 의미를 갖지 않는다. 에세이의 자유는 대상선택의 자유이며, 사실이나 이론의 어떤 우위에 대해서도 굴하지 않을 수 있는 에세이의 절대적 주권은, 어떤 의미로 볼 때 에세이에서 모든 객체는 동등하게 중심 주변을 맴돌고 있다는 사실로부터, 즉 모든 것은 마법에 걸려 있다는 원칙으로부터 나온다(『문학 노트』, 28).

수사학적으로 말하면 아도르노가 걸어간 해석의 길, 즉 바깥의 차원이나 개별적인 경험요소들로 돌아가려는 부재하는 체계를 추구하는 길은 개별과 보편의 위치를 끊임없이 뒤바꿀 수 있는 가능성을 지향하고 있다. 이 경우 소위 보편자는 아무런 사전 경고 없이 개별자로 전환되며 또한 소위 개별자라는 것은 양가죽이나 할머니의 옷을 입고 있는 늑대임이 폭로된다. 이러한 위치의 상호교대는 사실 종합을 통해 문장을 만들어내는 구조 자체 속에서 추적될 수 있는데, 이러한 문장들이 주체의 위치에 있는 명사들을 아무런 사전 경고 없이 객체로 전환하는 것을 얼마나 선호하고 있는가를 우리는 이미 지적했었다.[4]

---

4) 문장 속의 주(主)-부(副) 관계 질서를 고의로 뒤집는 것. 105쪽을 참조하라.

3 사회학과 철학적 개념

말이 나온 김에 잠시 아도르노의 저서에서 지금까지 관찰해온 변증법적 입체경(立體鏡 : stereoscopy) 또는 '이중기준'과 혼동되거나 동일시되어서는 안 되는 두 가지 사유방식에 대해 좀더 자세히 살펴보는 것이 유용할 것이다. 여기서 절실하게 요구되는 것은 자의식이나 반성의 수사학에 관한 우리의 관심으로 돌아가는 것이며, (나중에 아도르노 미학과의 연관 속에서 다시 다루게 되겠지만) 어떻게 "동일성에 대한 비판이 그 전 과정을 통과하면 객체의 우위를 만지게 되는가"(『부정변증법』, 184/183/264)라는 문제를 자세히 살펴보는 것이다.

우리가 앞에서 본 사유의 바깥 면으로 향한다는 문제가, 좀더 강화되고 날카로워진 현상학 류의 내적 성찰에 의해 도달될 수 있으리라고 가정하는 것은 커다란 오류가 될 것이다(아도르노의 철학적 경력은 현상학에 대한 급진적 비판과 함께 시작되었음을 상기해야 할 것이다).[1] 정신의 주관적 과정이 관념론으로 다시 전락하는 것을 막

---

1) 아도르노는 후설에 관한 논문으로 박사학위를 받았을 뿐 아니라 30년대에 영국에 체류할 때에도 후설과 다시 대결한다.

아줄 수 있는 유일한 방법은 그러한 과정의 객관적 본질이 예기치 않게 누설되는 간헐적인 기회를 포착하는 것이다. 정신의 이러한 객관성 비슷한 것을 논리가들은 자기 글들의 형식이나 문장구성 속에서 입증해보이려 했지만, 그러한 객관적 '정신구조'의 '파생물'이나 좀더 넓은 객관성 영역(실재)에의 연관성을 분명히 하기 위한 다음 발걸음*을 (헤겔의 논리학에서마저) 내딛지는 않았다. 아도르노에게서 이러한 객관성의 영역은 물론 자연적이 아닌 사회적인 것의 영역—비록 아도르노는 다윈(Charles Robert Darwin, 1808~82)에 기대어 인류사를 자연사의 일부로 본 마르크스의 방식을 좇아 나중에 살펴보게 될 흥미로운 자연사의 관념을 발전시켰지만—이다.

새로운 **변증법적** 객관성에 도달하는 것의 어려움은 분명 비대칭성(asymmetry)에 있다. 그 이유는 다음과 같다.

> 매개 개념에서의 불평등으로 말미암아 객체가 주체로 전환되는 것과는 전혀 다른 방식으로 주체는 객체로 전환된다. 객체는 주체를 통해서만 생각될 수 있지만 주체에 대해 항상 타자로 남아 있다. 주체는 반면 그 고유한 속성에 있어 이미 또한 객체이다. 객체란 주체로부터 떼어내어 생각할 수는 결코 없는 관념인 것이다. 그러나 주체는 객체로부터 떼어내어 생각할 수 있다(『부정변증법』, 184/183/264).

맨 마지막에 인용된 주체와 객체 간의 비대칭성이 환기시키는 것은—이러한 환기가 필요할지는 모르지만—여기서든 다른 곳에서

---

* 다음 발걸음은 '자본의 논리'라고 불릴 것이다(제임슨은, 자본의 논리의 핵심은 개념적인 동일성의 논리를 교환구조와 동일시하는 것이라고 본다. 447쪽을 참조하라—역자 첨가).

든 아도르노가 부르짖는 객체의 우위는 실증주의적(심지어는 경험주
의적)인 주체의 제거와는 아무런 관련이 없다는 사실이다.

마찬가지로 아도르노에게 있어서 객관성이라는 슬로건은 금욕이나
자기증오나 '원한감정'(Ressentiment)의 정신 속에서 주관성의 영역
을 학대하는 반(反)주관성과는 전혀 다른 종류의 징후이다. 이와는
반대로 아도르노가 의도하는 것은 주체 자체의 해방을 위한 새로운
공간을 만들어내는 것으로서 객체의 인식은 이러한 해방에 의존한다
는 것이다.

현재의 역사단계에서 보통 과도한 주관적 판단이 난무한다고 말
하지만 실제로는 주체가 만장일치된 견해를 기계적으로 반복하고
있을 뿐이다. 주체가 평균가치로서의 객관성에 저항하고 주체로서
자신을 해방시킬 때 객체도 비로소 거짓된 복사판을 되풀이하는
대신 제자리를 찾을 수 있을 것이다. 오늘날 객관성이란 그러한
해방에 달려 있는 것이지 지칠 줄 모르는 주체의 억압에 있는 것
이 아니다. 주체가 주체로 되는 것을 방해하는, 주체 내부에 객관
화되어 있는 힘은 동시에 객관성의 인식을 방해하는 힘이다. 이
객관성이란 바로 예전에 '주관적 요소'라 불리던 것이 변해서 이
루어진 것이다. 오늘날의 주관성이란 객관성만큼이나 매개된 것으
로서 이러한 매개는 예전의 매개보다 훨씬 더 긴박한 분석을 요한
다. 모든 종류의 주체, 심지어는 초월적 주체에게마저 멍에를 씌
우는 객관성의 매개 메커니즘은 주관성의 매개 메커니즘 속에서
연장된다(『부정변증법』, 172~173/170~171/250).

그러나 우리가 여기서 윤곽을 잡으려는 문제는 바로 아도르노에게
있어서 그런 식으로 감추어진 객관화의 형식들이 주관성의 내부에서
어떻게 생겨나는가의 문제, 즉 동일성은 개념이라는 형식 속에 자신

을 숨기고 있다는 문제, 또는 추상화하고 보편화하는 사유의 본성을 통한 외적 체계의 영구화라는 문제이다. 아도르노가 이런 문제를 자신의 변증법적 실천의 가장 고유한 특징으로 여긴 것은 정당하다고 생각된다. 추상적인 사유의 사회적 차원들을 들추어내는 것은, 사회적인 것이라는 물화된 개념과 사회학 자체 내에서 작동하는 설명의 변증법이나 미묘한 얽힘을 백안시하기 위한 것이다. 아도르노는 베버를 논하면서 다음과 같이 말한다.

사실 철학적 개념은 적어도 사회연구가——대상은 총체성에 의해 결정된다는 것을 무시한 채 자신의 연구영역 내부에 대상을 설정하고 이들의 상호연관성에 대한 연구에 스스로를 제한함으로써—— 거짓이 될 수밖에 없는 상황에서 사물 자체를 다룰 수 있는 가장 적절한 영역이다. 상위의 '철학적' 개념이 없을 경우 사회학의 그러한 내적 연관성은 가장 현실적인 연관성, 즉 사회의 실상을 은폐할 수밖에 없으며, 사회는 자신에게 합당한 개념들을 지닌 개별 사물들의 짜임관계로 드러날 수 없을 것이다. 사회는 오직 이러한 개별 사물들을 통해서만 나타나며 그로 인해 '제대로 된 철학적' 개념은 다시금 특정한 인식으로 전환될 수 있는 것이다(『부정변증법』, 166~167/164~165/243).

독자들은 꽤나 곤혹스러운 이러한 문장을 통해 아도르노가 단지 사회학자에게 철학자를 자신의 연구팀에 끌어들여 그로 하여금 궁극적인 이론틀을 만들게 해야 한다고 충고하고 있다는 결론을 내리고 싶은 유혹을 떨쳐버리길 바란다. 반대로 우리는 어떤 '철학적 개념'도 전혀 충분하지 않다는 것을 드러내려고 노력해왔다. 철학적 개념 또한 그것이 무엇을 배제했는가 또는 무엇을 말할 수 없었는가에 대한 징후로서 분석되어야만 하는 것이다. 아도르노가 사회학자들을 싸잡아 비난하고 있는 점은 그들이 이런 작업을 사전에 충분히 행하지도 않고는 좀더 포괄적이고 추상적인 '개념들'——사회 자체나 자유, 관료제, 지배 같은——을 사유의 종착역 내지 해석을 위한 궁극적인 틀로 여긴다는 것이다. 이들 개념은 반대로 가장 절박하게 변증법적 분석을 요구하는 것들로서, 사회적인 것이 사회에 대한 사유에 부과하고 있는 궁극적인 족쇄를 폭로하는 것은——분쇄하는 것은 어렵겠지만——이러한 형식적인 의사(疑似)보편성이나 '과학적인' 추상을 파헤칠 때 가능할 것이다.

지금이야말로 분명 사회학자로서의 아도르노의 역할과 업적을 좀더 상론해야 할 시점인 것 같다. 이 점에 관해서는 『권위적인 성격』(*Authoritarian Personality*)이라는 제목하에 아도르노가 종전 후 독일로 돌아갔을 때 미국에서 출간한 반유대주의에 대한 유명한 저서만을 떠올리기 쉽지만 그럴 경우 사회학자로서의 아도르노에 대해서는 상당한 오해를 범하는 것이 될 것이다. 사실 이러한 견해는, 아도르노가 '권위적인 성격구조'에 대해 관심을 가진 이유가 그로부터 '편견'에 관한 인식을 도출하기 위한 것이었다는 주장——사정은 전혀 반대임에도 불구하고——을 통해 오해를 더욱 가중시킨다. 공식적으로 반유대주의에 바쳐진 『계몽의 변증법』의 장(章)에서조차 반유대주의 현상은 자유주의에 대해서와 마찬가지로 상위개념인 '후기자본주의'와 무관하게 순수한 경험적 방법에 의해 고립적으로 다루어질 수 있는 돌출현상이 아니다. 반유대주의는 오히려 기능 면에서나 그 의미에서나 후기자본주의의 사회적 총체성과 완전히 뒤엉켜 있는 심리적 징후로서, 이 사회적 총체성은 그러한 제한적 연구에 의미를 부여해줄 기본적인 연구대상이나 변증법적 틀로 남아 있게 되는 것이다. 아도르노와 호르크하이머가 반유대주의를 다룬 것은 이해관계를 떠난 단순한 호기심이 아니었던 것처럼 『편견에 대한 연구』(*Studies in Prejudice*) 프로젝트가 기획된 것도 아무런 동기가 없었던 것은 아니다.

이와 같이 반유대주의, 즉 산업화와 합리화 과정 속에서 일어난 심리적 퇴화를 노골적으로 폭로한 반유대주의는, 희생 제물을 요구하면서 강탈에 의해 소유를 창출하는 자연과 인간 사이의 태곳적 관계방식이자 동시에 신들린 폭력성을 지닌 질투의 문화형식으로 파악된다. 이러한 문화형식은 근대화과정 속에서는 사회적 총체성과 주체의 관계를 독특한 특권적 방식으로 드러낸다(이 문제는 나중에 다른 문맥 속에서 다시 보게 될 것이다[2]). 아도르노의 사회학적 관점이 갖는 특징은 개별적인 것과 보편적인 것을 상호교차시켜 양자를 모순된 긴장관계 속에 함께 묶는 것인데, 이러한 특징은 경험적인 것을 임의적 연구과제의 수준으로 떨어뜨릴 경우 사라져버리고 말 것이다.

그러나 다른 관점, 즉 '개별성'이 아닌 '보편성'의 관점에서 보면 아도르노의 사회학적 명제들은, 기본적인 문제를 다루면서 단순히 「사회」*라는 제목을 붙인 글에서 보듯, 간결하고 함축적인 에세이나 백색 왜성(矮星)처럼 고도로 농축된 언어체(言語體 : verbal object)로 나아가는 경향이 있다. 이것은 주체와 객체 사이의 불균형, 그리고 이로부터 초래되는 것으로서 보편자인 '사회'나 체계 자체가 실

---

2) 사회적 총체성과 주체의 관계는 보편과 특수의 관계라고도 할 수 있는데, 사회적 총체성이나 사회체계는 개별 주체 안에 화인(火印)으로 찍힌다. 그러므로 이러한 상처받은 주체는 사회적 총체성을 기록할 수 있는 특권 또한 가지게 된다. 174쪽을 참조하라.

* "Gesellschaft", in *Gesammelte Schriften*, vol.8, Frankfurt, 1972 또는 "Society", *Salmagundi*, nos 10~11, Fall 1969/Winter 1970, pp.144~153. 전집 8권은 사회학에 관련된 아도르노의 글들을 가장 광범위하게 모아놓은 책이다(이들 중 몇몇에 대한 영역본은 이 책 117쪽의 두번째 원주를 참조). 또한 여러 사람이 참여해서 만든 유용한 책으로는 *Aspects of Sociology*, Boston, MA 1972가 있다.

제적이면서 동시에 '허구적'이고 비경험적이라는 사실에 의해 해명
될 수 있을 것이다. 사회적인 총체성은 "직접적으로 포착될 수도 자
연과학의 법칙처럼 단호히 입증될 수도 없다."* 실제로 이것이 의미
하는 것은, 언제나 메타비평적 성격을 띠게 마련인 아도르노의 사회
학적 이론화 작업이, 필연적으로 불완전할 수밖에 없는 사회학적 개
념들을 이 개념들이 해석하려는 재료로부터 분리해내서 이것들을 사
회학자들이 수집했다고 생각하는 자료들과 똑같이 사회적·역사적
징후들의 드러남으로 간주한다는 것이다. 아도르노의 이러한 태도는
사회학자들의 사회학을 일부러 문제삼기 위한 것은——사회학이라는
분야가 어떻게 생겨났고 어떤 기능을 하고 있는지 아도르노는 물론
충분히 숙지하고 있지만(특히 사회학자들이 무비판적이고 변호적이
되거나 현상태를 기존 관념에 사로잡혀 재생산하려들 때)——아니다.
아도르노의 의도는 사회학적 개념들이란 고도의 지적 에너지를 소유
하고 있을 때조차 자신이 설정한 대상들 자체가 모순에 차 있기 때
문에 결함투성이고 부서지기 쉬우며 그 때문에 사회학을 충실히 수
행하기 위해서는 사회적인 것 자체 내에 있는 모순들을 어떤 식으로
든 사유 속으로 끌어와야 한다는 것이다.

　주체와 객체 사이에 존재하는 바로 이러한 긴장——'상상적인' 사
회질서에 사로잡혀 있는 현실의 '개인', 동일성이라는 보편적 체계
에 의해 생겨났지만 다시 그로 인해 소멸되는 실존적 사실, 그 고독
과 아노미와 비합리적인 발작은 골수에 이르기까지 사회적이고 집합
적인 것인 심리적 자아(psyche)——이 사회학이라는 학문이 출현하
는 바로 그 역사 속에서 재생산되고 객관화되어 왔으며, 서로에 대
해 반명제를 이루는 베버나 뒤르켐의 형상들로 구현되고 있기 때문
에 이들이 만들어낸 형상들은 동시에 옳고 그르며 진실되고 거짓될

---

* "Society", p.145.

수 있다는 것이다.

베버의 '이해'의 형식들——목적과 수단의 합리성이라는 정교한 유형학——에 상응하는 것은 주체와 무관한 사회적 '사실'의 객관성에 대한 뒤르켐의 주장이다. 이렇게 서로 조응할 수 있는 이유는 사회란 "내부로부터 인식될 수 있는 것이며 동시에 인식될 수 없는 것"* 이기 때문이다. 베버의 경우 주관성은 그것이 몰락하는 순간이 되어야 그것의 합리화과정이 파악될 수 있는 무엇이라면 이러한 베버의 인식은 뒤르켐의 유명한 말, 즉 사회적 현상을 심리적인 용어로 설명하는 것은 항상 틀린 것이라고 하면서 (오늘날에는 더 이상 가시적이지 않은) 집합적인 것의 우위를 주장하는 금언과 안티테제를 이루면서도 서로 조응한다. 그렇지만 진리는 이 두 이론들 사이의 중간 어딘가에 있으리라고 말하든지, 이러한 긴장을 개념적인 종합을 통해 또는 '제3의 길'을 도입함으로써 지양 가능하다고 말할 수는 없다. 왜냐하면 바로 이러한 긴장이야말로 사회적 객관성과 정확히 일치하기 때문이다. 아도르노의 사회학은 그 때문에 모순의 관찰방식이나 이해방식이 모순 '개념'의 생산을 포함하지 않을 경우 그러한 방식 자체가 모순에 빠지지 않을까라는 당황스런 질문을 제기한다.

이 모든 문제는 좀더 현대적인 의상을 걸치고 사회학과 심리학(또는 심리분석) 사이의 관계 속에서 새롭게 활성화되는데, 이 경우 이 두 분과학문이 '종합'으로 나아갈 수는 없지만 그렇다고 이런 문제들이 "인식의 노동분업을 연구대상으로 삼으려는 유혹에 굴복"**하도록 놔둬서도 안 된다. 공적인 것과 사적인 것, 사회적인 것과 심

---

* "Society", p.146.
** "Sociology and Psychology", *New Left Review*, no.46, November-December 1967, pp.67~80, no.47, January-February 1968, pp.77~97, no.46, p.69.

리적인 것 사이의 균열은 "통일될 수 없다는 데 그 통일성이 있는"[*] 사회의 인식론적 모순이 극적으로 표출된 것——비록 유일한 것도 아니며 심지어는 유일한 유형도 아니지만——이다.

아도르노가 가끔씩은, 독자들에게 색다른 지적 실천을 보여주기보다는 그들이 그런 배리(背理 : paralogism)에 부딪치도록 만들 때—— 매개를 구축하는 작업을 포함하여 변증법적 과정을 끝까지 밟아나감으로써——자신의 사회학적 임무를 더 잘 수행하고 있다고 느꼈음은 분명하다. 사실 딜레마나 모순이 있기 때문에 매개라는 것도 존재하며 그 때문에 심리적인 것으로 보이는 것은 아무런 예고 없이 사회적 자료로 변화할 수 있고, 반면에 사회적 '사실'은 끊임없이 상상력의 결과로 용해될 수 있는 것이다.

베버는 실존적 질서를 사회적 질서와 결합하고 동시에 양자로 하여금 서로에 대해 손을 뻗으면 닿을 수 있는 거리 안에 두도록 만드는 "자기유지의 이성"[**]이라는 관념을 통해 양자를 매개해보려는 불가능한 시도를 했다. 아도르노는 『계몽의 변증법』을 구상하는데 베버가 프로이트·마르크스·니체적인 요소보다도 더 큰 영향을 끼쳤다는 것을 시인한다. 심리학이 '사회학적'이 되는 것은 심리적 충동의 근원이 무엇인가를 고려할 때뿐만이 아니라("사회가 입힌 상처"[***], "지배적 합리성의 보완물인 갈기갈기 찢긴 비합리성"[****]) 그러한 충동들이 표현되고 승인될 수 있는 사회적 가능성 속에서이다. 그러나 이것은 정확하게,

---

[*] Ibid., p.69.
[**] Ibid., p.70.
[***] Ibid., p.73.
[****] Ibid., p.74.

오늘날 완전히 이자의 기능이 되어버렸다. (……) 계산된 이성에 의해 이러한 이자에 의해 약속된 모든 이득을 거두어들이는 사람조차 그러한 이득을 통해 진정한 행복을 획득하기보다는 다른 모든 소비자들처럼 다시 한번 생산을 통제하는 자들이 제공하는 것에 순응해야 하는 굴종을 겪는다.*

그렇지만 사람들은 이러한 '매개들'조차, 그 본질상 두 관점의 교대 이외에는 만족스러운 어떤 방법론적 해결도 허용하지 않는 근본 모순의 재탕에 지나지 않는다고 반박할지 모른다.

사회학과 심리학의 분리는 허위면서 또한 동시에 진실이다. 허위인 까닭은 그러한 분리가 전문가들로 하여금 둘이 분리된다는 사실에 의해서조차 요구되는 총체성에 대한 인식의 포기를 부추기기 때문이다. 또한 그것이 진실인 이유는 그러한 분리가 개념을 통한 성급한 통일을 꾀하기보다는 현실에서 실제로 일어난 균열을 비타협적으로 기록하기 때문이다. 엄격한 의미에서 사회학은 끊임없는 주관화의 경향에도 불구하고(막스 베버에서조차) 사회적 과정의 객관적 계기를 시야에서 놓치지는 않는다. 그러나 사회학은 주체나 그의 자발적 충동을 완고하게 무시하려 들수록 오직 자연과학적인 **물화된** 찌꺼기와만 관계하게 된다. 그 때문에 과학의 이상이나 방법론을 모방하려는 경향이 나타나지만 그러한 경향은 그러나 결코 사회라는 대상 자체를 붙잡을 수 없다. 사회학자들은 자신들의 엄밀한 객관성을 자랑하지만 실제로는 과학적 장치에 의해 이미 매개된 산물——여러 인자들과 구획들로 이루어진——을 마치 직접적인 사실 자체인 양 만족해야 한다. 그 결과는 사회가 빠진

---

* Ibid., pp.77~78.

사회학이며 사람들이 서로를 망각하게 된 상황의 복사판이다.*

여기서 아도르노의 사회학은 그 본질에 있어 철학자의 사회학이라는 이의가 제기될 수 있다. 이 말은 즉 그의 사회학이 약간은 다른 성질을 지닌 개념적·학문적 수준에서 사회학의 고유한 전통을 비판하는 사회학이라는 것이다. 아도르노의 요구는, 이미 보아온 것처럼, 『미학이론』의 말미에서 주장한 예술비평에 대한 철학의 우위와 비슷하다. 그러나 방금 요약한 아도르노의 주장은 비난의 근거가 되는, 사회학에서의 이론과 실천의 분리, 생산과 비판적 관찰의 분리, 발로 뛰는 작업과 집에서 가만히 앉아 기본적인 개념과 범주들을 음미하는 작업 사이의 분리에 대한 의구심을 품기까지 긴 여정을 밟음으로써 설득력을 갖게 된다. 그 이유는 사회에 대한 우리의 개념적 파악이 사회의 존속을 위해 구체적이고 실천적인 결과를 낳는다는 전제뿐 아니라 이러한 주장을 완전히 뒤집어엎는 것, 즉 사회나 사회적 체계의 개념화를 억압하는 것은 지배를 영속화하는 데 탁월한 역할을 한다는 것 또한 명백한 사실이기 때문이다. 이러한 경고의 의미는 그것이 나왔던 60년대보다 오늘날의 시대에 훨씬 더 절실하게 다가온다. "이론뿐만 아니라 그것의 부재도 대중을 손에 넣자마자 물질적인 폭력이 될 것이다."**

이로써 사회학에 대한 비판은, 아직 재정비가 안 된 전후 독일 사회학과의 논쟁에서 보듯, 진정한 의미의 실천이 된다. 독일 사회학과의 대결은 사회적 모순구조 자체에 걸맞게 두 개의 전선에서 동시에 일어난다. 하나의·전선은 형이상학이나 사변만을 일삼는 전통에

---

* Ibid., p.78.
** *The Positivist Debate in German Sociology*, ed. G. Adey and D. Frisby, New York 1976, p.84.

경험적 연구의 새바람을 불어넣는 것이고 또다른 전선은 모순된 범
주들을 단순한 분류개념들인 양 아무런 반성없이 순수히 조작적으로
사용하는 것을 비판하는 것이다. 그렇지만 종종 지적되어왔듯이(누
구보다도 알튀세르에 의해) 형이상학과 경험주의는 동일한 이데올로
기에 의해 이루어진 동전의 변증법적인 두 면을 이룬다. 그리하여
아도르노는 자신의 사회학적 사명이라고 생각한, 실증주의에 대해
벌인 화해 불가능한 전쟁인 소위 실증주의논쟁*을 비판의 양쪽 가닥
을 요약함으로써 끝맺는다. 나는 이 책의 말미에서 그러한 사명이
현재의 지적 풍토에서 얼마나 적합할 수 있는가의 문제로 다시 돌아
갈 것이다.[3]

그렇지만 '주체에 대한 비판' 못지않게 실질적 중요성을 갖는 것
은—주체의 비판과 사실상 같은 것인— '객체에 대한 비판' 이다.
시장에 대한 비판을 통해 이루어지는 이 비판은 오늘날 전혀 예상치
못한 시의성을 지니게 된다. 이 문제에 대해 아도르노는 사회적 교
환과 연관시켜 이렇게 말한다.

최초의 객관적 추상화는 학문적 반성에서보다는 교환법칙 자체
의 보편적 발달 속에서 일어난다. 이러한 추상화로 인해 질적 계
기들, 즉 생산자나 소비자의 질적 계기, 생산방식의 질적 계기, 심
지어는 사회의 메커니즘이 이차적 부산물로 충족시켜왔던 욕구의
질적 계기들은 무시된다. 가장 중요한 것은 오직 이윤이다. 소비자
들로 이루어진 거대한 그물망이 된 인류, 본래는 욕구의 진정한

---

* 가장 극적인 대결 장면을 보려면 앞의 주에서 언급한 책을 참조하라.
3) 아도르노의 변증법은 개인과 체계의 관계가 잘못 규정되고 있는 현재의 상
   황에 어울리며 이론에 대한 그의 강조는 오늘날의 지식인에게 절박한 문제
   라고 제임슨은 결론짓는다. 468쪽을 참조하라.

주체인 인류는 사람들의 순진한 상상 저 너머에서 사회적으로 이미 짜여 있는 것이다. 그것도 생산력의 기술적 수준에서뿐만 아니라 사람들이 뒤엉켜들어간 경제관계에 의해 그렇게 되었기 때문에 경험적으로 느끼기가 더욱더 어려워진다. 시장체계 속에 잠복해 있는 교환가치의 추상성은 사회의 온갖 계층분화 너머에 있으면서 특수에 대한 보편의 지배, 포로가 된 구성원에 대한 사회의 지배를 대변한다.*

이 문장들을 통해 사회적 교환은 동일성이나 추상성에 관한 아도르노의 철학적 진단들—이것은 이제 다음에 나올 주제들을 통해 요약되겠지만—속에서 절대적 우위를 차지하고 있음이 재확인된다.

추상은 무엇보다도 집합적인 것이지 개별적인 것이 아니다. 객관성은, 그 자체 사회의 산물로서 이미 사회를 전제하고 있는 집합적 언어와 개념적 형식들을 통해 주체의 내부에 존재하는 것이다. 이러한 상황은 노동분업, 특히 추상적 사유 자체의 전제를 이루는 정신노동과 육체노동의 분리와 밀접히 연관된 것이지만, 생산력의 발달이라는 마르크스의 고전적 관념과도 많은 연관이 있음을 보게 될—무엇보다 『미학이론』의 몇몇 독특한 착상들을 다루게 되면서[4]—것이다. 왜냐하면 생산력의 발달도 사회적·역사적 현상으로서 '개념' 속에 기록되고 거기에 자신들의 힘을 빌려주게 되며, 그에 따라 자본주의라는 것은 기계를 수단으로 한 추상화의 궁극적 성취임이 드러나기 때문이다. 마지막으로 이 사회적 언어는 개념과 그의 형식 속에 새

---

* "Society", p.148.
4) 예술가는 사회의 집합적 생산력을 구현하며, 한 사회가 도달한 생산력의 수준은 예술작품 속에 구현된다. 제3부 5장 생산력, 6장 '생산관계'를 참조하라.

겨져 있는 역사 자체의 편재성이 망각되지 않도록 해야 한다. 온갖 것
에 배어 있는 이 역사란 가장 고립적이고 독립적인 듯이 보이는 신논
리주의 안에조차 감추어져 있는 철학사일 뿐 아니라, 철학적 추상화
를 위한 원자재인 언어*, 그리고 그러한 원자재가 부지불식간에 관념
으로 변형되는 바로 그 순간마저 남김없이 새겨놓는 언어와 동일한
것이다.

철학이 스스로의 이름에 걸맞게 되고자 할 때면 언제나 역사적
존재자들과 함께 비개념적인 것을 자신의 대상으로 받아들인다.
이것은 셸링5)이나 헤겔에게서 처음으로 일어난 일이 아니라 플라
톤에게서도 이미—마지못해서이기는 하지만—시작된다. 플라톤
은 존재자를 비존재자로 만들어버렸으며, 영원한 이데아가 등가의
교환이나 노동분업과 같은 경험적 규정들과 자매관계를 이루게 되
는 국가론을 썼던 것이다(『부정변증법』, 141/137/212).

---

* "역사는 언어와 접하고 있을 뿐 아니라 언어 속에서 일어난다."(『최소
  한의 도덕』, 293/219/308). 「서정시와 사회」(Die Rede über Lyrik und
  Gesellschaft, 『문학 노트』, 48~68)는 또한 역사는 언어 속에서 부정적으
  로 '일어날 수도 있다'는 점을 상기시킨다.
5) Friedrich Wilhelm Joseph von Schelling(1775~1854). 독일의 철학자.
  칸트·피히테를 계승하여 헤겔로 이어주는 독일 관념론의 대표적 사상가.

4 문화비판의 이해득실

집합성, 사회성, 교환, 노동분업, 역사의 역동성을 강조하는 것,
다른 말로 하면 추상적 사유 내부에서 '객체의 우위'를 주장하는 것
은 이 문제의 다른 측면에 대한 보충적인 경고나 주의를 요구한다.
다층적인 아도르노의 입장을 부당하게 단순화시키지 않으려면 어떤
점에서는 공통점을 갖고 있는 것처럼 보이기도 하는 또 다른 방법론
인 지식사회학과 아도르노의 입장을 확실하게 구별해야 한다. 왜냐하
면 아도르노는 자신의 변증법을 지식사회학과 혼동하지 말 것을 끈
질기게 주장하고 있기 때문이다. 아도르노는 지식사회학을 전혀 비
타협적인 태도로 공격하고 있는데 가장 돋보이는 비평 중의 몇몇은
만하임,[1] 베블런,[2] 슈펭글러[3] 등과 같은 지식사회학의 대가들에게
향하고 있다. 이러한 비판들은 『프리즘』(*Prismen*)이라는 제목의 책

---

1) Karl Mannheim(1893~1947). 헝가리 태생의 독일 사회학자. 지식사회학
   의 방법론 확립.
2) Thorstein(Bunde) Veblen(1857~1929). 노르웨이 혈통의 미국 경제학
   자, 사회과학자, *Theory of the Leisure Class*(1899)의 저자.
3) Oswald Spengler(1880~1936). 독일의 철학자. 문화를 유기체로 파악하
   여 생성·번영·쇠퇴·몰락 과정을 통해 서구 문명의 위기를 제창함.

에서 발견되는데 이 책이 다루는 중심 주제는 사회학, 그 중에서도 특히 문화사회학이다.

'지식의 사회학'이라는 외적인 분류틀은 아도르노에게 역겹기는 하지만 그 자체가 무엇인가에 대한 징후로 여겨졌다. 그는 만하임에 대해서 다음과 같은 처분을 내린다. "지식사회학은 집 없는 지식인 들을 위한 교리학교를 세우는데 거기서 그들이 배우는 것은 자신을 망각하는 방법이다.* 이것은 카키아리(Massimo Cacciari)와 타푸리 (Manfred Tafuri, 1935~)가 바로 프랑크푸르트 학파로부터 채용한 '이데올로기의 종말' 속에 들어 있던 관념과 비슷한 것으로서, 여기 서 중요시되는 것은 방해받지 않는 계획과 '발전'을 위한 비옥한 토 양을 마련하기 위해 테크노크라시가 가지고 있는 일종의 '계몽적' 비판, 또는 신념이나 이데올로기적 집착을 '탈신화화'하는 것에 대 한 관심이다.** 재개발지구로 지정된 구역에 홀로 남은 골칫덩어리 처럼 길을 가로막고 있는 것은 과거로부터 넘어온 내용, 즉 유기적이 고 세습된 형식들, 미신, 집단적인 습관, 특수한 문화사나 사회심리 학적 저항이다. 그것은 바로, 계몽적 이성에게는 보편화하고 동일화 하는 자신의 사명을 가로막는 끈질긴 방해물로만 여겨지고, 포스트 모던한 상황에서는 주체와 객체가 서로 완전히 자유롭게 자리바꿈할 수 있는 가능성──이런 가능성은 포스트모더니즘의 관점에서 보면 모던한 시대 동안 그렇게 오랫동안 싸워왔던, 지난 시대의 잔해나 잔재나 앙금으로서의 내용들에 대한 관료제적 테크노크라시의 승리 로 보인다──을 차단하고 있는, 뿌리깊은 신념들이다.

이런 식으로 접근하는 것은 지식사회학과 그와 같은 부류인 '문화

---

* T.W. Adorno, *Prismen*, Frankfurt, 1955 ; transl. S. and S. Weber : *Prisms*, London, 1967, p.50/49.
** Manfredo Tafuri, *Architecture and Utopia*, Cambridge, MA., 1979.

사회학' 사이의 깊은 친화성을 드러내주는데, 이들이 부딪칠 수밖에
없는 심오한 아포리아는 문화사회학에서 좀더 극적으로 표출된다.
왜냐하면 아도르노의 문화사회학 비판은 그것이 갖고 있는 가장 예
민한 성감대를 건드리기 때문이다. 이 성감대란 바로 진정한 문화에
대한 경멸, 온갖 형태의 심미적 '첨가물'에 대한 원한감정, 자율적
이며 스스로 정당한 기능을 하고 있다고 생각하는 문화의 자부심이
자신의 허점을 노출하는 모든 순간에 대해 급소를 찔린 듯한 반응을
보이는 질투에 찬 눈초리다.

　이런 여러 순간 가운데 으뜸은 바로 '문화'라는 물화된 단어 자체
를 사용하는 것인데, 이 단어는 자신의 대상들을 애초부터 따로따로
분리시켜 하찮은 것으로 만들어버렸기 때문에 '삶'과의 거리나 '현
실'과의 거리를 증명하려는 긴 호흡은 쓸데없는 짓거리가 된다(이것
의 변증법에 대해서는 마르쿠제가 그의 탁월한 에세이 「문화의 긍정
적 성격」(On the Affirmative Character of Culture)에서 철학적으로
펼쳐보인다). 슈펭글러나 헉슬리[4]뿐 아니라 누구보다도 베블런이
(그들의 방식에 있어) 반문화적이고 반심미적인 충동에 이끌리고 있
는데, 이러한 충동이 그들의 연구대상을 구성하는 방식은 그 대상이
갖고 있는 모든 연관관계를 잘라버린 채 자신의 무기력하고 기만에
찬 자율성이 대상 자체를 저주하도록 만드는 것이다.* 이러한 엄청
난 '문화비판'의 힘은 개인적 이디오신크라시[5]의 결과라기보다는

---

4) Aldous(Leonard) Huxley(1894~1963). 영국의 소설가이자 평론가. 현대
　사회의 불안·위기감 등을 표현함. 저서로 『멋있는 신세계』 등이 있음.

＊ 우리 시대에는 Pierre Bourdieu가 *Distinction*(London, 1985) 같은 책에
　서 강력한 반문화적·반지성적 탈신비화로써 이런 입장을 다시 채택하고
　있다.

5) 이디오신크라시(idiosyncrasy)는 고도로 문명화된 현대인에게도 유일하게
　남아 있는 원시적이고 동물적인 반응양식으로 말미잘의 촉수처럼 외부의

자신의 고유한 역사적 특수성을 지니고 있다.

순전한 과시로서의 상품소비에 대한 비판으로부터 베블런은 결론을 이끌어내고 있는데 이 결론은 심미적으로 볼 때는 신즉물주의의 결론——이러한 결론을 아돌프 로스[6]도 거의 같은 시기에 말하고 있는데——과, 실제로는 테크노크라시의 결론과 아주 근접하고 있다.*

로스가 '장식'이나 '장식적인 것'에 대해 비난하는 폭력성(한편으로는 범죄와 다른 한편으로는 '도착상태'와 동일시되는 폭력성)은, 아카데미적인 또는 '순수예술'적인 '미'의 전범을 지키기 위해 전성기의 모더니스트들이 벌인 정화운동을 연장시키려는 전략인 동시에 르 코르뷔지에[7]의 위생학적 덕목을 세우려는 것이다. 그렇지만 이러한 과정에 대해 오직 그것의 청교도적 성격만을 비난하는 것은 심리학적 진단이라는 이름 아래 분석의 가장 흥미로운 부분을 놓치게 된다. 무엇보다 주목해야 할 것은 이러한 태도가 베블런과 같은 시대에 나온 실용주의에서 계속 이어지고 있다고 보는 아도르노의 주장이다. '초월적' 이념이나 추상(오늘날은 종종 '이론'이라는 이름으로 낙인 찍힌)에 대한 베블런의 혐오는 당연한 결과로서 장식에 대

위협에 대해 본능적으로 움츠리는 무조건반사이다. 듣기만 해도 머리카락이 곤두서고 가슴이 뛰고 소름이 끼치는 위험에 직면해서 신체의 개별 기관들은 주체의 지배를 벗어난다. 이런 기관들은 생물학적인 원초적인 자극에 자율적으로 순응한다.

6) Adolf Loos(1870~1933). 장식을 배격한 즉물적인 현대건축이론을 제창한 오스트리아 건축가.

* *Prisms*, p.82/75.

7) Le Corbusier(1887~1965). 스위스의 건축가.

한 비판 또는 순수한 내재성을 넘어서면서 철학적 사치나 탐닉에 대한 비판과 직결된다(여기서 추상적인 또는 '대륙적인' 철학이나 체계는 또 다른 차원의 장식적인 '문화'로서 기능한다).

그러나 같은 시대에 출현한 '문화비평', 실용주의, 기능주의가 서로 한 통속이라는 사실은 다른 철학을 선택함으로써 간단히 무시해 버릴 수 없는 역사적 충동을 그들 안에서 만나게 된다는 것을 보여준다. 이러한 반심미적 충동을 간단히 '무시'할 수 없는 더 깊은 이유는, 이러한 충동이 예술작품 내부에 새겨져 있으며 모더니즘 작품의 심장부를 차지하고 있기 때문이다. 예술의 원죄성이라는 모티브(토마스 만의 『파우스트 박사』(Doktor Faustus)[8])나 예술의 '허위성' 또는 케케묵은 심미적 가상에 자족하는 것을 참지 못하는 유명론적 의식은, 다음 장에서 보게 되겠지만, 모더니즘의 이해를 위해 필수적인 모더니즘의 본질적 경향들인 것이다. 그러므로 우리는 문화에 대한 비판을 가볍게 무시한 채 초연한 심미주의의 옷을 입고 문화를 찬미할 수는 없다. 우리는 어느 정도는 그 전(全) 과정을 추적한 후 반대편에 있는 출구로 다시 나와야 한다(그 때문에 아도르노가 제시한 '해결책'은 바로 '순수하지 못한' 사고방식[9]——우리가 철학적 차원에서 그 특징을 살펴보고자 했던——의 패러다임이 된다).

사실 문화적인 것의 딜레마는——아도르노의 『최소한의 도덕』에 나오는 빼어난 단편(斷片)「갓난아이와 목욕물」(Baby with the Bath Water), 『최소한의 도덕』, 47~50/43~45/64~66)에서 보듯[10]——보

---

8) 제2차 세계대전 중 미국에 망명해 있던 Thomas Mann(1875~1955)이 아도르노의 『신음악의 철학』으로부터 영감을 얻어 쓴 1947년 작품.

9) 순수한 사유나 글쓰기는 불가능하며 개념은 자신의 불완전성을 숨겨서는 안 된다는 것. 99쪽을 참조하라.

10) "문화비판의 중심 모티브는 문화는 허위라는 것이다. 즉 문화는 있지도 않은 인간다운 사회가 마치 눈앞에 존재하는 듯이 만들어 보인다는 것이

통 마르크스주의의 가장 본질적인 작업가설 중의 하나로 여겨지는
상부구조와 하부구조의 구별에 심각한 결과를 초래한다. 이 문제에 관
해 이제는 자명한 상식이 되어버린 사실은, 송두리째 폐기시켜버리
자는 과감한 제안에 이르기까지 이 가설에 대한 온갖 유보와 이의
(異意) 또한 마르크스주의의 일부로서 실제로 엥겔스 이래 주기적으
로 되풀이되어 나타난다는 것이다. 그러므로 이 가설에 대한 레이몬
드 윌리엄스(Raymond Williams, 1923~88)의 영향력 있는 방대한
비판은 이 가설에 품위있는 장례식을 치러준 제안들 중 가장 최근의
것에 속할 뿐—페리 앤더슨이 마르크스주의의 다른 주제와의 연관
속에서 이 문제를 거론한 것처럼—이다.

 그러나 이 문제를 다룰 경우 포스트마르크스주의자들은 마르크스
주의 가족의 일원이라는 허락을 기다리는 번거로움을 감당하려 하지
도 않는다. 그렇지만 이 가설을 간단히 폐기시켜버리는 것과, 윌리
엄스가 그람시[11]의 헤게모니 관념을 선전하면서 시도했던 것처럼,
좀더 적절하고 만족스러운 대안을 만드는 일은 별개의 것이다. 그러
나 새로운 생각이 적절한 대안임이 증명되고 옛 가설이 행했던 기능
을 충실히 수행할 때가 되면 옛 개념에 대해 제기되었던 온갖 이론

다. 또한 문화는 모든 인간적인 것이 꽃필 수 있는 토대인 물적 조건을
은폐한다는 것이다. 이것은 니체와 마르크스가 함께 공유했던, 문화를
이데올로기로 보는 견해이다. 그러나 이러한 사유 또한 그 자신 이데올
로기가 되는 수상쩍은 경향을 지닌다. (……) 물질적 현실이 교환가치의
세계라 불리고 문화가 교환가치의 지배를 거부하는 것이라면 그러한 거
부는 기존상태가 존속하는 한 가상적인 것임에 틀림없다. 그렇지만 자유
롭고 정당한 교환이란 그 자체가 이미 허위이기 때문에 그러한 허위를
허위라고 말하는 것은 진리의 편에 선다. 즉 문화의 허위는 상품세계의
허위를 고발하는 교정역할을 한다는 것이다.”

11) Antonio Gramsci(1891~1937). 이탈리아의 혁명가. 이탈리아 공산당의
　　창설에 참가함. 저서로 『옥중 노트』가 있음.

(異論)이 몽땅 새로운 개념에 그대로 적용된다. 이에 반해 새로운 착상이 상대적으로 난공불락임이 드러날 때면 거기서 문제되고 있는 것은 대안이 아니라 전혀 다른 무엇이라는 인식이 서서히 다가온다 (이데올로기라는 낡고 진부한 개념을 담론, 실천, 에피스테메와 같은 일련의 새로운 용어나 관념으로 대체하려는 시도 또한 비슷한 처지에 있음을 본다). 나 자신의 입장은 항상, 사람들이 하부구조/상부구조의 관념을 독자적인 이론으로 파악하기보다는 어떤 한 문제에 붙여진 이름으로서 그 해결은 항상 개인적이고 특수한 이해방식 속에 있을 수밖에 없다는 사실을 파악할 때 모든 상황은 완전히 달라지리라는 것이다.

그러나 우리는 우선 하부구조/상부구조라는 용어의 형태—이것은 문제의 최초 윤곽만을 형성할 뿐이다—를 그 안에 포함되어 있다고 가정하는 효율성의 유형이나 인과법칙으로부터 구별해야 한다. 상부구조와 하부구조는 보통 집과 집의 기초를 연상시키지만 사실은 철도 분야에서 쓰여온 전문용어인 듯하다. 여기서 상부구조와 하부구조는 각각 수송수단과 선로를 가리키는 것 같은데[12] 이러한 관계는 우리를 갑자기 전혀 다른 그림, 즉 이데올로기와 그의 효과가 그려져 있는 그림 속으로 밀어넣는다. 이에 비해 엥겔스의 '상호작용'이라는 관념이 당대의 실증주의를 위한 과학적인 교과서로 보인다면, 그람시의 군사적이고 전략적인 '헤게모니' 관념은 제2인터내셔널이 세워졌던 평화로운 풍경으로부터는 상당히 멀어진 듯이 보인다.

---

12) 이 책의 독일어판 번역자 Michael Haupt는 이런 주장에 대해 이의를 제기한다. 선로건설의 전문용어에서는 Oberbau와 Unterbau—의미는 상부구조(Überbau), 하부구조(Basis)와 같음—라는 용어가 사용되는데 Unterbau는 도상(道床)과 침목, 선로로 이루어진 Oberbau를 지탱하는 지반을 일컫는다. 상부구조-하부구조라는 개념틀이 실제로 이러한 철도 용어에서 **나왔는지는** 확인하기 어렵다고 말한다.

『파리 아케이드』(*Passagenwerk*)에서 벤야민은 상부구조란 하부구조의 '표현'으로 이해할 수 있다고 말했는데, 이로써 그는 우리에게 일종의 언어학적 모델(비록 前구조주의적인 것이기는 하지만)을 제공했던 것이다. 사르트르의 경우 '상황'(여기에 그는 다차원적인 계급적·정신분석적 의미를 부여하고 있다)은 하부구조를 이루고, '자유'로운 선택행위는 대답이며 해결로서 상부구조를 이룬다고 말하더라도 그의 사상에 대단한 폭력을 가하는 것은 아닐 것이다. 그러나 제한을 가하는 '상황'의 힘을 강조하고 상황 속에서 생성되는 자유의 창조성을 축소한다면, 『브뤼메르 18일』(*The Eighteenth Brumaire*)——『역사와 계급의식』(*History and Class consciousness*)에서 보여지는 루카치의 정교한 이데올로기적 인식론은 이 책으로부터 파생되어 나온다——에서 보여준 이데올로그와 계급분파들 사이의 관계에 대한 마르크스의 입장에 아주 근접하게 된다.

우리의 본질적인 관심은 보편과 특수의 공존에 관한 아도르노의 입체적 관념이 자신만의 독특한 상부구조/하부구조의 대립을 만들어낸다는 사실을 입증하는 것이다. 이 문제에 관한 아도르노의 발상이 독특한 이유는 그에게서 보편자(개념·체계·총체성·교환)란 직접적으로 인식되지 않는 하부구조라면, 특수자는 우리의 유일한 개인적 현실——이 현실은 동시에 등가교환이 이루어지는 힘의 장(場)처럼 통제된다——로 나타나는 의식과 문화의 행동 또는 사건이라는 데 있다.

그렇지만 이러한 설명틀(다른 것들도 어렵지 않게 더 생각할 수 있지만) 중에 어느 것도, 피할 수 없는 결정론적 인과법칙을 작동시키지는 못한다. 마르크스주의적 문제틀의 두드러진 특성은 이러한 문제나 질문, 즉 '문화'(또는 의식이나 '실존')와 이것의 사회경제적 맥락 또는 '토대'와의 관계가 가장 절박하고 기본적인 문제로서 중심을 차지하고 있다는 점이다. 이러한 문제가 일단 인정된다면 그때

그때의 해결은, 가장 법칙적인 것—이데올로기적 반영이나 집단적 허위의식을 탈신화화하는 가장 속류 마르크스주의적인 파악—으로 부터 일정 상황에서 문화적인 것이 향유하는 신비로운 자율성(어떤 경우는 문화가 전면에 부상하여 짧은 기간이나마 '결정적 요인' (determinant)으로 보이기도 하는 경우를 포함하여)과 같은 제한적 가설에 이르는 광범위한 스펙트럼을 포함하게 될 것이다. 그런 식으로 설정된 관계는 어떤 흥미도 유발하지 않고 별다른 문제점도 제기하지 않는다고 처음부터 재단하려 든다면 우리는 아도르노의 표현을 빌려 갓난아이를 목욕물과 함께 내다버리는 격이라고 말하지 않을 수 없다.

물론 아도르노는 베블런 분석의 정신 속에서 정반대의 의미를 말할 수도 있을 것이다. 즉 문화를 '상부구조'로 보는 것은 이미 아이를 목욕물과 함께 내다버리는 것이라고, 문화란 항상 "존재하지도 않는 인간다운 사회를 신기루처럼 떠올리는"(『최소한의 도덕』, 48/43/64) 임기응변적인 거짓말이라고, 그리하여 그런 환상을 제거함으로써 "모든 상황과 관계를 완전히 그 물질적 원천으로 환원시키고, 아무것도 숨김없이 완전히 공개적으로 참여자들의 이해관계에 따라 재편성하는 것"(『최소한의 도덕』, 48/43/65)이 바람직하다고 말할 수도 있을 것이다. 그 때문에 (지극히 지당한) 환상의 탄핵이 새로운 환상으로 전환되는 것은 정당하다 : "이러한 관념은, 거짓에 대한 모든 훈계처럼, 스스로 이데올로기가 되려는 수상쩍은 성향을 지니고 있다"(『최소한의 도덕』, 48/43/64). 마르크스주의적인 유물론은 자신의 내적 동력에 의해 반심미적인 반문화주의가 되려는 경향이 있다. 이 반문화주의 속에서 그러한 유물론은 자신의 적인 파시즘의 원한감정과 기이한 일치를 경험하게 된다.

거짓말인 정신에 대항해서 물질적 요소를 강조하는 것은, 경찰과 암흑가가 맺는 상호양해와 유사한 방식으로, 정치적 경제와의 의심쩍은 친화관계—내재적 비판을 받을 수밖에 없는—를 만들어낸다"(『최소한의 도덕』, 49/44/65).

상상할 수 있는 바와 같이, 이 문구는 바로 『부정변증법』을 고안하지 않을 수 없도록 만든 패러다임적 상황 내지 모순에 찬 딜레마를 보여준다.

물질적인 현실을 교환가치의 세계라고 부르는 데 반해 이러한 교환가치의 지배를 거부하는 것을 문화라고 부른다면 기존의 상태가 존속되는 한 그러한 거부가 가상에 불과한 것은 틀림없지만, (……) 이러한 문화의 허위가 상품세계의 허위를 고발하는 교정역할을 할 수는 있을 것이다. 문화가 지금까지 실패해왔다는 사실이 그러한 실패를 부추기는 것을 정당화할 수는 없다(『최소한의 도덕』, 49/44/65).

방법론적인 측면에서 결론— '문화비판' 뿐 아니라 사유 일반에 해당되는—을 내린다면 우리는 문화(이념으로서나 현상형식으로서나)를 죽이지 않기 위해 혼신의 힘을 기울이면서 동시에 문화를 가차없이 비판해야 한다는 것이며 이 둘 중 어느 한 쪽에 결정적으로 치우쳐서는 안 된다는 것이다. 이 말은 문화뿐 아니라 철학에도 해당되는데, 『부정변증법』의 유명한 첫 구절에 따르면, 철학은 "철학이 실현되는 순간이 지연되었기 때문에"(『부정변증법』, 15/3/55) 아직도 존속한다는 것이다. 철학함이라는 불가능한 이념의 숨을 이어나가는 것(문화의 생산처럼) 속에는, 앞으로 보게 되겠지만, 유토피아적인 힘이—비록 지금 시대에는 그런 행위가 실패할 수밖에 없다는 것을 인정사정 없이 폭로하는 것이 유행이지만—들어 있다(비슷한 방식으로 나는, 잊어버리기보다는 좀더 적절한 방식으로 극복되어야 할 간극(gap)임을 상기시키기 위해 상부구조라는 용어를 계속 사용하는 것이 어떨까라고 제안한다). 왜냐하면 철학처럼 문화에도 정신노동과 육체노동의 분리라는 원죄의 낙인이 찍혀 있기 때문이다.

그러나 문화비판만이 오직 문화의 매춘행위나 정신의 순수한 자율성을 해치는 문화의 타락에 대해 가차없이 비판할 수 있는 까닭은 문화의 기원이 정신노동과 육체노동의 극단적인 분리에서 시작되었고 자신의 원죄인 이러한 분리로부터 힘을 끌어내고 있기 때문이다. 문화가 이러한 분리를 부인하고 화목한 유대감을 꾸며내려 든다면 문화는 문화 본연의 관념에 못 미치는 초라한 것이 되고 말 것이다.*

아도르노의 문화이론에 나오는 이러한 여담은 자신의 딜레마 속에 철학적 사유나 '개념'의 분석에서 만났던 것과 동일한 모순이 작동하고 있음을 부각시킨다. 왜냐하면 우리는 개념을 자신과는 다른 그 어떤 실재의 파악을 위한 자동적인 도구로 순진하게 간주할 수 없지만, 그렇다고 지식사회학이나 속류 '이데올로기 비판'의 방식에 따라 개념 안에 내재되어 있는 허위나 환상을 폭로한다고─적어도 오늘날의 세계에서는─간단히 해결되는 것은 아니기 때문이다. 아직 분명하지 않은 것은, 자신의 형식 자체에서부터 어느 정도는 '거짓'인 개념을 수단으로 사유한다는 것이 구체적인 상황에서는 무엇을 의미하는가이다. 지식사회학이나 사회학적인 문화비판이 얽혀들어간 특수한 모순들에 관해서는 이런 모순들이 비판 자체의 타율성(heteronomy)─부분 혹은 정신이 자신이 속한 전체에 대해 가질

* Ibid., p.18/26.

수 있는 거리가 만들어내는 패러독스——이라는 좀더 심오한 철학적 관념 속에 자리잡고 있다고 말할 수 있는데 이 문제는 나중에 살펴보게 될 것이다.[13]

---

13) 개념의 허위성을 인식하면서도 인식을 위해서는 개념을 포기할 수 없는 딜레마에서 빠져나오기 위한 궁여지책으로 미메시스, 구도, 상엮기, 의사총체성, 서사와 같은 관념을 만들어내게 된다. 134, 167~168쪽을 참조하라.

5 발터 벤야민과 구도들

벤야민은 현재의 상황에서 대단한 의미를 지니는 한 텍스트에서 "온 힘을 기울여 '재현'의 문제와 새롭게 맞서는 것이 철학적인 글쓰기의 고유한 과제다"*라고 말했다. 이 문제——즉 철학적인 '제시'나 '재현'의 문제, 텍스트의 흐름 속에서 철학적 개념들을 피력하는 형식의 문제, 또한 이런 형식들이 갖는 전통적인 장르들의 문제(벤야민은 스피노자[1]의 사이비유크리트적인 '증명방식'과 19세기의 거대한 체계, 신비사상을 전달하는 비의적인 에세이, 스콜라 철학의 논문들을 언급한다)——는 이제 아도르노에게서 다시 부각되어 ('재현'에 대한 마르크스 자신의 숨겨진 지적을 인용하면서) 온갖 진리와 비진리를 지닌 철학적 개념들을 '작동시키는' 실마리며 열쇠가 된다.

---

* *Origin of German Tragic Drama*, Walter Benjamin, *Ursprung des deutschen Trauerspiels*, *Gesammelte Schriften*, Frankfurt, 1980, vol.1, Part I ; transl. J. Osborne, London, 1977 : "Epistemo-Critical Prologue", p.207/27. 이후로는 OGT로 표기한다.
1) Baruch Spinoza(1632~77). 네덜란드의 유대계 철학자. 범신론을 주장하여 신이 곧 자연임을 역설함.

'재현'의 문제는 '총체성'의 지위에 관한 결정적 통찰을 가능케 한
다. '총체성'에 관해 우리는, 이 총체성의 하인인 개념이 총체성의
비진리와 지배형식을 재생산하고 있기는 하지만, 총체성 자체는 생
각할 수도 재현할 수도 없는 무엇이라는 사실──바로 이 단어의 현
재적인 의미에서──을 지적했었다.[2] 그렇지만 어떤 대상에 대한 고
립된 생각(보통 우리가 근사하게 '개념'이라고 불러온 것)은──언뜻
보면 정확하고 적절하게 보일지 몰라도──눈으로 볼 수 없는 자신의
비진리를 바로 자신의 형식(동일성과 교환) 속에 내포하고 있다. 대
상에 대해 말하는 것은 그것의 내용에 대해 말하는 것을 뜻하며, 이
러한 관여행위는 뉴턴적인 세계 안에 머물러 있게 되는데 이 경우
사유의 다른 면은 정의상 감추어질 수밖에 없게 되는 것이다. 그 때
문에 모든 개별 개념의 형식적 비진리를 다른 개념들과의 연관관계
를 들추어내는 과정을 통해 가시화하려는 유혹을 받게 된다. 그렇지
만 이런 작업을 통해 생겨날 수 있는 체계──헤겔의 '객관정신'과 견
줄 수 있는 것으로서, 모든 오류와 환상과 열정적인 확신들을 함께
묶어 짠 거대한 절대적 그물망(사람들은 역사의 어느 순간에서든 이
런 것들을 신봉하고 떠들어댄다)──란, 우리가 이런 것을 객관적 총
체성의 모사로 받아들이기를 거부할 경우, 재현과 비슷한 무엇, 또
는 기껏해야 우리 시대의 지식형태(episteme)를 다루는 구조사회학
의 대상에 지나지 않는 것은 아닐까?

어떤 기획이든──개념들의 체계든 아니면 개념들이 붙잡고 싶어하
는 사물들의 체계든──불행하게도 체계의 기만을 다시 끌어들이지
않을 수 없다. 이러한 기획은 또한 말할 필요도 없이 주체와 객체
간의 낡은 대립을 다시 도입하게 되는데, 이 문제에 대해 지금 우리

---

2) 총체성은 직접적으로 포착될 수도 자연과학의 법칙처럼 단호히 입증될 수
도 없다는 것. 113쪽을 참조하라.

가 최소한 알고 있는 것은, 이런 대립에서 벗어날 수는 없지만 이런
문제와 정면대결하기보다는 기지를 발휘해 잠정적으로 비켜가야 한
다는 것이다(이 문제에 관해 우리는 아도르노의 변증법을 교과서나
사용설명서로 활용할 수 있을 것이다).

체계를 지향하는 철학의 총체화작업(진정한 철학은 항상 자신의
대상으로 말미암아 이런 충동을 느낀다는 것을 이해해야 한다) 속에
서 빚어지는 딜레마는, 『부정변증법』의 경우 일종의 의사(疑似)총체
성이 미메시스를 통해 가동됨으로써(『계몽의 변증법』에서 보듯 이런
작업 속에서 풍기는 샤머니즘적인 어조는 프레이저[3]의 원시부족적
사고에 기초한다) 무장해제되는 것처럼 보인다. 의사총체성이라는 관
념에 함축되어 있는 것은, 서로를 지시하는 일련의 개념들이 만드는
연결고리가 총체적 체계의 환상을 만들어내지만 체계의 옹색한 마법
은, 재현의 질서라는 것이 아무런 구속력도 갖지 못하며 전혀 다른
방식으로 배열될 수도 있기 때문에 신탁에서처럼 모든 요소는 이미
현존해 있지만 그것의 배치형식 또는 결과로서 드러난 모양새는 단
순한 우연에 불과하다는 인식에 의해 순식간에 깨질 수 있다는 것이
다. 잠정적으로 만들어진 자기 자신의 구조물을 스스로 무너뜨리는
'재현'의 방식을 벤야민은 상엮기(configuration) 또는 구도
(constellation)라고 불렀는데 아도르노는 이 용어에 좀더 옹색한 개
념인 '모델'이라는 용어를 첨가하면서 『부정변증법』의 2부에서 이
'모델'의 세 가지 형태를 우리에게 보여준다.

모델이라는 특이한 구조가 갖고 있는 특징을 살펴보기 전에 우선,
모델이라는 용어에 대한 자리매김부터 해야 하는데 이 작업은 단편

---

3) Sir James George Frazer(1854~1941). 영국의 사회 인류학자. 방대한
　　문헌자료를 사용하여 주술과 종교의 연구를 집대성한 『황금가지』로 유명
　　해짐.

(斷片)의 이념과 연결된다. 단편의 관념은 벤야민이나 아도르노와의
관련 속에서 언뜻 언뜻 이야기되기도 하고 가끔씩은 니체[4]의 잠언
(aphorism)이나 슐레겔[5]의 미학과 희미하게 연관되기도 한다.* 이
런 인상주의적 관념이 우리를 멀리까지 데려다주지는 못한다는 사실
은 지금 본 단편과 잠언과의 비교에서도 이미 드러난다. 닫힘의 미
학에 의해 철저히 지배되는 잠언은 아무리 '단순한 형식'을 가지고
있다고 하더라도 첫눈에 보아도 정말로 단편적인 것이라고 간주되기
가 어렵다. 현대의 사유나 경험이 대체로 '단편적'이라는 것은 현대
의 또 다른 문화비판들을 위한 호재지만, 단편성은 현대적 사유의
반응방식이나 그 딜레마를 보여주는 것이지 현대적 사유의 일반적
속성이나 특질로 간주되기는 힘들다. 왜냐하면 이 경우 이런 현상의
편재성은 아도르노나 벤야민의 특수성을 드러내는 데 별 쓸모가 없
을 것이기 때문이다. 게다가 이미 언급한 「갓난아이와 목욕물」과 같
은 짧은 텍스트를 진지하게 단편적이라고 말하기도 어렵다. 이 텍스
트는 놀라울 정도로 자기완결적인 닫힌 구조를 갖고 있으며, 소위
벤야민의 단편적이라고 말해지는 글들 또한 대부분 사후에 발견된
메모들인데, 벤야민은 이런 메모를 에세이로 발전시키는 것이 보통
의 습관이었으며 그런 에세이들은 아무리 이디오신크라시적 특징을
갖고 있더라도 논술적 장르의 형식논리를 충실히 지키고 있다.

　단편적인 것과 불연속적인 것을 구별하는 것은 이 문제를 좀더 명
료히 하는 데 도움을 줄 것이다. 아도르노나 벤야민의 삶에서 근본

---

4) Friedrich Wilhelm Nietzsche(1844~1900). 독일의 철학자·시인. 실존철
　학의 선구자. 주요 저서로는 『비극의 탄생』 『차라투스트라는 이렇게 말했
　다』 등이 있음.
5) Friedrich von Schlegel(1772~1829). 독일의 평론가. 산스크리트어를 연
　구함. 저서로 『고대 인도인의 언어와 지혜에 대하여』가 있음.
＊460쪽의 첫번째 원주를 참조하라.

체험을 이루는 불연속적인 것은 단락들 사이의 빈 자리나 간극을 통해 드러나기도 하고, 때로는 어떤 단락들이 아예 빠져버리거나 (특히 아도르노에게서처럼) 의도적으로 제거됨으로써 더욱 첨예화되기도 하는데 이 경우 우리는 글의 주제나 재료들의 어지러운 급전 때문에 당황하게 된다.

단편적인 것과 불연속적인 것을 구별해야 할 또 다른 이유는 단편성의 관념이 대상을 지칭하는 것이라면 불연속성의 관념은 대상들 사이의 거리를 강조한다는 것이다. 구도, 즉 별자리를 만들어내는 별들은 보통, 틀을 만들어주는 은유들이 결여된 '단편적인 것'들로 생각되지 않는다. 상여기나 구도, 모델의 관념들은 분명 그에 상응하는 미시적 범주들을 요구하고 있는 것처럼 보인다. 이것은 하늘의 별들을 먼 거리에서 사진 찍어 이 사진이 하늘에 있는 별들의 관계를 표현하는 것처럼 보이게 만드는 것과 비슷하게, 극적으로 자신의 건축을 위한 요소나 재료들을 다루는 방법이다. 우리는 곧 어떤 방식으로 개별 '개념'이 순간적이고 잠정적인 '총체적 체계' 속에 자리잡게 되는가라는 문제로 돌아갈 것이다. 그러나 그런 다음에는 그런 구도들의 포괄적인 형식적 재현에 대한 언급을 보완하기 위해, 재현을 만들어내는 '미메시스적' 문장들을 살펴볼 것이다.

잘 알려진 바와 같이 벤야민은 이 형식을 두 개의 중요한 저서를 통해 가시화했다. 그 중의 하나는 그가 작품을 완수하기 전에 제 명을 다하지 못하고 죽음으로 말미암아 글자 그대로 '단편적'이 되었다. 이 두 책은 『독일 비극의 기원』과 전설이 된 『파리 아케이드』(「19세기의 수도 파리」)인데, 1000쪽에 달하는 『파리 아케이드』는 1982년에야 책의 형태로 출판되었다. 보통 두 책의 철학적 관점은 서로 판이하게 다르다고 이야기된다. 독일 비극에 관한 책은 무엇보다 어둡고 수수께끼 같은 '서문'의 무게 때문에 보통 관념론적이라고(신비주의적이라고까지 말하기는 곤란하지만) 불리는 반면, 아케

이드에 관한 기획은 그 안에 실린 자료 면에서나 우리가 이 시대에
벤야민이 겪은 체험에 대해 알고 있는 전기적 사실 면에서 마르크스
주의적이고 유물론적인 작품으로, 사적 유물론에 대한——특히 문화
사적 영역에서——중요한 '기여'라고 말해진다. 이 모두는 전체적으
로 보아 분명 맞는 이야기지만 여기에는 신념이나 지적 수준, 이데
올로기적 입장에서 조야하기 이를 데 없는 전제가 깔려 있는데 이런
전제들은 세심한 재고를 요하는 것 같다.

　지금 본 문제와 밀접히 연관되어 있으면서 그것처럼 개인적 주체
라는 지극히 전통적인 관념을 집요하게 고집하고 있는 또 다른 전제
는 '영향'이라는 문제를 맴돌고 있다. 벤야민이 아도르노에 대해 결
정적 영향력을 행사했다는 사실은 수잔 벅 모스(Susan Buck-Morss)
의 선구적 업적에 의해 의심의 여지가 없는 것으로 증명되었다.* 그
렇지만 영향이라는 것을 누군가의 머리로부터 다른 사람의 머리로
새로운 사상이 이동하는 것이라고만 단순히 이해할 수 있을까? 이런
경우는 그때그때 문제가 된 '영향'을, 수용하는 개인의 정신 속에서
일깨워진 새로운 관심(전혀 새로운 문제틀이라고 말하기는 곤란한)
이라고 말하는 것이 나을 것이다. 그러나 모든 것에 걸리는 주제인
아도르노의 '미메시스'는 영향이라는 관념을 사용하는데도 새로운
길을 열어주고 있는데, 그에 따르면 영향이라는 것은 실제로 일어난
무엇을 지칭하지만 동시에 본래의 것을 잘못 해석하는 것이다. 이러
한 새로운 의미에서의 '영향'은 교육자가 자신의 실천을 통해 그의
사유가 어떻게 더 나아가고 기존의 사유를 가지고는 어디까지 나아
가는 것이 한계인가를 학생에게 보여주는 과정을 일컫는다.

---

* See Introduction, note 2 and on the *Passagenwerk*, Susan Buck-Morss,
　Dialectics of Seeing : Walter Benjamin and the Arcades Projekt,
　Cambridge, MA 1990.

같은 말이지만 이렇게 말할 수도 있다. 그밖에 무엇이 더 '쓰여질' 수 있는가, 사물의 본성에 이미 새겨져 있는 것처럼 보이며 골수까지 배어 있는 터부와 제약들로부터 전혀 뜻밖의 해방을 가져다줄 글쓰기나 재현형식의 새로운 가능성은 무엇인가? 아도르노에게 미친 벤야민의 '영향'에 대해 내가 이해하고 있는 것은 이런 종류의 것으로서, 그것은 즉 미메시스를 통한 (앞에서 말한[6] 방식의) 해방, 다른 방식의 글쓰기의 가능성에 대한 실천적 증명이며, 궁극적으로는 다르게 생각하는 방법이다. 이런 점에서 『독일 비극의 기원』의 이른바 관념론적 내용과 『파리 아케이드』의 '유물론'을 대비시키는 것보다 더 중요한 것은 그 두 책이 공유하고 있는 철학적 형식의 관념일 것이다. 벤야민이 아도르노의 정신 속에 분명히 일깨울 수 있었던 철학적 미학이나 철학적 열망은 바로 이러한 관념일 것이다.

그러므로 벤야민이 당시에 자신의 고유한 글쓰기 실천으로 생각했던 것을 파악하기 위해서는 『독일 비극의 기원』의 유명한 「인식론 비판 서문」과 함께 새롭게 시작해야 한다. 이 '서문'은 진리와 인식에 대한 기본적인 구별로부터 시작하는데, 이 구별은 그 비슷한 것이 현대사상의 도처에서 발견됨에도 불구하고 이 문제를 적절히 정리한 철학사가를 발견하기는 아직 어렵다(예를 들면 이러한 구분은 많은 실존주의자들의 단초가 되는 구별이며, 마르크스주의적 전통에서 보여지는 이데올로기와 과학의 대립을 위한 기초가 되고, 마지막으로는 아도르노의 특정 작품과 연관된 '진리내용'과 이데올로기적 허위의식——이것은 진리내용과 공존할 수 있다——의 구별에서 되울림된다. 아도르노에 관한 것은 바그너[7]에 관한 그의 책을 다룰 때 살펴

---

6) 체계를 거부하고 의사총체성을 지닌 구도를 만들어내는 미메시스의 방법. 135쪽을 참조하라

7) Wilhelm Richard Wagner(1813~83). 독일의 오페라 작곡가.

보게 될 것이다[8]).

이러한 대립은 '이념'과 '개념' 사이의 형식/내용 구별을 추적하면서 서서히 다시금 명료해질 것이다(이 구별은 아도르노에게서는 다시 나타나지 않지만 그 영향은——앞으로 살펴보겠지만——분명히 감지할 수 있다[9]). 아도르노는 '이념'이라는 단어를 피하는데——반면 개념이라는 용어는 그의 저작 전체에 걸쳐 출현한다——이러한 회피는 어렵지 않게 초월이니 형이상학이니 하는 개념에 대해 우리들이 느끼는 불편함과 같은 성질의 것이다.

나는 벤야민의 입장을 (플라톤이 금방 연상되기는 하지만) '플라톤적'이라고 부르는 손쉬운 해결은 보류하자는 제안을 통해 이러한 불편함에 표현을 붙여주고 싶다. '플라톤적'이라고 특징지우는 것은 문제를 과거에 떠넘기는 것인데, 과거 사상의 영역 또한 그와 결부된 '신비주의'라는 카테고리처럼 명확히 정의내리면서 실제로 접근할 수 있는 영역은 아닌 것이다. '이념'과 '개념'의 구별은 물론 칸트에게 결정적인 문제였으며, 헤겔에게서도 또한——비록 그 구별은 변증법적 굴절을 겪지만——그러했다. 그렇지만 이러한 구별을 그들이 남긴 유산 중 가장 생동력 있고 유용한 부분이라고 말할 수는 없다. 그러므로 최선의 선택은 그런 종류의 온갖 전통과 연관된 연상작용들을 처음부터 배제하고 벤야민 자신의 논리전개로부터 신선한 의미를 끌어내는 것일 것이다.

개념은 사물이나 사물의 인식 편에 서 있고 이념은 '진리'의 편에 서 있다. 개념은 그러므로 현상을 분석하기 위한 도구이고 매개로서

---

8) 아도르노에게서 허위의식을 완전히 표현하는 것은 곧 올바른 의식이며 진리내용이 된다. 418쪽을 참조하라.

9) 제임슨은 이념들의 고립적 성격이 『부정변증법』의 불연속성으로 나타난다고 본다. 149쪽을 참조하라.

이러한 매개를 통해 경험적 현실은 진리의 영역에 접근할 수 있는 통로를 얻게 된다. 그렇지 못할 경우 경험적 현실은 직접적 경험과 지금·여기의 늪 속에서 허우적대고만 있을 것이다(칸트도 그 정도까지는 얘기했었다). 개념들은 그 때문에 본질상 항상 다수이다.

현상들은 (……) 가상이 뒤섞여 있는 가공되지 않은 경험적 상태 그대로 이념의 왕국에 들어가는 것이 아니라 그들의 요소들만이 구원되어 그곳에 들어간다. 현상들은 그들의 거짓된 통일성을 벗어버린 다음 요소들로 쪼개져 진리라는 진정한 실체에 참여할 수 있게 되는 것이다. 이렇게 쪼개진 상태 속에서 현상들은 개념에 종속된다. 사물들을 요소들로 용해시키는 것은 바로 이 개념들인 것이다(『독일 비극의 기원』, 213~214/33).

개념의 기본적인 사명은 겉보기에 통일되어 있는 것처럼 보이는 일상적 현실을 파괴하고는 분석과 해체를 통해 전혀 익숙하지 않은 새로운 방식으로 그것을 일군의 개념들로 재결합하는 데 있는 것처럼 보인다. 개별 개념들은 그때그때의 다양한 현실에 매여 있을 수밖에 없는데 그렇지만 개념들에게 매개 기능을 부여하는 것은 현실의 바로 그러한 다양성인 것처럼 보인다(따로따로 떨어져 있는 개개의 개념이 대상과 '대등해지거나' 대상과 '동일한' 것이 될 수는 없다). 이러한 매개기능의 이중성을 벤야민은 독특한 방식으로 묘사한다.

이러한 매개역할을 통해 개념들은 현상이 이념의 존재에 참여하는 것을 가능케 한다. 개념으로 하여금 또 다른 역할, 즉 철학 본연의 과제인 이념의 재현에 적합하도록 만드는 것 또한 바로 이 매개역할이다(『독일 비극의 기원』, 214/34).

이 인용에 어떤 신비주의가 관여되어 있다면 그것은 의심할 여지 없이, 이념('진리')에 관한 '명상'은 철학적 제시나 재현과 분리될 수 있다는 암시에 있다. 누군가가 사유와, 글쓰기나 언어를 구별해야 한다고 주장할지라도, '사유'를 글쓰기나 '재현'이나 표현을 위한 사전 스케치나 시험적인 구상(하이데거의 기투행위(Vor-wurf))으로 상상하는 데에는 별다른 독창적 노력이 필요하지는 않을 것이다. 어떤 경우든 벤야민은 이념에 대한 명상, 직관적인 순수 감응, 정적인 '관조'가 가느다란 고음이 되어 풍겨나오는 것을 막기 위해 고통스러운 노력을 기울인다(아도르노 또한 다양한 문맥 속에서 이러한 관조를 집요하게 배척했다). 벤야민의 텍스트에 놀랄 만한 독창성을 부여해주고 있는 지칠 줄 모르는 '재현'의 강조는, 시간과 언어에 구속되어 있는 해석과 분리될 수 있는 진리 경험의 가능성이 처음부터 불신을 당하는 듯한 인상을 준다.

인식은 소유다 (……) 이러한 소유에 비하면 재현은 이차적이다. 재현은 스스로를 재현하는 어떤 일차적인 것으로서 존재하는 것이 아니다. 그러나 바로 이것, 즉 진리에게는 **스스로를 재현하는** 것이 해당된다. 방법이란 인식의 측면에서는 대상을 획득하는 길―의식의 생산을 통해서일지는 몰라도―이라면, 진리의 측면에서는 스스로를 재현하는 것이며 그 때문에 형식으로서 자신 속에 이미 내재되어 있다(『독일 비극의 기원』, 209/29~30).

이러한 규정을 통해 이제 우리는 문제의 핵심, 즉 재현과 이념의 관계에 도달하게 된다. 이제 갑자기, 번개처럼, 거창한 이야기가 가면을 벗고 전모를 드러낸다.

이념과 대상과의 관계는 별자리(구도)와 별들의 관계와 같다.

이 말의 뜻은 우선, 이념들이란 사물들의 개념도 사물들의 법칙도
아니라는 것이다(『독일 비극의 기원』, 214/34).

그러므로 이념이란 단순히 개념들의 '체계'이고 개념들 사이의 관
계이며 그런 한에서 어떤 고유한 내용도 갖고 있지는 않다. 또한 이
념은 개념과는 달리 준(準) 대상(quasi-object)도 아니고 대상의 재
현도 아니다. 별자리(구도)가 하늘에 "실제로 존재"하지 않는 것처
럼 "이념들은 현상의 세계 속에 존재하지 않는다"(『독일 비극의 기
원』, 215/35). 이와 동시에 분명해지는 것은, 철학적 글쓰기나 '재
현'이란 그렇게 '상엮기된'(configured) 경험적 개념들 사이에 줄을
그어 구도를 만들어내는 것이라는 사실이다. 그러나 개념들이 경험
적 현실의 '모습'들을 재현한다면, 이념(그리고 이에 대한 철학적
기록)은 개념들 사이의 '관계'를 재현한다. 우리는 또한 벤야민의
독특한 언어가 주관화의 유혹을 뿌리치면서 그러한 '이념'을 인간의
정신 속에 이식시킬 수 있는 수사학적 질문—구도란 단지 인간 관
찰자의 투사(投射)로서만 존재하는 것은 아닌가? 현상과 그들의 개
념에 대한 관계는 본질적으로 정신 자체의 업적이거나 최소한 정신
의 작용은 아닌가?—을 처음부터 차단한다(이에 대한 만족할 만한
대답을 주지는 않지만)는 사실을 강조하지 않을 수 없다. 이처럼 플
라톤과 유사한 언어는 칸트의 위대한 '해결' 뒷면에 도달하려는, 또
는 이러한 해결 이전으로 거슬러 올라가려는 시도로 읽힐 수 있다.
그러나 의혹은 여전히 남으며, 이제 이 수수께끼 같은 이념의 내
용—그 형식은 분명한 듯이 보이는—을 붙잡아야만 한다. 앞에서
말한 경고에도 불구하고—또한 어떤 가시적인 실례도 존재하지 않
음에도 불구하고—플라톤으로 돌아가려는 충동을 억누를 수는 없으
며, 그러한 이념들이 결국은 선(善)과 미(美)와 정의(또는 칸트의 자
유·신·영혼의 불멸성)에 관한 옛날의 플라톤적 추상화의 '단순한'

복사판이 아닌가라는 의구심을 떨쳐버릴 수 없다. 그렇지만 이것은
결코 벤야민이 생각하는 철학함—비록 이 관념을 측면에서 공략하
기 위해 기이한 우회로를 취하고는 있지만—의 방식은 아니다. 왜
냐하면 '서문'의 다음 주제는 벤야민 신비주의의 신기루를 온전하게
부활시키면서 주술적 언어라는 원형적 모티브를 다시 등장시키기 때
문이다. 이 모티브는 이름붙이기의 행위[10]를 일컫는 것으로서 이러한
행위 속에서 갑자기 출현한 아담은 플라톤을 대체한다.

　이념적인 것인 진리의 존재는 현상들의 존재방식과 다르다. 진
리의 구조는 그 무의도성에서 보면 단순한 사물들의 존재를 닮았
지만 그 항구성에서 보면 그것보다 우월하다. 진리는 경험계를 통
해 규정되는 어떤 의도가 아니라 경험계에 그것의 본질을 새겨넣
는 힘이다. 모든 현상성을 벗어난, 이 힘만이 속해 있는 존재의 상
태는 이름의 존재다. 이름은 이념들이 주어지는 방식(소여 :
Gegebenheit)을 결정한다. 그러나 이념들은 원(原)언어 속에 주
어져 있는 것이라기보다는, 인식작용에 의해 손상되지 않은 본래
의 이름붙이기 기능이 갖고 있던 품위를 간직하고 있는 원(原)지
각 속에 존재한다(『독일 비극의 기원』, 216/36).
　이념들이 이름붙이기의 행위 속에서 의도 없이 주어진다면, 이
러한 이념들은 철학적 명상 속에서 부활될 수 있다(『독일 비극의
기원』, 217/37).

---

10) 벤야민의 신비주의적인 언어관에 근거한 이름의 언어(Namensprache)는
　　벤야민의 이상(理想)이다. 태곳적 형상에 대한 기억에서 나오는 이름붙
　　이기는 사물을 명명할 뿐, 인간의 어떤 목적을 위해 분별하고, 해석하고,
　　위계화하고, 가치부여하는 행위를 하지 않는다.

이제 우리는 좀더 빨리 앞으로 나아갈 수 있다. (몇 쪽 더 이어지는) 이 '서문'의 문맥이 암시하듯 '비극'은 바로 그러한 하나의 '이름'이고 '이념'으로서, 여기서는 적절한 철학적 '재현'의 대상이 되어 '경험적' 개념들로부터 거대한 구도를 그려내는 것이 된다. 지금 다시 생각해보면 벤야민 후기의 기획에서 나타난 '아케이드'라는 관념 속에도 그 비슷한 이름과 이념이 들어 있는 것이다. 갑자기 플라톤적인 추상들——이것들의 사회적·역사적 내용이 플라톤 시대에는 어떠했든 간에——을 모아놓은 전통적인 레퍼토리가 뼛속 깊은 곳에서부터 변형되어 현대적인 '이념'들의 홍수 속으로 밀려들어온다. 이러한 이념들은, 자본(capital), 관료제, 독재, 심지어는 현대적 의미에서의 자연과 역사, 그리고 마침내는 '19세기의 수도(capital) 파리'처럼 훨씬 더 구체적이고 역사적이다.

이 새로운 '이념들'을, 플라톤적 문제틀이 현대의 세속화된 역동성으로 '추락한 것'으로 이해해서는 안 된다. 오히려 이 새로운 추상들——아도르노의 체계나 총체성의 관념처럼 철저히 비경험적인 것(직접적으로 또는 인식으로서 주어지지 않는다는 것)이지만 동시에 세계에서 가장 현실적이면서 우리를 가장 절대적으로 속박하는 문제다——은 새로운 '인식론적' 문제들로 인도된다. 이러한 문제에 대한 벤야민의 의도적인 '태고의 해결방식'은 참신한 대답을 제공하는데 이러한 방식은 『부정변증법』에서 다시 채용된다. 그 때문에 '서문'의 논술적인 문맥은, 좀더 오래된 철학적 전통 속에 있는 플라톤 또는 헤겔 같은 선조들과 연결짓기보다는 사회학적 '이상형'을 이론적으로 파악하려는 베버의 힘겨운 노력과 동일선상에 놓을 때 좀더 적절히 파악될 수 있을 것이다.

구도나 상엮기의 관념에 대한 아도르노의 호의를 살펴보기 전에 벤야민의 관념이 갖고 있는 몇몇 특징들을 확실히 하는 것이 필요하다. 첫번째로, 벤야민은 자신이 내놓은 관념들이 전통과는 동떨어진 독창성을 지니고 있다는 것을 잘 알고 있었기 때문에 자신의 관념들을 전통적 추상개념들, 즉 보편, 특수 또는 전형 같은 것들과 엄격하게 구별하고 싶어했다. 그 이유는 그렇지 않을 경우 이념이나 개념에 관한 자신의 주장이 이미 친숙한 논리적 범주들로 환원될지도 모르기 때문이었다. 그 때문에 경험적 현실의 다양한 측면을 파악하고 이들을 상엮기하여 현실의 이념을 만들어내게 되는 개별 개념들은 현실의 대표적이거나 특징적이거나 전형적이거나 평균적인 것에 관심이 끌리기보다는 현실의 극단들을 기록하려 한다. 현실은 다만 전율을 일으키는 궁극적 표현형식 속에서만 파악될 수 있는 것이지 그렇고 그런 공통분모들 속에서 파악되는 것은 아니라는 것이다(『독일 비극의 기원』, 217/37).

상궤를 벗어나 비전형적인 것 또는 '유'(類)와 '종'(種) 사이의 불협화음을 강조하는 것은 벤야민을 플라톤이나 베버로부터 결정적으로 갈라놓기에 충분하다. 이러한 벤야민의 정신은 『독일 비극의 기원』의 문학적 문제틀에서 가장 직접적으로 파악될 수 있는데, 여기서 벤야민은 어떤 장르에 접근하기 위해서는 진부한 아류작품들보다는 가장 극단적이고 파격적인 작품으로부터 출발하는 것이 훨씬 바람직하다고 여긴다. 그러나 우리 시대의 개념들이 어떤 경로를 통해 유명론적 자세를 취하게 되며, 우리에게는 공허한 단어가 되어버린 창백한 추상들에 예전처럼 매달리기보다는 자신의 중심을 잃지 않으면서도 개개의 경우나 사건 속으로 파고들고 있음을 강조하기 위해서는, 벤야민의 이러한 방법론적 주장을 아도르노의 전혀 다른 언어로 번역해보는 것도 또한 유용할 것이다.

사실 단어들은 우리가 잠시 머물지 않으면 안 될 두번째 문제를 제기한다. 그 이유는, 사실 이념의 언어가 어떤 방식을 통해 필연적으로 개념의 언어와 중첩되고 있는가라는 문제에 대한 벤야민의 생각에 약간의 계기를 첨가하는 것이 필자에게는 지나친 착상이라기보다는 불가피한 것으로 보일 뿐만 아니라 벤야민의 정신 속에 이미 들어 있는 것으로 여겨지기 때문이다. 가장 바람직하지 못한 것은, 이념의 단어들이 개념의 단어들과 구별된다는 이유로 논의의 편의를 위해 이념의 단어들을 완전히 고립된 집단으로 만들어버리는 것이다. 그런 신성 목록은 어떤 점에서 보더라도 우리를 플라톤의 체계로 다시 돌아가게 만들 것이다. 왜냐하면 이 문제에 대해 구체적으로 생각해보려 할 경우 동일한 단어들이 두 영역 사이를 빈번히 오락가락하고 있음을 발견하게 될 것이기 때문이다. 예를 들면 어떤 종류의 실존적 형이상학에 대한 연구는——우나무노[11]의 『생의 비극적 의미』(Tragic Sense of Life) 또는 레이몬드 윌리엄스의 『현대의 비극』(Modern Tragedy)에서처럼—— '비극적인 것'의 객관적 존재를 이념으로서 설정하려 들지도 모른다. 그러나 벤야민에게서 '비극적인 것'은 단지——가능한 한 극단적으로——형식의 실재가 지니는 특징적 경향만을 가리키며, 이 경향은 하나의 개념 그룹으로 재정렬되고 이것은 다시 모든 것을 포함하는 현상의 '이름', 즉 이념으로 응축된다. 그러므로 『독일 비극의 기원』 자체는 '비극'이라는 한 이념의 존재를 만들어내지만, 이와 대조되는 '비극적인 것'의 개념은 벤야민적인 '이념'과는 아무런 공통점이 없는 것으로 전혀 다른 차원에서 움직인다고 할 수 있다.

같은 방식으로 '자유'라는 개념(자유무역, 계약의 자유 등에서처럼)을 통해 시장이라는 보편적 이념에 도달하는 것은 유용할 것이다. 그런 개념은 전체 구도 속에 자신의 자리를 갖겠지만 자유의 이념——이 카테고리는 곧 보게 되겠지만 아도르노가 상론하고 있는 범주이다——과는 아무런 관계가 없다. 우리는 이 새로운 복잡한 방법

11) Miguel de Unamuno(1864~1936). 에스파냐의 철학자·작가. 실존적인 삶의 문제를 추구함.

론적 문제를 벤야민 자신의 발언에 첨가하기 위해 벤야민 자신의 텍
스트를 권위있는 전거로 활용할 수도 있을 것이다. 벤야민은 앞에서
인용한 부분에서 이념을 위한 단어를 '이름들'이라고 규정했었다.
이제 우리는 왜 이름붙이기가 벤야민의 논리전개를 위해 또는 이념
과 개념의 구별을 위해 결정적 중요성을 지니는지 더 잘 이해할 수
있을 것이다. 이념 속에서―다시 상기하면―"단어들은 인식작용에
의해 손상되지 않은 본래의 이름붙이기 기능이 갖고 있던 품위를 간
직하고 있는 것이다." 달리 말해 '자유'라는 단어가 한 이념의 이름
이 된다면, '자유로운'이라는 형용사는 그러한 이름붙이기를 포함하
지 않는다는 것이다. 이 형용사는 이름붙이기와 관계없는 단어로서
다만 대상을 인식하는 기능을 가지고 있을 따름이다.

　마지막으로 지금까지 논한 것을 그러한 이념들간의 관계에 대한
벤야민의 이디오신크라시적 묘사를 덧붙임으로써 완결짓는 것이 필
요하다. 이념들의 형상은 천문학의 영역에 머무는 것으로서 구도로
묘사된 개념들 상호간의 관계와 구별되어야 한다. 그러나 이념들 사
이에는 조화로운 자율성이 존재한다.

　이념들은, 단순한 단어들이 결코 누릴 수 없는 완전한 고립 속
에서 자신들을 위해 존재한다. 그리하여 이념들은 다음과 같은 법
칙을 고백하게 된다. 모든 존재들은 현상들에 의해서뿐만 아니라
서로에게조차 전혀 손이 닿을 수 없는 완전한 자율성 속에서 존재
한다. 우주공간들의 조화가 서로간에 아무런 접촉도 이루어지지
않는 별들의 궤도에 의존하듯이 예지계는 순수한 존재들 사이의
지양될 수 없는 거리에 의존한다. 모든 이념은 각각 하나의 태양
으로서, 이념과 이념들 사이의 관계는 태양들 사이의 관계와 똑
같다(『독일 비극의 기원』, 217~218/37).

각각이 별들인 한 그들은 서로에 연결되어 있다. 그러나 어떤 특정한 하늘에 태양처럼 걸려 있는 별은 어떤 비교도 면제받고 있으며——데리다가 언급한 적이 있지만——전 세계의 지평선이 되고 유일하게 진실한 현실이 되며 유일하게 진실한 준거점이 된다. 이러한 헤게모니 안에서는 하나의 유일한 태양만을 상정할 수 있을 뿐이다. 현란한 군중의 지식이 이런 태양을 헛되이 다른 태양들과 동일화하려 들지 모르지만 이 태양을 한번의 호흡 속에서 다른 태양들과 함께 묶어 생각하는 것은 불가능하다. 개념들은 서로 떨어져 있는 별들로서 이들의 배열은 구도의 형상 속에서 파악될 수 있지만 이념들은, 아무리 다양하고 불연속적일지라도, 자신의 너머에 어떤 유추 가능한 지점, 또는 별들의 공존과 비슷한 그들의 공존을 포착할 수 있는 지점도 제공하지 않는다. 이 말은 즉, 우리가 시작한 문제로 돌아가면, 이념들은 철학적 체계의 형태로 함께 묶여질 수 없으며 어떤 하나의 이념을 철학적으로 노출시키는 것은 그 빛으로써 다른 것들을 가려버린다는 것이다. 이처럼 『부정변증법』의 불연속성은 벤야민적인 형상 속에 이미 감추어져 있었던 것이다. 그러나 이 감추어진 형상은, 나중에 보게 되겠지만,[12] 아도르노 미학에서는 약간은 더 명시적인 형태로 되돌아온다.

---

12) 예술작품은 서로 비교되기보다는 절대적인 것처럼 존재하기를 요구한다는 예술작품의 모나드적 성격을 일컫는 것으로 보인다. 443쪽을 참조하라.

6 모델들

『부정변증법』에서 구도는 중심적인 위치를 차지하고 있고(163~
168/161~166/236~245) 또한——좀더 느슨한 방식이기는 하지
만—— '개념' 의 역사적 내용을 풀어낼 수 있는 방법으로 찬양되지만
(이미 지적했듯이 아도르노는 이념이라는 어휘를 버리고 좀더 일반적
인 헤겔의 어법으로 돌아간다[1]), 아도르노는 철학적 '재현' 의 형식으
로서 구도를 잘 조명할 수 있는 다른 대체 형상들을 만들어낸다.

구도 속에 있는 대상을 인식하는 것은 대상 속에 축적된 과정의
인식이다. 구도로서의 이론적 사유는 그가 열고 싶어하는 개념들
주변을 맴돌면서, 고이 보관된 금고의 자물쇠처럼 그것이 활짝 열
리기를——하나의 열쇠나 하나의 숫자로 열리지 않으면 숫자들의
조합을 통해서라도——희망한다(『부정변증법』, 166/163/242).

우리는 이미 이 금고의 내용물이 '이념사' 나 '지식사회학' 의 발견

---

1) 이념이라는 어휘를 버리는 이유는 우리가 초월이나 형이상학 같은 개념을
불편하게 생각하는 것과 비슷하다는 것. 142쪽을 참조하라.

물과는 다르다는 것을 확신하고 있다. 현대의 벤야민 독자들은 '무시간성'——이념의 무시간성을 뜻하는데 이에 관해서 이념들의 본성이 실은 사회적이고 역사적인 것이라는 사실을 증명하고자 시도해왔다[2]——에 대한 그의 주장 때문에 항상 당황하고 있다는 점을 염두에 둘 때, 아도르노가 '직선적 인과성'을 공공연히 논박하기 위해 구도의 형상이 갖는 공간성을 이용하지만 이런 작업을 역사 자체의 이름으로 행한다는 사실은 곰곰이 새겨둘 만하다(이런 연관 속에서 아도르노는 구도의 방법을 무의식적으로 사용하고 있는 베버를 환기시킨다).

그러나 자본주의 체계의 점증하는 통합화 추세와 이 체계의 계기들이 점점 더 완벽하게 기능연관으로 뒤엉켜 들어가는 추세는 '원인'——'구도'와 대비되는——에 대한 해묵은 질문을 점점 더 신빙성 없는 것으로 만든다. 인식론 비판이 아닌 역사의 실제 흐름이 구도를 찾도록 만든다(『부정변증법』, 168/166/245).

학문들 자체는 "인과고리보다는 인과망으로서"(『부정변증법』, 263/266/358) 작동하지만 이 인과망은 플라톤적 이념들의 영원성과는 전혀 다른 종류의 무시간성이다. 이 무시간성을 현대사상의 다른 분과에서 붙인 이름, 즉 시간이나 역사를 정지시키는 것이라기보다는 시간성이라는 것을 애당초 포함하지 않는 사유를 일컫는 '공시성'이라는 이름과 결부시키는 것은 아주 적절해 보인다. 그러한 무시간성은 시간이나 시간성의 카테고리를 잠시 정지시키는 것이지 이승의 세상과 무관한 불변성은 아니다. 이 정도까지 논의를 진행시켰다면

---

2) '19세기의 수도 파리'처럼 훨씬 더 구체적이고 역사적이 된 이념들을 일컫는다. 145쪽을 참조하라.

우리는 인과망이나 구도에 대한 이러한 견해를 알튀세르의 **구조적 인과성**과 동일시해도 좋을 것이다. 이 관념의 중요성은 마르크스의 경우 '재현'의 문제에 대한 알튀세르의 관심에 의해 더욱 강화된다. 물론 이 관념이 형식적 측면에서 알튀세르 자신의 철학적 실천에 남겨놓은 결과는 아도르노의 경우와 판이하게 다르기는 하다.

그러나 이러한 실천을 위해서는 천문학의 형상들 이외의 다른 형상들도 또한 매우 유용하다. 그렇지만 이런 형상들에 대해서는 하나의 제안을 먼저 내놓고 싶다. 이 제안은, 아도르노에 대한 글을 쓰려는 사람에게는 아도르노에 관한 문헌에서 사실 공동재산이 되어버린 음악적 유추들을 불가피한 경우를 제외하고는 엄격한 자제력을 가지고 삼가는 것―언제까지라고 말할 수는 없지만―이 바람직하지 않을까 하는 것이다. 그런데 바로 그 불가피한 경우가 지금 예기치 않게 찾아왔다.

『부정변증법』은 사실 우리가 구도의 방법이라고 부른 것에 대한 세 개의 실례를 제공하고 있는데, 이것들은 자유·역사·형이상학에 관한 결론 부분의 논문들이다. 이 장(章)들은 명시적으로 '모델'이라는 이름이 붙어 있는데 이 용어는―다른 경우 같으면 언어에 대해 매우 강한 자의식을 지닌 아도르노답지 않지만―내게는 언제나 미학적으로나 철학적으로나 부적절한 듯이 여겨진다. 보통의 경우 아도르노는 물화된 용어나 죽은 언어를 극도로 예민하고 의심에 찬 눈초리로 대하면서, 그런 용어들에 집착하기보다는 변증법적 도약을 꾀한다. 그런데 그런 타성에 젖은 용어처럼 들리는 '모델'이라는 단어는 바로, 이에 관한 과학적 또는 사회과학적 담론의 가장 물화된 형식들로부터 빌려온 용어인 것이다(사회학이라는 학문은 물론 아도르노의 관심으로부터 멀어진 적이 한번도 없지만―그가 가장 형식적으로 철학할 때조차―그가 염두에 두고 있는 것은 대체로 사회학의 구조적 한계나, 사회학이라는 전문화된 형식 속에 연륜이 남겨놓은 자국이지, 철학을 대체할 수 있는──특히 용어나 이름의 문제에서──사회학의 권리가 아니다).

　기껏해야 모델이라는 단어가 주는 어색한 느낌만이 자기 자신의 글쓰기 실천에 대한 불만족스러움──아도르노 자신은 이런 불만을 대체로 다른 사람에게 돌리고 있지만(이 중에서 가장 유명한 것으로는 '자유'에 관한 장(『부정변증법』, 222~225/223~226/309~313)에서 칸트와 사르트르에게로 향한다)──을 반영하고 있는 것처럼 보인다. 이러한 불만이나 불편함은 철학에서의 '예'(例 : example)가 갖는 딜레마로서 '예'(例)의 임의성은 예가 설명하고자 하는 개념의 권위를 당장에 추락시키고 만다. 그러나 세 개의 '모델'들을 '예'와는 다른 새로운 방법으로 읽기는 어려우며, 그 때문에 이 새로운 방법은 당장 '방법론'──무엇보다도 방법은 방법론이 되지 않기 위해 안간힘을 썼음에도 불구하고──으로 변형되고마는 것이다. 하나의 별은 의심할 여지없이 '별 일반'의 예로서 사용될 수 있지만, 태양이 어떤 무엇의 한 예가 될 수는 없다. '모델'이라는 용어는 스스로에게 주의를 돌리는 순간 부지불식간에 그런 종류의 실패를 인정하게 된다.

　그러나 아도르노에게 '모델'이라는 단어는 사실 다른 분야가 아닌 음악으로부터 기원한 용어라는 사실을 발견하게 될 때 상황은 완전히 뒤바뀐다. 아도르노는 이 단어를 쇤베르크[3]로부터 빌려왔는데, 쇤베르크는 처음에는 이 용어를 좀더 느슨한 상식적 의미에서 '연습'이라는 뜻으로 사용했으나(그런 책 중의 하나는 『초보자를 위한 모델들』(Models for Beginners)이다) 점점 갈수록 이 단어에 좀더

---

3) Arnold Schönberg(1874~1951). 오스트리아의 작곡가. 무조음악, 12음법 등의 도입으로 현대음악에 큰 영향을 남김. 작품에 교향시 「펠레아스와 멜리장드」 「정야」 등이 있음.

전문적이고 명료한 의미를 부여했는데 나중에 얻은 이 의미가 지금
의 논의와 관련하여 많은 시사점을 갖는다. 후기 쇤베르크에게서 모
델은 일정한 작곡을 위한 원재료 또는 작곡 주제의 출발점, 즉 12음
계 음악을 위한 그때 그때의 음열 자체, 미리 선택되고 배열되어 작
곡 '되는' 12개 음반의 특정한 질서나 상옆기를 의미한다. 여기서의
작곡은 출발점에 대한 일련의 정교한 변주나 순열—수직적 · 수평적
인— '이상이 아니다'. 고전음악에서 분리되어 있던 것, 즉 처음의
'주제들' 과 이들의 '발전' 이 쇤베르크에게서는 다시 결합되는 것이다.
『신음악의 철학』에서 아도르노는 베토벤(Ludwig van Beethoven,
1770~1827)이 갖는 의미에 대해 다음과 같이 말한다.

> 그런데 이제 변주는 주제의 철저한 전개와의 관련 속에서 구체
> 적이고 비도식적인 보편적 관계의 수립에 기여하게 된다. 변주가
> 역동적이 되는 것이다. 그러면서도 변주는 여전히 출발점으로서의
> 소재—쇤베르크가 '모델' 이라고 부른—를 동일한 것으로서 붙들
> 고 있다. 모든 것은 '그대로' 이다. 그러나 이 동일성의 의미는 비
> 동일성임이 드러난다. 출발점이 되는 소재는 그런 성질을 가지고
> 있기 때문에 그것을 고수한다는 것은 동시에 그것을 변화시킨다는
> 것을 의미한다. 그러한 소재는 즉자적으로 '존재' 하는 것이 아니
> 라 전체의 가능성에 대한 고려 속에서만 존재하는 것이다(『신음악
> 의 철학』, 57/55~56/51).

'모델' 이라는 단어의 새로운 의미가 밝혀준 빛 속에서 아도르노에
게 부여한 철학적 유추가 정확하다면 그 이전의 철학이나 전통철학
의 어떤 것들도 베토벤의 경우와 똑같은 방식으로, 즉 주제의 '출발
점을 이루는 재료(철학적 이념이나 문제)는 이후의 발전(철학적 논
리전개나 판단)으로부터 가상적으로만 분리된다는 식으로 묘사될 수

있을 것이다. 이러한 분리가 의미하는 것은, 문제가 된 개념이 철학
적 텍스트보다 선행하며, 철학적 텍스트는 사후에 이러한 개념을 철
저히 '사유하고' 비판하고 변형시켜 문제를 해결하거나 논박한다는
것이다. 그러한 텍스트는 소나타 형식의 서사적 시간과 다르지 않은
서사적 시간을 가지고 있다고 추정되는데, 두 경우 모두 서사적 시
간은 클라이맥스와 전환점(철학적 텍스트에서는 논리적 주장의 정
점)에 도달하며 이를 바탕으로 종결부는 결론을 이끌어내면서 과정
을 마무리짓는다. 방금 인용한 부분에서 아도르노 자신이 이런 견해
의 신빙성을 높이고 있다. 그 이유는 그가 쇤베르크의 해결방식과
흡사한 무엇이 이미 베토벤의 작품에도 은밀하게 들어 있다는 것을
증명하려 했기 때문이다. 비슷한 방식으로 어떤 사람은 고전철학의
어떤 결정적 텍스트들이 자기도 모르는 사이에 이미 '부정변증법'이
었다고 주장하고 싶을지도 모른다.

　그렇지만 우리가 견지해야만 하는 것은 '12음계' 철학의 작업방식
은 고전적인 텍스트의 그것과 차이가 난다는 사실이다. 개념이나 문
제는 '재현'으로부터 독립해 있는 것이 아니라 이미 재현과 하나라
는 것이다. 거기에는 전통철학에서 볼 수 있는, 진리의 클라이맥스
로 이끄는 어떤 개념적 사건이나 '논리주장'도 없다. 텍스트는 무한
히 이어지는 하나의 변주가 되며 모든 것은 그러한 변주 속에 매순
간 다시 끌어들여진다. 마지막으로 종결은 가능한 모든 변주가 전부
사용되어 고갈되었을 때 이루어질 수 있다. 아도르노가 경탄했던 많
은 예술가들(토마스 만이나 쇤베르크 같은)이 숫자의 마법을 믿고
있었다는 것을 염두에 둘 때 『부정변증법』의 마지막 세번째 '모델'
「형이상학에 대한 명상」이 열두 개의 절로 나뉘어 있다는 사실—전
혀 아도르노답지 않게—을 지적하는 것이 전혀 쓸데없는 일만은 아
닐 것이다.

7 문장구조와 미메시스

이 모든 것은 무엇보다도 개념과 씨름하는 아도르노의 긴 여정, 즉 12음계 철학이 스스로 발견하고 만들어낸 상여기나 구도를 하염없이 연주해가는 방식을 규정한다. 그러나 아도르노 철학의 짜임구조가 앞에서 살핀 벤야민의 기획을 통해 어느 정도 맛볼 수 있었던 묘사에 의해 제대로 드러나는 것은 아니다. 실천이나 철학적 미시정치학에서 벤야민과 거의 공통점이 없는 아도르노의 가장 깊은 독창성은 그가 바로 **변증법적 문장**을 전개시킨 데 있다.[1] 이러한 문장은

---

1) 경악에 찬 눈으로 사실을 묘사만 하려는 벤야민의 어문학적 **방법**과 사실들의 매개를 추구하는 아도르노의 **변증법적 방법** 사이에 존재하는 차이는 아도르노와 벤야민이 주고받은 편지 속에 나오는 다음의 인용에서 잘 드러난다.
　"상부구조 영역에서의 눈에 들어오는 개별적인 경향들을 '유물론적'으로 전환시켜 하부구조의 인접한 경향들과 무매개적으로 병치시키거나 인과관계 속에 넣는 것은 방법론적으로 좋지 않다고 생각합니다. 문화적 성격에 대한 유물론적 결정은 전체과정에 매개될 때에만 가능하지 않을까요? 이런 유(類)의 직접적인 유물론, 즉 인류학적 유물론에는 낭만적 요소가 깊숙이 들어 있습니다. 내가 아쉬워하는 매개란 당신의 작업이 삼가고 있는 '이론' 이외에는 다른 아무것도 아닙니다. 이렇게 표현할 수 있을 것입니다. 사물들의 이름을 명명한다는 신학적 모티브는 이제 단순한 사실성을 공포

마르크스의 탁월한 교차어법(chiasmus)을 통해 종합을 만들어내는 에너지와 먼 친화성을 가질 것이다. 이에 대한 진정한 선구는 분명 벤야민이나 니체가 아니라 오스트리아의 독특한 수사학자인 카를 크라우스[2]이다. 크라우스는 부끄럽게도 완전히 무시되고 있는데 그 이유는 번역상의 문제 때문이라기보다는, 당시 빈 신문들의 저널리스틱한 감각이나 자신의 잡지 『횃불』(Die Fackel)에 나오는 독특한 문체가 사안(事案)의 문맥을 깨뜨리고 글을 쓰게 된 구실을 제공하는 긴 에세이들을 난데없이 돌출시키기 때문에 그의 글은 몇몇 고립된 기교에 찬 미문을 제외하고는 읽는 것이 사실상 불가능하기 때문일 것이다.

이 위대한 시기에, 내가 알기로는 너무나 작고, 아직 시간이 남아 있다면 더욱 작아지리라 보이는 이 위대한 시기에, 유기적인 성장의 영역에서는 그런 식의 변화란 불가능하기 때문에 뚱뚱하고 정말로 무겁다고 말할 수 있는 이 위대한 시기에, 상상조차 할 수

에 질려 묘사하려는 경향을 드러냅니다. 좀 심하게 말한다면 당신의 작업은 마술과 실증주의가 만나는 교차로에 자리잡고 있습니다. 이 자리는 귀신에 홀려 있습니다. 다만 이론만이, 당신 자신의 냉정하고도 사변적인 이론만이 당신이 사로잡혀 있는 마법을 풀 수 있습니다. 내가 당신에게 보내고 있는 것은 오직 그를 위한 단서일 뿐입니다. 당신은 당신 아케이드의 수렁 속에 살고 있습니다."

"당신이 적절히 지적한 마술과 실증주의 사이의 무차별성은 해소되어야 할 것입니다. 나의 어문학적 해석은 헤겔 류의 변증법적 유물론자에 의해 지양되어야 하겠지요. 어문학은 독자를 마술적으로 텍스트에 붙잡아놓기 위한 '눈앞에 떠올리기'이지만 이러한 마법을 푸는 것은 철학의 요소일 것입니다."

2) Karl Kraus(1874~1936). 오스트리아 평론가·작가. 개인 잡지 『횃불』을 통해 특이한 언어 비평의 방법으로 비평활동을 전개함.

없었던 바로 그런 일들이 일어나고 더 이상 어찌 상상해볼 수도 없는 그런 일들이 일어날 수밖에 없는——왜냐하면 사람들이 그것을 상상할 수 있으면 그것은 일어나지 않을 것이기 때문에——이 위대한 시기에, 사람들이 그것을 진지하게 받아들일 수 있다는 가능성 앞에서 죽도록 웃음이 나오는 이런 진지한 시기에, 자신들의 비극에 놀라 기분전환을 찾고 현행범이 된 스스로를 발견하고는 무언가 할 말을 찾는, 행동들은 신문기사를 만들어내고 기사들은 다시 행동들을 부추겨 행동과 기사가 가증스러운 교향곡을 연주하는 이 시끄러운 시기에, 이런 시대에 여러분은 나 자신으로부터 나오는 말은 한마디도 기대해서는 안 됩니다. 다만 침묵이 오해되지 않도록 막아주는 이런 말들을 제외하고는……. *

아도르노가 이 인용에서 발견한 것은 바로 표현적 구문의 패러다임이라고 여겨지는데, 이러한 패러다임 속에서는 문장구조가 무한한 변주를 통해 작동하는 기계로서 기능하도록 요구받으며 단순한 커뮤니케이션이나 외연적 지시로서의 즉각적 정보내용을 훨씬 넘어서는 의미의 전달을 위해 동원된다. 아도르노보다도 훨씬 더 크라우스에게, "언어는 스스로를 통해 자신을 전달한다"**는 벤야민의 이념이나 언어를 '비재현적 미메시스'로 보는 벤야민의 이디오신크라시적 언어관이 적용될 수 있을 것 같다.

미메시스에 대한 벤야민의 관념——벤야민은 이 개념을 자주 사용하지는 않았는데——이 갖고 있는 가능성을 아도르노가 어느 정도까지 발견했는지는 분명치 않다. 다만 확실한 것은 아도르노가 벤야민

---

* *In These Great Times : A Karl Kraus Reader*, ed. Harry Zohn, Montreal, 1976, p.70.

** Benjamin, *Gesammelte Schriften*, vol.4, p.142.

보다도 이 개념에 훨씬 포괄적 의미를 부여했으며——너무 포괄적이
라는 느낌도 없지 않지만(『계몽의 변증법』에서 미메시스는 인류학
전체를 자신에게 끌어들인다)——동시에 미메시스의 의미를 약간 다
르게 보았다는 것이다. 가능하다면 벤야민의 다른 관념이나 단어를
통해 비교를 꾀해볼 수도 있지만, 선배 격인 벤야민에게는 아도르노
에게서 미메시스가 가지고 있는 위치를 순수히 형식적인 측면에서
유추해볼 만한 개념이 '아우라'라는 단어밖에 없는데, 이 개념은 아
도르노의 미메시스 개념처럼 정의되지도 주장되지도 않은 채 모든
텍스트에 미리부터 존재하고 있었던 양 항상 이름만 넌지시 암시되
는 근본개념이라는 점을 제외하면 미메시스 관념과 별 관계가 없다.*

---

* '아우라'라는 관념은 '비합리주의적인' 철학자 루드비히 클라게스로부
터 가져온 것 같다(see Wiggershaus, pp.244ff.). 미메시스의 출처는 좀
더 불명확한 것 같다. 그 이유는 특히 아도르노의 미메시스 개념이 벤야
민의 미메시스 개념과는 별 공통점이 없기 때문이다(Michael Cahn,
"Subversive Mimesis : T.W. Adorno and the Modern Impasse of
Critique", in *Mimesis in Contemporary Theory*, vol.I, ed. M.
Spariosu, Philadelphia, 1984). 하버마스는 이 개념의 핵심을 이성의 긍
정적 관념의 결핍에 대한 보완물로 해석한다.

"호르크하이머와 아도르노는 진리를 추구해야 하는 부담감에서 벗어난
근원적 이성의 주재자로 미메시스라는 능력을 설명하지만, 도구적 이성이
라는 굴레를 벗어날 수 없는 상황에서 그들은 이 개념이 다만 꿰뚫어볼 수
없는 한 조각의 자연인 것처럼 말하는 외에 별 다른 방법이 없다. 그들은
도구화된 자연이 말 없는 항의를 제기하는 것을 가능하게 해주는 미메시스
적 능력을 '충동'이라고 부른다. 도구적 이성의 비판이 뒤엉켜들어간 패러
독스, 가장 유연한 변증법에 대해서조차 완고하게 저항하는 **패러독스는,
호르크하이머와 아도르노가 그들 자신의 고유한 개념들에 따르면 가능하지
않은** 미메시스 이론을 전개하지 않을 수 없었다는 데 있다"(*The Theory of
Communicative Action*, vol.I, transl. Thomas McCarthy, Boston, MA
1984, p.382).

이 두 저자에게서는 일종의 억눌린 근본성에 대한 갈망이 주술적 개념을 수단으로 그들의 글쓰기에 다시 스며드는 것처럼 보인다. 미메시스나 아우라라는 개념은 스스로를 해명하지 않으면서 모든 것을 설명하기 위해 불려나온 개념처럼 보이기 때문에 우리는 결국, 궁극적 설명이나 근거제시가 불가능한 이들 개념은 다만 위대한 현대작가들의 근원적인 소리나 이름처럼 개인이 사로잡히는 태곳적인 가위눌림의 뿌리를 지적할 뿐이라는 사실을 받아들이지 않을 수 없게 된다. 그 때문에 '아우라'나 '미메시스' 개념은, 유별나게 보편화하는 사유나 언어의 자유로운 활동을 보장하기 위해 유일무이한 것이나 특수한 것에 주어진 담보물처럼 여겨진다.

그렇지만 『부정변증법』은 보통 같으면 너무나 변화무쌍한 이 '미메시스' 개념에 좀더 가까이 접근하고 이용할 수 있도록 도와주는 하나의 의미를 제공한다. 이를 위해 치러야 할 대가는 물론, 논란거리가 산재한 이 단어를 다른 방식으로 풀어가는 것을 엄격하게 차단하는, 의미의 환원과 한정이다. 세심한 코멘트를 받을 가치가 충분히 있는 장(章)에서 펼쳐지는 인과성에 관한 논의의 클라이맥스에서 아도르노는 주체와 객체의 변증법을 완벽하게 가동시킨다. 주체와 객체의 변증법이란 바로, 사물세계에서 작동하는 객관적 관계, 위계질서, 상호작용, 지배종속관계를 포착하기 위해 인과성 개념을 전면에 부각시키는 저 '계몽의 변증법' 안에 도사리고 있다는 것이다. 어떤 인식형식으로든 전제가 되는 주체와 객체 사이의 필수불가결한 '친화성'을 환기시킬 때 아도르노가 염두에 두고 있는 것은 결코 투사(投射 : projection)의 메커니즘[3](나중에 생겨나는 타락한 심리현

『계몽의 변증법』은 나중에 논의될 것이다. 그렇지만 내 견해로는 미메시스란 오히려 전통적인 주체-객체 관계의 대용물로 보인다.
3) 반유대주의의 토대가 되는 심리적 메커니즘인 투사에 대해 『계몽의 변증법』

상으로서 이 메커니즘은 『계몽의 변증법』의 「반유대주의 장」에서 광범위하게 다루어진다)이 아니다. 계몽은 이러한 투사의 메커니즘을 바탕으로 하지만 동시에 그러한 메커니즘을 제거하고 싶어한다.

의식은 타자에 대해 그것이 자신을 닮은 정도만큼만 아는 것이지 그러한 유사성(Ähnlichkeit)과 함께 자신을 송두리째 없애버림으로써 아는 것이 아니다. …… 의식이 사물과의 친화성(Affinität)을 참지 못할수록 그만큼 더 동일성을 향한 집착은 집요해진다(『부정변증법』, 267/270/362).

이러한 이야기는 모두 인과성 개념에 대한 비판에 온전히 적용될 수 있다. 인과성의 개념에 대해서도 아도르노는 이 개념이 비동일성에 대한 동일성의 작용을 관찰하기에 가장 적당한 장소라고 말한다. 이 개념 자체에 대해서는 이렇게 말한다.

친화성이란 비판적 범주라는 문맥과의 연관 속에서 사유는 사물들 둘레에 쳐놓은 주문(呪文)에 대한 의태(擬態 : mimicry)가 되는데, 이러한 공감 속에서는 이 주문이 사라질지도 모른다. 인과성

에는 다음과 같은 이야기가 나온다. "잘못된 투사는 억압된 미메시스의 병적인 표현이라고 할 수 있을 것이다. 미메시스가 주변세계와 유사해지려고 한다면 잘못된 투사는 주변세계를 자기와 유사하게 만들려고 한다. 미메시스가 외부세계를 내면세계가 순응해야 할 모델로 만듦으로써 낯선 것과 친해지려 한다면 잘못된 투사는 분출할 태세가 갖추어져 있는 내면세계와 외부세계를 혼동함으로써 외부로부터 얻은 가장 친근한 경험들도 적대시한다. 잘못된 투사는 자신의 것이면서 자신의 것이라고 인정하고 싶지 않은 주체의 충동들을 객체의 탓으로 돌린다. 즉 주체는 그럴듯한 제물을 외부에 만드는 것이다."

안에 있는 주관성과, 실제로는 대상들에 관해 주체가 체험한 것에 대한 예감인 대상 사이에는 '선택적 친화성'이 존재하는 것이다 (『부정변증법』, 267/270/362).

과학과 철학의 기술적 개념들 내부에서 작동하는, 미메시스의 강력한 형식인 의태의 관념은 과학과 철학을 당황하게 하고 그 때문에 이들이—완전히 억압하지는 못하더라도—부인하고 싶어하는(강력한 프로이트적인 의미에서) 미메시스적 충동으로서, 아도르노 자신의 철학적 실천에 유용한 실마리를 제공하는 것처럼 보인다. 아도르노의 철학적 실천은 이런 의미에서 바로 이 억압된 미메시스적 충동에 대한 사실상의 정신분석적 치료인, 자신의 응어리를 말로써 털어내는 정화작용(abreaction)으로서 우리로 하여금 다시 한번 흉내내는 주체와 타자나 자연 사이의 옛 관계를 포착할 수 있도록 해준다. 이러한 관계를 '현대 시대'에서 복원하거나 다시 만들어낼 수는 없지만—프로이트의 치료가 우리를 정말로 다시 어린아이가 되게 할 수는 없는 것처럼—기억을 통한 이런 관계의 회복(사실상 그 병력을 되살리는 것)은 그 자체가 치료적인 기능을 갖는다.

철학이 진정으로 그러한 일을 할 수 있는가, 가장 강력하고 그야말로 환기시키는 힘을 지닌 독창적인 철학적 문장구조라도 이런 종류의 효과를 독자의 마음속에 심어줄 수 있을지는 아직 의심스럽다. 이러한 의심은 벤야민의 방식을 이어받은 아도르노가 수용의 문제를 그의 미학에서 배제하고, 그리하여 은연중에 '비판이론'의 텍스트들이 지닌 영향력에 대해 자신의 입장을 밝히는 것을 삼간다고 해서 완화되는 것은—효과적으로 해명되지 못한다는 것은 말할 필요도 없고—아니다. 오히려 아도르노는, 니체적인 원한감정(ressentiment)이라는 의미에서, 수용의 거부나 수용의 저항을 강력히 지지하고 있다고 말하는 것이 더 나을 것이다(제2부를 참조하라). 수용

또는 오늘날의 시대에 주체가 비판적 태도를 취할 수 있는 가능성
은, 개인적 주체의 기이한 성장궤적 또는 총체적 체계나 관리되는
관료제적 사회인 신세계에 시대착오적으로 살아남은 낡은 개인주의
나 낡은 계급적 태도의 잔재 덕분으로 여겨진다(『부정변증법』, 50~
51/40~41/99~100).[4] 이 말은 즉, 아도르노에게서 수용의 가능성
은 전체적으로 보아 사회체계의 획일화(Gleichschaltung) 과정에 비
판적 주체가 휩쓸리지 않는 것을 가능케 하는 우연한 계급적 특권에
의해 설명될 수 있다는 것이다.

그럼에도 불구하고, 또한 이러한 논의가 갖는 가능한 효과는 제쳐
놓은 채, 아도르노의 문장들을 그 안에 들어 있는 미메시스적 요소
들과의 연관 속에서 살펴보는 것은 바람직하다(철학적 실천이 느슨
하게 미학과 연관지어 기술될 때는 이러한 태도를 자주 만날 수 있
다).

---

4) "통상적인 학문의 이상과 날카롭게 대립하고 있는 변증법적 인식의 객관성
은 더 적은 주체가 아닌 더 많은 주체를 필요로 한다. 그렇지 않다면 철학
적 경험은 위축될 것이다. 그렇지만 실증주의적인 시대정신은 그것에 대해
알레르기 반응을 일으킨다. 누구도 그런 경험을 할 수 있는 능력이 없다는
것이다. 그러한 경험이란 개인의 우선권을 의미하며 개인의 처지나 인생사
에 의해 결정되는데 인식의 조건으로서 그러한 경험을 요구하는 것은 엘리
트적이며 비민주적이라는 것이다. 모든 인간이 비슷한 지능을 가지고 자연
과학적인 실험을 되풀이하거나 수학적인 연역을 꿰뚫어볼 수 있는 것과 비
슷한 정도로 철학적인 경험을 할 수 없다는 것은 용인할 수 있다. 어쨌든
철학의 주관적 요소는 모든 사람의 대체 가능성을 눈앞에 그리고 있는 과
학적 이상의, 잠재적으로 주체를 거부하는 합리성에 비교할 때 비합리적인
추가분을 가지고 있다. 그러한 논거는 민주적인 제스처를 취하지만 관리되
는 세계가 그의 어쩔 수 없는 구성원에게 요구하는 것을 무시하고 있다.
관리되는 세계가 완전히 주무를 수 없는 사람들만이 이에 정신적으로 저항
할 수 있다. 특권에 대한 비판도 특권이 된다."

개념은, 그 자신이 미메시스가 되어 스스로를 잃어버리는 것이 아니라 자신의 방식을 지키면서 미메시스의 얼마만큼을 자신의 것으로 만드는 방법 이외에는 달리 자신이 추방한 미메시스를 대변할 수 없다(『부정변증법』, 26/14/69~70).

그렇지만 이 문장이 갖고 있는 힘을 제대로 느끼기 위해서는, 철학이 심미적 텍스트나 드라마, 예술, 문학 등에 동화되려는 경향에 대해 강력한 적대감을 지니고 있다는 사실을 상기해야만 한다. 철학적 사유를 예술적인 작품들과 이처럼 철저하게 구별하는 것—오늘날의 지적 풍토에서는 낯선 것이지만[5]—은, 사실상 예술적 실천과 어느 정도 공통점을 지니고 있는 철학적 논술의 특징을 느끼기 위해 불가피하게 지불해야 할 대가다.

사상의 자유는, 저항을 통해 스스로를 어디인가에 묶어놓지만 그것으로부터 또한 초월하는 데에 있을 것이다. 이러한 자유는 주체의 표현욕구를 좇는다. 고통으로 하여금 말하도록 하는 욕구는 모든 진리의 조건이다. 왜냐하면 고통은 주체 위에 얹혀진 객체성(objectivity)이기 때문이다. 주체가 가장 주체적으로 경험한 것, 즉 주체의 **표현**은 객관세계와 매개된 것이다(『부정변증법』, 29/17~18/73).

철학 속에 있는 미메시스적 계기에 대해 철학적으로 방어하고 있는 이 인용에서 이미 미메시스적인 것은 아도르노의 언어 속에 표현력을 불어넣기 시작한다. 이러한 이야기는 미메시스라는 용어를 좀

---

5) 하버마스가 비판하고 있는 것으로서, 포스트모던한 시대의 글쓰기에서 유행하는 장르 구별의 와해나 이론의 심미화를 연상할 수 있을 것이다.

더 최근의 용어인 '서사'라는 언어로 대체함으로써 좀더 분명해질
수 있는데, 그렇지만 그러한 대체는, 서사의 현재 형식들을 아도르
노가 사용하는 것이 불가능했었을 뿐 아니라 그 자체가——모든 코드
전환이 다 그러하지만——해석을 통해 그의 사유에 어느 정도 폭력을
가하는 것이기도 하다. 왜냐하면 이런 사태에 직면할 때 어떻게 문
장들은, 이런 저런 고립된 단어나 이름의 크라틸리즘(Cratylism)[6]을
넘어(예를 들면 시어에서처럼), 자신들이 만들어지기 위해 통과해야
할 힘겨운 우회로인 언어체계——이 우회로는 인간 언어의 다양한 구
조들에 대한 비교를 포함한다——를 거치지 않고 미메시스적이 될 수
있는지 분명하지 않기 때문이다. 훔볼트[7]나 휠프[8]의 작품을 뛰어난
기념비로 만들어주고 있는 그러한 우회로는 분석가로 하여금 주어진
언어나 언어체계를 독특하게 종합하는 정신을, 존재나 세계 전체에
대한 화자의 관계가 표현된(시제의 체계, 주체나 객체의 현존 또는
부재, 이름붙이기 속에서) 미메시스의 한 형태로 파악하는 것을 가
능하게 해준다. 이러한 포괄적 전망——이러한 전망은 독일어 구조와
변증법의 관계를 파악하려는 많은 시도 속에 함축되어 있다——이 없
을 경우 개별 문장의 미메시스적 가능성은 오직, 이들이 스스로를

---

6) 소크라테스와 동시대인인 아테네의 철학자 Cratylus에서 유래한 개념.
   Cratylus는 같은 강에 두 번 들어갈 수 없다는 Heraclitus의 입장을 더욱
   극단적으로 밀고 나갔다. 그는 항상 변화하는 사물에 대해 어떤 진실된 주
   장도 가능하지 않기 때문에 우리는 손가락으로 지적하는 행위 이외에는 아
   무것도 말할 수가 없다고 한다. 이러한 유전(flux) 개념은 베르그송, 들뢰
   즈에 의해 다시 채용된다.
7) (Karl) Wilhelm Baron(Freiherr) von Humboldt(1767~1835). 독일의
   언어학자·정치가. 프로이센의 교육부 장관으로 베를린 대학을 창설하고
   세계 각지의 언어를 연구하여 언어철학을 수립함.
8) Benjamin Lee Whorf(1897~1941). 미국의 언어학자.

미시적 서사(micro-narrative)로 형태화하여 이러한 형태화 속에서 철학적 사유나 주장으로서 포착된 내용을 밖으로 드러내는 정도에 따라 파악할 수 있을 뿐이다.

사실 이러한 경향은 아도르노 자신에게서 강력히 발견된다. 그는 자신의 철학적 착상 내용에 그들 구성요소들 간의 상호작용을 거의 의태적으로 모방하는 형상을 첨가하고 있는 것이다. 계몽(보편적으로는 이성을 말하며, 특수하게는 모든 추상적 사유의 내적 추동력을 말한다)은 지배의 형식으로서 처음부터 '행위자'와 동기와 폭력적이고 극적인 사건을 포함하는 풍부한 서사 도식들을 만들어낸다. 그렇지만 이런 것들은, 다음의 인용에서 보듯, 서구 이성의 생성 계기들을 눈앞에 떠올려볼 경우, 껍데기에 불과하다.

개념의 동일화 과정 속에서 누락된 무엇을 은폐하기 위해 개념은, 사유의 생산물에 대해 어떤 의심도 고개를 쳐들지 못하도록 극도의 세심한 주의를 기울여 난공불락의 빈틈없는 완결성을 추구한다(『부정변증법』, 33/22/78).

이렇게 해도 뒤가 켕기기 때문에 미시적 서사는 좀더 꼼꼼한 세부 묘사에 착수하지만 상사(相似)관계(homology)의 안개가 걷히면 정글 자체가 드러나게 된다.

체계(데카르트적이고 합리주의적인)──그 속에서 지고한 정신이 스스로를 정화시킬 수 있으리라 꿈꾸는──는 정신이 생겨나기 이전인 인류의 동물적 삶 속에 그 원(原)역사를 가지고 있다. 육식동물들은 배가 고프다. 그렇지만 먹이를 덮치는 것은 어려울 뿐만 아니라 위험하기조차 하다. 그 때문에 사냥을 감행하기 위해서는 다른 충동을 추가로 필요로 한다. 이러한 추가적 충동이 배고픔의 불쾌감과 결합되어 제물에 대한 분노가 되고, 이 분노로부터 나온 표현이 그 목적에 걸맞게 다시 제물을 겁주고 마비시킨다. 인간적인 상태로 진보하면서 이것은 투사(投射)를 통해 합리화된다(『부정변증법』, 33/22/78).

이 형상은 자신의 철학적 논의를 위해 어떤 특정한 인류학을 전제하고 있는 것처럼 보이는데(우리는 아도르노의 사유 속에 있는 그러한 경향에 대해 이미 불편함을 드러냈었다[9]), 이러한 인류학적 요소들은, 러시아 형식주의의 방식에 따라, 이런 종류의 생동력 있는 문장을 쓰기 위해 아도르노가 스스로에게 주입시킨 내용이라고 보아도 무방할 것이다. 이 경우 이런 식으로 작업의 차원을 확장시키는 것——인간본성에 대한 사전전제로서의 '인류학'이 아닌 인간사와 자연사에 대한 순수한 철학적 명상——은 형식주의자들이 '발상의 동기'라고 부른 것, 즉 자신의 미학을 사후에 정당화하기 위한 신념 비슷한 것이다. 어쨌든 우리는 자연사에 관한 '모델'에서 앞에서 살펴본 미시적 서사의 결정적 변조, 즉 서사가 개념적 철학으로 고착되는 과정을 발견하게 된다. 이것은 특히 자기유지의 '충동'(이것은 아도르노에게 타락한 인간세계의 원죄이다)과 의식구조나 '허위의식'과의 관계에 쐐기를 박는 문장에서 특히 두드러진다. "사자가 의식을 소유하고 있다면 그가 잡아먹으려는 영양에 대한 그의 분노는 이데올로기다"(『부정변증법』, 342/349/453).

그러므로 궁극적으로 고립된 추상적 개념으로 하여금 잘못된 동일성을 뚫고나오게 만들며, 개념이 어느 정도는 내부로부터 그리고 외부로부터 생각될 수 있도록 만들어주는 것은 개개의 철학문장 속에

---

9) 제임슨은 인류학 전체를 끌어들이는 미메시스 관념이 너무 포괄적이라고 말한다. 158~159쪽을 참조하라.

들어 있는 미메시스적 요소들—개념적인 것을 서사적인 것으로 변형
시키는 경향—이라고 말할 수 있다. 그리하여 관념적인 내용은 미
메시스에 의해 준(準)서사적 재현으로 변하게 되는 것이다. 고립적
인 개념을 둘러싼 개개 문장의 이러한 미시적 작업을 통해 겉보기에
합리적 자율성을 갖고 있는 것처럼 보이는 문장은 그러한 자율성을
박탈당한 후 (음악적인 유추로 돌아가면) 좀더 넓은 구도와 '모델'
의 운동 속에서 풍부한 뉘앙스를 지닌 다채로운 형상들을 내놓게 된
다. 미메시스적인 것 또는 서사적인 것은, 추상적 개념 속에 은폐되
어 있는 본래의 지배를 발견함으로써 추상화의 독을 무해하게 만들
고 이를 통해 잠재되어 있는 유토피아적 진리내용을 해방시키는 일
종의 동종요법(homeopathy) 전략으로 여겨진다.

그렇지만 결코 잊어서는 안 될 것은 이런 식의 미메시스적인 철학함
에 아도르노 자신이 부여한 의미가 그를 단순한 '소설가'로 만들거
나 철학을 미학으로 대체하도록 만드는 것은 아니라는 사실이다. 왜
냐하면 미메시스적 충동은 미학이나 철학 모두에 들어 있으면서 형
태만을 달리하고 있기 때문이다. 『부정변증법』에서 아도르노는 철학
을 문학으로 대체하는 것에 단호히 반대하는 태도를 취한다. "그렇
지만 사물 속으로 흘러들어간 역사를 언어로 표현하려는 최고도의
노력에서조차도 우리가 사용해야 하는 단어들은 여전히 개념으로 남
아 있다"(『부정변증법』, 62/52~53/114).

그러므로 그러한 문장들의 형식들 또한 이제 정당한 철학함의 형
식으로 인정될 수 있는 것이다.* 예를 들어 우리는 개념의 제국주의

---

* Reiner Hoffmann은 *Figuren des Scheins*(Bonn, 1984)에서 아도르노에
  대한 문체론적·구문론적 분석을 선구적으로 시도하고 있다. Friedemann
  Grenz의 중요한 저서 *Adornos Philosophie in Grundbegriffen*(Frankfurt,
  1974)는 아도르노 작품 속에서 나타나는 두 개의 근본적인('역사철학적
  인', p.12) 문장유형을 지적한다. 그 하나는 '인상학적 부정'이며 다른 하

적 속성을 생생하게 보여주는 동물세계의 형상들이 예상치 못한 중
요성을 갖게 됨을 나중에[10] 보게 될 것이다(사실 이러한 형상 속에
서 아도르노 철학 '체계'의 본질적 구성요소인 자연사의 모든 면모
가 이 주제 속에서 울려나온다). 이제 경제적 형상들에 대해서도 비
슷한 이야기를 할 수 있는데, 이러한 형상들은 문장들에 완결성을
부여하며 이런 완결성은 다시 문장들을 진정한 잠언(aphorism)으로
변모시키게 된다. 아도르노의 경우 개별적인 것을 생생한 은유를 통
해 눈앞에 떠올리는 비유는 개별 주체와 후기 독점자본주의의 법칙
경향 사이의 관계를 둘러싼 경제 전반에 확장된다. 우리는 이미, 단
순한 상품교환 속에 들어 있는 마르크스의 가치이론에 상응하는, 개
념과 동일성의 관념을 지적하면서 본래의 경제영역이 갖는 철학적
의미를 언급했었다.[11] 경제논리의 이차적·차원 전체는 그러나 보편
과 특수 사이의 좀더 복잡하고 변증법적인 관계로 전환된다. 이 관
계는 두 개의 일반적인 그룹으로 나누는 것이 편리한데, 그 하나는

나는 '인상학적 부정'이며 다른 하나는 좀더 친숙한, 헤겔적인 '특정한
부정'이다. Gillian Rose는, *The Melancholy Science*(New York, 1978)
에서 아도르노에게서는 주장들이 "전통 철학에서 유래하지만 (……) 수
사학적인 교차어법(chiasmus)을 이용해 사회비판의 원리로 변형되어, 철
학 안에 있는 부당한 추상은 사회 속에 있는 추상의 원리를 드러내는 것
임을 폭로하며, 철학 안에 있는 주체의 부당한 지배가 사회적인 지배의
모델들임을 드러내는 것임을 폭로하는" 어투들을 만날 수 있음을 지적한
다. 이러한 주장은 교차어법이 대체로 마르크스주의적이거나 유물론적
변증법의 근본적인 심층구조를 이루고 있기 때문에 좀더 타당하게 들린
다(내 생각에 헤겔에게서는 그러한 교차어법이 별로 등장하지 않는다).
10) 생명체를 지배하는 약육강식의 질서. 215쪽을 참조하라.
11) '동일성' 자체의 동일성은 교환과 상품에 의해 이루어지는 경제영역 속에
서 마지막 휴식을 취하게 된다는 경제의 우위에 대한 주장. 87쪽을 참조
하라.

개별 주체 속에서 일어나는 노동분업과 연관이 있으며 다른 하나는 독점화의 조건 속에서 개별화 자체가 처하게 되는 불안한 위치를 극적으로 표현한다.

두번째 그룹을 먼저 살펴보면, 전통적인 반항의 이미지는 객관적 측면에서 흔들리고 있을 뿐만 아니라 주관적 측면에서도 환상임이 드러났다. 그래서 아도르노와 호르크하이머는 할리우드의 반항에 대해(오슨 웰스를 염두에 두고 있는 것이 분명한데) 그런 인물의 비순응적 태도조차 하나의 스타일 또는 기괴한 유형으로 체계 속에 편입된다고 보았다. "문화산업의 분류목록 속에 그러한 이견을 가진 사람도 등록되면 그는 토지개혁가가 자본주의에 소속되듯 문화산업에 속하게 된다"(『계몽의 변증법』, 118/132/184). 가장 혁명적인 소작농의 요구조차 온갖 계책과 우여곡절 끝에 체계 속에 흡수되며, 사적인 재산을 창출하고 땅에서 쫓겨난 프롤레타리아를 촉진할 목적으로 대지주의 분쇄를 노리는 좀더 원대한 시장전략 속에 재통합된다. 영웅의 비유는 농업개혁에 대한 마르크스의 분석이 펼쳐보이는 이 서사적 과정 전체를 집약적으로 보여준다. 그것은 또한 앞으로 펼쳐질 새로운 영화사를 예고해주고 있는데 이러한 영화사 속에서 오슨 웰스 류의 양식상의 기술혁신은 할리우드에게 테크닉의 변화와 현대화를 허용하는 마케팅 전략의 한 형식으로 간주되며, 기술혁신 자체는 판에 박힌 작품생산을 위한 도구로 전락한다.* 다른 한편 이 모든 것은 앞에서 언급한 첫번째 분석방식, 즉 내적인 노동분업에 의해 다시 기술될 수 있다. "심판이 없는 레슬링 경기는 없다. 싸움 전체는 개인 속에 내재화되어 있는 사회에 의해 상연된다. 이 개인 속

---

* See David Bordwell, Janet Staiger and Kristin Thompson, *The Classical Hollywood Cinema*, New York, 1985, ch.31, "Alternative modes of film practice".

의 사회가 싸움을 감독하고 싸움 속에 참여한다"(『최소한의 도덕』,
175/134/190).

좀더 표본적인 사례는 시대착오적인 개인 주체에 관한 것이다. 여
기서의 비유는 기업집중과 독점 시대에서의 작은 개인사업을 겨냥한
다. "한 인간이 기업가나 재산가와 같은 경제 주체가 될 수 있는 가
능성은 완전히 없어지고 말았듯이"(『계몽의 변증법』, 137/153/211)
자율적인 예술이나 독립적인 행동과 사유의 생산자인 심리적 주체
또한 제거된다. 그러한 주체가 남아 있다고 하더라도 그는 언제 꺼
질지 모르는 목숨만 겨우 부지하고 있는 골동품이 되어버렸다.

거대화된 산업이 독립적인 경제 주체를 제거함으로써——한편으
로는 자영업을 빈사상태에 빠뜨리고, 다른 한편으로는 노동자들을
노동조합의 객체로 만들어버림으로써——끊임없이 도덕적 결정을
위한 경제적 토대를 제거해버리게 되자 반성 또한 위축될 수밖에
없게 된다(『계몽의 변증법』, 177~178/198/268).

그러나 이러한 경제적 동질화(독점자본주의 시대에서 인간 영혼이
처한 상황의 전모를 보여주는 이론은 『계몽의 변증법』, 181~182/
202~203/273~275를 보라[12])는 수많은 가능성을 새롭게 열어놓는

---

12) "경제의 문제로부터 심리의 문제로 범주는 바뀌지만 구멍가게에 지나지
않는 개인도 비슷한 운명을 겪게 된다. 개인은 경제활동의 역동적인 기
본 주체로서 발생했다. 개인은 초기 경제단계의 후견체제로부터 벗어
난 이후 홀로 자신을 돌봐야 하는 주체였다. (……) 충동조절 메커니즘
의 주체인 개인은 심리학적으로 교묘히 이용당해 스스로 충동을 조절할
수 있는 권리를 박탈당하며 그 대신 사회 자체가 좀더 합리적으로 그러
한 메커니즘을 운영한다. 개인이 그때그때 무엇을 할지에 대해 그는 더
이상 양심과 자기유지와 충동 사이의 고통스러운 내적인 변증법을 수행

다. 예를 들어 인간 영혼은 이제 독점자본주의 아래서 아직 남아 있
는 개인적 발전 가능성이 어떠한가를 드러내주는 기능을 떠맡는다.

자신만의 차이와 고유성에 의해 지배적인 교환관계 속에 흡수되
어버리지 않는 것, 즉 질적인 것이라는 유토피아는 자본주의하에서
는 물신적 성격 속으로 도피해버린다(『최소한의 도덕』, 155/120/
170).

비슷한 방식으로, 그렇지만 좀더 간단명료하게, 좀더 친숙한 주제
인 物化라는 주제를 떠올릴 수 있다. "더 많은 물화가 있을수록 더
많은 주관주의가 있을 것이다*(아도르노는 이 격언이 "오케스트라뿐
아니라 인식론에도 적용된다"고 덧붙인다).

그렇지만 이러한 상호유사성의 가능조건에 대해 물을 수 있는데,
이 경우 개인 영혼과 사유재산제도와 시간과의 관계 자체가 서서히
시야에 들어온다. "역사적으로 볼 때 시간이라는 개념 자체가 소유의
질서를 바탕으로 형성된 것이다"(『최소한의 도덕』, 98/79/114 ; 또한
『부정변증법』, 362/369 /476 참조[13]). 그러나 이 문장의 이러한 표

하는 자기와의 싸움을 할 필요가 없다. 개개의 회사로부터 국가의 행정
조직에 이르는 위계질서가 직업활동을 하는 인간들을 위해 결정을 대신
해주며, 사적인 영역에서는 그들에게 제공되는 것을 억지로 소비해야 하
는 개인들의 마지막 내적 충동들까지 압류해버린 문화산업이 그러한 결
정권을 떠맡는다. 위원회나 배우들이 자아나 초자아로서 기능하며, 개
성이라는 가상마저 박탈당한 대중은 내적 검열의 메커니즘에 의할 때보
다 훨씬 힘 안 들이고 그들이 제시한 표어와 모델에 따라 자신을 만들어
간다."

* 『바그너에 대한 시론』(*In Search of Wagner*, transl. Rodney Livingstone,
London : Verso, 1981, p.92/74)

13) "주체가 역사적으로 정신으로서 권좌에 오르는 것과, 주체는 사라질 수 없

현형식은 추상적 확인에 머무는 순수한 철학적 진술 내지 상대적으로 정적인 문구에 불과하다. 이러한 문장은 개인의 동일성과 사유재산 사이의 결합이 해체될 위기에 처한 후기자본주의의 힘의 장에 '주체'라는 것이 등장할 때에야 비로소 미메시스적 형상이 된다. 이 지점에 오면 하나의 경향이 가시화되는데, 그 이야기는 다음과 같다.

말하자면 개인은 단지 계급에 의해 소유를 위탁받고 있는 셈인데, 통제권을 가진 자들은 소유의 보편화가 소유의 원리—소유란 바로 나누어주지 않고 움켜쥐는 것인데—를 위태롭게 할 위험이 보이자마자 소유를 다시 환수할 준비가 되어 있다(『최소한의 도덕』, 77/64/94).

마침내 형상은 전지구적인 이론을 스스로에게서 만들어내며 이 이론은 다시 그 형상 자체의 존속을 위한 형상이 된다. 『최소한의 도덕』의 놀라운 잠언들에서는 바로 이러한 조화를 부리는 형상들을 만날 수 있는데, 그 형상들은 개인적 주체가 속박되고 사회적 노동분업에 의해 점점 더 큰 영향을 받게 되는 과정들을 말하면서 『자본론』의 언어로 돌아간다. 그러한 형상들의 도움으로 아도르노는 심리적 주체 안에 있는 '자본의 유기적 구성'에 대해, 그리고 생동력 있는 노동이나 자유로운 주체는 점점 더 미미한 역할밖에는 행사하지 못하며 정신적 기구나 도구적 조작은 점점 더 큰 비율을 차지해 가는 과정에 대해 말할 수 있게 되는 것이다. 인간의 창조력은 기계에

다는 속임수는 서로 결합되어 있었다. 과거의 재산 형식들은 죽음을 주문 속에 가두는 마술적 실천과 분리될 수 없었듯이, 모든 인간관계들이 재산에 의해 결정되는 것이 점점 더 완벽해질수록 합리적 지성(ratio)은 더욱더 집요하게 죽음을 몰아낸다. 어떤 궁극적인 단계에서는 죽음 자체가 절망 속에서 재산으로 된다."

1174 제1부 개념의 곤혹스러운 매력

대한 통제력으로 위축되며 이성은 발작적인 유기체의 충동으로 타락한다. "살려는 의지는 살려는 의지의 부정에 달려 있음을 스스로 발견하게 된다. 자기유지는 주체 내부에 있는 생명을 완전히 제거해버린다"(『최소한의 도덕』, 308/229/323).

그러나 이 독특한 언어형상은 명시적으로 오독의 가능성에 저항해 스스로를 방어한다. 아도르노가 상론하듯이 그러한 형상 속에서 문제가 되고 있는 것은, 인간을 "외부로부터의 '영향'이나 외적인 생산조건에의 순응을 통해 일그러진 정적인 무엇으로 생각하는 인간의 '기계화'"라는 명제가 아니다. 그러한 형상들은 그 자체가 변증법적인 것으로서 자본의 유기적 구성에 대한 마르크스의 분석 자체를 포함한다.

이 '변증법적 비유의 형상'은 앞장에서 묘사한 보편 내지 총체성과 특수의 관계가 하나하나의 문장 속에서 살아 움직이도록 만든다. 이런 비유들은 앞에서 주장된 것을 확인해준다. 즉 총체성이나 사회 체계 같은 용어는 아둔한 선입견의 형태로 미리 전제되는 것이 아니라, 자신의 반대편에 있는 개별 주체가 겪은 것에 대한 기록이다. 그 때문에 이런 언어형상들은 독점 단계에서 작동하는 사회적 총체성의 특정 순간에 대한 정보를 담게 된다. 사실 그 사이에 다국적자본주의의 발달로 인해 철 지난 것이 되어버린 '국가자본주의적' 경제모델*로 돌아가보는 것은 '상처받은 주체'가 가지고 있던 척도──오늘날은 그나마도 불가능한──를 잘 볼 수 있게 해준다. 이 척도의 '기록장치' 속에는 공간의 제약성, 점점 커가는 배타성, 항상 동일한 것이 지루하게 반복되는 상황이 가속화되면서 초래된 가능성이나 창조적 혁신의 제거에 관한 이미지들이 들어 있다. 이러한 과정은 아도르노(그리고 호르크하이머)의 서사적·미메시스적 형식 속에 기록

---

* That of F. Pollock ; see above, note 8.

될 수 있었는데, 그 이유는 그들이 한때는 번창했던 작은 개인사업들의 광범위한 몰락이 드라마틱한 징후로서 관찰자에게 감지될 수 있었던 과도기에 살았기 때문이다. 이러한 상황은 물론 사회적 동질화가 훨씬 더 완벽해지고 과거는 폐기처분되어버렸으며 시대를 포착하는 아도르노 같은 모더니스트의 변증법이 효율적으로 작동할 수 없는 지금의 시대보다 훨씬 유리한 여건일 것이다.

8 칸트와 부정변증법

사실 우연에 의존하는 열린 구성과는 거리가 먼 『부정변증법』
은——넓게 보면 극단적으로 상이한 건축재료들이나, 앙드레 지드[1]
가 니체에 기대어 즐겨 말했던 '윤곽의 대대적인 와해'라는 측면을
고려할 때——칸트의 『순수이성비판』의 틀을 모방하고 있다(나는 『부
정변증법』이 포스트모던한 재구성처럼 칸트의 작품을——예전의 기념
비를 둘러싸고 있는 유리상자나 아치와 비슷하게——'감싸고 있다'고
말하고 싶다. 물론 아도르노는 포스트모던에 속하지 않으며 그 때문
에 좀더 적절한 유추는 괴테[2]의 『파우스트』에 대한 토마스 만의 변
형이 제공할 것이다[3]). 우리가 변증법이라고 부르는 것을 제대로 사

---

1) André Gide(1869~1951). 프랑스의 소설가이자 비평가. 주요 작품에는
   『좁은 문』『사전꾼』 등이 있음.
2) Johann Wolfgang von Goethe(1749~1832). 독일의 시인·소설가·극
   작가.
3) 이 변형은 토마스 만의 『파우스트 박사』(*Doktor Faustus*)를 일컫는다. 이
   장편소설은 지극히 자부심이 강하고 감수성이 예민한 주인공 레버퀸
   (Adrian Leverkühn)의 일대기를 그의 평생지기 차이트블롬(Zeitblom)이
   기술한 전기소설이다. 시대의 곤경을 돌파하기 위해 악마와 계약을 맺는
   천재 작곡가 레버퀸은 진정한 영감을 얻는 대가로 아무도 사랑할 수 없는

용하는가 잘못 사용하는가 하는 것은——이것은, 특히 동일성이나 비
동일성이라는 논리적 형식과의 관계를 염두에 둘 때, 사유에 의해
제대로 포착될 수도 있고 안될 수도 있는데——이성 자체나 그것의
정당한 혹은 부당한 기능에 관한 칸트의 근본 고민과 완전히 궤를
같이한다.

비합법적인 초월적 사변이나 우리가 전혀 알지 못하는 실체들 사
이를 헤집고 다니는 도그마적이거나 신학적인 태도(칸트의 용어로
하면 이제 우리에게는 케케묵은 골동품이 되어버린 개념인 초월적
'변증법')는 이 세속화된 세계인 20세기의 한복판에서는 분명 하이
데거가 문제삼는 오류와 유혹과 혼돈의 장소이다(『부정변증법』은 이

냉기를 갖게 된다. 종말 부분에서 그는 지인(知人)들을 불러모은 자리에서
획기적인 작품 『파우스트 박사의 비탄』을 발표한 후 쓰러져 혼이 나간 상
태에서 몇 년을 살다 1940년 55세 나이로 죽는다. 레버퀸은 광기에 찬 파
시즘의 운명, 강인한 주체성의 관념을 근간으로 하는 독일정신이나 모더니
티의 비극성을 인격적으로 구현하고 있는 상징이다. 악마와의 계약을 통해
온갖 현세적인 욕망을 발산하고도 구원을 받는 괴테의 파우스트는, 악마에
게 영혼을 팔아 지상의 쾌락은 얻지만 죽은 다음에는 지옥에 떨어지는 중
세의 파우스트 모티브를 세속적이고 낙관적인 근대정신에 걸맞게 변형시켰
다는 점에서 모더니티의 전형을 구현하고 있다면, 토마스 만의 변형은 이
모더니티 관념에 감추어져 있던 한계와 뿌리 없음, 비극성을 들추어내고
있다는 점에서 모더니티에 대한 근본적인 비판이다. 그러나 이 작품의 형
식에 주목할 경우 이 작품은 포스트모더니즘의 방식과는 큰 차이를 보인
다. 토마스 만 자신의 입장을 대변하고 있다고 보여지는 화자 차이트블룸
은 몰락과 해체의 도도한 흐름에 무방비상태로 내맡겨져 있지만 절제와 조
화와 이성을 잃지 않는 전통적인 휴머니스트의 태도를 견지한다. 자식들마
저 나치에 동조하고 자신은 교직에서 물러났지만 시대가 보여주는 외적인
광기나 친구의 정신이 지닌 내적인 광기를 차근차근 기록해 가는 차이트블
룸의 스타일은 모더니티의 몰락을 버텨나가는 모더니스트 주체의 전형을
보여줌으로써 전통적인 형식의 완성을 지키고 있다.

러한 하이데거에게 다시금 상당한 부분을 할애하고 있는데——하이데
거에 대한 아도르노의 변함없는 적대감은 젊은 시절부터 아도르노
철학의 '고정축'이었다*고 말하는 비우호적인 비판이 제기되고 있지
만——여기서는 하이데거에 대한 부분을 상세히 다루지 않겠다). 칸
트의 또 다른 적대자인 경험주의——잘 알려진 바와 같이 이의 극복
이 칸트에게는 대단히 중요했으며 풍성한 내용적 결실을 가져다주었
다——는 아도르노 시대에 오면 그가 실증주의라 부른 훨씬 더 비인
간화된 대상이 된다. 실증주의는 아도르노 사상 속에서 중요한 역할
을 하지만 그러한 중요성은 (그가 가끔은 유명론적 상황이라고 부
른) 역사적 상황 때문에 그렇게 된 것이지 실증주의가 호의를 가지
고 매달려볼 만한 진지한 철학적 입장——흄[4]의 입장에서 볼 수 있
는——으로 여겨졌기 때문은 물론 아니다.

『계몽의 변증법』의 구조 자체나 '미메시스'라는 수수께끼 같은 개
념은 칸트의 카테고리나 선험적 도식 개념처럼 어디서나 만나지만
분명한 뜻이 잡히지 않는 암시적 표현이다. 다른 한편 본질적인 사
유 불가능성이 끊임없이 증명되면서 그렇다고 갖다버릴 수도 없는
개념임이 확인되는 세 개의 큰 이념들, 즉 불멸성·자유·신이라는 개
념은 『부정변증법』을 마무리짓는 세 개의 '모델'과 서로 조응하고
있음을 보여준다.

불멸성은 물론, 칸트의 중심문제를 우리 시대에 맞게 비칸트적으로
변조한 장인 형이상학의 가능성 또는 불가능성을 다루는 마지막 장
에서 다시 등장한다. 칸트에게서 이 특별한 '이념' 또는 필수적이지

---

* R. Bubner, 'Adornos Negative Dialektik, in *Adorno-Konferenz 1983*,
  ed. Friedeburg und Habermas, Frankfurt 1983, p.36.
4) David Hume(1711~76). 영국의 철학자·역사가. 로크의 경험주의적
   인식론을 바탕으로 한 인과법칙의 객관성을 문제삼는 등 칸트에 영향을
   미침.

만 방어할 길 없는 초월적 가치는 순수이성이라는 배리(paralogism)
의 실패를 조명해주기 위해 등장했었다. 순수이성은 (주체의 통일
성, 즉 저 유명한 통각작용(apperception)의 초월적 통일성을 확보
해주는 것인) 영혼의 실체를 규명할 능력이 없다는 것이다.

이에 비해 자유는 순수이성의 이율배반이라는 문제, 즉 우주의 인
과관계를 증명하는 것이 불가능하다는 것, 우주의 시작과 끝에 대해
말하거나 우주가 유한한가 무한한가에 대해 진술하는 것이 불가능하
다는 명제에 상응한다. 우리가 오늘날 주관적 또는 심리적 문제라고
간주하는 것(자유)의 의미는 인과성 자체의 이율배반을 수단으로 조
명된다. 또한 동일한 사건의 가닥이 전혀 다른 두 가지 방식으로——
즉 한편으로는 일련의 인과관계로(오늘날은 사회적인 것과 정신분석
적인 것에 의해 결정된다고 말할 수 있는) 다른 한편으로는 자유로
운 선택 가능성과 반응 가능성의 고리로——해석될 수 있는가의 문제
도 비슷한 방식으로 조명된다. 핵심이 되는 요점은 이 문제가 칸트
에게서는 주관적 성질의 것이라기보다는 객관적 성질을 갖고 있었듯
이, 이러한 칸트의 태도는 아도르노의 객관성에 대한 집착이나 '객
체의 우위'를 통해 주관성이라는 것을 체계적으로 낯설게 만드는 데
서 분명한 메아리를 만난다는 사실이다. 심지어는 아도르노가 칸트
에 의해 설정된 한계를 넘어서고 있다고 말할 수도 있는데 그 이유
는 아도르노가 이러한 연관관계 속에 칸트 삼부작의 다른 부분에 유
보된 윤리나 윤리적 패러독스의 문제를 함께 끌어들이고 있기 때문
이다(이로부터 아도르노가 자신의 고유한 '실천이성비판'을 만들지
않은 이유가 충분히 설명될 수 있다. 이 문제는 『부정변증법』의 이
모델 속에 이미 포함되어 있는 것이다).

마지막으로 신의 이념——경험세계의 우연성을 신의 필연성으로 완
성하며 동시에 세상에 존재하는 개별 사물들의 근거가 되는 '순수이
성의 이상'——은 아도르노의 포스트칸트적이고 포스트헤겔적인 문맥

에서는 헤겔적인 세계정신의 문제, 즉 보편적인 것들이나 보편성 자체의 존재(좀더 낡은 신의 이념이 행하던 기능)에 대한 질문이 된다. 그러나 이러한 문제제기 속에서는 또한 역사 자체의 개념이 전개되는데, 앞으로 살펴보겠지만, 아도르노는 역사를 자연사와 인간사 사이의 동일성과 비동일성에 연관지움으로써 변증법적으로 새롭게 문제삼는다. 칸트와 아도르노의 텍스트 사이에는 그 이외에도 많은 접촉점들이 있지만, 칸트의 표현을 빌리면, "이것들을 전부 따져보는 것은 유용하고 재미있는 작업이 되겠지만 이 자리에서는 그냥 넘어가도 전혀 무방한 작업이 될 것이다.*

그러나 『부정변증법』이라는 야심에 찬 작업이, 당시의 자연과학에 대한 칸트의 비판처럼, 마르크스주의가 타당하기 위한 가능조건들을 철저히 따져보는 것은 아니다. 그것은 이런 의미에서 정확하게 마르크스주의 철학이라고 말할 수도 없고, 마르크스주의를 위해 철학적 기초를 만들고 버팀목을 세우는 작업도 아니다(루카치의 『역사와 계급의식』은 전통적인 방식을 벗어나 상당히 이디오신크라시적인 방식으로 이런 작업을 하고 있다고 볼 수 있다). 그렇지만 『부정변증법』의 철학적 결론——유한성과 유물론, 윤리나 행위의 근본적 비순수성 내지 타율성, 인류의 역사를 관통하고 있는 자연사라는 심층구조를 개념화하기 위한(초월적 '이념'을 세우는 것은 아닐지라도) 삼중의 작업이라고 할 수 있는——은 어쨌든 마르크스의 역사관에 대한 철학적 보완이라고 볼 수 있을 것이다. 실제로 인류의 전체 활동을 포괄하며 개별 학문 모두를 해명하려는 요구 속에서 이들의 철학적 전제와 대결하는 『부정변증법』의 광활한 범위를 고려할 때 아도르노의 세 가지 개념들이 문제삼는 영역은 실로 엄청나다.

---

* I. Kant, *Critique of Pure Reason*, transl. J.M.D. Meiklejohn, Chicago, 1952, p.43.

방법론의 일종이라기보다는 실질적인 일련의 철학적 결과물이나 개념들로 간주할 수 있는 아도르노의 '비판적'이면서 '부정적·변증법적'인 철학은 그런 의미에서 사르트르가 '이데올로기'라고 부른 것(이런 용어에 대해 완전히 흡족해하지는 않았지만)——이 개념은 "아직은 뛰어넘을 수 없는 우리 시대의 유일한 철학"*인 마르크스주의에 대한 교정역할을 하면서, 도그마로 경직된 마르크스주의를 유연하게 풀어주는 수단이 되며, 마르크스주의의 공식적 한계 너머에 있으면서 종종 '주관적 요인', 의식, 문화라고 불리는 문제들을 상기시키는 무엇이다——에 상응한다.

다른 한편 칸트와의 대비로부터 또한 추정해볼 수 있는 것은, 아도르노가 후기에 '비동일성'의 문제에 골몰한 것(특히 자연이나 자연미가 『미학이론』에서 떠맡게 된 역할에 몰두한 것) 자체가, 그러한 '초월적 이념들'에 부여된 경계를 (매우 칸트적으로) 뛰어넘으려는 시도로 볼 수 있다는 것, 그리고 장벽(아도르노에게서 이 장벽은 동일성을 비동일성으로부터 분리시키는 무엇이다) 자체에 의해 야기된 헛디딤으로 볼 수 있다는 것이다. 사실 심미적이고 회의적인 칸트가 이런 종류의 이념들을 비난했었다면 이신교적(理神敎的 : deistic)인 칸트는 이런 이념들의 부활을 환영했던 것이다.

마지막으로, 지금까지 살펴본 칸트적인 '비판'이 『부정변증법』의 구조를 만드는 데 은밀한——텍스트 내적(intertextual)이라기보다는 텍스트의 심층에서(subtextual)라고 말하고 싶은데——역할을 하고 있다는 것이 그럴듯하게 들린다면 왜 우리가 에세이나 열린 형식이나 단편(斷片)에 대한 아도르노의 주장을 글자 그대로 받아들이기 힘든가에 대한 이유도 명백해진다. 이제 이 '모델'들은 아무렇게나

---

* J.P. Sartre, *Search for a Method*, transl. H. Barnes, New York, 1963, pp.8ff.

선택되었다기보다는 좀더 깊고 체계적인 논리적 연관성을 지니고 있든지 아니면 최소한 칸트 저서의 내적 일관성——칸트의 텍스트나 사유가 초기 부르주아 시대의 근본적인 역사적 징후면서 지질학적 융기현상이라는 점에서——에 '관여하고' 있는 것처럼 보인다.

에세이에 대한 경이로운 발언, 즉 '에세이적 방식에 의해' 개념을 자기 것으로 만드는 작업은,

> 외국에서 언어의 요소들을 교과서적으로 조합하는 대신 그 나라 말을 그 나라 사람처럼 말할 것을 강요당하는 사람의 행태와 가장 잘 비교될 수 있다(『문학 노트』, 21).

라는 사실을 말 그대로 받아들인다면, 『부정변증법』이라는 '에세이'는 최소한 저자의 모국어와 유사한 인도유럽어족의 한 언어로 말하려고 시도하고 있음을 눈치챌 수 있다.

9 자유라는 모델

그러나 자유——오래 전에 마지막으로 사르트르의 실존주의에서 만날 수 있었던 자유의지·결정론·책임성·선택이라는 의미에서——는 오늘날 구태의연한 문제가 되어버렸다. 다음과 같이 말하는 것이 더 좋을지도 모른다. 이러한 문제가 생겨난 상황 전체는 케케묵은 골동품이 되어버렸고, 정신분석이나 행동주의 심리학이 아직 없던 시대를 떠올리게 하며, 이미 오래 전부터 더 이상 뒤적거리지 않는 두툼한 윤리학 서적에서나 발견할 수 있는 먼지 쌓인 아카데믹한 철학의 냄새를 풍긴다는 것이다. 그 때문에 아도르노는 이러한 '문제'가, 철학이 아직 '생명을 부지하면서' 살아남아 있음을 보여주는 『부정변증법』의 서막에 어떻게 포함되게 되는가를 단지 눈앞에 그려내보임으로써, 더 이상 현실성 없는 낡아빠진 것이 철학이나 문화에서 차지하는 의미를 천착해보는 것이 더 적절하다고 생각했는지도 모른다.

『최소한의 도덕』에 나오는 입센[1]과 페미니즘에 대한 명상(57번)에

---

1) Henrik(Johan) Ibsen(1828~1906). 노르웨이의 극작가. 근대극의 창시
  자. 「인형의 집」「유령」 등의 희곡을 남김.

서 『인형의 집』이 구식(old-fashion)으로 보이는 것은 그 작품이 지금 시대와 어울리지 않는 사회적 이슈를 제기하고 있어서가 아니라 그러한 이슈는, 현재도 풀리지 않았고 여전히 우리와 함께 하고 있지만 사람들이 그것을 더 이상 의식하고 싶어하지 않는다는 의미에서 구식이라는 것이다. 그러므로 낡았다는 것은 억압의 징표, 즉 "후세에 태어난 사람들이 예전의 가능성에 직면하여 느끼는 수치심, 그러한 가능성을 삶 속에서 실현하는 것을 등한시한 데에 따른 수치심"(『최소한의 도덕』, 116/93/133)인 것이다. 이러한 정황은 도덕철학 특히 칸트에게 적용된다. 낡아빠진 것을 다시 거론하는 것은, 주체의 자유나 그가 하는 행동의 자유에 대한 사변이 오늘날의 상황에서보다는 훨씬 그럴듯하고 '현실적으로' 보였던 과거의 어떤 한순간에 대한 징표나 회상인 것이다.

『부정변증법』은 자유 개념의 역사성에 대해 자유에 관한 장(章) 이전에 이미 다루고 있다.

시쳇말로 누군가가 자유인이라는 판단은 자유의 개념과 연관된다. 그러나 자유라는 개념은 그 사람이 갖고 있는 자유의 속성보다 훨씬 더 크며, 이 사람 또한 자신이 갖고 있는 다른 속성들 때문에 자기 속성의 일부인 자유라는 개념보다 더 크다. 자유라는 개념 속에 분명히 암시되어 있는 것은 이 개념이 자유롭다고 정의된 모든 개개인에게 적용될 수 있으리라는 것만은 아니다. 이 개념을 가능케 하는 것은 개개인이 현재의 상황에서는 누구에게도 귀속될 수 없는 질(質)들을 갖게 되는 상황이라는 이념이다. 누군가를 자유롭다고 찬미하는 것이 암시하는 것은 그에게는 무언가 불가능한 것이 부여되어 있다는 것이다. 즉 그에게는 불가능한 무엇이 나타나고 있다는 것이다. 눈에 띄면서도 동시에 비밀스러운 이것이야말로 자유라고 규정짓는 판단에 혼을 불어넣어 합당하게 느껴지도록 만드는 것이다. 자유의 개념은 경험적으로 적용되자마자 자신의 뒤로 숨어버린다(『부정변증법』, 153~154/150~151/227).

그러므로 자유라는 개념의 시간성은 과거의 역사 속에만 놓여 있는 것이 아니라, '날갯죽지가 꺾인 약속'으로서 과녁 너머로 날아간 화살처럼 보편적이 되었다고 스스로 상상하는 실수를 범하는 유토피아적 사유로서 미래 속에도 놓여 있는 것이다.

이 '모델'이——다른 모델도 비슷하지만——제기하는 가장 절박한 형식상의 문제는, 그것에 고유한 이율배반이나 내적 모순의 문제는 차치하더라도, 그러한 독특한 본질을 시의적절하게 '재현'하는 문제다. 칸트는 이미 자유란 오늘날 '사이비문제'라 불릴 수 있는 것이라고 주장했다. 그렇지만 칸트는 실증주의에서처럼 우리가 이 문제를 아예 잊어버리기를 결코 원하지 않았다(실증주의는 자유라는 단어가 법적인 소송과정이나 가끔씩 부딪치는 '윤리적인' 딜레마에서 아직도 때때로 쓰이고 있다는 사실을 무시한 채 자유에 대해 그러한 태도를 취한다). 『부정변증법』은 이 해묵은 문제를 '풀려고' 하지도 않으며, 예전의 철학적 노력에서 발견될 수 있는 것보다 덜 모순된 새로운 자유의 '철학'을 만들어내려고 하지도 않는다.

문제가 되는 사안에 대해 반성한다는 것은 그러한 문제가 존재하는가 존재하지 않는가에 대해 판단해야 한다는 의미가 아니라, 문제 자체를 확실히 하는 것이 불가능하다는 사실과 함께 그럼에도 불구하고 그러한 문제를 생각하지 않을 수 없다는 사실을 자신의 규정 속에 끌어들여야 한다는 의미다(『부정변증법』, 211~212/212/296).

자유에 관한 칸트의 견해——자유로운 행위는 현상계의 인과성(나
는 나의 자유의지에 의해 어떤 일을 하고 싶지만 현실에서는 중력
등등 때문에 행동이 나의 몸뚱이에 의해 이루어진다)과 양립 불가능
하거나 최소한 불가공약적이기 때문에 이 프로이센 철학자는 자유라
는 용어나 개념을 즉자적인 사물의 영역에 귀속시키지만 다른 한편
현상계에서도 '규제적 이념'이라는 이름으로 이 개념을 계속 붙들고
있다——를 다루는 데 아도르노는 이데올로기 분석에 관한 호르크하
이머의 오래된 지침을 아직 이용할 수 있었다.

17세기 이래 위대한 철학은 자유를 자신의 고유한 관심사로 규
정해왔다. 거기에는 이 개념을 철저히 해명하라는 부르주아 계급
의 암묵적인 위임장이 들어 있었다. 그렇지만 이 관심은 그 자체
이미 모순된 것이었다. 그것은 해묵은 봉건적 억압에 반대하면서
합리성의 원리 내부에 거주하는 새로운 억압을 육성하는 것이었다.
이제 요구되는 것은 자유와 억압 모두를 위한 공통된 정식이다.
자유는 자유를 제한하는 합리성에 자리를 양보하며, 자유의 실현을
결코 달가워하지 않는 경험계로부터 멀어지게 된다(『부정변증법』,
213~214/214/298)

물론 그렇다고 이 문제가 완전히 처리된 것은 아닌데, 그 이유는
여기서 작동하는 이데올로기적 기능을 '진리내용'으로부터 분리해내
는 작업이 여전히 남아 있기 때문이다(이 구분은 미학적인 글에서는
좀더 분명하고 단순한 표현을 얻는다[2]). 이데올로기의 영역에서조

---

2) 진리내용은 만들어지는 것이 아니며 만들어진 것 속에서 현상하지만 만들
   어짐을 부정한다는 점에서 이데올로기와는 구별된다는 사실을 일컫는 것으
   로 보인다.

차 두 개의 모순된 이데올로기적 요구에 편안해할 수 있는 칸트의
기발함은 그의 시대가 지나면 내리막길을 내려가야 할 길 위에 있는
잠시의 휴식처에 지나지 않음이 드러난다. 특히 경험적 인과학문인
심리학이 그 당시에는 겨우 주관성의 영역을 식민화하기 시작했었다
면 이제 우리 시대에 오면 완전히 관철되어, '자유'라는 것이 예전
에는 어떠했는가라는 문제는 고사하고 그런 것이 어딘가에 있으리라
는 상상마저 의심스럽도록 만들었다. 그렇지만 아이러니컬하게도 결
정론에 대한 반성마저 "혁명적 부르주아 시대 초기의 산물인 양 케
케묵은 듯이 보인다"(『부정변증법』, 215/215/300). "자유에 대한,
즉 자유의 개념 또는 실제의 자유 자체에 대한 무관심은 주체가 사
회에 통합되어가는 거역할 수 없는 힘에 의해 초래된 것이다"(『부정
변증법』, 215/215/300). 그렇지만 이것 또한 역사적 과정과 똑같이
이데올로기나 선택으로 기술될 수 있다. 그러므로 아도르노는 의미
심장하게 두번째 문장을 덧붙인다. "자신들에게 제공된 것에 대한
관심은 자유에 대한 관심을 불구로 만들며 그들은 자유를, 마치 그
앞에서는 무방비상태에 처한 것처럼, 두려워한다"(『부정변증법』,
215/215/300).

그러나 첫번째 장의 마지막 부분은 부자유의 개념범위 속에 어떻
게 자유의 개념이 전제되어 있는가를 보여주려 한다. 여기서뿐 아니
라 도처에서 만날 수 있는, 두 개의 대립쌍이 서로 꼬리를 물고돈다
는 주장은 나중에 가면 윤리적 사고에서 고의적으로 타율성을 추구하
라는 추천으로까지 발전한다. 그러나 이 국면에서 대립된 것들의 통
일성이 계보학적으로 표현된다.

자아의 동일성과 자기소외는 애초부터 서로 동반관계에 있다.
그러므로 자기소외라는 개념은 잘못된 낭만적 관념이다. 자유의
조건, 즉 동일성은 동시에 결정론의 원리이기도 하다(『부정변증

법』, 216/216~217/301).

그러나 동일성과 통합의 원리면서 동시에 영혼을 억압적으로 분열시키는 것인 사회는 자신의 고유한 전제로서 자유를 요구하고 설정한다. 반면 심리적 자아인 에고는 태곳적이며 유아적인 본능에 대한 기억 위에 세워져 있는 것으로서 그러한 기억을 먹고사는 존재다(그러나 이런 것을 통제하고 지배하는 것이 바로 자아의 기능이다). 칸트의 '재현'——요점만을 기록해나가는 도덕적 '텍스트' 형식 속에 '예'(例)가 끼여드는 것을 칸트는 좋아하지 않지만——조차 자유라는 순수한 관념과 이 관념에 부수된 우연한 현상들(이것은 꼬치꼬치 따져가면서 일반화하고 보편화하는 것을 금한다) 사이의 불안정하지만 피할 수는 없는 매개를 펼쳐보인다.

그러나 이것의 반대 또한 진실이다. 그래서 이 장(章)의 마지막 부분은, 부적절해 보이는 칸트의 '의지' 개념("확실한 법칙의 관념에 따라 행동할 수 있도록 만드는 능력"—『부정변증법』, 226~227/227/314에서 재인용)조차 그것이 가시적으로 드러나는 경우는 기이한 '혹' 같이 덧붙여 있음을 보여주는데, 이 혹 안에서 자유란 정상적인 행동이나 의식적으로 선택된 처신에 부가된 신선한 무엇 정도로밖에 보이지 않는다고 한다. 그렇지만 여기서 문제된 것이 무엇인지는 현대적 용어를 사용하면 쉽게 기술될 수 있다.

정신내적인 것이면서 동시에 육체적인 것인 **충동**은 자신이 소속되어 있는 의식의 영역을 초월한다. 이러한 충동과 함께 자유는 경험의 세계로 들어가는 것이다. 이러한 정황이 눈 먼 자연도, 억압된 자연도 아닌 상태로서의 자유 개념을 활성화시킨다. 이성이 상호의존적인 인과성의 법칙으로 전락하지 않는 그러한 상태가 꿈꾸는 그림은 자연과 정신이 화해한 상태다. 그러한 상태는 칸트가

이성과 의지를 동일화하는 데서 보듯 이성에게 그렇게 낯선 것이
아니다. 그러한 상태가 하늘에서 떨어진 것은 아니지만, 철학적
반성에게는 그러한 상태가 완전한 타자로만 보인다. 왜냐하면 순
수한 실천이성에 맡겨진 의지란 하나의 추상이기 때문이다. 부가
된 첨가물은 추상으로부터 흘러나온 것에 붙여진 이름이다. 자유
의지는 이러한 첨가물이 없다면 현실적이 될 수 없다. 그러한 첨
가물은 오래 전에 존재했던 것, 부지불식간에 이루어진 것, 언젠가
는 될지도 모르는 것 사이에서 작열한다(『부정변증법』, 228/228~
229/310).

해묵은 의지의 형이상학을 이런 방식으로 부활시키는 것─이러한
부활은 사르트르에 의해 완전히 극복되었다고 믿고 있었다. 사르트
르는 우리가 '의식적인' 의지의 행사라고 간주하는 것이 다만 의지
행사의 명성을 거두어들이기 위해 좀더 일반적이고 무반성적인 자유
선택 안에서 우리 자신과 함께 노는 유희(보통은 실패하지만)에 불
과한 것임을 보여준다─은 배가된 노력을 기울이는 것이라기보다
는 존재의 존재론적 도약에 가까운 무엇을 강조하고 있는 것으로 보
인다.
　이 문제는 이 정도로 해둔 채 자유모델의 다음 장은 이러한 주장
을 역전시키고 모든 자유 개념이 어떤 방식으로 자신의 고유한 부자
유를 포함하게 되는가를 열거한다. 칸트 자신은 이 문제를 개인적
차원에서나 사회적 차원에서나 오늘날에는 우스꽝스럽게까지 보일
정도의 못마땅한 방식으로 펼쳐보인다. "그의 뒤에 나온 관념론자들
처럼 칸트는 강제가 없는 자유를 감당할 수 없었다"(『부정변증법』,
231/232/320). 다른 한편 의무와 보편법에 관한 순수한 형식주의가
종종(특히 독일에서) 칸트 자신이나 계몽주의에서는 무자비하고 억
압적인 경향을 띠고 있기는 하지만, "거기에는 그러한 추상성에도

불구하고 그리고 또한 그러한 추상성 때문에 내용적인 것, 즉 평등의 이념이 살아남아 있다"(『부정변증법』, 235/236/324)고 한다. 그렇지만 바로 이 추상적 보편성이라는 것은 그 자신의 존재를 위해 우연성을 필요로 한다. 칸트적 의미에서 자유는 변증법적으로 우연과 동일한 것이 되는 것이다.

자유는 칸트가 타율적인 것(Heteronom)이라고 부른 것을 필요로 한다. 순수한 이성의 기준에 따라 우연적이라고 불리는 것이 없다면 자유는 이성적 판단만큼이나 존재할 여지가 없다. 자유와 우연을 절대적으로 분리하는 것은 자유와 합리성을 절대적으로 분리하는 것만큼이나 자의적이다. 법칙성이라는 비변증법적 기준에서 보면 자유에는 항상 우연한 무엇이 따라다니는 것처럼 보인다. 이것은 반성을 필요로 하며 그 때문에 반성은 법칙과 우연이라는 특수한 카테고리들 위로 솟아오르게 되는 것이다(『부정변증법』, 236/237/325~326).

지나는 김에 한 가지 더 언급하면, 아도르노의 저서 전반에 걸쳐 매혹적인 주제인 우연 문제의 고찰에서 엿볼 수 있는 것은, 그러한 반성들이 루카치의 『역사와 계급의식』이 보여준 우연에 관한 사변으로부터 상당한 자극을 받았다는 사실이다.*

그러나 자신의 변증법적이고 타율적인 자유관념에 근거를 마련하기 위해 아도르노는 우선 칸트의 "세번째 이율배반"을 풀어야만 한다. 이 이율배반은 현상적인 자유나 그 반대인 자유 없는 인과성 모

---

* Georg Lukács, *History and Class Consciousness*, transl. R. Livingstone, Cambridge, MA. 1971, esp. "Reification and the Consciousness of the Proletariat".

두가 불가능하다는 것을 증명하려는 시도인데, 그에 따라 둘 사이에
는 어떤 변증법으로도 다리를 놓을 수 없는 간극이 생겨난다. 아도
르노는 이 과제를 공략하면서 동시에 이 공략을, 칸트의 간극만큼이
나 받아들이기 곤란하다고 생각한 마르크스의 해결방식——이론과 실
천의 통일을 모색하지만 실제로는 전자가 사라져버리는 것——을 비
판하기 위한 기회로 삼는다. 보통 기대하는 바와 같이 이러한 기회
는 프랑크푸르트 학파의 특징인 즉자대자적인 관조를 옹호하기 위한
것이다.

그렇지만 논의의 전개과정은 아도르노가 이제 자유보다는 인과성
을 구하기 위해 이율배반의 또 다른 지주에 초점을 맞추게 됨에 따
라 더 큰 관심을 끌게 된다. 칸트의(또한 독일 철학자 일반의) 이데
올로기적이고 계급적인 집착은 인과성을 법칙과 동일시하는 데서 또
다시 전면에 부상한다. "뒤따라 일어나는 것이 무엇이든 그것은 어
김없이"(『부정변증법』, 245/247/336에서 재인용) 앞의 상태를 전제
한다. "어김없이 뒤따른다"는 표현에서 보듯, 실체적으로 강압적 성
격을 띠는 이러한 인과성 개념은 자유에 대한 칸트의 정의와 동일하
며 그 때문에 차라리 "강압과는 구별되는 것"(『부정변증법』,
247/249/339)으로 보아야 한다. 그렇지만 자유에 대한 선험적 묘사
가 본체계보다 현상계로부터 파생되었음이 분명히 드러나게 되는 칸
트의 실패(『부정변증법』, 252/255)는 칸트 윤리학의 기본구조, 무엇
보다 정언명령 자체가 사회적 파생물임을 보여준다. 특히 수단과 목적
의 구별을 통한 논리전개는 역사적으로 볼 때 본래의 사회적 경험이
라고 할 수 있는 것에 연결된다.

가치를 창출하는 노동력이라는 상품으로서의 주체와, 그들 자신
상품이 되기는 하지만 전체의 장치——사람들에 대해서는 관심이
없으면서 다만 우연에 의해서만 사람들에게 만족감을 주는——가

돌아가도록 만드는 주체에 대한 칸트의 구별은 사회적이다(『부정변증법』, 254/257/348).

아도르노는 칸트의 거창한 정언명령 속에 들어 있는 유토피아적 요소에 이미 때가 묻어 있다고 보는데, 그 이유는 단지 그 실현의 기회(부르주아 혁명의 보편주의 속에서)가 실종되어버렸기 때문만이 아니라, 모순이 없어야 한다는 법칙만큼이나 추상적인 도덕법칙을 추구하면서 행복이나 즐거움과는 전혀 관계하고 싶어하지 않는 정언명령에 내포된 엄격하고 억압적인 성격 때문이다. 그러나 이것은 칸트 자신이나 계몽주의, 독일 시민계급, 18세기의 프로이센 국가뿐 아니라 결국은 동일성원리의 심오한 작용 탓으로 돌릴 수 있는데, 아도르노도 물론 '세번째 이율배반'에 대한 궁극적 반론을 이와 연결시킨다.

주체는 단지 자유냐 부자유냐라는 피할 수 없는 선택을 하기만 하면 되며, 그리고는 사라져버린다. 극단적인 두 명제는 거짓이다. 가장 내밀한 부분에서 결정론의 명제와 자유의 명제는 합치된다. 양자는 동일성을 요구하는 것이다(『부정변증법』, 261/264/356).

그렇지만 두 명제는 동시에 또한 진실이다.

개인의 결정성과 그러한 결정성에 모순되는 사회적 책임은 개념의 잘못된 사용 때문에 초래된 것이 아니라 실제적인 것이다. 즉 화해되지 못한 보편과 특수가 취하게 된 도덕적 형식인 것이다(『부정변증법』, 261/264/356).

이제 아도르노는 이 새로운 이율배반——칸트의 이율배반이라기보다는 아도르노의 이율배반——을 끝까지 밀고나가 정교하기 이를 데 없는 타율성(heteronomy)의 관념을 피력하게 된다.

자유는 그러나 부자유와 너무나 뒤엉켜 있기 때문에 부자유는 단순히 자유의 장애에 그치는 것이 아니라 자유 개념의 전제가 된다. 다른 어떤 것만큼이나 자유의 개념 또한 따로 떼어 절대적인 것으로 만들 수는 없다. 이성의 통일성과 강압이 없다면 자유 비슷한 것 또한 존재하기는커녕 생각조차 할 수 없다. 이러한 사실은 철학사 속에서 증명된다. 이것 외에 활용 가능한 자유의 모델은 없다. 의식이 사회의 총체적 구성에 관여하듯 의식은 또한 바로 그러한 관여를 통해 개인의 내적 연관구조에 관여한다. 이러한 생각이 완전히 터무니없는 것만은 아닌 까닭은 의식이라는 것 자체도 충동의 에너지를 어떤 한 방향으로 발산시킨 것으로서 결국은 그 또한 충동의 일종이며 그에 따라 자신이 개입한 것의 한 계기를 이루기 때문이다. 칸트가 발작적으로 부인하는 그러한 친화성(보편적인 것과 경험적인 것 사이의, 자유와 현상계 사이의—제임슨 첨가)이 없다면, 자유의 이념——이 이념을 위해 칸트는 그러한 친화성을 부인했지만——또한 존재하지 않을 것이다(『부정변증법』, 262/265/357).

혼합된 것, 순수하지 않은 것에 관한 이 이론——또는 다른 언어수준에서는 동일성과 비동일성의 동일성이라는 이론——을 우리는 미학에서 다시 만나게 될 것이다.[3] 아도르노의 미학이론에서 예술작품 또는 단자들은 자기완결적 형식들이면서 동시에 (엄격한 의미론적

---

3) 예술작품은 자신의 비사회성에 힘입어 사회적이 된다는 것. 349쪽을 참조하라.

의미에서 항상 연결되어 있는) 사회적인 것에 의해 포만상태가 된 대상들이다. 그렇지만 아도르노의 이 이론은 자신의 힘을 또한, 곧 보게 되겠지만, 자연사라는 자신의 독창적 관념에서 끌어온다(앞의 인용이 보여주듯이, '의식'이라는 것이 '충동의 에너지를 어떤 한 방향으로 발산시킨 것'인 한 그것은 자연사 속에 다시 편입된다).

이러한 클라이맥스에 도달한 후 아도르노는 곡의 종지부에서처럼 타율성 개념의 다른 경사면을 통해 하강한다. "자유의 이념에서 일어난 것은 그의 상대역인 인과성의 개념에서도 일어난다"(『부정변증법』, 262/265/357). 여기서 그가 염두에 두고 있는 것은 칸트에게서 중심이 된 문제였던 일직선적인 인과성으로부터 근본적으로 공시적인 관념으로의 대전환이다. 이 공시적 관념은 "인과고리가 아닌 인과망으로서 작동한다(『부정변증법』, 263/266/358).

인과성은 총체성 속에 흡수되어버리는 듯하다. 그것은 체계 속에 파묻히면서 구별이 불가능해지는 것이다. (……) 모든 사물들은 수직·수평으로 다른 모든 사물들과 연결되어 있으며 서로를 물들인다. 계몽이 결정적인 정치적 무기로서 인과성을 이용하는 마지막 이론인 마르크스주의의 상부구조/하부구조 이론은, 생산·분배·지배의 메커니즘뿐 아니라 이데올로기들을 포함한 경제적·사회적 관계들이 풀 수 없을 정도로 긴밀하게 뒤엉켜 있고 살아 있는 사람들은 한 조각의 이데올로기가 되어버린 조건에 미치지 못하는 순진무구함을 보여준다. 이데올로기가 더 이상 정당화나 미화를 위한 보완물로서 존재자에 덧붙여진 것이 아니라, 현존하는 것의 가상으로 넘어가 이 현상태를 피할 수 없는 것으로 정당화하게 될 때 하부구조와 상부구조라는 명쾌한 인과관계에 매달리는 비판은 과녁을 빗나가게 된다. 총체적인 사회에서 모든 것은 중심으로부터 비슷한 거리에 있다. 그런 사회는 사회를 꿰뚫어보는 사람들이 소멸되는 만큼이나 완전히 투명해지며, 그 사회의 변명은 닳고닳아 삼척동자도 알아볼 수 있게 된다(『부정변증법』, 264~265/267~ 268/359~360).

그러한 인과성——우리가 후에 계속 살펴보게 될, 후기자본주의라는 '마법의 올가미'——안에서 주체와 자유는 (칸트에게는 실례가 되지만) 어떤 친화성을 갖게 된다. 이러한 객관적 차원만이 주체의 진리를 벗길 수 있다. 사물에의 '친화성'은 이런 의미에서 '특정한 부정' 즉 '비판이론'이나 '부정변증법'이다. 그러한 친화성은 또한, 지금까지 전개하지 않은 의미에서의 미메시스이다.

친화성이란 비판적 범주라는 문맥과의 연관 속에서 사유는 사물들 둘레에 쳐놓은 주문(呪文)에 대한 의태(擬態 : mimicry)가 되는데, 이러한 공감 속에서는 이 주문이 사라질지도 모른다. 인과성 안에 있는 주관성과, 실제로는 대상들에 관해 주체가 체험한 것에 대한 예감인 대상 사이에는 '선택적 친화성'이 존재하는 것이다(『부정변증법』, 267/270/362).

이 인용을 바탕으로 미메시스의 의미를 다시 살펴보면, 이 용어는 인간의 깊은 본성과 인간이 만든 사회질서가 세상을 어떻게 바꾸어 놓았는가에 대한 깊은 통찰을 허용할 뿐 아니라 동시에 이러한 세상이 어떻게 치유될 수 있는가에 대한 희미한 예감을 가능케 하는 한 비코의 진실된 행위의 원리를 기묘하게 뒤집어놓으면서 그 원리를 교정하는 것으로 보인다. 그러므로 이러한 사고방식은 브레히트의 낯설게 하기 이론——이 이론은, 자연스러운 것으로 여겨진 것이 사실은 사회적인 것이고 인간 실천의 결과라는 것을 증명함으로써 인간의 실천은 똑같이 이 사회를 다른 무엇으로 바꿀 수 있다는 자각을 일깨운다——을 기묘한 방식으로 되받고 있음을 알 수 있다.

자유의 모델을 다루는 장의 마지막 두 절은 대안적인 결말로서 칸트의 윤리학이나 윤리학 일반에 대한 현대의 대안들——정신분석·인격주의(personalism)·실존주의——을 고찰하며, 다른 한편으로는 칸트가 본체론이나 물자체의 영역에 부여한 예지계(또는 예지적 성격)의 이론을 살핀다. 결론부의 앞절에서는 나치 전범들의 처형에 관한 논의 속에서 윤리학의 타율성이 다시 한번 단호하게 주장된다.

도덕 변증법의 현 수준은 여기에 집중된다. 무죄선고는 벌거벗은 불의이다. 그러나 죄과에 대한 정당한 응보는 바로 그 파렴치한 폭력의 원리에 감염되는 것으로서, 이에 저항하는 데 휴머니티가 있는 것이다. 벤야민은 사형집행이 도덕적일지는 모르지만 정당하지는 않다고 말함으로써 이러한 변증법을 예언했다(『부정변증법』, 282/286/380).

결론부의 두번째 절에서는 도덕적·윤리적 존재방식의 '영웅주의'에 대한 체계적 비판과 함께 유토피아의 모티브가 다시 한번 등장한다.

예지적 성격에 대한 칸트의 의문부호에 감히(아포리아적인 개념의 완전한 무규정성에 반대하면서) 진정한 내용을 부여하려 한다면 그러한 내용은 아마 역사적으로 가장 진보된 것으로서 순간적으로 타올랐다가는 곧 꺼져버리는 의식(올바른 것을 행하고자 하는 충동을 내포하고 있는 의식)이 될 것이다. 그것은 인간에게 낯설지도 않으면서 인간과 동일하지도 않은 순수한 가능성을 간헐적이지만 구체적으로 선취하는 것이다(『부정변증법』, 292/297/392).

아도르노는 간헐적인 것에 불과하지만 미래에 대한 이러한 선취가 없다면 어떤 윤리학도 그 자체 내에서나 외부에 대해서 실행 불가능하리라는 사실을 덧붙인다. 우리는 체계 전체를 완전히 변화시키려 시도할 수도, 또는 "인간은 좋은 동물이었다고 믿으면서 살려고" (『부정변증법』, 294/299/395) 노력할 수도 없으리라는 것이다.

자유 모델의 이러한 결론은 그렇지만 사실상 종전 직후에 나온 『최소한의 도덕』으로 돌아가도록 만든다. 이 책의 중심문제는, 거의 칸트의 어조로, 윤리학이 자신의 이율배반 때문에 실행 불가능하다는 주장에 있다. 경제적이면서도 변증법의 재치가 듬뿍 들어 있는 문체로 씌어진 일련의 자질구레한 '모델들'에서는, 우리 시대에는 삶이란 것이 불가능해졌다는 사실이 결혼(10번 「분리와 결합」), 관습(16번 「예절의 변증법」), 사물과의 올바른 교류(18번 「난민 수용소」), 사랑(110번 「콘스탄체」) 등의 문제를 통해 열거된다.

예를 들어 결혼은 경제적인 관심과 제도적으로 결합함으로써 오염되었다. 결혼 당사자가 우연히 가지고 있는 개인적 소중함 때문에 그러한 경제적 관심이 부재하는 경우라도 제도 자체는 자신의 고유한 논리를 좇게 된다는 것이다. 이것은 부유하거나 특권을 가진 자들에게도 해당되는데 그 이유는, "그들은 바로 그런 관심의 추구가 제2의 천성이 되어버린 사람들로서, 다른 방법으로는 자신의 특권을 주장할 길이 없는 사람들이기" 때문이다(『최소한의 도덕』, 29/31/46).

관습──즉 사회에서 행위자들 사이의 사전조정된 어떤 인위적 거리──에 관해서는 모든 영역(예술부터 윤리학에 이르기까지)에 과도기현상이 존재한다. 왜냐하면 관습이란 자유롭게 선택된 것 그리하여 외부로부터 부과된 전통적 제약이나 규범으로부터 구별되는 것이어야만 하는데, 이런 제약들로부터 해방되려는 충동은 필연적으로 관습 자체의 파괴로 끝나기 때문이다. 또한 소유나 대상세계에 대한 우리의 관계는 독점이라는 새로운 소유형식에 의해, 또한 소비재의 과다함에 의해 의문시되어버렸다.

소유를 버리자는 명제는 파괴로, 즉 아무런 애정 없이 사물들을 멸시하는 태도로 나아가며 이러한 멸시는 필연적으로 인간들에 대해서도 등을 돌리도록 만든다. 반면 소유를 인정하는 안티테제는 입으로 내뱉는 순간 이미 검은 마음을 가지고 자신의 소유를 지키고 싶어하는 사람들을 위한 이데올로기가 되고 만다(『최소한의 도덕』, 42/39/58~59).

다른 한편 사랑은, 개인적이고 '비사회적인' 자발성의 요청과, 사랑을 비사회적인 것으로 정의한 것은 부르주아 사회 자체라는 사실 사이를 중재하려 시도한다.

그러나 딴 생각을 품지 않은 자발성이라는 가면을 쓰고 스스로 정직하다고 뽐내면서 마음의 목소리로 여기는 것에 자신을 완전히 내맡기지만 그런 목소리를 더 이상 들을 수 없다고 생각되는 순간 아무런 거리낌없이 꽁무니를 빼는 사랑은, 아주 당당하고 주체적이며 독립적인 것처럼 보이지만 사실은 사회의 도구에 불과하다 (『최소한의 도덕』, 227/172/241~242).

이 모든 이야기가 우리로 하여금 현상의 모순적인 본질 또는 윤리의 영역을 다스리기 위해 모순 없는 윤리학을 발전시키는 것이 불가능하다는 사실만을 생각하도록 하는 것은 아니다. 그 이야기는 무엇보다도 나름대로의 특수한 고충을 갖고 있는 사회질서에 대해 그러한 사회는 어떠한 역사단계에 처해 있는가를 설명해주며, 좀더 직접적으로는 우리가 찾아헤매지만 주어진 사회여건 속에서는 실현방법을 찾을 길 없는 가치의 원천에 다가갈 수 있는 것은 역사의 범주를

통해서라는 사실을 알려준다. 이 이야기는 모두, 윤리학이라는 수단
을 통해 윤리에서 '벗어나는 것'은 불가능하다는 것, 윤리적인 딜레
마는 다음과 같은 일련의 간결한 결론들이 암시하듯 사회적이고 정
치적인 것이라는 사실을 보여주기 위해 고안된 것이라는 것이다. "거
짓된 삶 속에 진실된 삶은 없다"(『최소한의 도덕』, 42/39/58~59).
"사회의 해방이 없으면 어떤 해방도 불가능하다"(『최소한의 도덕』,
228/173/243).

 윤리적 딜레마와 사회적 모순을 이런 식으로 연결하는 것은 유명론
의 위기—현대사회를 지배하는 보편성의 영역과 특수성의 현실 사
이에 있는 긴장—라는 관념으로 표현할 수 있다. "보편성은 이혼
속에서 특수자에 찍힌 치욕의 상흔임이 드러난다. 왜냐하면 특수자
인 결혼은 이 사회에서 진정한 보편성을 실현할 수 없기 때문이다"
(『최소한의 도덕』, 31/32/47). 다른 한편 해방된 관습, 즉 "해방된
예절은 (……) 유명론처럼 도처에서 어려움에 빠진다"(『최소한의 도
덕』, 37/36/54).

 주목할 만한 잠언으로서 꽤 긴 글인 116번 「그가 얼마나 나쁜지
들어봐」는 추상 속에 있는 사태들, 특히 광활한 범위의 집단적 카타
스트로프들과 우리 자신에게 중요한 미시적 사건들(여기서는 연민의
형식들만이 자발적인 것으로 나타날 수 있다) 사이의 점점 크게 벌
어지는 간극을 반성하면서 좀더 포괄적인 결론을 이끌어낸다. "삶의
직접성을 세우고 그 주위에 보호막을 치는 곳이라면 어디서든, 사실
은 사회라는 사악한 간접성이 음흉하게 관철된다"(『최소한의 도덕』,
240/182/255). 이러한 상황은 아도르노에 따르면 "정치와 도덕의
분리를 외치는 국가이성의 이론과 무관하지 않다"(『최소한의 도덕』,
237/180/251). 그러나 이것은 또한, 아도르노가 계속 지적하는 바
와 같이, 심미적 재현의 문제와도 연관되며(우리 시대의 문화적 재
현 특히 역사적·정치적 재현의 문제를 다루는 부분에서 계속 상론

된다. 94번 「국가행위」를 참조하라), 이 진단──전통적인 경험 형식
의 붕괴에 관한 벤야민의 분석과 가장 직접적 유사성을 지닌──은
심미적 모순들이나 재현의 위기를 넘어 현대생활에서의 자율성 또는
반(半)자율성을 지닌 다양한 영역들을 다루는 사회적·철학적 주제
로 확장된다.

이미 인용된 윤리에 관한 잠언들이 보여준 것──윤리학은 겉보기
에는 자율성을 지니고 있고 자신만의 특수한 사고방식과 정신적 해
결에 대한 요구를 제기함에도 불구하고 실제에 있어서는 자신의 자
율성을 위한 출발전제 자체를 부인하는 이율배반에 의해 지배된다는
사실──은 문화(22번 「갓난아이와 목욕물」)로부터 민속학(131번
「할머니로 변장한 늑대」)에, 정치로부터 철학에 이르는 다양한 영역
들에 대해 배울 수 있는 학습장임이 이제 증명된다. 모더니티는, 루
만(Niklas Luhmann, 1927~98)이 가르치는 바에 따르면,* 분화의
증가, 즉 사회영역이나 사회활동 전체가 점점 더 서로로부터 자립화
되는 데 있다. 예를 들어 문화는 종교로부터, 정치는 윤리로부터
'해방'된다는 것이다. 그렇지만 다른 관점에서 보면 이 모든 것들이
서로 공존하고 내적으로 중첩되며 동일화되는 과정 속에서 세속의
사회는 형성된다. 그러나 이러한 사회는 경험적으로 볼 때 자율적인
대상으로 존재하는 것이 아니므로 이 사회를 자신의 다양한 차원들
로부터 독립시켜서 연구할 수는 없다. 그러므로 사회의 영역과 차원
들이 반(半)자율성을 지니고 있다는 것은 거짓이면서 진실이다. 변
증법의 사명은 양 측면, 즉 타당한 측면과 이데올로기적인 속임수로
서의 측면을 유의 깊게 살피면서 조정하는 것이다. 『최소한의 도덕』
의 작은 '모델들'에서 보듯 변증법은 그러한 일을 하는 것으로서,
변증법은 윤리학과 같은 세속적 영역의 자율성을 인정하지만 실질적으

─────────────

* See, for example, *The Differentiation of Society*, New York, 1982.

로는 그런 영역들이 사회적 총체성에 종속되어 있음을, 그런 영역에 자율성을 부여하려는 시도들이 만들어낸 모순들로부터 도출해낸다. 그러므로 자유 개념의 타율성은 사회적 영역들과 차원들(그리고 철학적인 분과영역들)의 자율성에 대한 좀더 일반적인 비판들 중의 하나가 되는 특수사례에 불과한 것이다.

10 역사라는 모델

『부정변증법』의 두번째 '모델'(「세계정신과 자연사—헤겔에 대한 부언설명」)에서 이제 우리는 마르크스의 역사관에 대한 아도르노의 가장 단호한 '방어'를 발견하게 된다. 이러한 성격규정은 아도르노가 결코 이런 방식의 체계적이고 '단호한' 논리전개를 펼치는 것을 본 적이 없기 때문이다. 이 장의 목적은 그러므로 역사에 '관한' 자신의 근본 입장을 점검하거나, 경제체계로서의 후기자본주의에 대한 자신의 견해를 좀더 잘 조명하려는 것이 아니라, 역사 '개념'과 후기자본주의 '개념'(헤겔·마르크스 등 이미 다른 데서도 발견되는 개념들)을 분석하는 것이다. 이러한 분석을 위해 이들 이념은 여러 측면에서 조명된다. 즉 이들 개념의 끊임없이 변화하는 이데올로기적 함의가 측정되고, 그때그때 사용되는 문맥에 따라 나타나는 패러독스들(이 패러독스는 배리와 이율배반을 모두 포함한다)이 드러나며, 마지막으로는 불가능하지만 포기할 수도 없는 이 개념을 어떻게 다루어야 할지에 대한 제안이 개진되는 것이다.

포괄적이기는 하지만 필연성이 부족해 보이는 이러한 방식—구도에 의한 비판이라고 불러도 좋을 것이다—은 헤겔의 체계적인 입장(개인적인 것이나 특수한 것에 대한 헤겔의 부당한 편견을 추적하는 아도르노의 필치는 전혀 타협의 여지가 없는 단호함과 함께 강압적인 프로이센 국가의 성격들에 대한 진부한 언급들이 빠져 있는 신선함을 유지하고 있다)과 마르크스의 입장을 포함하고 있다. 후자의 경우 필연성에 대한 마르크스의 집착은 물론 우리 자신의 상황에서 보면 날카로운 비난을 받을 만하다("다가오는 카타스트로프는 추측 가능한 태초의 비합리적인 카타스트로프에 상응한다"—『부정변증법』, 317/323/422). 그렇지만 이 장에는 다른 두 모델에서와는 차이가 나는 주제상의 추진력이나 '텔로스'가 밑바탕에 흐르고 있다(음악적인 유추를 끌어들이는 것이 내키지는 않지만 이 장에서는 소나타의 상이한 악장들 사이에 있는 형식상의 차이를 연상하고 싶은 유혹을 받는다). 이 장의 주장들이 남겨놓는 여운은 역사라는 이름의 보이지도 있지도 않은 총체성이 지니는 궁극적 객관성이다. 이 말의 궁극적인 의미는 우리가, 이미 약속된 자연사 개념에 이르기 위한 노정을 꾸준히(우여곡절이 없는 것은 아니지만) 밟고 있다는 것이다.

이 장에서 만날 수 있는 두번째 경향은, 아도르노의 역사 '이론'에 대한 직설적 언급을 듣고 싶어하는 사람들을 헷갈리게 하겠지만, 역사라는 용어 또는 이 주제에 관한 철학적 논의와 관계된다. 이러한 논의에서는 결코 현대철학이 극도의 알레르기 반응을 일으키는 두 개념—즉 총체성 개념과 소위 말하는 '직선적 역사' 개념—을 둘러싼 문제가 중심적인 초점을 이루고 있지는 않다. 또한 이 주제나 용어는 논의의 초점을 이루는 또 다른 큰 이슈인 보편과 특수의 문제에 관여하지도 않는다. 총체성이나 역사적·서사적 인과성은 이런 상이한 문제의 토대 위에서 사유되고 새롭게 씌어질 것이다.

다른 한편 그러한 이론틀 내에서 보편과 특수의 관계에 의해 제기되는 중심문제—말하자면 이들의 상호조정을 방해하며 그들 사이의 대립을 보편적인(실존적·사회적·미학적·철학적인) 위기로 전환시키는 메커니즘—는 사실상 아도르노가 실증주의(이것의 가치기반을 이루는 '유명론'도 포함하여)라고 부른 것이라는 사실을 발견하는 것이 놀랄 만한 일은 아니다. 실증주의라는 용어는 가능한 한 좀더 넓은 문화적·지적 방식으로 이해하는 것이 바람직할 것이다. 이 용어는 특히 아도르노의 시대에서도 이미 실증주의 철학자들을 지칭하기보다는 좀더 일반적인 사회과학에서의 실증주의 경향을 일컬었다. 더군다나 우리의 상황은 사회학에 있어서나 철학에 있어서 『부정변증법』이 나온 후 20여 년 동안에——그것의 더 깊은 경향에 있어서는 아닐지 모르지만 적어도 인적 구성원이나 방법에 있어서는——상당히 바뀌었다. 아도르노가 실증주의라는 이름 아래 지칭한 경향들은 그가 죽은 이후 훨씬 더 강화되었으며, 그 자신의 철학이나 변증법적 사유 일반이 잊혀지고 있는 상황에서 실증주의는 사실상 도전의 여지가 없는 헤게모니를 장악했다(그 때문에 그것은 상당히 다르게 보인다)는 사실을 감안하지 않을 경우 실증주의에 대해 아도르노가 내린 진단의 유용성을 우리는 놓치게 될 것이다.

그러므로 '실증주의'는 전체적으로 볼 때, 추상적인 것——해석이나 보편적 이념, 포괄적이고 통시적인 집합적 단위들, 공시적 서사나 계보학——을 낡고 케케묵은 전통적 내지 '형이상학적' 사유의 잔재로 치부하고는 점점 더 엄격하게 제한하거나 체계적으로 추방해버리면서 경험적 사실들이나 세속적 현상에 몰두하는 것이라고 이해할 수 있다. 그러나 이러한 진단——이미 언급했듯이 다양한 현대의 현상들에 확장되는——은, 가치나 도덕 같은 것들의 상실, 플라톤적인(또는 심지어 칸트적인) 이념들의 퇴색, 집단적 정체감(특히 민족 또는 '서구 문명'과 같은)의 붕괴, 문화나 풍습에서의 관습적 형식들의 몰락에 대한 보수적이고 반동적인 푸념들과는——상당한 연관성이 있는 것은 분명하지만——철저히 구별된다.*

현대세계와 그의 타락에 대한 이러한 푸념은——자본주의에 대한 초기의 귀족적이고 반동적인 비판들이 이것보다 몇십 년 늦게 나온,

새로운 사회질서에 대한 좌파적·급진적 분석에 대해 갖고 있는 관
계처럼——아도르노의 그것과 밀접히 연결되어 있다. 사실 『최소한의
도덕』에서 아도르노가 늘어놓는 불평들은 비슷한 느낌을 주지만 근
본적인 구조적 차이는 각각의 경우 '보편자'가 갖는 지위에 있다. 보
수주의자들에게 '보편자'는 이미 존재하며 내용(전통적인 내용)을
가지고 있다. 그들이 볼 때 아도르노가 실증주의라고 부른 위기는
예전의 집단적 제도들에 새로운 활력을 불어넣고, 전통적 가치를 좀
먹고 있는 세력들을 추적하여 잘못된 '유명론'이나 이율배반을 지지
하는 대변자나 선동꾼을 뿌리뽑음으로써 간단히 해결될 수 있다는
것이다.

그러나 보편과 특수의 관계에 대한 아도르노의 관념은, 고전적인
질서형식 속에서 만물이 상하관계를 이루는 아리스토텔레스적인 위
계구조와는 다르다. 하나의 예를 들면 위기를 겪으면서 보편자들도
특수자들과 마찬가지로 타격을 입는다. 그것들은 이제 '나쁜' 또는
섬뜩한 느낌을 주는 보편자들이며, 사실은 예전에도 항상 그러했었
으리라는 것이다. 철학의 사명은 이들 보편자의 임무를 새롭고 명확
하게 드러내는 것이지만, 이제 이러한 철학의 임무는 이들 보편자를
찬양하기 위해서가 아니라 시야에서 쫓아버리기 위해서 이루어진다.
폭력과 지배의 표지며 흔적인 포섭이나 포용(subsumption)이라는
용어는 더 이상 보편과 특수의 이상적인 '화해'를 상상하는 데 적절

---

* 이에 대한 예로 거의 현재 시대에 해당되는 것으로는 Richard M. Weaver
의 *Ideas have Consequences*(Chicago, 1948)가 있는데, 이 책은 현대세
계의 타락에 대한 냉전시대의 고전적인 한탄을 위해 유명론에 대한 진단을
이용한다. 이러한 지적을 할 수 있게 된 데에 대해서는 Richard Rorty와
Gayatri Spivak에게 감사한다. 대체로 보아 사회질서의 붕괴에 대한 상부
구조적인('정신적인') 진단이 우파적이 된다면 (무엇보다도 하이데거를 참
조하라) 하부구조적인 진단은 좌파적이 된다.

한 단어가 되지 못한다. 아도르노의 논리전개는 그러한 포섭이나 논리적 '화해'와는 다른 무엇을 지향한다. 이제 보편과 특수의 긴장은 오히려 첨예화되고, 그들 사이에 있는 불가공약적인 모든 것은 역사적 모순이나 정신적 고통으로서 의식 내부로 끌어올려지며, 그런 긴장들을 억압하는 것──순수한 형이상학적 잔재로 치부한 보편의 관념과 결별하는 실증주의에서나, 보편자 자체를 신비화하는 하이데거에서 볼 수 있듯이──은 특수에 대한 보편의 지배인 폭력이라고(문제성이 없어 보이는 일상생활에서는 평화로운 모습을 띨지 몰라도) 낙인찍힌다.

그래서 이 '부언설명'은 당연히 특수자──처음의 문맥에서 이 특수자가 뜻하는 것은 개인적인 주체다──의 불만과 함께 시작하게 되는데, 그 불만은 모든 존재자나 고립된 사실들을 뛰어넘는 역사의 보이지 않는 작용력을 몸서리치도록 느끼게 해주는 모든 것에 대한 불만이다. 이 역사의 편재성은 나의 의식내용들 속으로도 파고들며 그것의 사회성은 나의 언어 속에 침투해 있기 때문에 내 말의 어떤 것도 내 것이 아니라고 할 수 있을 것이다. 역사의 탄생은 바로 그러한 총체성의 인정이다. 이 총체성이란, 우리는 설명할 수 없는 어떤 궤도 속에 있으며 이 궤도 위에서 개별적인 주체나 객체는 알지 못하는 목표를 향해 치닫고 있음을 느끼지 않을 수 없는 것이 우리의 피할 수 없는 상황임을 가리키는 표현이다. 헤겔이 '세계정신'(알려진 바와 같이 나폴레옹의 막간극이 승리의 행진을 막 시작했을 때 헤겔은 피와 살을 가지고 말 등에 타고 있는 이 세계정신을 보았다)이라 부른 이것은 그 때문에 보이지도 않는 기이한 힘을 갖고 있는 것이다.

왜냐하면 사회의 운동법칙은 수천년 동안 개별 주체로부터 추상화되어왔기 때문이다. 이 운동법칙은 사회적인 부(富)나 싸움에서 개별 주체들을 단순한 집행자나 단순한 참여자로 전락시켰다는 것이 사실이라면, 개인이나 개인들의 자발성이 없다면 어떠한 운동법칙도 존재하지 않으리라는 것 또한 사실이다(『부정변증법』, 299/304/402).

이러한 추상의 '축적된 노동'이—포이어바흐의 신이나 뒤르켐의 집합성처럼—'역사'나 '사회'에 실질적인 힘을 부여하는 '자본', 즉 이 세상의 신(神)이 된 것이다. 그러나 우리는 헤겔과는 달리, 이 신을 숭배해서는 안 된다. 세계정신의 영고성쇠에 따라 개인은 번창할 수도 쇠퇴할 수도 있다. "사람들은 세계정신과 함께 하는 존재의 시대, 즉 단순히 개인적인 것에 불과한 것이 아닌 좀더 실체적인 행복을 생산력의 해방과 연결시키고 싶어한다"(『부정변증법』, 301/306/404).

다른 한편 아도르노는 인간 집단의 통제 불가능한 무능력을 열거하는 데 지칠 줄을 모른다. 이러한 집단의 한 예로 위원회에 대해서는 "유연성이라고는 전혀 없는 위원회의 속성은 역사 속에서 **보편자**의 폭력이 얼마나 변화를 모르는가, 그러한 폭력이 얼마나 원시적인 상태에 머물러 있는가를 상기시킨다"(『부정변증법』, 303/308/406)고 한다. 이 모든 것은 갑자기 법률로, 사법제도의 이율배반성으로 그리고 보편자들로 고착된다. 흥미롭게도 이에 대해 헤겔은 "주관적인 양심이 그러한 보편자를 매우 적대적으로 여기는 것은 충분한 이유가 있다"(『부정변증법』 304/310/408)고 본 반면 칸트는 이러한 상황을 호의적으로 보고 있다. 그러나 법은 단지 개별성을 족쇄로 묶는 모든 추상들 중에서 분명하고 눈에 보이는 추상에 불과하다. 그럼에도 불구하고 다음의 인용에서처럼 이 장의 서두에서 밝혔듯이, 누구도 이러한 교훈을 들으려 하지 않는다. "보편자의 전능한 힘을 직시하는 것은 모든 개개인이나 민주적으로 조직된 사회가 지니고 있는 나르시즘에 참을 수 없는 심리적 타격을 입힌다"(『부정변증법』, 306/312/410).

다음 절은 아도르노 사상의(또한 헤겔과 뒤르켐의) 근본원리, 즉 "논리적 카테고리들과 사회/역사 카테고리들의 등가성"(『부정변증법』, 311/317/416)을 짤막하게 상기시킨다. 반면 그 다음에 나오는 절은 필연성의 문제와 연결되는 역사기술의 문제 자체(보편사는 가능한가?)로 돌아간다. 그렇지만 우리 시대의 역사기술에서는 필연성의 카테고리가 그와 양립할 수 없는 불연속성의 문제와 충돌하게 된다. 이 문제는 유명론이 개인적 또는 집단적 차원에서 이야기를 전개할 때 취하게 되는 형식으로서, 죽음 또는 세대의 문제는 인구론과 함께, 보통 같으면 행위와 결과가 매끄럽게 연결되는 논리를 가졌을 무엇에 대해 단절을 만들어낸다는 것이다. 아도르노는 이른바 헤겔의 '대서사'('직선적인 역사'라는 표현을 대신할 수 있는)에 대한 오늘날의 거의 보편화된 본능적 거부감에 동의하면서 자신만의 독특한 방식으로 그에 대한 이견을 제시한다. 왜냐하면 최악의 상태는 항상 가정할 수 있는 것이기 때문이다. "보편사는 야만으로부터 휴머니티로가 아니라 투석기로부터 핵폭탄으로의 전개과정이다"(『부정변증법』, 314/320/419). 그러나 아도르노가 마르크스와 함께 제기하고 싶어하는 질문은 역사를 필연성보다는 우연성의 관점에서 생각하는 것—폭력과 국가권력과 자본주의로 떨어지게 된 것을 '피할 수 없었던' 적대관계의 표출로 보기보다는 꼭 일어날 필요는 없었던 카타스트로프로 간주하는 것(이것은 '문명'의 발생에 관한 레비스트로스의 태도이다)—이 더 낫지 않을까(정치적으로 더 낫다는 것인지 좀 더 효율적이라는 것인지 불확실하지만) 하는 것이다.[1]

---

1) 아도르노는 자연으로부터의 일탈과 함께 시작된 인류사라는 카타스트로프 오페라를 완전히 비변증법적으로 이루어진 우연한 헛디딤으로 본다.

그 다음에는 일련의 곤혹스러운 헤겔 인용들이 나오는데, 이런 부분들은 보편성에 대한 헤겔의 편애를 꼬치꼬치 들추어내면서 헤겔의 기묘한 탈시간화를 논박한다. 그러한 편애에 의해 초래된 탈시간화는 결국 헤겔 자신의 변증법을 때이르게 정지시킬 수밖에 없도록 만든다는 것이다. 새로운 절은 그러나 자신의 공격 중에 적어도 하나의 문제에 대해서 헤겔이 무죄임을 보여준다. 헤겔의 서사는 완벽한 것이 못된다는 것이다.

'정신'에 관한 이야기——상부구조의 변증법으로서 대단히 인상적인——는 역사기술의 차원에서 진정한 내용을 가지기 위해 중요한 매개를 필요로 하는데, 이 매개는 자신의 고유한 동력과 준자율성——'민족정신', 또는 '민족적인 원리'나 한 '민족' 또는 다른 민족이 갖고 있는 원리라고 부를 수 있는 것——을 가지고 있음에도 불구하고 제대로 작동하지 않는다는 것이다. 그렇지만 이러한 우연적 사실——국가나 민족이 다수라는 사실을 지칭하는데 이러한 상황은 200년이 지난 후기자본주의 시대에도 별로 변하지 않은 것처럼 보인다——을 인정하는 것은 보편사의 계획에 구조적인 모호성을 집어넣게 된다. 왜냐하면 민족들은 그 안에 종속된 개개인의 실존에 관한 한 보편자들인 것이 분명하지만 좀더 포괄적인 역사적 '텔로스'를 추정할 때는 민족들이 개별자가 되기 때문이다. 그러나 민족들이라는 개별자는 다른 무엇을 위한 단계나 계기로 환원되기에는 너무나 많은 개별성들을 자신 안에 소유하고 있다. 이러한 실패를 '이성의 책략'('역사의 책략'이라고도 알려진)이라는 거창한 개념의 불능성과 연결시키는 아도르노의 분석은 우리의 관심을 모은다.

헤겔은 개별성이 역사적 대자(對自 : being-for-itself)라는 허구를 다른 모든 매개되지 않은 직접성의 허구처럼 꿰뚫어보면서, 이성의 책략이라는 이론(칸트의 역사철학에로 거슬러올라가는 이론)

을 수단으로 하여, 개인을 보편자의 대리인——수세기 동안 그가
떠맡았던 역할——으로 분류한다. 이러한 작업 속에서 그는 변증법
에 대한 자신의 관념의 골격을 만들고 부수는 익숙한 사유구조에
입각해 세계정신과 개인의 관계나 그들 사이의 매개를 불변자로
생각한다. 이로 인해 헤겔 또한 자신의 계급(즉 그들의 지속적 존
속에는 궁극적 한계가 있다는 사실이 의식 내부에 침투하는 것을
막기 위해 자신의 가장 역동적인 카테고리마저 영구화하는 계급)
에 매이게 된다. 헤겔을 이끄는 것은 개인주의 사회 안에 사는 개
인의 모습이다. 이것이 틀린 것은 아니다. 왜냐하면 교환사회의
원리는 계약 당사자들의 개별화를 통해 실현되기 때문이다. 즉
'개별화의 원리'는 글자 그대로 그런 사회의 원리, 다시 말해 교환
사회의 보편자이기 때문이다. 그렇지만 그것은 동시에 부적절하
다. 왜냐하면 개별화의 형식을 필요로 하는 총체적 기능연관 속에서
개인들은 〔헤겔의 이론에서-제임슨 첨가〕 보편자의 단순한 수행기
관으로 격하되었기 때문이다(『부정변증법』, 336/342/445~446).

이러한 문맥에서 헤겔의 민족국가들 위에는 마르크스의 그림자가
드리워지며 새로운——언어와 민족문화에 바탕한 세계사의 원리와는
다른——세계사의 원리가 출현한다. 그 원리는 보편적인 '주문'(呪
文), 즉 모든 개별성 위에 교환가치가 던진 주문이며, 고립된 특수
자들의 얼어붙은 풍경을 가로지르는 주문이다. 상상할 수 있는 바와
같이 주문에 걸린 세계라는 이러한 영상이 그 다음에 뒤따르는 몇
쪽 안 되는 글에서 아도르노로 하여금 놀라운 웅변을 토로하도록 부
추긴다.

맨 뒤 절 바로 앞의 절에서는 역사적 개인의 주관성이라는 문제로
돌아오는데, 이 주관성은 현대의 심리학이나 정신분석에 의해 왜소
해진 경향이 있다. 왜냐하면 이러한 학문은 **심리적 주체의 왜소화에**

대해 그 본질—다른 말로 하면 행복(이것은 오직 부정 속에서만 생각할 수 있지만)—을 따져보려 하지 않은 채 단순히 그 징후만을 들추어내기 때문이다. 보편과 특수 모두를, 체계적이지는 않지만, 그들이 함축하고 있는 진리와 그들의 실제 모습 속에서 상당히 객관적으로 드러낸 다음, 헤겔에 관한 이 부언설명의 힘찬 물줄기는 마침내 오랫동안 기다리던 결론, 즉 자연사의 문제 자체로 흘러들어 간다.

11 자연사

아도르노에게서 나타나는 서로 다른 배경적인 이야기들은 모두 좀 더 '근본적이고' 좀더 수수께끼 같은 이야기에 의해 보완되어야만 한다. 아도르노가 1931년에 행한 등단 강연인 「시의성 있는 철학」은 30년 후에 나온 『부정변증법』의 전체 프로그램에 대한 스케치로 볼 수 있다는 견해가 종종 있어왔다.* 그러나 같은 시기에 나온 또 다른 중요한 텍스트 「자연사의 이념」(1932)은 별 주목을 받지 못했으며 약간은 수수께끼로 남아 있다. 이 텍스트가 후기의 성숙된 작품에서 완전히 구현되고 있다고 말하기는 곤란하다. 분명 『부정변증법』 헤겔 장의 마지막 절은 노골적으로 자연사라는 주제로 돌아가지만 단순히 그 모티브를 되풀이하고만 있을 뿐이어서, 아도르노의 비판자나 논적들이 종종 불평하듯이, 아도르노는 개개의 국지적 영감이나 통찰을 강력한 지속력을 갖는 만개된 철학적 논의로 숙성시키는 데는 실패할 수밖에 없지 않았는가라는 의심을 갖게 한다. 그렇지만 그는 그 논의로부터 무언가 다른 것을 이루어낼 수 있었다는 생각이 든다.

---

* 53쪽의 두번째 원주를 참조하라.

사실 「자연사의 이념」은 이 주제에 관한 일련의 명제들을 다루기
보다는 방법론적인 제안으로 여겨진다. 오늘날의 우리는 진화론적
사유의 기이한 르네상스나 스티븐 제이 굴드[1]와 같은 사람들의 다윈
에 대한 재해석에 힘입어, 그 당시 프랑크푸르트 학파 계획의 심장
부에 있던 이 문제를 둘러싼 논의에서 무엇이 쟁점인지를 파악하는
데—전략적으로 끄집어낸 이 문제에 대한 재론에서 그 모티브는 불
분명했었다—훨씬 유리한 입장에 있다. 다윈에 대한 마르크스 자신
의 관계는 잘 알려져 있다. 그가 『자본론』 1권(1867)을 『종의 기원』
(1857)의 저자에게 바치려고 했던 것은 코페르니쿠스 혁명을 이룬
한 창시자가 다른 창시자에게 보낸 단순한 경의 이상의 것이었다.
그러한 헌정의 의미는 인간의 역사—처음으로 사적 유물론이라는
과학적 방법에 의해 속박이 풀린—가 자연사(이제부터는 다윈의 이
론적 노고로부터 떼어내는 것이 불가능하게 된) 밑으로 들어가는 것
을 확인하는 것이다. 『자본론』의 서문에서는 마르크스 자신이 "경제
적 사회구성체의 전개과정을 자연사적 과정으로" 파악했다(『마르크
스 엥겔스전집』(MEW), 23, 16). 그러나 이것은 모호한 기획이었
다. 또한 계급투쟁이라는 개념 자체도 사회다위니즘이라는 암울한
분위기나 여기서 나온 적자생존의 모티브에 비추어보면 파시스트적
으로 악용당할 소지가 다분히 있음을 깨닫게 된다.

포스트모던한 먼 미래라는 행복한 섬으로부터 과거를 돌아보는 오
늘날의 우리에게 지구의 선사시대와 그 당시의 동식물 분포를 다룬
장황한 논문이 이상하고 부적절하며 비현실적으로 보이는 것은 분명
하다. 다만 과학과 진리에 관한 해묵은 구별만이, 교과서에 나오는
홍적세(洪績世)나 조지 워싱턴에 대한 이야기 같은 것들이 진정한
확신 없이도 막연하게 맞으리라고 믿는 상황에 대해 가능한 설명을

---

1) Stephen Jay Gould(1941~). 미국의 진화 생물학자. 하버드대 동물학 교수.

제공해줄지도 모른다. 우리는 고고학적 사실들을 디즈니의 영화 『판타지아』에 나오는 장면들을 통해 떠올린다. 옛날 사람들이 전설이나 미신을 철석같이 '믿었더라도' 그들 또한 그런 것들이 어딘지 우스꽝스럽다는 것은 알고 있었을 것이다. 똑같은 방식으로 우리들은 그런 것들이 과학 분야 속으로 녹아들어가 사실이나 가설들을 이룰 경우 그것들이 대체로 옳다는 것을 알더라도 '불신하는' 태도를 취한다.* 이것은 우리의 역사적 신진대사가 심각한 변화를 겪었기 때문이다. 우리가 시간을 기록하는 데 사용하는 신체기관들은 점점 작아지고 점점 더 직접적으로 경험한 조각들만 다룰 수 있게 되었다. 우리가 가지고 있는 선험적인 역사적 상상력의 틀은 점점 더 적은 재료밖에는 포용할 수 없으며 텔레비전을 통해 증명될 수 있는 짧은 이야기만을 처리할 수 있게 된 것이다. 좀더 크고 추상적인 관념들—자연사보다 더 총체적인 관념이 있을까?—은 이 장치 안에 들어올 수 없다. 그런 관념들은 진실일지 모르지만 더 이상 재현될 수는 없는 생각들이다. 이런 관념들을 불러내는 것은 단순히 한물간 구식에 그치는 것이 아니라 사회를 어지럽히는 행위라는 것이다. 그 어떤 궁극적 실증주의가 이룬 이러한 놀라운 승리—이것은 이슬람교나 기독교처럼 불과 몇 년 만에 세계를 정복했다—가 권력구조의 이데올로기적 관심을 위해 꼭 유리한 상황만은 아니다.

몇몇 신화들은 아직 사용하는 것이 바람직할지도 모른다. 그래서 대니얼 벨[2]이나 다른 사람들은 종교도 아직은 약간 쓸모가 있다는 것을 깨닫게 된 것이다. 그러나 그런 것이 더 이상 통용되지는 않는

---

* "수단이 아닌 말들은 무의미하게 보이며 그렇지 않은 말들은 진실성이 없는 거짓말로 보인다"(『계몽의 변증법』, 132/147/203).

2) Daniel Bell(1919~). 『이데올로기의 종언』으로 이름을 얻은 미국의 대표적인 보수주의 이론가.

다. 새로운 질병들조차 중세나 고전시대의 페스트를 환기시키는 것
과 같은 불법적인 방식으로라도 상상력을 다시 부활시키지는 못한
다. 그렇기는 하지만 페스트 같은 것이 어딘가에 있다면 그것은 자연
사와 인간사가 가장 극적으로 선명하게 중첩되는 장소가 될 것이다.

인류사라는 악몽보다도 더 끔찍한 자연사라는 가위눌림을 포스트모
던한 정신은 꽤 성공적으로 억압할 수 있었다(생물학적인 죽음 자체
는 예외가 되겠지만). 이러한 억압이 성공적일 수 있었던 이유가 그
렇게 신비로운 것은 아니다. 자연이라는 악몽을 떠올리지 않기 위해
자연을 송두리째 제거하는 것보다 더 좋은 길이 있을까라는 질문을 통
해 대답을 찾을 수 있을 것이다. 그러나 살아 있는 모든 생명체를
지배하는 약육강식의 질서, 즉 지배와 위계질서라는 항구화된 가증
스러움(기껏해야 굴복한 자에게 생명을 허락하는 기능만을 갖는)을
살짝 들여다보는 것뿐만 아니라, 자연 자체의 폭력성—즉 깨어 있
을 동안 자신의 전 생명을 먹는 데 집중시키면서 서로가 먹고 먹히
는(아도르노가 자주 들먹이는 생명체의 특징) 유기체의 본능—을
인식하는 현기증 나는 관점은 인간의 서로 죽고 죽이는 살육을 문화
의 품위로 위장하려는 사악함을 바라보는 것보다도 더 깊숙한 곳에
서부터 구토를 일으킨다. 인간들 틈바구니에서 아직 여기저기에 살
아남아 있는 동물들은 그런 장면을 목격할 수 있도록 해준다.

프랑크푸르트 학파가 서구 마르크스주의자들 중 유일하게 자연의
지배에 대해 성찰했으며 동물의 권리를 일깨우는 데 기여했음에도
불구하고, 이 학파를 환경운동의 선구자로 여길 수 있다는 사실은
거의 주목받지 못했다. 『계몽의 변증법』에 덧붙여진 「인간과 동물」
에 대한 긴 언급—아마 호르크하이머가 썼다고 생각되는—은 이
책의 중심 '구도들' 중의 하나다(아도르노는 동물에 관한 주목할 만
한 성찰을 『최소한의 도덕』에도 포함시키고 있다).

모든 동물은 원시시대에 일어났던 바닥 모를 불행을 상기시킨
다. (……) 획일화된 대중은 자신들의 변형──그들 자신도 이러한
변형에 상당한 책임이 있지만──을 별로 자각하지 못하기 때문에
그러한 변형을 상징적으로 과시할 필요도 없다. 신문의 2~3면을
채우는 자질구레한 뉴스들 가운데──그 1면에서는 사람들의 충격
적인 행동이나 업적이 나온다면──우리는 때때로 서커스의 화재나
큰 동물의 중독 소식을 읽을 수 있다. (……) 원숭이에 대한 괴테
의 혐오감은 그가 지녔던 휴머니티의 한계를 보여준다. (……) 자
연 그 자체는 옛날 사람이 믿었던 것처럼 선한 것도 아니고 신낭
만주의자들이 원하는 것처럼 고귀한 것도 아니다. 자연을 어떤 목
표나 모범으로 삼으려 할 경우 그러한 자연은 반(反)정신이고 허
위이며 야수성이다(『계몽의 변증법』, 221/247, 224/251,
225/253, 227/254).

「인간과 동물」에서 그려낸 형상들은 또한 '여성문제'를 조명하고
있으며 그리하여 프랑크푸르트 학파의 드물지만 특징적인 친(親)페
미니즘적 입장을 드러내고 있다는 사실은 놀랄 만한 일이 아니다.
사회적인 성(性), 아니 동물보다도 오히려 이것이, 인간사와 자연사
가 얼마나 어지럽게 뒤엉켜 있으며 이러한 엉킴을 푼다는 것이 얼마
나 어려운가를 극명하게 보여준다.
    그렇지만 이런 형식만으로는 자연사가 자연에 대한 하나의 '조망'
또는, 다른 말로 하면, 하나의 세계관(즉 하나의 이데올로기나 인류
학)에만 머물게 된다. 그러한 조망은 홉스[3]와 아드리(Robert Ardrey)
또는 사회생물학 사이의 어딘가에 자리잡게 될 것이다. 이것들과 경

---

3) Thomas Hobbes(1588~1679). 영국의 철학자 · 정치사상가. 주요 저서로
는 『리바이어던』 등이 있음.

합을 벌이게 되는 또 다른 '조망'——예를 들면 루소[4]의 자연관——
은 앞의 것에 대한 대안이 되기에는 너무나 심미적이다. 프랑크푸르
트 학파가 몇몇 점에서는 양자를 결합하고 있다는 사실——마르크스
가 말하는 전사(前史)가 끝난 후 지배 없는 자연으로 돌아갈 것을
요구하고 있다는 점에서——또한 문제의 초점에서 벗어난 것이다. 우
리는 그러한 '세계관'들——여기서 나오는 재현들에는 관조를 행하는
주체가 개인적으로 개입되어 있다——이 갖는 그때그때의 입장이나
구조를, 과학과 연관된 좀더 희귀하고 전혀 다른 성질을 지닌 입장
과 구별하는 법을 배워왔다.

이러한 입장은 주체가 빠진 담론, 또는 그런 식의 재현을 포함하
고 있지 않은 역사적 흐름이나 통시적 변화와 같은 현상을 사유하는
길을 보여준다. 이것이야말로 마르크스의 초기 저작들을 문제삼으면
서 알튀세르와 그의 추종자들이 열어놓은 논의이다. 초기 저작에 집
중하는 사람들을 '인간주의'라고 몰아붙이는 것은 결국 그들을 이데
올로기적이라고 규정하고, 인간의 본성과 그의 잠재능력 또는 소외
의 가능성에 대한 그들의 조망이 인류학의 영역을 벗어나지 못하고
있음을 강조하는 것이다. 이는 곧 인간본성에 대한 그러한 이데올로
기적 조망이 필연적으로 허위일 수밖에 없다고(전혀 매력을 끌지 못
할 뿐만 아니라) 말하는 것이 아니라, 다만 하나의 담론으로서 경합
관계에 있는 다른 담론들과 같은 차원에서 기능을 하고 있다는 뜻이
다. 스티르너(Max Stirner, 1806~56)의 실존주의, 쇼펜하우어[5]의
페시미즘은 홉스와 루소의 조망들과 함께 배경 속에서 여전히 생생
하게 살아 있다. 그런 식의 재현도 아니며 주체——매료당한 관찰자

---

4) Jean Jacques Rousseau(1712~78). 프랑스의 계몽사상가. 이성에 대하여
   감정의 우위를 주장하고 자연으로 돌아갈 것을 주장함. 저서에 『사회계약
   론』 『에밀』 등이 있음.
5) Arthur Schopenhauer(1788~1860). 독일의 철학자.

나 증인, 거대한 형이상학적 광경의 유아론적일지는 모르지만 명상적인 제물—에게 어떤 자리도 마련해주지 않는 『자본론』은, 다윈 자신이 사회다위니즘과 구별되는 것처럼, 초기 마르크스에 관한 담론 유형과는 전혀 다른 담론 유형을 만들어낸다.

자연사로 돌아가는 것 또는 인간사의 '자연적' 토대나 전망을 회복하려는 시도는 어떤 것이든 이런 저런 '세계관'의 일종으로 전락할 위협을 받을 수밖에 없는가? 이런 형국을 피하려면 비코처럼 인간사를 자연사로부터 분리시키며 자연은 '자신의 존재 속에 그냥 머물러 있도록 내버려둔 채' 인간들의 실천이 이루어지는 경연장에만 관심을 제한하는 것이 더 낫지 않을까? 그렇지만 바로 이러한 대안이 프랑크푸르트 학파에게는 너무나 관념론적으로 보였음에 틀림없다. 왜냐하면 그러한 대안은 생물학이나 죽음, 세대교체라는 적나라한 '사실' (역사는 여기에 함축된 '내용'에 대해 어렵지 않게 설명을 제공한다), 그리고 마지막으로 사르트르가 우연한 형이상학적 사실로서의 희소성이라고 부른 것, 즉 (생산이나 생산양식과 같은 심오한 역사적 실체들이 세워져있는 근본 전제로서) 생존을 위해 자연과 싸우는 것, 이런 것들이 그러한 대안에서는 배제되기 때문이다. 그러나 생물학이나 자연을 첨가하는 것이 단백질과 칼로리 섭취의 유래나 태곳적부터 있어왔던 세균에 대한 취약성, 나이에 따라 달라지는 남녀의 근력 등에 약간의 새로운 정보를 첨가하는 것 외에 무엇을 더 할 수 있을까?

이런 점에서 아도르노의 제안이 독창적인 이유는 그가 이런 대안들을 예상치 못한 방식으로 가로지르면서, 우리가 형이상학적 충동을 완전히 억누를 수 없다는 것이 아니라 그러한 충동의 완전한 제거는 실증주의와 경험주의의 승리를 확인하는 것이기 때문에 바람직하지 않다는 주장에 있다(『부정변증법』의 마지막 장은 이 주제로 돌아간다). 칸트에게서 발견되는 형이상학과 그 해체 사이의 불안정한 공존은 경탄할 만하지만 별 쓸모는 없는 유추이다. 또한 우리는 사회사나 자연사(즉 '인문학'과 자연과학)에 대한 연구를 그만두지 않겠지만, 우리가 이들을 결합해야 한다는 요구를 아무리 인정한다고 할지라도, 실제로는 이들 사이를 단지 계속해서 왔다갔다 하는 데 머물 수밖에 없을 것이다. 이런 여건 속에서 자연사의 이념에 눈을 돌리면 다음과 같은 잠정적인 해결책을 만날 수 있다.

자연과 역사의 관계에 대한 질문을 진지하게 제기할 경우, 모든 자연은 역사로, 모든 역사는 자연으로 파악할 때 대답이 주어질 수 있다. "역사적 존재는 극단적인 역사적 결정성 속에 있을 때, 즉 가장 역사적인 순간에 자연적 존재로 파악된다. 자연은 겉보기에 가장 깊숙이 자신 속에 경직되는 순간 역사적 존재가 된다"*(『부정변증법』, 353/359/465).

다른 말로 하면 이원주의는 어떤 사상을 소유물로 만들거나 정면 공격함으로써 극복되기보다는——그러한 이원주의는 어떤 경우든 역사적 발전이나 모순들 밑에 깊숙이 숨어 있는 표지이며 상흔이기 때문에——양 극단을 변증법적으로 바쁘게 왔다갔다 할 때 극복될 수 있다는 것이다. 그리하여 마르크스의 생산양식 관념은, 여기서 나온 결과물들을 레비스트로스의 천문학적·인류학적 망원경으로 관찰하거나 특히 올라프 스태플돈의 『별 만드는 사람』(Star Maker)[6]에 나오는 우주여행객의 육체를 벗어버린 영혼의 눈——이 눈은 이 은하수에서 저 은하수로 떠돌아다니면서 우리와 점점 더 생물학적으로 다

---

* 「자연사의 이념」에 나오는 이 문구는 어떤 변경이 가해짐이 없이 후의 텍스트에 그대로 인용된 유일한 부분이라는 점이 의미심장하다(see *Gesammelte Schriften*, vol.I, pp.354~355).

6) 현대의 공상과학 소설에 지대한 영향을 준 Olaf Stapledon(1886~1950)의 1937년 작품.

른 문명들, 예를 들면 사람 비슷한 생명체로부터 앵무조개 같은 것, 암수 한몸의 생명체, 게 비슷한 존재, 예민한 식물 같은 존재들을 발견한다—을 통해 볼 경우, 전혀 다른 차원이 으스스하고 어슴푸레한 조명을 받게 된다. 그러나 수성의 궤도로부터 바라본 시각이 운명론을 강화하는 시점—왜냐하면 사회의 존재형식들이나 사회적 발전은 생물학적 우연성에 의해 제약을 받고 있다는 확신이 커지면서—은 정신적인 실험을 완전히 역전시키고 자연 자체를 낯설게 하여 일종의 사회적 존재로 만듦으로써, 역사의 자연화를 안팎이 거꾸로 되도록 뒤집어야 할 때이다.

바로 그 지점에서 다윈의 현실은 아무런 변경을 가하지 않더라도 다윈 자신의 지적인 작업으로, 즉 19세기초 영국 자본주의 속에서 그의 '발견'들이 갖는 사회적 전제조건으로 움츠러든다. 이제 자연에서 '역사적인 것'은 갑자기 자연을 사회적 존재로 발견하고 재현할 수 있는 능력이나 자연을 인간의 사회적 세계 너머로 투사하는 능력이 된다(이런 식으로 자연—또는 과학적 발견—을 사회적 사실로 변형시키는 것은 '상대주의적인' 것이 아니라는 것, 좀더 정확하게 표현하면, 사회적 결정성이나 과학적 '진리'는 사유 속에 공존할 수 있다는 것은 현대의 역사학이나 사회학, 과학철학에서도 재확인되는 근본 패러독스 중의 하나이다).

여기서 문제되는 것은 서로에 대해 불가공약적인 자연과 역사라는 이원성의 양극이 서로를 낯설게 만드는 것인데, 이것은 분명—아도르노 자신의 입장에 따르면—둘 중의 어떤 것도 휴식에 이를 수도, 궁극적인 종합에 도달할 수도 없는 항구적 과정이라는 것이다. 『소설의 이론』에서 사회를 '제2의 자연'으로 보는 초기 루카치의 관념이 이따금씩 언급되지만 이 관념은 그러한 과정이 어떠한 모습을 하고 있는가에 대해서는 별로 이야기해주지 못한다. 『계몽의 변증법』 자체가 이런 과정에 대한 제대로 된 재현이라는 생각이 어렴풋이 들게 되는데, 이러한 통찰은 이 기묘하고 이디오신크라시적인 텍스트를 규명하는 데 상당한 도움을 주는 것 같다. 사실 많은 학자들은 오랫동안 이 책이 '그 본질에서' 니체나 마르크스의 입장을 또는 실제적인 면에서는 베버의 이념과 전제들을 대변하고 있는가의 여부를 둘러싸고──이것은 지금 와서 생각하면 잘못된 문제설정이다──고 심해왔다. 우리는 또한 『계몽의 변증법』이 이 모든 발상들을 종합한 것이 아닌가라고 (20년 전에는 루카치의 물화개념을 그 어떤 마르크스와 그 어떤 베버의 탁월한 종합이라고 생각했듯이) 추측해보기도 했었다. 그러나 그러한 가설은 당황스러운 이론상의 문제, 즉 새로운 화학적 결합의 '성공' 또는 '실패'를 어떻게 증명할 것인가라는 문제를 추가로 제기한다.

『계몽의 변증법』은 아직 자연조차 아닌 것에 직면한 불안과 상처받기 쉬운 여림*으로 시작하지만 이런 시작──이러한 시작은 글자

---

* 「사회학과 심리학」에 나오는 다음과 같은 성찰은 시사하는 바가 매우 큰 것처럼 보인다.

"'불안'은 객관적 합리성에 대한 결정적인 주관적 동기를 구성한다. 불안은 매개되어 있다. 경제의 규칙에 순응하지 않는 사람은 오늘날 곧바로 파멸한다. 그러나 자신의 계급에서 탈락한 자의 운명은 지평선 위에 분명하게 부각된다. 그의 눈앞에 열려 있는 길은 오직 비사회적 존재나 범죄자로 나가는 길이다. 동참하기를 거부하는 것은 의혹을 불러일으키며, 아직 굶주리면서 다리 밑에서 자야 할 신세가 아니라도 사회의 보복에 무방비 상태로 노출된다. 그러나 추방될 것 같은 두려움이나 경제적 행위 뒤에 있는 사회적 제재는 다른 터부들과 함께 이미 오래 전부터 내재화되어 있으며 개개인에게 도장을 찍어놓았다. 역사가 진행되면서 이러한 불안은 제2의 자연이 되었다. 철학에 의해 오염되지 않은 쓰임새에 있어, '생존'이라는 단어가 바로 살아 있다는 사실, 경제과정에서 자기유지가 가능하다는 사실을 의미한다는 것은 괜히 그렇게 된 것이 아니다"(Th. Adorno, "Sociology and Psychology", *New Left Review*, no.46, 1967, p.71. *Gesammelte Schriften*, Band 8, p.46f).

그대로 신비적으로 보이며(홉스나 루소에서처럼), 『계몽의 변증법』
은 그야말로 신화를 그려내고 있다는 식의 종종 일어나는 어처구니
없는 평가를 재확인한다——의 시간성은 변증법이 작동하면서 곧 교
정되고 파괴되어 포스트구조주의의 공시성과 자연스럽게 (특히 알튀
세르가 '항상 이미'라는 이러한 상황에 꼭 들어맞는 표현을 만들어
낸 이후) 결합된다. 아도르노와 호르크하이머는 실제로, 시간적 연
속을 일차적으로 가능케 하는 것은 역사적 '텔로스'와 함께, 불안과
여림이 극복되어가는 과정이라는 것을 상론한다.

이런 의미에서 현재——계몽의 변증법의 가장 현재적인 형식——는
과거를 만들어낸다. 특히 계몽이라는 현재의 직접적인 과거는 이제
태곳적이고 구식이며 신화적이고 미신적이며 진부하거나 단순히 '자
연적'이라고 낙인찍히지만 이 과거는, 우리가 이 먼 과거로 눈을 돌
려 상상력을 발휘할 수 있다면 자신의 진실성을 지니고 있는 세계일
것이다. 사실 이 책에서 제안한 시간의 변증법은, 시선의 이동에 의
해 완전히 가려진 측면이 새롭게 형성되는 광학의 원리를 통해 좀더
잘 유추해볼 수 있다. 이러한 방식이 마르크스의 생산양식 개념, 특
히 원시공동체의 관념과 양립할 수 있는지는——사실 마르크스주의
의 관념 자체가 어떤 황금시대에 대한 향수를 포함하고 있는지는(루
소의 전통 속에서, 예를 들면 샐린즈(Marshall Sahlins)의 기발한
「최초의 풍요로운 사회」(The First Affluent Society)에서 처럼*)——
더 살펴보아야 한다.

눈여겨보아야 할 점은, '계몽의 변증법'이라는 관념의 유별난 독
창성은 이 책이 어떤 시작이나 최초의 시점도 배제하면서 '계몽'을
'항상 이미' 일어나는 과정으로 그리는 데 있다는 사실이다. 구조적

---

* Marshall Sahlins, "The First Affluent Society", in *Stone Age Economics*,
  Chicago, 1972, ch.I.

으로 이러한 관념은 자신보다 앞선 것(그것도 이미 계몽의 한 형식이지만)이 신화(자연과의 태곳적인 통일성)의 저 '고유한' 계기이며 이것을 파괴하는 것이 '본래의' 계몽이 갖고 있는 사명이라는 환상을 만들어낸다. 역사의 이야기를 늘어놓는 문제라면 우리는 그러므로『계몽의 변증법』을 '타락'과 분열이 항상 이미 거기에 있는 시작 없는 서사로 읽어야 할 것이다. 그러나 우리가 이 책을 역사적 조망이나 서사 자체의 특수성, 구조적 한계, 병리학에 대한 진단으로 다시 읽으려고 마음을 먹을 경우 우리는 약간 다른 방식으로 결론을 내리게 될지도 모른다. 이 결론은, '근원적 통일성'이라는 기이한 잔상은 항상 사후에 역사의 눈이 현재로 느끼는 것에 투사하여 '피할 수 없는' 과거로 나타나도록 만든 것으로서 그 대상을 직접 들여다볼 경우 그러한 잔상이 흔적도 없이 사라지리라는 것이다.

이러한 '변증법'이 작동할 수 있도록 만들어주는 극적인 패러독스는 바로 신화 자체에 대한 논의이며, 이에 덧붙여진 부대장비라 할 수 있는 의식(儀式)이나 무당들의 기술(아도르노와 호르크하이머가 프레이저에게서 찾아낸 것)에 대한 논의이다. 그 이유는 신화도 또한 '계몽'이었기 때문이다. 무당의 목적과 기능—이 점에서 무당은 후대 역사의 철학자나 과학자와 비교될 수 있다—은 바로 자연의 통제에 있는 것이다(그는 풍요를 기원하고 비를 내리게 하며 신들을 달랜다). 신성과 결부된 기술 또한 좀더 보편적인 계몽의 변증법에 상응하는 역사를 가지고 있다. 그 역사는 곧 좀더 효율적인 종교가 더 근원적이고 태곳적인 종교를 추방했으며, 제식과 의식의 생성 자체가—그것의 법전화나 세련화는 말할 것도 없고—이미 계몽의 '진보'였다는 것이다. 이러한 입장은 전통적인 계몽의 서사를 완전히 뒤엎는다(18세기의 계몽주의는 스스로를 신이나 미신의 잔재를 몽땅 몰아내는 채찍이라고 생각했다). 그렇지만 무당의술인들이 서구의 이성이나 과학에 흡수되어버리게 된 이유는, 곧 보게 되겠지만, 의식 자체의 구조 속에 있었던 것이다.

통제와 지배(또는 자기유지와 자기방어)라는 이 항구적 현재에 대한 묘사 속에서 아도르노와 호르크하이머는 이 항구적 현재를 곧바로 이성——물론 헤겔의 오성(이성이 아닌)이나 사르트르의 '분석적 이성'(변증법적 이성이 아닌)이라는 의미에서——과 동일화하며 나아가 나중의 좀더 현대적 단계에서는 더 보편적이고 포괄적인 문화의 의미에서 실증주의(하나의 프로그램이나 일련의 정신적 장치로서 이 것은 무엇보다도 자의식을 철저히 제거한다—『계몽의 변증법』, 8/4/25 참조[7])라고 낙인찍힌 것과 동일화한다.

다양한 사회적 소재와 역사적 발전 속에서 이 총체화하는 하나로 통합된 과정(그러한 사회적 소재나 역사적 발전은 이 과정의 알레고리를 이룬다)이 어떻게 작동하는가를 관찰할 수 있기 위해 아도르노와 호르크하이머는 첫번째 장(「계몽의 개념」)에서 이러한 과정이 취하는 여러 형식 중의 하나를 동일화하기보다는 모든 형식들의 근저에 놓인 개념에 초점을 맞춘다. 이들 주제 중의 몇몇이 『부정변증법』에서 다시 채택되어 좀더 철학적으로, 좀더 넓고 다양한 문맥 속에서 다루어지고 있기 때문에 두 개의 텍스트는 서로를 보완해준다고 볼 수 있다.

『계몽의 변증법』이 근본 주제를 언어로 표현해내고 있다면 『부정변증법』은 그것이 갖는 실존적·사회적·역사적 의미를 펼쳐보이고 있는 것이다. 그러나 양자는 모두 동일성과 등가성의 문제와 함께 시작한다(이 국면에서 의식은 그 자체 미메시스의 대용물임이——후대의 단계에서는 과학적 사고에서 비슷한 행태가 일어난다——폭로된다). 후에 아도르노가 '주문'(呪文)이라고 부르게 되는 것이 이러한

---

7) "자기 자신마저 돌아보지 않는 계몽은, 자신이 갖고 있는 자의식의 마지막 남은 흔적마저 없애버렸다. 자기 자신에 대해서도 폭력을 휘두를 수 있는 그러한 사유라야 신화를 파괴할 정도로 충분히 강한 것이다."

문맥에서 처음으로 나타나면서 시간과 필연성, 특히 만개된 계몽과 자연지배 아래 인간의 삶과 사유(그리고 벤야민적인 경험)를 형성하는 구조인 '반복' 속에서 위력을 발휘하게 된다.

이러한 상황은 객관적인 면에서뿐만 아니라 주관적인 면에서도 이해할 수 있다는 사실을 아도르노와 호르크하이머는 계속해서 강조한다. 이러한 강조는 특히 오디세우스의 형상을 통해 이루어지는데, 오디세우스의 '풍부한 기지'는 그만큼 발달된 자기유지를 위한 전제를 이룬다는 것이다. 그 이유는 자아의 지배는 외적 자연의 지배와 동시적으로 일어나기 때문이다. 외부에서 오는 위협적인 힘에 대한 최소한의 통제도 그에 앞선 내적 자아의 억압을 전제하는 것이다(심리적 억압과 '문명'이 얼마나 서로 뒤엉켜 있는가에 대해 프로이트는 『문명과 그의 불만들』(*Civilization and its Discontents*)에서 피력했다). 이런 것들은 다시 계몽의 형식들이나 업적들로 등재되어, 아동교육이나 교육학(또는 노르베르트 엘리아스[8]가 얘기하고 있는 것처럼 민족문화의 학습 속에서)에서 재연되고 있음을 볼 수 있다.

그렇지만 이러한 억압, 즉 내적 자연(라캉이 주체의 구조라고 지칭한 것)의 지배는, 이러한 지배를 다른 방식으로, 즉 주체를 도구나 무기나 수단으로 변화시키는 것이라는 식으로 파악할 때 가장 잘 이해될 수 있다. 그 자신이 목적인 주체(아무 목적 없이 자신을 흐르는 대로 내맡기는 것이나 하염없이 하늘을 바라보는 유토피아─『최소한의 도덕』에 나오는 잠언 「물 위에서」를 보라─로 이해될 수 있는 것이지 이미 그 자체 훈련과 억압에 의해 만들어진 칸트의 정언명령은 아니다)에게 남겨진 것은 다만 연명을 보장받는 것, 즉 자기유지

---

8) Norbert Elias(1897~1990). 독일의 사회학자, 주저는 *Uber den Prozess der Zivilisation*(1939 ; The Civilizing Process : The History of Manners).

로서, 아도르노는 이 자기유지를 항상 폭력의 징표로 보았으며 이러한 폭력이 사라진다면——사유 속에서조차 가능할지 의심이 가지만——그것은 곧 유토피아가 현실로 되는 것(그 때도 현실은 '크게 다르지 않을 것'이라고 아도르노는 말함으로써[9] 그는 메시아에 의해 정화된 세계라는 탈무드의 관념에 대한 벤야민의 생각을 이어받는다)일 것이다.*

생존본능에 대한 욕구를 몽땅 제거해버리는 것이 초래할지 모르는 결과에 대한 상상은 아도르노가 속한(또는 우리의) 생활세계나 계급의 한계를 훨씬 뛰어넘어, 획일화와 순응에의 강압이 제거되고 인간은 자연의 상태 속에서 식물처럼 야생으로 자라는 유토피아로 우리를 이끌게 된다. 그러나 그러한 유토피아는 유토피아적인 텍스트 자체의 기적에 의해 사회성이 다시 이식되는 토머스 모어[10]의 유토피아가 아니라, 알트맨[11]의 『뽀빠이』의 시작부분에 나오는 인물들, 사람들에게 '억지로 웃어야 하는 사교성에 얽매이지 않고 노이로제와 집착과 편집증과 정신분열증을 마음껏 발현하는 인물들, 우리의 사회는 병적이라고 보지만 진정한 자유의 세계에서는 '인간 본성' 자체의 분포도를 이루게 될 인물들의 세상일 것이다.

'문명'을 이루는 세 개의 큰 차원은 계몽의 변증법에 의해 역사의

9) "유대인이 기술하는 메시아적인 상태는 모든 것이 옛날과 같고 약간만이 다르다고 한다."

* "세계가 더 이상 노동의 법칙 밑에 놓여 있는 것이 아니라, 한결 같은 축제의 빛 속에 있을 때라도 세상은 별로 다르지 않고 거의 변화된 것이 없을 것이다. 다만 휴가를 마치고 돌아온 사람에게 의무는 휴가철의 놀이만큼이나 가볍게 느껴질 것이다"(『최소한의 도덕』, 144/112/159).

10) Thomas More(1478~1535). 영국의 정치가. 헨리 8세 때 대법관에 임명됨. 영국 사회를 풍자한 『유토피아』가 있음.

11) Robert Altman(1925~). 미국의 영화감독으로 주요 작품은 $M \cdot A \cdot S \cdot H$(1970),

경향들로 재해석된다. 이 세 차원은 언어, 사유, 철학 및 사회 그리
고 노동분업이다. 언어의 '역사'(그 안에 예술을 포함하는)는 신성한
이름으로부터 유명론(실증주의 아래서 언어의 궁극적인 탈신성화)으
로 나아가는 패러다임적 노선을 달리며 결국은 산문적인 것이나 과학
적인 것으로 흘러 들어간다. 이러한 과정은 이것과 중첩되면서 약간
은 뒤에 오는 단계인 추상적 사유의 역사 속에 기록되는데 그 궁극
적 형식은 실증주의와 수학이다. 다양한 생산양식들 속에서 작동하
던 과정들——특히 노동분업——이 자본주의에서 정점에 이르게 되면
서 사회는 그 자체가 그 반대극으로서의 자연이 예전에 떠맡았던 총
체성과 운명이 된다. 이 지점에서 패러독스로 꽉 찬 두 저자의 표현
은 루소의 제2 담론의 당황스럽기 그지없는 교차대구법을 다시 끌어
들인다. "자연의 폭력으로부터 빠져나오는 매 걸음마다 인간에 대한
체계의 폭력은 점점 커져간다"(『계몽의 변증법』, 38/38/71).

　그러나 루소조차 자연상태로의 불가능한 복귀를 제안하기보다는
(호르크하이머나 아도르노에게서는 더더구나 생각할 수도 없는 것이
지만) 훨씬 불완전한 사회계약을 제시했다. 아도르노나 호르크하이
머는 계몽이라는 주문의 분쇄를, '특정한 부정'(『계몽의 변증법』,
23/24/52)으로서의 변증법에 대한 찬미,[12] 마르쿠제에게서 더 잘 발
견할 수 있는 기억(anamnesis)의 환기(『계몽의 변증법』, 39/40/
73),[14] 마지막으로는 '진정한 혁명적 실천'(『계몽의 변증법』, 40/

Nashville(1976).

12) "변증법은 오히려 각각의 형상을 문자로서 드러낸다. 변증법은 형상의 고
　유한 특성으로부터 그 형상의 허위성을 읽을 수 있도록 가르쳐주며, 이렇
　게 함으로써 형상이 갖고 있는 힘을 빼앗아 그 힘을 진리에 귀속시킨다."

13) "주체 속에 있는 자연의 기억——이 기억을 완성시키는 것은 곧 모든 문화
　속에 숨겨져 있는 진리를 찾아내는 것이다——을 통해 계몽은 지배 일반
　과 대립한다."

41/74)[14]—그 너머에 억압과 강제가 없는 어떤 유토피아가 존재할지는 아무도 모른다—에 대한 직접적인 요구를 통해 눈앞에 그려본다.

고도로 농축된 이 장(「계몽의 개념」)은 결코 단선적 논리로 이루어지지는 않았지만 등가성을 자신의 주제로 끌어들이면서는 모든 것을 이 원리로 환원시킨다. 이러한 주제는 계몽의 수많은 업적을 단조롭고 따분한 반복의 형식들에 불과한 것으로 여기면서 계몽의 다양한 원자재를, 인류의 역사 전체를 순수한 반복으로 못박는 확고부동한 단일 논리 밑에 종속시킨다. 이러한 반복과정의 묘사가 취하고 있는 지배적 형식은 아직 『부정변증법』에서 발견할 수 있는 동일성의 코드 위에서 전개되지 않는다. 오히려 이 형식은 베버가 말한 수단에 의한 목적의 대체, 즉 합리화과정이라고 불린 운동 그리고 아도르노와 호르크하이머에서는 도구적 이성이라고 불린 것과 동일화될 수 있을 것이다. 그러나 이 과정을 드러내는 베버의 역사기술방식(종교사회학으로부터 법체계의 역사에 이르는*)이 「오디세이」 장과 맞먹을 수는 없다. 이 장에서 오디세우스의 모험은 '문명'의 단계들에 대한 알레고리가 되는데, 오디세우스가 만나거나 싸우게 되는 괴물들과 기이한 동물들은 태곳적 생산양식을 상기시킬 뿐 아니라 동시에 이성이 발달되면서 추방되게 될 좀더 깊고 본능적인 영혼의 단계를 지칭하는 것이다.

이성의 그러한 억압이 초래한 사회적 결과—분노, '원한감정',

---

14) "진정한 혁명적 실천은 사회가 사유를 경직시키는 수단인 의식부재 앞에서 쉽게 굴복하지 않는 이론에 달려 있다. 혁명의 실현을 의문스럽게 만드는 것은 이러한 혁명이 실현되기 위한 물질적인 전제가 아니라 고삐 풀린 기술이다."

* See, on Weber, my "Vanishing Mediator", in *The Ideologies of Theory*, vol.I, Minnesota, 1988.

문화적 시기심──가 「반유대주의」의 장에서 자신의 자리를 발견하게
되는 것이 지극히 논리적이라면, 계몽에 의해 도덕을 도구적이고
종종 비인간적인 잔재로 환원하는 것(칸트와 사드에게 바쳐진 장에
서[15])은, 베버 자신 이러한 명제에 경악했을 것은 분명하지만, 베버
의 프로그램과는 어울리지 않는다(현대의 윤리학 속에 있는 풀 수
없는 모순은, 이미 보았듯이,[16] 나중에 『최소한의 도덕』에서 좀더
다른 방식으로 다루어진다). 그럼에도 불구하고 이 장들은 근본적으
로 베버의 명제에 접근하고 있음을 볼 수 있는데, 이러한 사실은 계
몽의 자기확장이 보여주는 천편일률적 반복에서 확인될 뿐 아니라
이러한 경향을 묘사하는 데 사용된 정치적 용어들──지배·폭력·권
력──에서 분명히 드러난다. 『계몽의 변증법』의 역사관이 베버와 아
주 가깝지 않은가라는 느낌은, 그것이 마르크스의 역사관과 결합될
수 있을까라는 의문을 좀더 절박하게 제기한다.

　이러한 의문점에 눈을 돌리기 전에 먼저 이 책의 '역사관'이 보여
주는 두 개의 특징적 경향들을 살펴보아야 하는데, 이 역사관은 베
버의 단순한 메커니즘을 역사과정 전반에 걸쳐 훨씬 정교하고 복잡
하게 재생산한다. 이 역사관에서 중요한 것은 '미메시스' 개념이 끼
여드는 것인데, 이 개념과 '계몽'의 관계가 처음부터 분명히 드러나
지는 않는다. 다른 한편으로는 소위 문화산업에 대한 유명한 분석이
문제되는데, 이 글에 깔려 있는 위로할 길 없는 페시미즘은 나머지
전체의 톤과 잘 어울리지만 문화산업의 기능이 무엇인지는 분명히
드러나지 않는다. 「스케치와 구상들」에 관해서는 여기에 실린 글들

---

15) 「줄리엣 또는 계몽과 도덕」은 칸트의 도덕론과 사드와 니체의 도덕비판을 대
　　비시켜 도덕의 무근거성을 드러냄으로써 사회의 지반 없음에 전율케 한다.
16) 모순 없는 윤리학을 발전시키는 것은 불가능하다는 것. 198~199쪽을 참조
　　하라.

이, 아무 데서나 임의로 그만둘 수도 있고 영원히 계속될 수도 있
는, 분석의 반복적 구조를 확인해주는 경향이 있다. 이런 의미에서
『최소한의 도덕』은 「스케치와 구상들」의 속편, 또는 아직도 모든 것
을 다 말한 것은 아니라는 느낌의 상징으로 간주할 수 있다.

'미메시스' 관념에서 가장 수수께끼 같은 면은 이 개념의 내용이
아니라 이 개념의 지위이다. 이 개념은 『계몽의 변증법』 전반에 걸
쳐 넌지시 암시될 뿐인데(마치 우리가 그것이 무엇인지를 이미 알고
있는 것처럼), 나중의 작품들에서는 이 개념에 대한 완전한 철학적
재현이 『계몽의 변증법』에서 공식적으로 이루어졌다는 식으로 앞의
책을 참조한다. 아도르노가 이 개념을 특이하게 사용하고 있음을 알
아보기 위해서는 고대 그리스의 철학 전통을 살펴보는 것이 유용하
다. 플라톤이나 아리스토텔레스적 의미에서의 모방은 잠재태로부터
생산물을 만들어내는 수(手)작업으로 파악된다.*

아도르노가 볼 때 이러한 모방 개념은 미메시스의 순수한 활동과
구별되는 것으로서, 미메시스는 한편으로는 단순한 의태에, 다른 한
편으로는 프레이저의 '공감주술'(sympathetic magic)—이 중에서
도 특히 은유에 기초한 모방을 일컫는데, 이것과 반대되는 동종주술
(homeopathic magic)이나 전파주술(contagious magic) 같은 환유
의 형식들에 대해 아도르노는 상대적으로 무관심하다—이라는 개
념에 매어 있다. 비록 아도르노의 글에서 (좀더 최근에 나온) 서사
라는 용어는 잘 사용되지 않지만 우리가 서사라고 부른 것과 미메시
스라는 용어가 가르키는 것 사이에는 깊은 친화성이 있음을 이미 보
았다.[17) 그러므로 '미메시스'는 아도르노 사유의 근본 카테고리로서

---

* See, on Greek concept of labor, J.P. Vernant, "Travail et nature dans
  la Grèce ancienne"; in *Mythe et pensée chez les Grecs*; Paris, 1965;
  also the Cahn reference in note 24 above.

은유를 대체하며, 주체/객체 관계(헤겔 이후 물화된)에 대한 좀더 적절한 대체물이라 할 수 있다. '미메시스'는, 이원론을 이름 그대로 불러줌으로써 그 작용방식을 명료하게 제시함으로써 이원론적 사유를 방해한다('도구화'의 관념도 베버적인 수단-목적의 변증법을 위해 비슷한 역할을 한다).

그러나 미메시스 개념은 과다한 함의가 자신의 어깨에 얹혀지게 됨으로써 인류학적 계기를 부가적으로 갖게 된다. 즉 미메시스란 어떤 특정한 인간본성과 연관될 위험을 내포한 태곳적 행동방식이 아닌가라는 인상을 주게 된다(은유 개념이나 추상적인 주체/객체 관계에는 결코 이러한 함의가 들어 있지 않다). 여기서 이 개념의 전개는 하나의 심층적 관점, 즉 발생과 계보학이라는 근원적 서사를 요구하는 역사적 공간을 열게 된다. 그렇지만 이를 통해 이 유별난 세계는 '항상 이미' 있었다는(우리에게 이미 친숙하며, 그 존재를 오래 전부터 믿고 있는 다른 어떤 곳으로부터 온 것 같은) 느낌을 강화한다(아도르노가 평생에 걸쳐 원칙으로 삼은 정의(定義)에 대한 적대감——이에 대한 명분은 칸트와 헤겔로부터 얻고 있는데 이것은 정당하다고 여겨진다——이 주로 이 독특한 개념을 미리 정의내리기를 피하려는 의지로부터 나왔다는 것은 아이러니컬하다).

그러나 『계몽의 변증법』 속에서 미메시스의 역할은 구조적으로 아주 독특한데, 왜냐하면 이 문제는 무엇보다도 소위 서구이성의 역사가 연속적인가 불연속적인가라는 주제가 결정적으로 제기되는 지점이기 때문이다. 오디세우스는 "시민적 개인의 (……) 원형이다"(『계몽의 변증법』, 42/43/78)라는 유명한 문구는 계급적·경제적 재료들과 해석들 사이의 관계가 프랑크푸르트 학파 전반에 걸쳐 전혀 마찰이 없지는 않으리라는 막연한 예감을 불러일으키는 단순한 주변적

---

17) 164~165쪽을 참조하라.

문제에 불과하다. 그리스 고전시대 이후 오디세우스를 문화적 영웅으로 파악하는 것만으로도 이것을 정당화하기에 충분할 것이다. 그러나 대부분의 현대 역사기술의 전통은 (관념론자들의 이념사로부터 마르크스주의의 역사관에 이르기까지) 서구 과학의 구조적 특수성(즉 자본주의의 특수성)을 지지하면서, 『계몽의 변증법』이 보여준 지나친 상상력의 비약——선사시대의 계몽의 발생이나 과학자들과 무당 또는 애니미즘의 대표자들을 유사하게 보는 것——에는 좀더 면밀한 근거제시가 필요하다고 단호하게 주장한다.

다른 말로 하면 인간의 역사는 하나의 유일하고 거대한 연속성을 형성하고 있는가——이 경우 하나로 묶는 계기는 폭력이나 지배의 형태를 띤 권력의 편재성, 즉 정치적 계기일 것이다——아니면 '아시아라는 대륙의 한쪽 귀퉁이에 붙은 땅덩어리'인 유럽의 역사 속에서 이루어진 순수히 '경제적'이고 세속화된 체계의 출현이나 최초의 순수하게 세속적인 사유형식으로서의 과학의 성립과 함께 생겨난 근본적 단절이나 도약 또는 변동인가? 그러나 두번째 대안도 절대적인 단절을 설정하기는 곤란하므로, 여기서도 동일한 틀이 약간의 변형만 가해진 채 그대로 유지되면서 첫번째 계기로부터 두번째 계기로의 전이를 가능케 하는 변증법의 도입이 요구된다(사실 현대의 변증법은 18~19세기의 사회적·역사적 이중기준을 개념화하기 위해 발생한 것이라고 할 수 있다).

이 경우 이러한 변증법을 가능케하는 것이 바로 미메시스 개념이다. 소위 서구과학으로의 방향전환은 반(反)미메시스적 터부 내지 반(反)미메시스적 퇴행의 결과로 보인다. 이 말은 즉 감각적 인지에 기초한 질적인 '과학'으로부터 기하학과 수학에 기초한 기록과 분석으로 전환되었다는 것이다. 그러나 '과학'의 특수성을 과학의 재현 내지 언어형식으로 대체하는 이러한 묘사 속에서는 과학과 의식(儀式)의 연속성——지배형식으로서——이 그대로 유지된다. 우리가 오늘

날 충동과 그 충동의 억압 사이에 변증법적 연속성을 인정하는 것
또는 미메시스적 충동과 반(反)미메시스적 터부를 단일한 현상(효과
는 다르지만)으로 보는 것은 아마 헤겔이나 마르크스보다는 정신분
석에 더 빚지고 있을 것이다. 아도르노는 정신분석의 도움으로 이
원리를 더욱 발전시키면서(「반유대주의」장에서) 이 억압된 미메시
스적 충동에 관해 '억압된 것의 복귀'를 이야기할 수 있게 된다. 마
지막으로 우리는 터부에 대한 아도르노 자신의 이중적 태도에서, 우
리에게 익숙하지 않은 '원(原)언어의 반(反)의미'를 읽어낼 수 있다.
아도르노의 이러한 태도는 베버적인 합리성 비판의 정신 속에서 과
학을 문제삼을 경우에는 이에 대해 적대감을 드러내지만, 문제의 초
점을 약간 이동하여 '우상금지'——이 개념은 유토피아를 그리거나
심지어 행복 자체에 대해 언급하는 것을 삼가야 하는 이유를 정당화
해준다——를 문제삼을 경우에는 묘하게 긍정적이고 신비적이 된다.
    『계몽의 변증법』이 피력한 단절 없는 지배의 역사 속에 있는 두번째
고리는 「문화산업」의 장에서 발견되는데, 이 장은 서구 과학(또는
실증주의)에 대한 일반적인 비판으로서 중요성을 갖기보다는 미국적
상황을 비판하는 데 더 적절해 보인다. 그러나 이러한 미국적 관점
은 동시에 (폴록과 그로스만이 발전시킨) '국가독점 자본주의' 이론
으로서, 이러한 이론은 뉴딜 정책과 할리우드의 미국이 나치독일과
똑같다는 수렴이론을 증명하기 위해 사용된다. 이 장 전반에 걸쳐
자주 등장하는 그러한 비교는, 이 이야기——특히 미국의 억압적 순
응주의와 히틀러 하에서 반대를 재빨리 질식시켜버리는 것——가 어
쨌든 상당히 인정되고 있음을 이해할 때 그다지 크게 경건한 분개심
을 불러일으키지는 않는다. 새로운 전파매체 기술의 발달은 다른 어
느 곳보다도 이 시기의 미국과 독일에서 추진되었으며 청중의 구조
에 결정적 영향을 미쳤던 것이다.*
    『최소한의 도덕』에서는 '수렴'의 가설이 제거되고 좀더 전통적인

유럽의 시각이 회복될 때 미국에 대한 비판은 어떤 양상을 띠게 될
지를 보여준다. 이제 그러한 시각은 프루스트와 할리우드, 20년대
아직 남아 있는 유럽의 귀족적 전통에 의해 자양분이 공급되던 사회
적·문화적 관찰방식과 미국적 생활방식—특히 이민 온 사람의 눈
에 포착된—이 보여주던 조야한 물질주의를 독특하게 대비시킨다.
이러한 대비는 경제에도—이론으로 발전시키지는 않지만—눈을
돌린다. "유럽에는 시민사회 이전의 과거가 개인적 활동이나 호의에
대해 보수를 받을 때 느끼는 수치심 같은 데에 아직 남아 있다"(『최
소한의 도덕』, 259/195/274). 이것이 뜻하는 것은, 미국인이나 미국
문화에 대해 '품위 없는 사람들'이라고 즉각적인 반응을 보이는 것
으로부터 임금노동—특히 지식을 파는 문제에 있어—에 대한 경
악을 거쳐 자기유지라는 형이상학적 주제에 이르는 긴 길이 인류에
게 저주로서 내려진 운명이라는 것이다. 이런 연관 속에서 아도르노
와 같은 마르크스주의자의 반자본주의가 노동계급보다는 귀족적인
거드름과 관계가 있다고 평가하는 것은 일리가 있다.

그러나 이러한 시각은, 경제 자체에 대해서는 별로 언급하지 않으
면서 노동자계급을 단순한 희생자로만 그리는—"모든 것에서 고통
을 받는 사람은 뒤처진 사람들이다"(『계몽의 변증법』, 125/139/
194)—「문화산업」의 장에만 특별히 국한되는 것은 아니다. 내 느낌

---

* 폴록의 국가독점자본주의 이론—그 당시에 유행하던 Burnham의 경영자
사회에 대한 좌파적인 버전이라고 할 수 있는—을 매체의 문제에 적용시
키는 것은 이런 식으로 일어난다. 두 이론이 수렴하는 특징들은, 바로 그
후 냉전의 변호자들이 떠들던 좀더 단순화된 '전체주의' 이념에 떨어지는
것을 막아준다. 모든 선진국가에 공통되지만 특히 루스벨트의 미국과 히틀
러의 독일에서 두드러지게 눈에 띄던 새로운 테크놀로지의 강조는 매체이
론의 현 추세를 이미 예견하고 있다(see my forthcoming *Signature of the
Visible*, New York/London 1990).

으로 우리는, 이 장에서 문제되는 것이 문화이론—늦어도 레이몬드
윌리엄스 이래 이 단어가 갖게 된 의미에서—이 아니라는 사실을
깨달을 때 이 장에 대한 해석을 좀더 분명히 할 수 있으며 초점이
빗나간 비난들을 흩어버릴 수 있을 것이다.

그러나 인류학자들 또는 벤야민조차 문화란, 자연이나 경제체계의
혹독한 하부구조가 매개되고, 합리화되고, 완화되며 때로는 유토피
아적인 기대 속에서 정화되는 방어영역 내지 적응영역을 이루는 것
이라고 한다. 벤야민이 뜻하는 문화는 19세기 대도시의 환경이 주는
충격을 막아주었던 것이다. 문화는 분명 허위의식을 낳지만, 순수한
필연성 너머에 있을지도 모르는 그 어떤 자유에의 의지가 표현되는
장식과 사치의 필요성을 낳는 산실이기도 하다.

아도르노는 '문화'를 이런 것들로 의미하지 않았다는 사실을 분명
히 하는 것이 중요하다. 「문화산업」의 장은 토스카니니[18]로부터 빅
터 마추어[19]나 베티 그레이블(Betty Grable)에 이르는 개별작품이나
성격들을 다루고 있다. 또한 이 장은 개별적인 주관성이나 주체들이
행하는 환원과 포섭들을 조명하지만 사회 속에 있는 특수한 구조나
영역으로서 문화라는 개념을 포함하고 있지는 않다. 그 때문에 '문
화산업'에 대한 아도르노의 '엘리트적인' 비판이 어떤 방식으로든
'대중문화'—이것을 상업적인 생산물의 하나가 아니라 사회생활의
영역으로 파악할 때—에 대한 그의 태도를 규정한다고 생각하는 것
은 잘못이다. 1940년대의 할리우드로부터 포스트모던한 시대까지
'대중문화'가 겪은 엄청난 변화를 염두에 두지 않은 아도르노는 문
화를 결코 사회생활의 영역으로 파악하지 않았다. 아도르노 이론 중
에 이의를 제기할 수 있는 곳은 바로 이 부분일—역으로, 오늘날의

18) Toscanini(1867~1957). 이탈리아 태생의 미국 작곡가.
19) Victor Mature(1929~). 미국의 영화배우.

문화개념 자체가 60년대 이후 이루어진 문화영역의 엄청난 확산과
일상생활 속에서 일어난 문화의 혼효현상을 반영하고 있다는 사실을
고려하지 않는다면――것이다.

그러나 아도르노의 문화 '이론'이라는 잘못 제기된 문제를 제쳐놓
는다면, 이 장이『계몽의 변증법』전체의 계획에 얼마나 잘 어울리
는가 하는 것은 분명해진다. 이 장은 계몽('실증주의' 정신이라고
불러도 무방하다)이 현대에 들어와 얼마나 집요하게 정신 자체나 개
인적 주관성 속으로 확장되고 뼛속 깊숙이까지 침투하는가를 추적한
다. 칸트를 끌어들이는 아이러니(문화산업은 자신의 생산물을 위해
칸트의 도식을 참신하게 만든 형식을 발전시켰다[20])는 지나친 감이
없지 않지만 아도르노의 묘사는 자본주의가 이제 막 시작되던 시대
의 독일 관념론 미학이 가졌던 특권적 지위――이러한 지위는 어떤
대가들의 정전 위에 세워져 있다기보다 당시까지는 아직 가능했던,
사업도 아니고 학문도 아니며, 도덕도 아니고 순수이성도 아닌 소외

---

20) "사람들의 여가시간은 문화산업이 제공하는 획일적인 생산물로 채워질 수
밖에 없다. 칸트의 도식이 감각적인 다양성을 근본 개념과 연관지을 수
있는 능력을 주체에게서 기대했다면 산업은 주체로부터 그러한 능력을
빼앗아간다. 고객에 대한 산업의 가장 큰 봉사는 그러한 틀짜기를 고객
을 위해 자신이 떠맡는 것이다. 칸트에 따르면 외부로부터 오는 직접적
인 자료들을 순수이성의 체계에 끼워넣도록 도와주는 은밀한 메커니즘이
영혼 속에서 작용하고 있다고 한다. 오늘날 이 은밀한 메커니즘이라는
비밀의 수수께끼는 풀렸다. 이 메커니즘은 경험을 위한 자료들을 모아주
는 사람들이나, 온갖 합리화에도 불구하고 비합리적인 사회의 중량이 어
쩔 수 없이 만들어낸 문화산업에 의해 계획되고 있는데, 이러한 메커니
즘이 운영되는 과정 속에서 여기에 관여하는 사람들은 그러한 과정에 내
재하는 생리를 자각하고 이용함으로써 이 메커니즘을 조작 가능한 것으
로 만든다. 소비자가 직접 분류할 무엇은 더 이상 남아 있지 않다. 생산
자들이 소비자를 위해 그러한 분류를 다 끝내놓았기 때문이다."

되지 않은 주관성을 전개하기 위해 제공된 공간으로부터 나온다——로부터 깊이를 만들어내고 있다. 문화산업이 식민화하고 싶어하는 것은 바로 이 조차지로서 이 영역은 계몽의 변증법에게는 전인미답의 마지막 신개척지이다. 그 때문에 질이 떨어지는 개별 '예술' 작품은 순수한 심미적 기준이나 고급예술의 엄격한 '척도'에 의해 평가되기보다는(우리는 『미학이론』에 관한 연구에서 이 '척도'는 문화산업의 생산물 전체를 배제하고 있음을 보게 될 것이다) 주체의 왜소화를 상징하는 다양한 징후들로 여겨진다.

이와 별개로 아도르노와 호르크하이머에게 문화산업은 예술이나 문화라기보다는 순전히 사업에 불과하다. 사실 독점과 산업화의 수렴경향은 어떤 다른 상품교환보다도 이 분야에서 잘 관찰될 수 있다. 이론적인 면에서 볼 때 이 장은, 종종 서로 혼동되지만 보통 생각하는 것보다는 별 공통점이 없는 두 개의 분석양식, 즉 **도구화와 상품화**를 서로 결합시키고 있기 때문에 또 다른 중요성을 지니면서 우리의 흥미를 자아낸다. 라디오를 다루는 마지막 부분은 공짜로 제공되는 상품을 어떻게 받아들여야 하는가라는 패러독스한 문제를 제기한다. 텔레비전에도 해당될 수 있는 이러한 선심은 그 때문에 덜 상품이 되는가 아니면 더 상품이 되는가(그리고 상품구조에는 서열이 있는가)의 문제이다. 그러나 이 부분은 언어와 언어의 해체를 다루면서 첫번째 장 「계몽의 개념」에서 시작된 서사의 클라이맥스에 이른다. 왜냐하면 최초의 주술적 이름은 물화된 과학적 언어에서 휴식에 이르게 되는 것이 아니라 여기서, 즉 히틀러나 미국의 라디오 산업이라는 궁극적 언어형식 속에서 순수한 상표이름이 되기 때문이다.

우리는 이제 『계몽의 변증법』의 독특한 특징들을 살펴보았던 이 긴 삽화를 닫고 이 영향력 있는 텍스트가 아도르노의 전체 저작 속에서 차지하는 위치를 점검해보아야 한다. 앞에서 묘사된 특징들은

이 책을 사회사와 자연사의 상호교대라는 아도르노의 명제를 통해 파
악할 때 분명해진다. 그럴 경우 이 책은 마르크스의 사회사를 자연
사적으로 변주시킨 것임이 드러난다. 사회사와 자연사라는 두 대안
은 서로 모순되지는 않지만, 각각의 발견물을 서로 양립할 수 없는
언어로 코드전환하는 방대한 재조명 프로그램임이 드러난다. 이 두
언어를 교대로 왔다갔다 하지 않을 수 없는 이유는 그들 사이의 종
합은 오늘날 생각할 수 없으며, 이미 본 바와 같이,[21] 이들을 따로
떼어서 하나만 볼 경우 오독의 여지가 있다는 점을 인정하지 않을
수 없다는 데서 비롯된다. 그러므로 『계몽의 변증법』은 비마르크스
주의적 설명형식을 채택하고 있기 때문에 마르크스주의를 벗어나며
30년대 프랑크푸르트 학파의 마르크스주의적 프로그램을 철회한 것
이라고 말할 필요는 없다(이런 식의 해석을 따를 경우 아도르노의
후기 작품, 특히 『부정변증법』이나, 급진적 학생운동이 이 초기 텍
스트——이 텍스트의 선구가 되는 글들과 함께——를 이용한 것을 설
명할 길이 없다).*

---

21) 인간들의 실천이 이루어지는 경연장에만 관심을 제한하는 경우의 문제점.
　　218쪽을 참조하라.

* 그러므로 나는 프랑크푸르트 학파가 마르크스주의에 대해 점점 더 환멸을 느
　끼게 되었다고 보는 마틴 제이의 견해(그의 귀중한 저서 *The Dialectical
　Imagination*과 *Marxism and Totality*를 참조하라)에 동의할 수 없다.
　우리는 개인적인 견해(또는 소심함)와, 지적 작업을 구성하는 좀더 깊은
　기본전제들을 구별해야 한다. 헬무트 두비엘은 이러한 사정을 다음과 같이
　기술한다(Helmut Dubiel, *Theory and Politics ; Wissenschaftsorganisation
　und politische Erfahrung*, Frankfurt, 1978, 93/112f).
　　"40년대의 이론서들을 읽는 많은 독자들이 프랑크푸르트 학파가 마르
　크스주의의 이론적 전통으로부터 공공연히 이탈한 것은 아니라고 보는
　이유는 그러한 글들 안에 있는 근본명제가 마르크스에 대한 공개적인 비
　판 속에서 발전한 것은 아니라는 사실에 있다. 프랑크푸르트 학파의 이론

다른 종류의 설명에 기초한 이론적 대안으로 보이는 자연사의 관점은 사실 일종의 '낯설게 하기', 즉 동일한 현상(그의 설명도 포함하여)을 마치 수성의 궤도에서 보는 것이다.

정신은 생명을 유지하고 있는 기관인 현존재로부터 생겨난다. 그러나 이 현존재가 정신 속에 반성되면서 정신은 현존재와는 다른 것이 된다. 자기 자신에 대한 회상으로서의 현존재자는 스스로를 부정한다. 그러한 부정이 정신의 요소이다. 그러나 다시금 정신 자체에 긍정적 실존을 부여하는 것은, 좀더 높은 질서에 속하는 실존이겠지만, 자신이 저항한 것에 다시 정신 자신을 내맡기는 것이다(『최소한의 도덕』, 328/243/342~343).

본질적으로 인류학적 의식에 대한 이러한 관점은 화성인과 같은 외계인의 시각에서 본 전망이라는 착각을 만들어내면서, 구체적이고 역사적인 정신의 내용을, 그것이 어떤 내용이든 아니면 어떤 단계에서 관찰되었든 개의치 않고 뭉뚱그려 포괄하게 된다. 이 단계의 어

발달의 매 단계를 특징짓는 글들에 대해 어문학적 입장에서 거리를 유지하는 독자들은 마르크스주의와의 단절이 이루어진 이후에조차 그러한 단절을 인정하는 것을 주저한다. '도구적 이성 비판'의 시각에서 마르크스를 비판하는 것은 아도르노와 호르크하이머의 제자들에 의해 비로소 전개되었던 것이다. 반면 마르크스주의와의 단절은 마르크스주의적 논의형식을 계속 붙들고 있던 호르크하이머나 (특히) 아도르노에게는 두드러진 현상이 아니다."

단절이 있었다면 그것은 단절이 아닌가? 영리한 변호사는 이 애매한 분석을 공중에 날려버릴 것이다. 그 이유는 무엇보다, 이미 드러난 바와 같이, 위에서 언급한 '제자들'이란 하버마스나 벨머를 일컫는데, 이들은 분명 마르크스에 대한 '비판'을 전개했지만 이들이 황폐화시킨 것은 마르크스보다는 오히려 호르크하이머나 아도르노였기 때문이다.

디서든 그 어떤 의식의 기술적 수준은 노동분업을 '반영하고', "생산양식의 진화로부터 생겨난 문제들"을 해결하며, 특정한 지식계급을 생산하고, 이데올로기의 그물망——그 기능은 당해 계급질서와 조응하는——을 던진다. 인류학적 관점은 구체적 계기의 분석 같은 것은 별로 할 필요가 없으며 순수한 사회경제적 이론의 결과물에 첨가할 것이 별로 없다. 이러한 인류학적 관점은 대상에 대한 관념론적 시각——정신 또는 의식——을 항구화하려 들 때 끼여든다. 이러한 관점은 국지적 분석을 위해 임시로 필요한 시각이지만, 그것을 독립적이고 자율적인 '실체'——정신이나 문화 또는 정치나 경제 자체——로 만들기 전에 다시 해체하고는 자연과학에 대한 좀더 넓은 유물론적 전망 속으로 끌어들여 변증법적 총체성 내의 한 계기로 간주해야 한다. 자연사는 그러므로 우리가 이미 살펴본 방법론적 모순의 계기[22]에 관여하게 된다. 그러한 계기 안에서 '문화비판'이나 '이념사회학'(또는 방식은 다르지만 윤리학 자체)은 내적 모순이 없는 분리된 영역으로 성립할 수 없음이 증명된다.

그러나 물론 인류학적 관점 자체는 '미메시스' 관념처럼 사회경제적 코드와는 다른 코드나 어휘를 요구하며, 생산보다는 지배를 강조하는 경향이 있다. 『계몽의 변증법』에서도 이러한 경향을 느낄 수 있는데 그 때문에 이 책은 종종 독자들에 의해 니체나 베버 또는 심지어 사회다위니즘적 전제를 반영하고 있다고 여겨졌다. 그러나 본질적으로 재해석의 전략이라 할 수 있는 우리의 가설에서 특수한 생산양식을 자연지배 방식으로 이해하는 것에 깔려 있는 전제는 다만 이러한 새로운 묘사가 자연사를 상기시키기 위한 것이지 새로운 독자적 이론을 구성하기 위한 것은 아니라는 사실이다. 아도르노의 방법론적 규칙에 따르면 '지배'는 다음 단계에서 그 자체가 사회적·역

---

22) 9장(자유라는 모델)을 참조하라.

사적 개념임이 폭로된다. 또한 거기서 이루어진 역사기술 전체의 노선은 역전되어 사회적 관계로 다시 씌어진다. 그러나 자연이 최초의 근원적 코드로 절대화된다면 명시적인 계급구속적 역사이데올로기들보다도 더 빠르게 이데올로기로 타락하고 말 것이다. 그에 따라 자연은 다음 장에 이르면 "어떤 변화에도 불구하고 사물들은 항상 그대로 남아 있어야 한다는 가증스런 문화적 열망의 투사(投射)로서 존재의 초석이 될 때조차"(『부정변증법』, 361/368/476) 단호히 추방된다. 그러므로 우리는 다시 우리의 출발점이었던 기본적인 분별, 즉 역사변화의 법칙마저 매 단계마다 바뀐다는 역사의 변증법, 그리고 반복이란 시간의 흐름에 따른 가상적인 양적 확대의 단조로운 법칙이라는 또 다른 '변증법' ——계몽의 변증법이라 불리는——을 다시 만나게 된다. 그러나 우리는 어떻게 이러한 반복이 운명인지 아니면 소망의 성취에 자양분을 공급하는 불안인지를 말할 수 있을까?

　사실 환경론의 정치와 사회주의적 정치 사이의 관계가 공식적으로 거론되게 된 지금의 시점에서, 또한 마르크스주의 내부에서조차 자연(또는 자연과학)의 문제가 다양한 방식으로 다시 심각하게 제기되는(소위 서구마르크스주의의 과학에 대한 상대적 무관심 이후) 지금의 시점에서, 아도르노가 제시한 새로운 변증법적 이중기준(또는 그가 담론들 사이를 왔다갔다 하는 것)은, 프랑크푸르트 학파가 과학에 대해 적대적이라고 보는 전통적 시각(이성을 비판하면서 자연사에 호소하는 것)을 문제삼으면서 새로운 전략이나 새로운 패러다임을 고무시킨다.

　자연의 배경 위에 있는 역사관이 내놓은 궁극적인 이야기는 끊기지 않는 세대들의 흐름, 두 번 들어갈 수 없는 유기체들의 강이 만들어내는 끊임없는 변전, 카프카의 『요세핀』[23]이 보여주는 현기증

---

23) *Josefine, die Sängerin.* 카프카가 1924년 죽기 몇 달 전에 쓴 작품.

나는 관점, 편재하는 무상함과 죽음에 관한 이야기로서, 이런 것들은 번역이 불가능한 독일어 단어 덧없음(Vergängnis)으로 표현될 수 있는데 자연사에 관한 절이나 「세계정신과 자연사」의 장 전체는 이 덧없음으로써 의미심장한 결론을 맺는다. 그러나 인간들의 사건과 행동이 만드는 먼지더미를 인간의 것이 아닌 것으로 만드는 그러한 언어는, 우리를 역사로부터 끌어내어, 자연적이든 사회적이든, 형이상학의 영역으로 인도한다. 아도르노가 이제 『부정변증법』의 마지막 '모델'에서 눈을 돌리는 영역은 바로 이 형이상학의 영역이다.

12 형이상학이라는 모델

『부정변증법』의 마지막 악장(樂章)은 일종의 '문학적' 텍스트—다른 말로 하면 철학적으로 읽기보다는 주제해석을 요하는 텍스트—에 가까운데, 그 결과 매번의 독서는 서로 '약간씩 차이가' 날 수밖에 없다. 쉽게 감지할 수 없는 미미한 차이에 대한 원인은 의심할 여지없이, '형이상학'이라는 문제에 대해 서로 모순된 입장들—받아들이기도 곤란하고 회피할 수도 없는—을 제시하는 이 장의 내용에 있다. 여기서 초래되는 리듬은 '자유'의 장에서 본 개념 자체의 순환—이 장에서 차이들은 연구대상에 의해 내적으로 생산된다—이나 바로 앞의 세계정신에 관한 장에서 본 자연사로 나아가는 충동과도 또한 다르다.

그렇지만 칸트의 세 가지 초월적 이념들마저 아주 다른 종류의 내적 기능장애를 초래했었음을 보았었다. 즉 배리(paralogism)란 이율배반과 결코 동일한 것이 아니었다면, 존재론적으로 신을 증명하는 것이 불가능하다는 것은, 다시금 이와는 전혀 다른 주제를 결론부에서 제기하게 만들었던 것이다. 그러므로 우리는 『부정변증법』의 이 마지막 모델에서도 비슷한 결론을 이끌어낼 수 있다거나 비슷한 종류의 결과를 손에 쥐고 이 장을 떠날 수 있으리라는 기대를 가지고

접근해서는 안 된다. 이 모델의 결론은 어떤 경우든 앞의 두 모델의
그것과는 구별된다. 여기서 제시되는 극도로 비순수하고 타율적인
윤리학은, 사회사와 자연사를 교차시켜야 한다는 방법론적 요청보다
훨씬 더 근본적인 것을 목표로 삼고 있는 것이다.

그렇지만 '형이상학' 장은 아도르노 자신의 배리를 포함하고 있는
것으로 보인다. 이 배리란 죽음은 모든 곳에 편재하고 아우슈비츠
이후의 이 후기자본주의 사회에서 특히 그러하지만, 그럼에도 불구
하고 우리는 죽음에 대한 생각을 일상생활로부터 추방해버린 것 같
이 보인다는 것이다. 우리에게서 칸트가 갖고 있는 지대한 가치는,
현대의 세속화된 세계에서 형이상학에 대한 가능한 마지막 요구를
구현하면서도 동시에 최초의 실증주의자로서 즉자적인 형이상학을
제거하는 논의를 위한 충실한 병기고 역할을 하는 독특한 그의 방식
에 있다. 형이상학이란 콩트가 생각했던 것처럼 신학의 세속화과정
속에서 몰락의 한 단계를 이루는 것은 아니다. 형이상학은 오히려
자신만의 특수한 가치─진리─를 구현하고 있다(그렇지만 이 경우
신학은 그의 지고한 가치─육체─가 유물론적이면서 동시에 초월
적인 한 여전히 더 큰 강점을 가지고 있다). 이제 사유의 '세번째 단
계'인 변증법에 오면 변증법은 단지 궁극적으로 스스로를 지양한다
는 조건 아래서만 필수불가결한 것이 된다.[1] '부정변증법' 논리의
이 마지막 단계는 하버마스의 우려─이성과 합리성에 대한 아도르
노의 심오한 비판은 비합리주의라는 막다른 골목에 이르지 않을 수
없다는 우려─가 잠재적으로 정당화될 수 있는 유일한 계기로 여겨

---

1) 동일화하는 이성이나 합리성이 도달할 수 있는 한계 너머에 있는 절대자나
   진리는 비동일적인 것으로서 변증법은 이러한 절대자 속으로 들어갈 수 있
   는 것이 아니라 초월성 속에서 꼼짝 않고 있는 절대자 앞에서 스스로 지양
   된다.

진다. 비록 아도르노의 경우 합리적이고 변증법적인 사유를 불능에
빠뜨리는 것은 본능적인 것이나 잘못된 직접성의 유혹이라기보다는
유물론이나 육체의 소망이라고 여겨지지만 그러한 우려는 최소한 이
지점에서는 타당하다고 볼 수 있을 것이다.

짧지만 당황감을 안겨주는 이 암시적인 장에서 마음속에 새겨두고
싶은 것은 무엇보다도 아도르노의 사유나 경험 속에 있는 두 가지
시간성 사이에서 벌어지는 긴장이다. 그 하나는 미완성에 만족하는
불완전성의 시간성이고, 다른 하나는 살아남음이나 불균등한 발전의
시간성, 즉 프루스트의 시간성과 아우슈비츠(또는 철학 자체)의 시
간성이다. 양자는 모두 완전한 현재나, 궁극적인 만족, 화해, 역사
의 화음이라는 신기루(전자는 미래를 수단으로 하며 후자는 과거를
수단으로 한다)를 배제하는 시간의 경험형식들이다. 이 기이한 형식
들 중에 첫번째 것은 개인적 주체의 경험 또는 행복에 눈을 돌리는
것으로 보이며 두번째 것은 역사나 역사의 '끝'—카타스트로프 속
에서든 성공적인 혁명과 유토피아 사회 속에서든—에 대한 경험을
포함한다.

패러독스한 경향을 보이는 죽음과 고통에 대한 아도르노의 철학적
호소는, '죽음을 향한 존재'에 들어 있는 하이데거의 신비주의나,
대상 자체에 대한 병적 헌신과는 아무런 연관이 없다. 저 깊숙이에
서 아도르노를 움직였던 것으로 보이는 것은 오히려 아우슈비츠라는
단순한 사실이라기보다는—어떤 공포로써 우리의 상상에 충격을 줄
지라도 (우리가 때로는 포착하기도 하고 때로는 놓치기도 하는 다른
역사적 잔혹성과 마찬가지로) 아우슈비츠가 그에 상응하는 반응을
위한 명약관화한 보증서를 제공하는 것은 아니다—이 사실을 경험
하는 독특한 방식, 다른 말로 하면 삶에 대한 그의 경험이 대상 자
체를 매개하는 방식이다. 이것은 유대주의에 대해 그가 견지하고 있
던 어느 정도의 거리를 고려하더라도 마찬가지이다(예를 들어 '반

(半)유대인'으로서 아도르노는 30년대에 여름방학 동안 히틀러의 신
(新)독일로 돌아가는 데에 대해 완전히 안전하다고 느꼈었다). 그가
아우슈비츠에 대한 경험을 가지고 살아가는 특수한 형식은 '예상치
않은 생존'이라고 불러야 할 것이다. 그를 공포에 몰아넣은 것은 자
신이 스스로를 유대인으로 느끼든 안 느끼든 신변의 위협을 나중에
깨닫게 되었다는 사실이나 그 자신 또한 수용소와 가스실에서 인생
을 마감할 수도 있었다는 가능성이 아니다. 오히려 그것은 동일한
종류의 우연(그 당시에는 예감하지 못했던)에 의해 운 좋게도 가스
실에서 죽음을 당하지 않고 살아남은 누군가가 되었다는 생각이다.
이 경우 이것은 죽음의 불안에 대한 생생한 상상에 의해 체감한 '죽
음'과 '유한성'의 경험이 아니라, 삶 자체 또는 살아남았다는 죄의
식 또는 순수한 우연의 선물로서의 삶, 지금은 죽고 없는 다른 누군가
가 자신의 자리를 차지하고 있을 수도 있다는 느낌에 의해 매개된
평화로운 생존의 공허감을 통한 죽음의 경험이다. "삶은 살아 있지
않다"는 것이다. 우리는 이 유명한 문구를 전에는(틀린 것은 아니지
만) 후기자본주의하에서 인간의 손상되고 박제화된 생존방식을 지칭
한다고 해석했지만, 이제 그 문구는 또한 대량학살 이후 거저 얻은
삶과 그러한 삶이 아무런 목적도 목표도 가질 수 없다는 사실의 표
현으로도 보인다.

　여기서 전제되어야 할 것은 유대인학살을 반공주의를 위해 조작한
당대의 이데올로그들과는 반대로 아도르노와 호르크하이머는 자본주
의에 대해 이야기하지 않는 사람은 파시즘에 대해서도 침묵해야 한
다는 입장으로부터 출발했다는 사실이다(프랑크푸르트 학파의 다양
한 경제이론은 나치 독일이라는 '예외상태'가 상당 부분 국가독점자
본주의 논리에 포함되어 있다고 본다).

　그렇지만 이제 우리가 주목해야 할 것은 죄의식과 회고적인 불안
속에 있는 '예상치 못한 생존'의 형식과 저 유명한 철학의 생존——

『부정변증법』의 유명한 첫 문장, "철학이 실현되는 순간이 지연됨으로 말미암아, 시대에 뒤떨어진 것으로 여겨졌던 철학은 다시 생명력을 획득한다"(『부정변증법』, 15/3)——사이에는 구조적 상동성이 존재한다는 것이다. 선진 자본주의 사회에서 혁명이 실패했다는 사실과 함께 사회주의 사회에서는 이론과 실천이 궁극적으로 일치하리라는 마르크스의 전망을 기약 없는 훗날로 연기시키는* 이러한 주장은 또한 직접적인 실천형식이나 정치적 효용성을 체계적으로 거부하기——이러한 거부는 프랑크푸르트 학파가 비판이론의 자율적 계기를 옹호하는 데 함축되어 있다——위한 철학적 근거로 기능한다. 아도르노 사상을 특권이나 계급적 사치로서의 명상적인 지식인에 대한 각별한 변호와 방어로 보이도록 만드는 것은 여기에, 즉 필연적으로 고르지 못할 수밖에 없는 것으로 역사를 보는 관념 속에 그 원천을 가지고 있다.

이러한 관념은 블로흐[2]나 트로츠키[3]의 비슷한 생각을 훨씬 뛰어넘으면서 이들의 생각을 문제화하고는 결국 역사에서의 필연성이라는 개념 자체를 폐기하는 데까지 이르게 된다. 그렇지만 삶에 대한 이러한 거리감에는(예술적인 자율성에의 집착만큼이나) 다음의 장면

---

* 이에 관해 『최소한의 도덕』에는 좀더 노골적으로 표현되어 있다. 잠언 18번(「난민수용소」)에는 건물들과 공간과 주거에 대해 다음과 같은 이야기가 나온다. "제대로 된 주거생활이 가능할 수 있을까의 문제는 사회주의 사회에서는 어떠할 수 있을까라는 문제를 생각할 때 파탄 지경에 이른다. 자신의 약속을 실현시키지 못한 이 사회주의는 부르주아적인 삶의 밑둥치를 갉아먹으면서 연명하고 있다"(『최소한의 도덕』, 43/39/58).

2) Ernst Bloch(1885~1977). 독일의 철학자. 벤야민·아도르노와 함께 새로운 좌익의 정신적 지주.

3) Leon Trotski(1879~1940). 러시아의 혁명가. 세계 혁명을 주창하고, 일국사회주의를 지향하는 스탈린과 대립함.

이 증언하듯이 그 어떤 사적 죄의식이 달라붙어 있다. "쇼(Shaw)는 극장에 가는 길에 거지에게 자신의 신분증을 내보이며 다급하게 '기자요'라고 말했다"(『부정변증법』, 356/363/470).

나는 서론에서 실천에 대한 이러한 비판적이고 명상적인 거리*는, 60년대에 새롭게 아카데믹한 활동공간이 열리고 복원된 독일연방의 학계에서 실증주의와의 싸움에 아도르노가 종사할 수 있게 되자, 그러한 실천에의 거리 자체가 고유한 실천을 구성하게 되었다는 사실을 언급했었다.[4] 이것이 뜻하는 것은 지식인의 사회적 역할이란 자신의 개인적 경력(망명객에서 교수로 가는) 속에서 심각한 굴절을 겪을 수 있음을 보여준다는 것이다. 이러한 역사적 영고쇠락의 리듬——이것은 『계몽의 변증법』이 마르크스주의 사회변증법의 패러다임과 거리를 유지하면서 예측했던 실증주의의 승리를 확인시켜준다——은 우리의 시대에 이르면, 『계몽의 변증법』이든 마르크스주의적 패러다임이든, 두 '입장' 모두를 폐기하는 방향으로 나아간다. 그러한 폐기의 방법 가운데 하나는 아우슈비츠에 대한 기억을 유대인 민족주의나 새로운 종족주의로 변질시키는 것이고 다른 하나는 그나마 아직 상상해 볼 수 있는 비판이론이나 부정적 사유를 위한 마지막 남은 아르키메데스 공간을 온 사방에 흘러넘치는——슬로테르딕(Peter Sloterdijk)이 말한——'냉소적 이성'의 홍수 속에 빠뜨려 익사시키는 것이다. "사회는 긴장들을 제거하여 모든 것을 평준화해버림으로써 엔트로피에 상당한 기여를 하는 것처럼 보인다"(『최소한의 도덕』,

---

* 거리유지가 현안에서 물러선 한가로운 명상을 항상 덤덤하게 옹호하는 것과는 다르다는 것을 아도르노의 글 곳곳에서 발견할 수 있다(예를 들어 『최소한의 도덕』 82번 「육체로부터 세 걸음 떨어져」에서는 '거리유지'의 전략이 실증주의의 '잘못된 직접성'에 대한 비판과 긴밀하게 연결되어 있음을 보여준다).

4) 실증주의 논쟁을 일컫는다. 60쪽을 참조하라.

160/123/175).

아도르노의 경우 또 다른 형식의 비동시성——이것은 처음의 비동시성과는 '무에 가까운 것'(presque rien)에 의해 구별되는데, 이 '무에 가까운 것'은 전자의 비동시성을 완전히 변화시킨다——은 프루스트라는 이름을 염두에 두고 있는 것처럼 보인다. 프루스트는 최초로 '동일성과 비동일성의 동일성'을 실존적인 것의 영역에서 전개하면서 처음의 경험이 아닌 오직 재경험 속에서만 완전히 체감될 수 있는 경험의 독특한 속성을 기록했다. 이러한 재경험은 완전히 충족될 수 있는 경험의 가능성을 확인하면서 동시에 부정하는 것이다. 이와 비슷한 것이 아도르노의 경우에는 형이상학의 또 다른 차원을 이루었던 것처럼 보인다. 이러한 형이상학은 죽음과 행복의 가능성을 동시에 명상하는 것이다.

형이상학적 경험이 무엇인가는 이른바 종교적 근원체험으로부터 그러한 경험을 이끌어내기를 꺼리는 사람들만이 제대로 느낄 수 있다. 형이상학적 경험이란, 프루스트가 구체적으로 그려내고 있듯이, 오터바흐, 바터바흐, 로이엔탈, 몬브룬과 같은 마을 이름이 약속해주는 아련한 행복감 같은 데에 있을 것이다. 사람들은 그곳에 들르면 행복이 실제로 존재하는 듯 충족감을 느낄 수 있다고 믿는다. 그러나 그곳에 실제로 가면 약속된 것은 무지개처럼 사라져버린다. 그럼에도 불구하고 사람들은 실망하지 않는다. 사람들은 너무 가까이 다가갔기 때문에 그것을 볼 수 없다고 느끼는 것이다(『부정변증법』, 366/373/481).

그렇지만 실존적인 것에 대한 아도르노의 알레고리에서 **실패를 통한 실현**을 이런 식으로 구현하는 것은 **절망 자체**(여기서 실현에의 약속은 그의 거부 속에서만 유지된다)와 구별되지 않는다. 사실 다른

어느 곳보다도 여기서, 즉 행복과 '헛된 기다림' ──실현되지 못한다
는 점에서 허무주의나 부정성과 하나가 되는 행복에의 약속──을 동
일시하는 초월적 문제에 대한 언급(이러한 언급이 갖는 벤야민이나
블로흐에의 실질적인 친화성은 아도르노의 작품 속에서 드문 사건이
다) 속에서, 아도르노는 형이상학적 사변의 경계 지점에 부딪친다.
여기서는 또한 알반 베르크[5]의 『보이체크』나 『룰루』에 나오는 몇몇
부분과 프루스트를 연상시키는 문학적 표현들을 만날 수 있다.

  상상할 수 있는 바와 같이 『최소한의 도덕』에서도 이러한 주제와
비슷한 것으로서 회광의(回光儀 : Heliotrope)와 같은 어린 시절에
대한 회상이 나온다. "어떤 손님이 방문하여 자기 집에 묵게 되리라
는 말을 부모로부터 듣게 된 아이의 가슴은 크리스마스 때보다도 더
큰 기대감으로 설레게 된다"(『최소한의 도덕』, 234/177/248).* 종교
적인 또는 구원과 연결된 유추들은 그러나 무엇보다도, 우리가 곧
돌아가게 될 친숙한 '우상금지'의 관념을 다시 한번 활성화한다는

---

5) Alban Berg(1885~1935). 오스트리아의 작곡가. 무조의 작품을 쓰고
  1920년 오페라 「보체크」 완성.

 * 또한 『최소한의 도덕』, 143/111/138~139, 157/121/172~173, 224/170/
  238~239를 참조하라.
    역주 : "가장 아름다운 꿈에서조차 떨쳐낼 수 없는 흠집은 그 꿈이 현실
  과 차이가 나는 단순한 가상에 불과하다는 의식이다. 그 때문에 가장 아름
  다운 꿈조차 손상된 것이다. 이런 경험은 다른 어느 곳보다도 카프카의
  『아메리카』에 나오는 자연극장에 대한 묘사에서 만날 수 있다."
    "다른 어떤 동화보다도 『백설공주』는 우울함을 더 완벽하게 표현하고 있
  다. 소원의 성취가 죽음을 의미하듯이 구원은 가상으로만 남는다. 우리가
  구원을 희망할 경우 어디선가 희망은 헛된 것이라고 말하는 목소리를 듣게
  된다. 그러나 한순간이나마 우리로 하여금 숨쉬는 것을 허락해주는 것은
  오직 이 무기력한 희망이다. 진리는 언젠가는 가상이 걷히고 가상없는 구
  원이 나타나리라는 꿈과 분리될 수 없다."
    "영혼 자체가 영혼 없는 인간의 구원에 대한 동경이다."

점에서 중요성을 갖는다. 그러나 소망을 잠재우는 피할 수 없는 비실현이라는 개념은 정치적인 면에서는 매우 애매하다는 점을 주목해야 한다(여기서 바로 이 '우상금지'는 그럼에도 불구하고 이러한 비난을 당할 만큼까지 나아간다). 그렇지만 전체적으로 아도르노는 실존적이고 형이상학적인 변증법을(윤리학 자체와 함께) 정치적 유물론——"더 이상 누구도 굶주리지 말아야 한다"(『최소한의 도덕』, 206/156/220)——과 용의주도하게 구별할 만큼 충분히 현명하다. 오직 이러한 조건, 즉 누구도 굶주리지 말아야 한다는 것이 보장될 때 우리는 「물위에 누워 있는 것」——"바보처럼 아무것도 하지 않으면서 물위에 누워 평화롭게 하늘을 바라본다"(『최소한의 도덕』, 208/157/221)——이라는 유토피아에 몸을 맡길 수 있는 것이다.

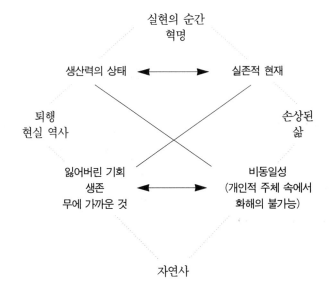

이 그림은 우리가 『미학이론』에서 발견하게 될 것(생산관계와 생산력의 중요성을 단호히, 사뭇 교조적으로 주장하는 것)을 어느 정도 선취한다는 점에서 이른 감이 없지 않다. 상품으로 흘러넘치는

제1세계는 역사의 '끝'을 자기도취 속에서 찬미하고 제3세계의 부채
국들에서는 역사의 날개가 급박하게 펄떡인다면, 이렇게 생각할 수
있는 역사개념을 지지해주고 있는 것은 아도르노뿐 아니라 마르크스
에게 혁명의 가능성 또는 사회체제의 성공적인 전환 가능성(여기에
대해 그러한 가능성이란 '놓쳐버린 기회'의 개념 속에 이미 전제되
어 있을 것이라고 말하는 것은 유치한 학생들 수준의 논쟁거리에 불
과하다)이 아니라 오직 생산력 개념이다. 실제 역사 속에 있는 만곡
이나 퇴행을 읽는 것은 이런 대가를 치를 때에만 가능하다면 박제되
고 상처입은 주체의 '실존적' 영역(이 영역에서는 아직도 여전히 반
영웅과 '아노미'가 문제된다)은, 하염없이 지속되는 시간(즉 의식
없이 흘러가는 자연사라는 생물학적 층)으로부터 상대적으로 독립된
상태에서 진행되는 자신의 영고쇠락 속에서 의미를 찾는다.

　이러한 '세계관'은 어떠한 초월성도 제거해버리는 것처럼 보인다.
사실 『부정변증법』의 이 마지막 장은 형이상학적인 것에 대해 오직
그것의 형상을 만들거나 그에 대한 공공연한 표명을 금지시킴——이
러한 우상금지는 '이것도 아니고 저것도 아니다'와 같은, 진부해졌지
만 여전히 신비로운 문구로 귀착된다——을 통해서만 다룬다. 그러나
가장 결정적인 순간에 우리는 칸트가 오랜 탐색 끝에 조심스럽게 표
시한, 생각할 수 없는 것에 맞닿은 궁극적인 경계지점(그러나 헤겔은
장벽이나 한계를 생각할 수 있다면 이미 그것들을 넘어선 것이라고
말한)에 도달하는 것처럼 보인다. 그렇지만 히틀러는 형이상학을 유
물론적으로 만들었으며, 죽을 수밖에 없는 육체를 그러한 사변 속에
포함시키지 않을 수 없도록 만들었던 것이다.

　여기서 이러한 일이 일어난 시점을 특히 주목해야 하는데, 이 시
점은 이미 "죽음으로부터 독침을 제거하는 객관적 종교의 은밀하게
인준된 오랜 쇠락 끝에 사회적으로 결정된 지속적인 경험의 쇠퇴를
통해 죽음 자체가 완전히 낯선 것이 되어버렸던"(『부정변증법』,

363/370/477~478) 때이다. 반면 '절대적인 죽음'은 생각할 수 없다.[6] "그러한 이념은 불멸성의 이념만큼이나 사유를 비웃는다"(『부정변증법』, 364/371/479). 이로써 아도르노가 (후기의 호르크하이머처럼) 숨겨진 종교적 충동을 암시하는 것은 아니다. 그가 목표하는 것은 단지, 불멸성에 관한 칸트의 명제처럼 우리 모두는 우리 자신의 죽음에 대해 알고 있지만 죽음을 상상할 수 없으며, 우리의 의식적 행동 속에 죽음에 대한 지식을 포함시킬 수도 없다는 것이다. 그러나 우리의 기획은 우리 자신의 불멸성—불멸성이란 우리와 같은 세속적 존재에게뿐 아니라 아마도 언제나 상상할 수 없는 것이었을 것임에도 불구하고—을 전제한다는 것이다. 이러한 배리가 온힘으로 몰고 가는 이 같은 결론은 믿음으로 도약하는 행위라기보다는 실증주의에 대한 비판, 즉 사유 속에 있는 이러한 불가능하고도 모순된 긴장을 그에 합당한 충격으로 느끼는 것을 허락하지 않는 반형이상학적 '현재 상황'에 대한 비판이다. 변증법이란 이 불가능한 사유 너머로 나아가는 발걸음으로서, 변증법은 매듭을 반(反)합리적 수단을 통해 절망적으로 풀어보려고 시도하는 대신 이러한 불가능성 자체를 출발점으로 삼는다.

이처럼 형이상학이나 '궁극적인 사물들'마저 이 사회와 그의 주문(呪文)에 대한 비판으로 돌아오도록 만든다. "형이상학은 가능한가라는 칸트의 인식론적 질문 대신에 형이상학적 경험이 도대체 지금도 가능할 수 있는가라는 역사철학적 질문이 등장한다"(『부정변증법』, 364~365/372/479). 이러한 질문은 물론 앞에서 보았던 '자연'사의 언어로 대답될 수 있다.

---

6) "인간의 의식이 죽음을 완전한 무(無)로서 생각하는 것은 불가능하다. 왜냐하면 절대적인 무(無)란 생각할 수 없는 것이기 때문이다."

〔형이상학적 질문에 대한 현대적 의식의 무관심—제임슨 첨가〕 속에 숨겨져 있는 것은, 그러한 질문을 억누르지 않을 경우 사람의 호흡을 빼앗아갈 것 같은 공포이다. 사람들은, 인간을 의식— 죽음에 관한 의식을 포함하여—으로 이끈 진화과정 안의 반전은, 그러한 의식을 품는 것을 막는 끈질긴 동물적 기질과 모순된 것은 아닌가라는 인류학적 상상을 하도록 유혹받는다(『부정변증법』, 388/ 395/506).

그러나 인간——즉 사회경제적——역사의 관점은 음모들이 여기저기 숨어 있는 얽히고 설킨 행위들의 그물망 비슷한 무엇을 드러낸다(이것은 아도르노보다는 내 스타일의 표현이다). 서사는 이제 철학의 운명에 눈을 돌리게 되는데, 이 운명의 색인목록을 이루는 것은 철학의 형이상학적 기능, 다른 말로 하면 예전에 '진리'라고 불리던 것이다. 그러나 아도르노가 이처럼 전통에 붙잡혀 있다고 해서 아도르노와 포스트구조주의 사이에는 보통 상상하는 것만큼 그렇게 큰 거리가 있는 것은 아닌데, 그 이유는 그의 주제 또한 우리 시대에 '진리'는 불가능하다는 것, 진리라는 범주 자체가 빛이 바랬다는 것, 이와 연관된 정신적 활동이나 판단들의 허약화이기 때문이다.

이러한 주제에 우직하게 몰두함으로써 아도르노는 매우 힘있고도 경멸적인 다음과 같은 표현을 얻을 수 있었을 것이다. "칸트나 헤겔보다 카르나프[7]나 미제스[8]가 더 진실되다고 하는 것은 사실이 될 수 있을지언정 진리가 될 수는 없다"(『부정변증법』, 377/385/494). 사회사적 관점은 사유를 필연적으로 사유의 역사적 기능이나 역사적

---

7) Rudolf Carnap(1891~1970). 독일에서 태어난 미국의 논리실증주의자.
8) Richard von Mises(1883~1953). 개연성의 이론을 발전시킨 오스트리아 태생의 미국 수학자.

문맥 속에 묶어놓을 수밖에 없다 할 때, 죽은 문화의 삶에 눈을 돌리면서, 전통이 지니는 '역사적 효율성'에 몰두하는 가다머[9]의 비역사적 접근방식에 호감을 갖기는 어렵다. 그 때문에 칸트의 '장벽'——모든 형이상학적 환상이나 정신의 '선험적' 사용을 비판하는 것, 또는 아도르노가 슬쩍 지나가는 길에 '정지신호 체계'(『부정변증법』, 380/388)라고 부른 것——은 명백하게 좀더 큰 사회과정이나 '역사의 계략'의 일부가 된다.

사회적으로는 그러한 장벽에 대해 의심을 품을 만한 충분한 이유가 있다. 그것은 절대적인 것 앞에 쳐놓은 울타리로서 인간을 항상 동일한 주문(呪文) 속에 가두어놓는 노동에의 필연성 비슷한 것인데 칸트는 이것을 철학으로 고양시켰던 것이다. 내재성 속에 갇혀 있다는 것——이에 대해 칸트는 정직하고도 잔혹하게 정신을 저주했지만——은 사실 자기유지 속에 사로잡혀 있다는 것이다. 그러한 족쇄는 이제는 꼭 필요하지 않은 터부를 보존하려는 사회가 인간에게 씌운 굴레인 것이다(『부정변증법』 381~382/389/499).

그러나 칸트라는 인물은 또한 형이상학적 충동이 마지막으로 보존되고 타올랐던 지점을 의미한다. 이러한 마지막 작열은 세 개의 거대한 선험적 이념들 속에서보다는 예지계로서의 물자체라는 불가능한 개념 속에서이다(이 문제를 다루는 절은 눈여겨볼 만하다).

이러한 접근방식(이제는 익히 알려진 『부정변증법』의 첫 문장과 함께 시작되었던)의 패러독스한 성격은, 철학적 전범의 사고작용에 대한 어문학적 또는 역사학적 질문들이 사회질서나 **후기자본주의에**

---

9) Hans Georg Gadamer(1900~). 독일의 철학자. 하이데거의 **영향을 받아**
   철학적 해석학을 전개함.

대한 가차없는 비판으로 전환되는 방식 속에 있다. 무엇이 절실한 문제인가를 둘러싼 해묵은 수사학이 변증법적 반전을 일으켜, 당대의 관점에서는 명백하게 '부적절한' 문제로 보이던 것이 이제 현재 상황 속에서는 가장 절박하고 불이 붙은 문제가 되는 것처럼 느껴진다.

우리는 이미 마르크스주의적인 역사관만이 이런 종류의 투덜거림을 (보통은 우파적인) 세상사에 대한 찬미(laudator temporis acti)와 구별할 수 있다는 것을 이미 보았다. 이제 덧붙여야 하는 것은 다른 유형의 비난인데, 이것은 즉 이러한 관점 속에는 무언가 자기참조(self-referentiality)의 경향이 숨어 있다는 비난이다. 다시 말해 아도르노는 모든 분석을(주제가 무엇이든) 현대 철학의 한계와 가능성에 대한 순수한 형식적 반성으로, 즉 아도르노 자신의 실천으로 되돌려 버리는 위험이 도사리고 있다는 비난이다. 이러한 시각은 다른 어떤 시각보다도 아도르노 글의 모더니스트적 성격을―특히 그의 글이 재현이라는 모더니스트들의 거창한 중심주제를 제기한다는 점에서―분명히 드러낸다. 아도르노의 철학 또는 내적 일관성을 지키려는 철학에 대해 제기될 수 있는 일반적 이의 중 가장 강력한 이의는 이러한 비난이라고 생각한다. 이러한 비난을 외적으로 방어하는 것은 어려운 듯이 보이며, 다만 이러한 입장과 철학적인 유대감(결론에서 설명하듯 오늘날은 포스트모더니즘 이론의 형식을 취해야겠지만)을 형성함으로써 대처할 수 있을지 모른다.

그러나 형이상학이 절망적이고 부정적인 방식으로 다시 한번 기력을 회복하게 됨에 따라 형이상학은 다른 것, 즉 신학으로 변질되는데, 이러한 신학이 유물론에 닿고 있음은 육체와 우상금지에 대한 강조를 통해 가장 극적으로 표현된다. '신학'으로부터 그 안에 있는 신학적 내용을 완전히 박탈해버리는 부가적 이점을 갖고있는 우상금지 이념은 이미 『부정변증법』 중 방법론을 다루는 부분의 중요한 마지

막 몇 쪽에서 전개되었다. 거기서는 칸트적 관념론의 가장 받아들이
기 곤란한 이원론들(카테고리들에 의해 직관과 개념으로 정리되는
가공되지 않은 '감각의 인상들')조차 이와 연관된 흄의 '인지' 이론
과 함께 다음과 같이 찬미된다.

　　육적인 계기는 마지막으로 인식론적 떨림을 얻은 다음 이제 완전
　히 추방된다. 인식 속에서 육적인 계기는 그것이 작동시킨, 잠재
　워지지 못한 채 끝없이 재생산되는 불안으로서 살아남는다. 불행한
　의식은 정신의 눈먼 허영이 아니라 정신에 내재하는 것으로 육체와
　의 분리로 정신이 얻게 된 유일하게 진정한 품위이다. 이러한 품
　위가, 부정적인 방법으로, 정신으로 하여금 자신의 육적인 측면을
　상기시킨다. 육체를 느낄 수 있는 능력만이 오직 정신에게 희망을
　부여한다(『부정변증법』, 203/203/286).

　이것은 소망이나 갈망 또는 욕구에도 해당된다. 왜냐하면 『부정변
증법』은, 철학하는 것과 단순한 육체적 욕구 사이에 깊은 친화성이
있다는 주장을 결론으로 내세우기 때문이다. 그러나 이 지점에서 이
주장은 좀더 패러독스한 성격을 갖게 된다. 유물론은 '형상이 없어
야' 만 한다는 것이 그것이다. 프루스트에 기대어 우상금지를 떠올리
더라도——그의 풍경묘사는 오직 이러한 우상금지를 목표하고 있다.
가장 주목할 만한 것으로는 베니스에 대한 탁월한 묘사이다——그것
은, 이미지와 볼거리로 가득 찬 세계에 사는 주체의 머리 속을 어지
럽게 돌아다니는 그렇고 그런 이미지들만큼이나 별 유용성이 없을
것이다. 현상학적인 방법마저 내적 경험을 이러한 경험의 형상으로
바꾸어버릴 위험이 있다. 다른 한편 속류 마르크스주의의 특징은 우
리의 깊은 유물론적 경험에 대해 피상적으로만 관계 맺는 데 있다.
다시 말해 그것은 그러한 깊은 경험을 하나의 형상 또는 잘해야 하

나의 재현으로 바꾸어버린다는 것이다. 그 때문에 아도르노의 유물론은 무엇보다도 재현의 계기를 제거하고 싶어한다. 즉 형상을 통한 매개는 객체의 실현이나 육적인 충만으로부터 배제되어야 한다는 것이다.

자기 자신과 자신이 생각하는 대상 사이에 제3자인 형상들을 끼워넣는 의식은 자기도 모르는 사이에 관념론을 재생산한다. 한 덩어리의 표상이 인식대상을 대체하면서 그러한 상상의 주관적 자의성은 곧 지배하는 자의 자의성임이 드러나게 되는 것이다. 사물을 포착하려는 유물론적 동경은 이러한 자의성과는 정반대의 것을 원한다. 완전한 객체는 형상이 없을 때에만 생각될 수 있다. 그러한 형상 없음의 상태는 신학적인 우상금지와 수렴한다. 유물론은 유토피아를 긍정적으로 그려내는 것을 허용하지 않음으로써 신학적인 우상금지를 세속화시킨다. 이것이 유물론이 지니는 부정성의 본질이다. 유물론은 가장 유물론적인 지점에서 신학과 일치한다. 유물론은 육체의 부활을 동경한다(『부정변증법』, 207/207/290~291).

모더니즘 자체 내에서 재현은 심미적인 칸트의 장벽과 유사하게 자신의 외적 한계에 부딪친다. "그러나 그는 저 다른 세계에 있기를 바란다"(『인간조건』(*La Condition humaine*)[10]). "그렇지만 여기도 아니고, 지금도 아니고"(『인도로 가는 길』(*A Passage to India*)[11]). 이런 관념들이 철학으로 가능하다면 바로 이 지점에서 결국 아도르노와 블로흐의 차이는 없어진다. 그렇지만 그들은 그렇지 않다. 『부

---

10) André Malraux(1901~76)의 1933년 작품.
11) 영국의 소설가 E(dward) M(organ) Forster(1879~1970)의 1924년 작품.

정변증법』은 좀더 겸손하게, 변증법은 스스로를 완전히 펼쳐보인 후 자신을 완전히 지양시켜버리겠다는 소망을 피력하면서 결론을 맺는 것이다. 여기서 자연이나 '비동일성'의 신비——『미학이론』에서 더 거대한 모습을 드러내게 될——는 다시 한번 아도르노 철학의 궁극적 인 비합리적 충동에 대한 하버마스의 예언이 들어맞음을 입증하게 된다.

그러나 사실 우상금지는 그런 식의 재현적 형이상학에 의존하는 것을 모두 철학으로부터 배제해야만 한다. 왜냐하면 이제 자신의 역 사성을 자각하고 있는 철학은 역사 자체의 온도를 재는 도구로 스스 로를 파악하기 때문이다. 이것은 철학이 자신의 역사적 계기를 어떤 식으로든 실증주의적으로 '반영'할지 모른다는 의미에서가 아니라 이 계기가 예술작품 속에서처럼 자신의 내부에 생생하게 남아 있다 는 의미에서이다. 예술작품 속에서 우리는 "시를 역사철학의 해시 계"(『문학 노트』, 60)로 파악하도록 요청받는다. 이 해시계는 집합 적인 자기실현과 모순성의 단계들을 표시해주지만 그러한 표시는 내 부로부터, 즉 역사의 경험으로부터 나오는 것이지 외부로부터, 즉 물질적인 진보의 흔적들을 덧붙임으로써 얻어지는 것은 아니다. 이 것은 "병 속에 든 편지"(『신음악의 철학』, 126/133/124)인지도 모른 다. 이러한 방식은 아도르노가 쇤베르크의 음악, 들리지도 않게 20 세기의 비밀을 상상할 수 없는 그 어떤 미래로 보내는 음악을 특징 지우는 방식이다. 우리는 아도르노가 단테[12]의 어조로 자신의 스승 지그프리트 크라카우어[13]에게 바친 공물 속에서, 이제는 우리 자신

---

12) Alighieri Dante(1265~1321). 이탈리아의 시인. 시를 통하여 중세의 정 신을 종합하였으며, 르네상스의 선구가 됨.

13) Siegfried Kracauer(1889~1966). 독일의 사상가. 아도르노·벤야민과 교제함. 대중 문화 현상 분석에 뛰어남.

이 아도르노부터 물려받은 것에 적용해야 할 교훈을 끌어내지 않을
수 없다.

그의 인도 하에 나는 처음부터, 이 작품[『순수이성비판』—제임
슨 첨가]을 단순한 인식론이나 과학적 판단조건들의 분석으로서가
아니라, 이 속에서 진리의 언저리라도 만져볼지 모른다는 희미한
기대를 가지고, 정신의 역사적 수준을 읽어내야 할 암호문으로 대
해야 한다는 것을 알았다(『문학 노트』, 388).

제2부

뱃사공의 우화

1 객관성에의 집착

　아도르노 미학 속에 있는 중심적인 긴장은 심미적 현상의 분석을 탈주관화하는 동시에 다른 한편으로는 심미적 '경험'을 묘사하려는 데—이것은 전통적인 철학적 미학을 견지하려는 시도 때문에 불가피해 보인다—있다. 이러한 심미적 경험은 탈주관화의 충동이 분해해버릴 수 없는 절대적인 주체 카테고리의 잔재라고 할 수 있을 것이다. 이런 긴장에 의해 야기되는 사태는 물론, 심미적 경험이 말로 표현할 수 없는 것, 언어화할 수 없는 것의 영역으로 퇴각한다는 것이다. 왜냐하면 말로 표현할 수 없는 것에 대해 말하거나 표현하는 것 또는 이것을 주제로 삼는 것은 당장 탈주관화의 변증법이라는 힘의 장 속에 떨어지며 그에 따라 '객관적' 과정의 징후나 증거로 변질되어버리기 때문이다.

　예술작품의 정신은 객관적 혹은 주관적 정신철학에 대한 고려가 전혀 없이 객관적인 작품 자체의 사상내용이다. 그것은 작품에 대해 결정을 내리는, 현상을 통해 나타나는 사물 자체의 정신이다. 그러한 정신의 객관성이 척도로 삼는 것은 현상 속으로 파고드는 힘이다(『미학이론』, 135/129/145).

이에 따른 『미학이론』의 구체적 세부내용은 이 두 대립된 충동들 (즉 주체 카테고리를 고수하려는 심미적 경험과 탈주관화의 충동)의 예기치 못한 조우로부터 생겨난 결과이다. 우리는 이것의 특징을 우선은 좀더 일반적인 방법으로 살펴보고자 한다. 미학에 관한 우리의 사유를 탈주관화하려는 기획은 다양한 측면에서 관찰될 수 있는데, 그 중에 가장 두드러진 역사적 측면은 분명 이제 '주체의 철학'이라고 알려진 것, 즉 진리를 의식이나 초월적 주체 또는 주관적 경험이나 현상 속에 자리잡게 만들려는 모더니즘의 시도들에 현대철학이 등을 돌리는 것이다. 주관성에 등을 돌리는 경향은 일련의 서사 속에서 그 족보를 더듬어볼 수 있는데, 이러한 서사는 구조주의나 하이데거, 니체 또는 심지어 헤겔이나 칸트 자신으로부터 출발한다고 볼 수 있다. 반주관주의에 대해 그것은 현대국가나 독점자본주의의 경향과 이해관계를 복사하는 것에 지나지 않는다고 비난하는 것은 확실히 애매하기 이를 데 없다. 그렇지만 현대국가나 독점자본주의는 시장의 힘에 의해, 개인의 삶을 계획적인 것으로 만들고, 조직된 사회의 시대에 개인적·주관적 선택 가능성을 축소하며, 예전의 자율적 자아나 무의식, 욕망 속으로 파고들어 이것들을 식민화하려 든다는 것만은 분명하다.

현대철학의 객관화 경향을 거스르는 이러한 해석방식을 내세울 때 발생하는 어려움은 이러한 경향에 효과적으로 저항할 수 있는 주체나 주관성의 형식을 다시 활성화하는 것이 힘들다는 데 있다. 그 이유의 하나는 신화로의 퇴행이나 복귀 또는 주관성의 태곳적 형식으로 돌아가는 것이 후기자본주의의 발전경향에 맞설 수 있는 적절한 정치적 반응이 되지 못하기 때문이며, 다른 하나는 그러한 반응들이 몽땅 현대사회의 객관화 경향에 의해 낙인찍히고 불구화되어버렸기 때문이다. 다른 말로 하면 그러한 반응들은 적절한 저항형식이 되기보다는 그러한 과정의 징후로 여겨지게 되었다는 것이다.

문화의 영역에서 현대사상의 이러한 반주관주의——이것은 철학뿐 아니라 가장 넓은 의미의 현대적 해석 일반에 해당된다——는 전혀 다른 언어로, 즉 관념론이나 그 이데올로기에 대한 유물론적 거부로 묘사될 수 있다. 그러나 이러한 묘사가 방금 제시한 부정적인, 심지어는 편집증적인 시나리오를 모면할 수 있는 것은 아니다. 모든 것을 불구화하는 이러한 시나리오는 유물론적 거부에 대한 묘사마저 언제든 자신의 발 밑에 굴복시켜 변질시킬 수 있는 것이다. 그 때문에 유물론적인 지성은 헤겔적인 '이성의 책략'으로 말미암아 자기도 모르는 사이에 사회의 객관적 과정에 봉사하게 된다. 그러나 이 두 번째 틀은 첫번째 틀을 문화 및 이데올로기, 텍스트와 '일상생활'의 영역, 즉 상부구조와 그의 역동성이라는 영역——직접적인 방식으로 자신과 유사한 사유나 사유의 카테고리를 생산해내는 하부구조와 대립되는——으로 전환하는 것이다.

그러므로 지난 수십년간 전개되어온 유물론적 경향을 띤 문화연구는 예전의 주체를 없애고 그러한 주체의 낡아빠진 이데올로기를 말소하는 좀더 광범위한 경향의 한 구성요소로 간주될 수도 있을 것이다. 그러나 문화의 물질적 역동성이 우선권을 갖는다면 지식인이 다른 프로젝트보다 이에 대한 연구에 매달리는 것은 당연하다고 볼 수 있다. 다른 한편 그러한 탈신화화 작업은 궁극적으로, 후기자본주의의 사회적·정치적 세력들——이들은 문화적 반주관주의가 단기적으로는 쓸모있다고 생각한다——의 실체를 폭로할 수 있을 것이다. 어쨌든 전통적이거나 현대적인 미학 카테고리들 중에서 아도르노가 주목한 많은 대상들——천재의 개념, 주관적 또는 시적 표현으로서의 예술작품 개념, 심미적인 것을 둘러싼 다양한 심리학(아리스토텔레스로부터 수용미학에 이르는), 전통적인 정신분석이나 관습적인 칸트 해석의 문제, 예술 '종교'(예술을 위한 예술로부터 문화의 보상적 기능에 관한 관념에 이르는), '의도'의 이론, 다양한 의미체계에 이

용하기 위해 예술을 다시 철학의 소유물로 만들고(헤겔적으로) 그에
따라 예술을 해체하는 문제—은 그 사이, '뉴크리티시즘' 이래 현
대적인 문학예술이론의 관심목록이 되었다. 아도르노의 사변적 연구
속에는 현대이론의 마지막 귀착점—즉 언어의 모든 형식은 비주관
적이며, 언어중심적 분석은 예전의 주체중심적 카테고리에 대한 가
장 효율적인 대항수단이라는 입장—이 이미 들어 있다.* 이런 의미
에서 『미학이론』은 현대 비평이나 이론의 다양한 경향들의 지배적인
관심을 이미 선취하고 있다.

마지막으로 실존적·이데올로기적 수준에서 모더니스트들이 모두
이런 저런 방법으로 부르주아 문화나 가치가 우리에게 물려준 내면
성의 영역—주관적인 세련된 감각의 계발, 사회로부터의 격리나 계
급적 특권에 의해 가능한 도덕적 분별력을 강화하는 것, 일종의 정
신적 사유재산으로서 경험을 물신화하는 것, 온통 장사판이 된 사회
속에서 집단적인 삶이나 문화의 사사화된 대용물이 된 심미적 개인
주의—으로부터 탈출하기 위해 안간힘을 썼다는 것은 충분한 타당
성이 있어 보인다.**

엘리엇[1]이 1919년에 그의 유명한 말 "시는 감정을 자유롭게 발산
하는 것이 아니라 개인적 인격으로부터 도망가는 것이다. 그러나 물
론 자신의 인격과 감정을 가진 사람들만이 이런 것들로부터 도망가
는 것이 무슨 의미인지를 안다"***에서 얼마만큼 이러한 사정을 염

---

* 3부 7장을 참조하라.
** See, most famously, Adorno on the *intérieur : Kierkegaard*,
 Gesammelte Schriften, vol.2(1979), pp.38~69 ; and MM No.196.
1) Thomas Stearns Eliot(1888~1965). 영국의 시인·비평가. 스스로 고전주
 의자, 왕당파, 영국 국교도로 규정함. 작품에는 시 「황무지」, 시극 「칵테일
 파티」 등이 있음.
*** T.S. Eliot, "Tradition and the Individual Talent", *Selected Essays*, New

두에 두었는지는 확실하지 않다. 정곡을 찌르는 이 마무리 문장은
물론 전성기 모더니즘의 반주관주의적 충동——아도르노도 공유하고
있는——을 그 당시의 또 다른 특징적 경향인 '익명적이고' '진실성
이 결여된' 대중에 대한 경멸에 다시 연결시키고 있다(이러한 태도는
이른바 문화산업에 대한 아도르노의 분석이 보여주는 태도와 비슷하
다). 그렇지만 아도르노의 변증법은 정신의 내부로부터 주관성의 자
리를 박탈하는 것이 어떻게 이루어질 수 있는지를 또한 보여준다.

　　주관성과 객관성의 개념은 완전히 전도되었다. 객관적이라고 불
리는 것은 현상 속에서 논쟁의 여지가 없는 측면, 아무런 질문 없
이 수락된 현상의 인상, 분류된 데이터로 이루어진 현상의 앞면이
다. 그 대신 그러한 것을 부수고 사물에 대한 특수한 경험 속으로
들어가는 것, 인습적인 판단에서 벗어나는 것, 생각은커녕 보지도
않고 다수결에 의해 대상에 대해 결정을 내리려 들기보다는 대상
과의 관계를 설정하는 것, 즉 객관적인 것은 주관적이라고 불린
다. 주관적 상대성이라는 형식적 비난이 얼마나 공허한지는 주관
성의 본래 영역인 심미적 판단의 영역에서 잘 드러난다. 예술작품
을 정확하게 느낄 수 있는 반응력을 가지고 예술이라는 진지한 영
역에 몰입해 예술작품의 내재적 형식법칙이나 필연적 구조에 고분
고분 자신을 내맡길 수 있는 사람은, 자신의 심미적 경험을 초라
한 환상이나 단순한 주관적 경험에 불과한 것으로 여기지는 않을
것이다(『최소한의 도덕』, 84/69~70/101).

이 문장은 주관적인 것의 객관성에 대한 방어로서 이러한 방어는 예
술작품의 생산에서뿐 아니라 수용의 측면에서도 완전한 타당성을 지

York, 1950, pp.10~11.

닌다. 주관성이나 텍스트 너머 저 어딘가에 있을지 모르는 실재의 세계나 물적 세계로 뚫고나가려는 이러한 해석학적 초조나 열정은 지식인의 처지나 그가 갖고 있는 모순성에 의해 설명될 수 있다고 해서 그 안에 내포된 진리내용이 박탈되는 것은 아니다. 한 집단의 생득적인 이데올로기적 관심— '예정된 모나드적 조화' 또는 '이성의 책략'에 의한—은 사회체계의 객관적 경향 자체를 표현하리라는 것이 새삼스러운 이야기는 아닐 것이다. 어쨌든 아도르노에게 있어서 심미적인 것의 '객관화'는, 오늘날 심미적인 것이 갖고 있는 모순들뿐 아니라 현재의 역사의식이 처해 있는 딜레마가 초래한 현대의 여러 다른 요청들을 충족시키고 있다고 여겨진다.

2 예술의 죄

이제 우리는 아도르노의 사유 속에 있는 저 모순, 그리고 『미학이론』 속에 들어 있는 전혀 다른 성질의 요소, 즉 앞에서 본 반주관화의 경향을 염두에 둘 때 이러한 경향과 대립되는 '주체의 철학'의 잔재처럼 보이는 것을 곰곰이 따져보아야 한다. 이러한 잔재는 진정한 심미적 '경험'을 개념화하는 것이거나 그러한 부재하는 현재를 조직하는 것이다. 이러한 경험은 완전한 지각이나 청각의 체험(아도르노에게 음악은 항상 미학을 시험할 수 있는 궁극적 영역이다) 또는 '형식'과의 대결로서, 이러한 대결이 목표하는 것은 심미적 차원에서 이상적인 '이해'에 도달하는 것이다. 그런데 이해라는 것이 역사에의 관계를 심미적 경험에 끌어들이듯, 또 다른 언어(작품의 '진리내용'에 접근하는 것)는 심미적 경험에 전통적인 철학적 차원을 부여해주고 있는 것 같다.

물론 심미적 경험의 분화라는 문제는 항상 철학적 미학이라는 전통적 학문분과의 주된 관심사였다. 이러한 전통 속에 아리스토텔레스가 한 쪽을 차지하고 있다면 칸트나 그의 후예들(루카치의 초기 또는 후기 미학을 포함하여)이 다른 쪽을 차지하고 있다. 그러나 헤겔은 전혀 다른 접근방법, 즉 예술을 철학으로 변형시키며 예술을 '진리내용'에 관한 물음 속에 완전히 포함시켜버리는 방법을 시도한다[1] (그 결과 헤겔은 '예술의 종말' * 비슷한 것을 생각할 수 있게 된다). 아도르노가 칸트를 다루는 방식은 매우 도발적이다. 그는 일종의 게 릴라 전법으로 『판단력 비판』의 속을 까뒤집으면서 사실상 이 책을 반주관적 미학으로 다시 쓰는 코페르니쿠스적 혁명을 이루어내고 있 다(지금까지 전통적으로 칸트는 심미적 경험의 분화라는 주제를 주 관적 '연구대상'으로 설정했다고 생각되어왔다). 또 다른 공세는 칸 트주의가 문화산업의 조작 프로그램을 온전히 선취하고 있다고 비 판하는 것이다. 미에 대한 칸트의 분석이 지속적으로 보여주는 도식 은 '타락한' 할리우드의 상투성에 대한 전형이 되며, '대중음악'이 나 물신화된 청각의 특징인 나쁜 친근감의 원천을 이루고 있다는 것 이다.

그러나 『미학이론』은 심미적 경험을 이론화하는 경우 결코 그런 식의 전통적 방식으로 돌아가지 않는다. 사실 이 책은 여러 면에서 철학적 미학의 개념 자체 또는 그의 이상(理想)에 도전한다(『부정변 증법』 또한 똑같은 방식에 의해 전통 철학의 구조 자체에 대한 도전 으로 읽을 수 있다). 그 때문에 '진정한 심미적 경험'이라는 개념을 완고하게 고수하는 아도르노의 입장은 좀더 분명한 설명을 요한다. 이러한 상황은 사후에 출간된 이 작품의 형식에도 해당되는데, 이 작품의 논증방식을 고려할 때 이 책을 어떠한 장르에 포함시켜야 할

---

1) 아도르노에게서 미(美)의 본질이 주체에 의한 개념적 파악 너머에 있다면, 미(美)를 이념의 감각적 현현으로 보는 헤겔의 내용미학은 예술이 철학에 의해 지양 가능하다고 본다.

* "그러나 예술은 자연이나 삶의 유한한 영역 속에서 자신의 '전'(前)을 갖듯 이 또한 자신의 '후'(後)도 갖고 있다. 즉 예술은 절대적인 것에 대한 자신 의 파악방식과 재현방식을 넘어서는 차원을 갖고 있는 것이다"(G.W.F. Hegel, *Aesthetik*, vol.I, 1955, p.110.).

지 확실한 판단이 서지 않는다. 사실 이 책은 종종, 명시적이든 암묵적이든, 우리가 '철학적 미학'을 어떤 방식으로든 여전히 필요로 하는가 아니면 이러한 '장르'나 사유형식은, 적어도 우리 시대에 관한 한, 모순에 찬 것, 불가능한 것이 되어버린 것은 아닌가라는 골치 아픈 질문을 제기한다.

이 문제를 둘러싼 아도르노의 사유는 두 개의 다른 축 위에서 일어나는데 이 축들이 종종 서로 교차되기는 하지만 하나로 결합되거나 용해되지는 않는다. 그 하나의 축으로서, 아도르노는 '예술' 일반과 개별작품에 대한 경험을 체계적으로 구별한다. 이 두 영역의 대립은 분명 현대 문학비평의 실제나 이론이 전통적인 미학과 충돌하는 지점으로서 아도르노 저서에서만 특별히 그런 것은 아니다. 적어도 모더니즘의 힘의 장 속에서 문학이론은 개별 예술작품들의 비교불가능성, 극단적인 '다름'이나 유일무이성을 파악하고 묘사하며 동일화하는 것을 자신의 사명으로 여긴다.

그러나 형식면에서 전통미학의 가장 고유한 관심은 진정한 예술작품이나 이들에 대한 경험 모두에 공통된 특징을 확정하는 것이다. 그러한 관심은 '예술적인 것'이라는 유적 개념을 만들어내는데, 이러한 개념 속에서는 그리스 비극으로부터 조이스,[2] 피카소[3]에 이르기까지 개개 예술작품의 고유한 특수성이 증발해버리고 만다. 현대 비평도, 그때그때 상이한 작품들, 작가, 시대, 장르를 포함하는, 유적 개념이나 보편적 개념이 가능하다는—예전의 것과는 다르겠지만—것을 심심찮게 지적한다. 그러나 이런 종류의 심미적 사유방식—영원이 아닌 역사적인 것을 목표로 하는—은 칸트보다는 헤겔로부터 유래하는 것으로서, 심미적 철학이나 그 '연구대상'의 전

---

2) James Joyce(1882~1941). 아일랜드의 작가.
3) Pablo Luix Picasso(1881~1973). 에스파냐의 화가·조각가. 주로 프랑스에서 활동.

통적 구성방식을 또 다른 방식으로 문제삼고 붕괴시키는 경향이 있다.

그러므로 현대의 이론은 개별 텍스트에 자신을 얽어매면서 '예술' 또는 '미학'에 관한 포괄적인 질문은 완전히 제쳐놓는 경향을 보여 왔다. 이들은 정치학·인류학·사회학과 같은 이전의 다른 철학 내지 분과학문의 영역에서 일어난 사태와 비슷하게, 그러한 포괄적 문제를 욕망 일반에 관한 정신분석적 문제나 텍스트의 역동적 성격과 동일시함으로써 회피하려 했던 것이다. 그러나 아도르노는, 다른 경우 같으면 시대착오적이라는 당혹감을 안겨줄 문제에 매달릴 만한 충분한 이유를 가지고 있다. 그 이유란 "예술은 예술가가 작품뿐만 아니라 예술 자체와도 씨름한다는 점에서 결코 예술작품과 완전히 동화되지는 않는다"(『미학이론』, 272/261/286)는 것이다. 다른 말로 하면 예술과 개별 예술작품을 구별하는 것은, 그러한 구별이 그들 사이의 대립뿐만 아니라 관계를 지칭하고 있는 한, 딜레마를 이룰 수밖에 없다는 것이다. 나중에 더 분명히 드러나겠지만 사실 이러한 딜레마는 생산적인 측면도 지니는데 그 이유는 예술과 예술작품의 극도로 갈등에 찬 상호공존——예술작품은 개별 대상 위에서 벌어지는 작업이지만 또한 예술 자체의 본성 위에서 이루어지는 작업이다 (새로운 작품은 '이미 존재하는 예술기념비'의 '이상적 질서' 전체에 덧붙여진 저 '사소한' 변경이라는 엘리엇의 개념처럼)——이 역사가 미학 속에 들어가는 것을 가능케 하며, 또한 아도르노로 하여금 모든 예술작품 속에 깊숙이 숨어 있는 역사성이라는 주목할 만한 개념을 펼칠 수 있도록 허락해주기 때문이다.

예술과 개별작품의 구별 속에는 역사에 대한 '해석적' 접근보다 더 현안이 되는 문제가 있는데, 그것은 이 구별 속에 또한 사회적인 것 그리고 계급투쟁의 생생한 경험이 새겨져 있다는 것이다. 이것은 아도르노의 미학이론 안에 있는 근원적인 신화, 즉 『오디세이』 12장에 나오는 '세이렌' 이야기에서 잘 묘사된다. 아도르노와 호르크하이머는 『계몽의 변증법』에서 자기유지를 위한 자아와 자연의 억압이 초래한 모순과 고통을 생생하게 눈앞에 그려내면서 이중적인 해결, 즉 지배자와 피지배자는 한 배를 타고 있지만 그들에게는 서로 모순된 구원의 가능성이 있음을 묘사하고 있는 것이다.

그 중 하나의 가능성을 그는 선원들에게 지시한다. 그는 그들의 귀를 밀납으로 봉하고는 온힘을 다해 노를 저어갈 것을 명령한다. 살아남고 싶은 자는 되돌릴 수 없는 유혹을 들어서는 안 된다. 그는 들을 수 없을 때만 살아남을 수 있는 것이다. 사회는 항상 이를 위해 배려한다. 노동하는 사람은 건강한 몸과 일에만 전념하는 마음으로 앞만을 보아야 하며 옆을 곁눈질해서는 안 된다. 그들은 긴장을 풀지 않고 기분을 전환하고 싶은 충동마저 새로운 여분의 노력으로 승화시켜야 한다. 그 때문에 그들은 실천적이 되는 것이다. 타인들로 하여금 자신을 위해 일하도록 만드는 지주(地主)인 오디세우스는 다른 가능성을 택한다. 그는 세이렌의 노랫소리를 듣는다. 그렇지만 그는 마스트에 묶인 무력한 상태에서만 들을 수 있다. 유혹이 클수록 그는 자신을 더욱더 강하게 묶도록 만든다. 그와 마찬가지로 시민들은 후에 자신의 힘이 커가면서 행복에 가까이 다가갈수록 행복에 몸을 맡기기를 더욱 완고하게 거부한다. 오디세우스는 노랫소리를 듣지만 그것은 그에게 아무런 소용이 없다. 단지 머리를 흔듦으로써 그는 자신을 풀어달라고 한다. 그러나 때는 너무 늦었다. 스스로 노래를 들을 수 없는 선원들은 노래의 위험만을 알 뿐 그 아름다움은 알지 못한다. 그러므로 그들은 오디세우스와 자신들을 구하기 위해 그를 마스트에 묶인 채로 내버려둔다. 그들은 하나로 묶여진 억압자의 삶과 자신들의 삶을 재생산한다. 그러므로 억압자도 자신의 사회적 역할로부터 빠져나올 수 없다. 실천에 묶어놓고는 풀 수 없게 만들어놓은 끈은 동시에 요정으로부터 실천을 멀리 떨어뜨려 놓는다. 요정의 유혹은 단순한 명상의 대상, 즉 예술로 중화[4]된다. 사슬에 묶인 오디세우스는 뒤에 콘서트 방문자가 되어 콘서트에 살면서 미동도 하지 않고 귀를 기울인다. 해방을 향한 감격스런 외침은 박수갈채로 울려퍼진다. 선사시대와 작별한 후 예술향유와 노동은 이런 식으로 갈라지게 되는 것이다(『계몽의 변증법』 34/34/65~66).

헤겔의 주인과 노예의 변증법에 대한 이러한 재해석은 이 변증법을 아이러니컬하게 굴절시킨다. 노예의 '진리'는 주인이며 주인의 '진리'는 '오직' 노예라는 것이 밝혀진다는 것이다. 궁극적인 결과로서 오디세우스는 예술을 경험하며, 다른 한편 귀머거리가 된 그의 노동자들은 '개별적인 예술작품' 속에 있는 심오한 무엇을 배우게 되지만 그들 자신은 그것을 듣지 못한다는 것이다. 이 심오한 무엇은 과거로부터 다시 불러낼 수 없는 '되돌릴 수 없는 것', 즉 작품의 '진리 내용'이다.

그렇지만 개별적인 예술작품에 관한 아도르노의 관념은 뒤에 다루게 될 것이다. 현재의 관심사는 앞의 인용문에서 어느 정도 암시되었던 예술의 유적 개념이다. 이것은 무엇보다도 계급사회에서 예술이 갖고 있는 순수한 죄, 즉 계급적 사치나 특권으로서의 예술을 일컫는다. 예술의 이러한 원죄는 아도르노의 심미적 반성 전반에 깔려 있는 기본 어조로서 그의 진동이 우리의 감각 중추 속에서 거의 제2의

---

4) 중화(neutralization)는 기존의 현실을 일탈하는 어떤 돌출적인 힘도——긍정적인 것이든 부정적인 것이든——그와 대립되는 힘에 의해 희석시키는 원리다. 예술작품은 자신의 자율성으로 인해 기존 현실과는 다른 이차적 존재가 되어 화해의 빛 속에서 잘못된 기존현실을 탄핵할 수도 있지만 사회 속으로 들어오면 중화되어 아무런 역할도 할 수 없다.

자연이 되어 때때로 그 진동을 의식하지 못할 때조차 항상 현존한다. 어떤 예술작품도 빠져나갈 수 없는 예술의 이러한 원죄적 성격은 아도르노에게 예술 일반과 개별작품을 극단적으로 구별하는 깊은 동기가 된다. 왜냐하면 개별작품이 하는 일, 즉 이들이 예술적인 과정 속에서 하는 '작업'은 이 살을 에이는 고통을 감당하면서 보편적인 죄의식과 씨름하는 일이며 풀 길 없는 모순의 형식을 통해 이를 의식시키는 것이기 때문이다. 개별작품은 이러한 모순을 해소할 수 없지만, 맹독성을 지닌 이 모순과 항상 새롭게 대결하고 이것을 자신의 내용이나 원자재로 받아들임으로써 작품의 진품성에 어느 정도는 도달할 수 있다. 이런 의미에서 모든 예술작품에 깊숙이 침투해 있는 이 죄는 가장 내밀한 자신의 핵 속에 갇혀 있는 모나드적 예술작품을 외부의 사회질서와 연결시키는 매개기관이 된다(그렇지만 이러한 매개는 곧 보겠지만 다른 여러 매개 중 하나의 가능성에 불과하다).

이것은 또한 철학적 미학이 왜 우리 시대에 불가능할 뿐만 아니라 참을 수 없는 것이 되어버렸는지에 대한 깊은 이유이다. 왜냐하면 미나 예술, 미학에 관한 보편적 이론들은 개별 작품의 급진적 차이를 빠뜨리거나 억누르고 있을 뿐 아니라, 미학을 초월하는 것, 작품 저편에 있는 진리에 대한 의지 또는 좀더 일반적인 의미에서의 세계에 대한 관심—조이스나 아이스킬로스,[5] 단테 또는 백거이[6]가 자신의 사명으로 느낀 것은 단순한 '예술'을 넘어 세계 자체와 씨름하는 것이었다—이 이러한 전통적인 철학적 미학에서는 배제되기 때문이다. 지금의 시점은 『미학이론』의 중심 주제와 중심 패러독스를 언급할 적절한 시기로 보이는데, 이 원리가 어떻게 발전해나가는가

---

5) Aeschylos(BC 525~BC 456). 그리스 3대 비극작가 중의 한 사람.
6) 白居易(772~846). 중국 당나라의 시인.

에 대해서는 나중에 살펴보겠지만 이 주제에 대한 최초의 잠정적 언급은 이렇게 되어 있다. "예술을 엄격하게 미학적으로만 지각하려 들면, 미학적으로조차 제대로 지각하는 데 실패한다"(『미학이론』, 17/9/20).

그러나 예술 일반의 죄에 대해서는 지금까지 말해진 것이 완전히 역전되어 재배열되어야 한다. 실제로 성공을 거둔 힘찬 철학적 미학이 여기서 도달한 보편적 변형은, 다양한 편차를 지닌 개별 예술작품 모두와 이들의 다양한 초(超)미학적 노력들을 하나의 길고 중단 없는 '심미적 경험'으로 전환시키며, 이를 통해 우리를 고통과 비탄으로 가득 찬 사회적 세계로 가차없이 내몬다. 이런 세계 속에서 정당화될 수 없는 예술향유라는 사치는 매순간 억누를 수도 피할 수도 없는 죄의식이 된다. 그렇지만 우리가 현대예술에 대해 말해온 것 안에는 또한 정반대의 것이 내포되어 있다. 즉 작품의 '진리내용'을 곧장 추구하는 제작방식은 우리 세계의 엄연한 현실인 이 객관적 죄를 회피하려는 시도에 지나지 않는다는 것이다. 개별적인 예술작품과 이론이 이런 식으로 만나는 것은 형이상학적으로 무죄라는 점에 관해 우리는 앞에서 인용한 아도르노의 문구를 뒤집어, 예술의 진리내용만을 목표로 삼으면서 순수하게 초(超)미학적으로만 지각하려 들 경우 진리내용이나 초미학적 차원 자체도 사라져버린다는 것을 보여줄 수 있을 것이다.

여전히 잠정적인 이 모티브에 대해 마지막으로 두 가지 사항을 더 언급하면, 그 하나는 미학의 영역에서 아도르노가 '특정한 부정'이라고 부른 것의 형식이다. 특정한 부정은 우리 시대에 유일하게 가능한 진정한 비판적 사유인 모순의 의식으로서 이는 모순을 풍자적인 실증주의나 냉소적 경험주의 또는 유토피아적인 긍정성 속에서 해소해버림으로써 모순을 해체하는 것에 저항하는 것이다. 예술을 미학적이면서 동시에 반미학적으로 사유하는 것에 성공하는 것은 곧 이 분야에서 특정한 부정을 성취하는 것이다. 그러나 두번째로 고려해야 할 것은 정치적 예술에 대한 아도르노의 완고한 거부가 바로 이러한 이중적 입장으로부터 나온다는 것을 자각하는 것이다. 왜냐하면 아도르노는 여기서 예술이 탐미주의자의 안이한 여흥거리가 되는 것을 비난하고 있을 뿐 아니라 안절부절못하는 호전가의 속물근성 또한 거부하고 있기 때문이다. 그러나 우리는 본론에서 벗어나 있는 이 문제나 그 결과에 대해 아직 논의할 처지는 못 된다. 이 문제 또한 겉으로 보기보다는 훨씬 복잡하고 패러독스하다.

그렇지만 이런 논의들은 모두 아직 시기상조이다. 왜냐하면 우리가 지금 탐구하고자 하는 관심사는 일차적으로 아도르노의 보편적 예술 개념이 가지고 있는 지위였으며, 그 다음은 그의 담론이나 담론형식이 전통적인 미학에 대해 갖는 관계였기 때문이다. 아도르노의 갑작스런 입장 선회는 다음과 같이 특징지울 수 있다.

예술의 본질에 몰두하는 것——미학 자체의 기초를 세우는 것이지만 동시에, 개별적인 예술작품만이 흥미 있고 진정한 것이 될 수 있는 상황에서는 재미없는 주제인데——은 그럼에도 불구하고 계속 견지되어야 한다는 것이다. 그 이유는 심미적인 것이 지니고 있는 깊은 죄의식이 파악되고 규정될 수 있는 곳은 사회적 활동으로서의 예술 일반이 문제되는 영역에서이기 때문이다. 『미학이론』은 예전처럼 여전히 '심미적'이지만 그럴 수 있는 것은 그것이 갖고 있는 부정성에 의해, 즉 심미적인 것이 아무런 결과도 내놓을 수 없음이 피할 수 없는 현실이 되어버렸다고 보는 관점 덕분인 것이다.

그러나 이제 우리는 예술에 관한 아도르노 사유의 두번째 축에 눈을 돌려야 하는데, 이 축은 예술과 개별 예술작품들의 대립이라는 첫번째 축과 변증법적 긴장 속에 있다. 그러나 두번째 관점에서 예술——이제는 개별 작품들을 포함하며 개별 작품이 모여서 구성되는 예술——은 예술이 아닌 모든 것과 대립된다. 또는 좀더 정확히 말해

'실제로는' 예술이 아닌 모든 '문화적인 것'에 대립된다. 우리는 이 것—즉 모든 예술은 '위대한' 예술이라는 『미학이론』의 살아 있는 전제—을 가능한 한 충격적으로 부각시킬 필요가 있다. 다시 말해 심미적 경험에는 등급이 없다는 것, 심미적 경험은 불완전하거나 부분적이거나 어중간하거나 약속에 그쳐서는 안 된다는 것이다. 있는 것은 다만 심미적 경험 자체 또는 그의 부재이다. 예술의 분야에서 논의할 가치가 있는 것은 오직 이런 종류의 경험이다. 이 말은, 너는 이미 알고 있어야 하며 그렇지 않으면 아무도 얘기해 줄 수 없다는 뜻으로 이러한 당황스러운 단서는 이러한 경험에 대해 이런저런 예비설명을 해주는 것이 불가능하다는 것이다.

이런 의미에서 『미학이론』은 심미적 경험이 이미 축적되어 있어야 함을 전제한다. 『미학이론』은 이미 우리가 가지고 있는 경험에 대해 이야기하며, 그 문장들은 이미 알려져 있고 친숙한 것을 넌지시 일깨워준다. 『미학이론』은 자신이 묘사한 것에 대한 독자의 동의와 관심을 전제하는 것이다. 문학비평에 관한 탁월한 에세이는 지금까지 불투명하고 지루하고 짜증나는 비틀린 텍스트들을 어떻게 읽을 수 있는지 아니면 어떻게 다시 해석할 수 있는지를 보여주며, 이를 통해 우리에게 새로운 (거의 최초의) 독서경험을 일깨워주고 우리의 정신 내부에 새로운 미학이나 시학의 형성을 촉발할 수 있을지 모른다. 그러나 『미학이론』은 그런 일을 하지도 않고 하려고 들지도 않는다. 이런 의미에서 이 책은 이미 느낀 것을 사후에 분류하는 철학적 미학의 범위 내에 머물러 있다.

그러나 우리는 예술이란 정의상 '위대한 예술'이라는 너무나 당돌한 방법론적 결단을 처음 접할 때 느끼게 되는 당혹감을 시인하지 않을 수 없다. 우선 언급해야 할 것은 이러한 입장이 가치에 관해 제기된 모든 전통적 질문들을 즉각적으로 배제하고는 가치라는 것을 처음부터 당연한 전제로 만든다는 것이다(어떤 '가치'를 가지고 있든

개의치 않고 모든 종류의 서사를 고려한다는 노스럽 프라이[7]의 방법
론적 결단을 역전시키는 것으로 볼 수 있다). 그러나 가치의 문제는
나중에 좀더 역사적이고 사회적인 형식을 지니고 다시 등장한다. 이
국면에서 아도르노의 으뜸가는 적수로서 벤야민을 유혹하고 타락시
킨 장본인인 브레히트의 조롱정신이 쉽사리 떨쳐내지지 않는다. 브
레히트의 몇몇 장면이 섬광처럼 기억 속에 떠오르는데, 가장 생생한
장면으로 『마호가니』에서 술주정꾼들은 연주자의 피아노를 뚫어지게
응시하다가 이렇게 소리친다. "이것은 영원한 예술이다!"

덧붙여서 말해야 할 것은 아도르노가 현대의 상업적 대중문화의
발달과 함께 거의 완전히 억압되어버린 '좀더 가벼운' 예술형식들('가
벼운, 즉 희극적인' 오페라나 오페레타 같은)을 위한 공간을 체계적
으로 마련하고 있다는 사실이다. 기술적인 면에서 볼 때 레하르[8] 같
은 작곡가는 '대가들'만큼이나 그 나름대로 경탄할 만한 전문가이
다. "기분풀이나 '가벼운' 예술 그 자체는 데카당스 형식이 아니다"
(『계몽의 변증법』, 121/135/147).[9] 그것은 오직 특수하게 부르주아
문화 내에만 존재하는 공간인데 그러나 이 문화의 발전경향은 그러
한 공간을 제거하게 된다.

자율적인 예술은 가벼운 예술을 그림자처럼 따라다닌다. 사회적으
로 볼 때 가벼운 예술은 진지한 예술 속에 숨어 있는 검은 마음 같

---

7) Herrman Northrop Frye(1912~). 캐나다의 문학평론가. 토론토 대학 총장.
8) Franz Lehár(1870~1948), 헝가리의 작곡가, *Die lustige Witwe*(*The Merry Widow*)로 성공.
9) 문화산업에 의해 오염되지 않은 본래의 가벼운 예술에 대한 방어로서 『계몽의 변증법』에는 다음과 같은 언급이 나온다. "말타기나 공중곡예나 어릿광대의, 의미로부터 면제된 데서 오는 자신감에 찬 기예는 지성적인 예술에 저항하는 육적 예술의 방어와 정당화다."

은 것이다. 사회적인 전제 때문에 진지한 예술이 어쩔 수 없이 놓칠 수밖에 없는 진리를 가벼운 예술은 그럴듯한 가상으로 내보인다. 양자의 분리 자체가 진리다. 그러한 분리는 최소한 다양한 영역으로 구성된 문화의 부정성을 말해주고 있는 것이다. 가벼운 예술을 진지한 예술 속으로 끌어들이든지 또는 반대가 될 경우 대립은 최소한 화해될 수 있을 것이다. 문화산업이 바로 그러한 것을 시도하고 있다(『계몽의 변증법』, 121~122/135/148).

그러므로 아도르노가 언급한 "전체로 끼워맞추어질 수 없는 두 개의 반쪽"은 진지한 예술과 대중문화를 지칭하는 것이 아니라 진지한 예술과 가벼운 예술——이들 사이에 있는 본래의 차이는 상업화과정을 통해 제거되고 있는——을 지칭한다고 볼 수 있다.* 그리하여 동화(또는 『더벅머리 페터』(Struwwel Peter)[10] 같은 고풍스러운 최근 작품들)가 행하는 역할에서 보듯, 특정한 종류의 전통형식들에게는 존재할 공간이 배려된다. 그렇지만 여기서도 정치적 안정감을 주는 대중주의(populism)의 흔적을 찾아보기는 힘들다. 사실 이 새로운 대립——대중문화와 전통적인 '민속' 예술——을 근본적으로 매개하려는 시도는 가망이 없지만 이 문제 또한 역사기술적인 면에서 보면 다층적이며 '직선적이 아니다'. 민속예술 속에 있는 기본적인 사회관계는 "주인과 노예, 진 자와 이긴 자의 관계지만 이 관계가 다만 직접성 속에서, 즉 완전히 대상화된 형태를 띠지는 않는다"(「할머니로 변장한 늑대」, 『최소한의 도덕』, 272/204/287)는 것이다. 예전의 형식들 속에 있는 이데올로기적 측면은 새로운 대중문화의 이데올로기 구조에 의해 뒤늦게 그 실상이 드러난다.

---

* 또한 『미학이론』 465/433쪽을 참조하라.

10) Heinrich Hoffmann(1809~94)의 창작 동화.

영화는 소급적 효과를 갖는다. 영화의 낙관적인 전율은 동화 속에서, 예전부터 항상 무엇이 나쁜 짓인가를 분명히 해주었으며, 처벌받은 악한에게서 전체로서의 사회가 유죄판결을 내린 자의 모습이 어떠한가를 읽을 수 있게 해주고, 그런 악인을 유죄판결내리는 것이 예전부터 사회화의 꿈이었음을 어렴풋이 느끼게 해준다(『최소한의 도덕』, 272/204/287).

브레히트가 말하는 전통적인 것, 태곳적인 것의 목적도 이것과 크게 다르지 않다.

그러나 사실 아도르노의 이러한 입장—포스트모던한 초국가의 민주화된 대중문화의 관점에서 보면 낡아빠진 것으로 낯설게 느껴지는 이러한 입장은 보통 쉽게 '엘리트적' 세계관, '심미주의' 또는 반동적 현학주의로 환원되기도 한다—은 오히려 수많은 다른 상상적 또는 이상형적 주인공들에 등을 돌리는 것이라고 볼 수 있다. 다음에서는 어쨌든 다양한 입장들이 등장인물들을 구성하며 이들이 추는 추상적인 발레는 다양한 예술형식에 전용될 수 있음이 드러날 것이다.

경험의 문제를 주된 관심사로 삼는 철학은 다른 무엇보다도 진정한 예술경험과 그에 '반대되는' 모든 것을 우선적으로 구별하려든다. 왜냐하면 경험은 필연적으로 경험이 아닌 것에 의해 자신의 어쩔 수 없는 한계에 도달하기 때문이다("결정하는 것은 부정하는 것이다"). 그렇지만 우리는 '경험'이라는 문제에서는 특이하게 패러독스한 상황과 마주치게 된다. 왜냐하면 정의상 경험이 아닌 것은 인식될 수도 표현될 수도 없기 때문에 그러한 철학은 자신의 한계에 대한 설명을 스스로의 내부에 포함시킬 수 없기 때문이다. 그리하여 흥미로운 비반성적 전략이 등장하게 된다. 예를 들어 메를로 퐁티[11]의 현상학에서는 육체의 경험이 자신의 아르키메데스 점을 자신의 외부에

서, 즉 이른바 '헛개비 지절'(phantom member)—절단된 사지에
아직 남아 있는 감각—이라는 한계선상에서 발견한다. 그러한 동떨
어진 지점의 부재하는 현존성을 수단으로 메를로 퐁티는 자신의 현
상학 전체를 체계적으로 묘사해낼 수 있었다.

다른 실존주의에서 경계선의 문제는 두 개의 상이하면서도 서로
연관된 영역 속에서 나타난다. 이러한 경계선을 이루는 문제는 의미
와 죽음의 문제이다. 단지 외부로부터 오는 다른 시각에 의해서만 모
든 삶의 기획 속에 내재한 상황적 의미는 자연적 토대가 없는 순수
한 인위적 구성임이 드러난다. 그러나 이러한 관점—실존철학의 생
활세계 안에는 주어져 있지 않다—은 실증성에로 선회하는 경향이
있어서 그 의미의 부재는 이제 서서히 개념이나 독자적인 철학, 이
른바 '부조리' 철학으로 전환하게 된다.

또한 사르트르의 경우 죽음—이런 종류의 또 다른 구성적 한
계—은 (하이데거의 '죽음을 향한 존재'처럼) 삶 속에서 살아 움직
이는 비밀로 관조되기를 거부하면서 무의미한 타자의 측면, 즉 그
정의상 삶의 바깥에 있으며 그 때문에 우리의 관심을 벗어나는 사건
이 된다. 한계의 문제에 대한 하이데거의 '해결'—하버마스도 최근
에 이에 대해 다시 언급했지만—은 신화적인 역사 속으로 돌아간
다. 그는 우리가 사는 존재자의 타락한 세계의 '바깥 면'을 억압되
고 잊혀진 원초적 시간으로, 비밀과 존재에 대한 질문—역사적 시
간 속에 사는 우리는 이에 대한 기억마저 잃어버렸지만—으로 가득
찬 진정한 경험과 진정한 현재로 전환시킨다.

그 때문에 아도르노는 예술의 구성적 특징을 유희와 수수께끼로
묘사하는 것과 연관지어 '헛개비 지절'에 대한 논의를 다시 제기하
면서, '비예술적인 인간들에 대한 연구'를 추천한다.

---

11) Maurice Merleau-Ponty(1908~61). 프랑스의 철학자.

비예술적인 자들에게 예술이 무엇인지를 설명하는 것은 불가능하다. 지적인 통찰이 그들을 생생한 경험으로 이끌 수는 없는 것이다. 그들에게는 현실원칙이 절대적이기 때문에 심미적 반응은 완전히 터부시된다. 예술이 문화 속에 공식적으로 받아들여지는 과정에서 비예술성은 종종 공격성을 띠게 되며, 이러한 공격성은 특히 오늘날 예술의 탈예술화라는 보편적 경향을 부추긴다. 〔여기서 탈예술화가 뜻하는 것은, 예술이 자신이 갖고 있는 모든 관습적인 예술상의 경향이나 징표들, 예를 들면 '가상' 같은 것을 잃어버리는 것이며, 그와 동시에 예술을 해프닝이나 광고, 특정한 정치예술 같은 다른 형태로 변질시킴으로써 심미적 활동을 다시 정당화하려는 시도이다―제임슨 첨가〕(『미학이론』, 183/177/194~195).

이 인용에서 설명을 위해 도입된 용어들―― '현실원칙', '예술이 문화 속에 공식적으로 받아들여지는 과정', '공격성' ――은 비예술적인 자들이 취하게 되는 (잠시 후에 보게 될) 수많은 사회적·역사적 형태들을 열어주게 된다. 그렇지만 (우리가 보아왔듯이) 이러한 완전히 비심미적인 입장은 오직 아도르노의 연구 내적 필요에서 나온다. 이 인용에서 눈여겨보아야 할 것은 어떤 방식에 의해 이러한 비예술적인 자들이 텍스트 속에서 일종의 '독자'로 등장하게 되는가이다(여기서 독자란 미학이라는 것을 전혀 모른 채, 또한 '자연스러운' 이유에서든 '구성적인' 이유에서든 도대체 심미적 경험이라는 것을 '소유할' 능력이 없으면서 『미학이론』을 손에 들게 된 사람을 일컫는다).

그러한 독자란 인류학적으로는 물론 상상할 수 없다. 그러한 존재는 (헤겔적 의미에서) 어떤 부정성도 가지고 있지 않고 직접성에 완전히 함몰되어 있으며, 그의 의식은 세상에 대한 최소한의 거리――

'고등' 동물의 속성인——조차 갖고 있지 않다. 그러므로 환상, 즉
허구를 만들어낼 수 있는 능력이나 존재하지 않는 것(아직 존재해보
지 못한 것 또는 과거의 것)의 이미지를 정신적으로 즐길 수 있는
능력이란 인간의식의 우연한 부수적 능력이 아니라 실제로 인간을
구성하는 특징이다. 그렇지만 위에서 언급했듯이 의식을 '정의'하려
는 모든 시도(예를 들어 의식을 부정성이나 거리로 보는 사르트르의
정의는 '상상적인 것'의 묘사를 필연적으로 통과해야 한다는 것을
떠올릴 수 있다)는 자신의 용무를 수행할 수 있기 위해 의식이 완전
히 박탈된, 이러한 불가능한 입장을 설정한다. 비슷한 방식으로 그
어떤 외적 한계 너머로부터 언어를 묘사하는 것은 비언어적 존재를
환상적이고 내적으로 모순되게 재현할 것을 요구한다. 비근한 예로
서 언어를 폐기하고 이를 (상호소통을 위해 들고다닐 수 있는) '물
건들 자체'로 대체하려는 라가도(Lagado)의 위대한 학자들[12]의 계
획은 아도르노에게 실증주의적 사유의 정수로 여겨졌다.

 그러므로 의식이나 심미적 능력을 전혀 갖고 있지 않은 존재라는
아도르노의 관념은 곧장 서사 기호학이 '표층 징후'라고 명명한 것
의 형태를 띠게 되면서, 사회적·역사적 경향(앞의 인용에서 이미
그 시작을 보았던 과정)에 상응하는 '살아 있는'(lifelike) 형상이 된
다. 그렇지만 모든 심미적 감수성을 박탈당한 '비예술적 인간'이란
무엇보다 텍스트 속에 있는 타자와 비슷한 것이다. 이 타자는 사람
들이 반대하는 저 궁극적 비독자이거나 이러한 비독자를 찾아내는
것이 불가능할 경우(정의상 그럴 수밖에 없다) 사람들이 텍스트 자
체가 요구하는 관점을 제대로 이행하는 '진정한' 독자와의 돈독한
유대감 속에서 중상하고 조롱하는 독자일 것이다. 그러므로 모든 텍
스트는——최소한 장르들이 형성되는 초기 단계에서는, 즉 제도화되

---

12) Jonathan Swift(1667~1745)의 『걸리버 여행기』 3권에 나오는 이야기.

는 과정 속에서는——어쩔 수 없이 '바람직하지 못한' '나쁜' 독자를 바로 그러한 비예술적 입장들 속에 포함하리라는 것을 충분히 상상할 수 있다. 이러한 비예술적 입장들이 물론 이야기 속에서 인간의 '모습'을 가질 수는 없지만 극적 형상으로는 가시화될 수 있다. 예를 들어 우리는 합리주의자·회의주의자·무신론자를——이들을 반박함으로써 바람직하지 못한 독서를 중화시키기 위해——체계적으로 텍스트 안에 포함하는 신비학적(occult) 장르나 공상과학소설에서 그렇게 가시화된 형상을 만날 수 있다.

어떤 의미에서 보면 아도르노에게 비예술적 입장은 물론 초보적인 서사 속에 있는 '행동적인 주인공'을 통해 이미 성취되었다. 예를 들어 그것은 『오디세이』에 나오는 '세이렌' 이야기의 뱃사공의 형상 속에서 성취된다고 볼 수 있는데, 이들의 귀를 막는 행위는 그들을 예술이라는 것이 존재한다는 사실은 알지만 예술의 경험이나 힘에 대해서는 아무런 개념도 가질 수 없는 사람으로 만드는 것이다. 좀 더 넓은 사회적 의미에서는, 세이렌이라는 계급 알레고리가 분명히 하듯이, 이 비예술적인 사람들이 노동대중과 동일화될 수 있다는 것은 확실하다. 이들은 『계몽의 변증법』의 또 다른 경이로운 부분에서 다시 등장하게 되는데, 여기서 아도르노와 호르크하이머는 문화산업 전체의 스위치를 어느 순간 갑자기 누구의 아쉬움도 별로 남기지 않은 채 꺼버릴 수도 있으리라는 (별로 있을 법하지 않은) 가정을 한다.

라디오나 영화관이 대부분 문을 닫는다고 하더라도 소비자들은 아마 그렇게 아쉬워하지 않을 것이다. 거리로부터 영화관으로 걸어들어가는 것이 더 이상 꿈의 세계로 들어가는 것을 의미하지는 않는다. 이러한 제도들의 존재 자체가 그 이용을 의무화하는 것과 같은 상황이 지나가고 나면 이러한 제도를 이용하려는 욕구도 그렇게 크지는 않을 것이다. 그런 식으로 문닫는 사태가 반동적인 기계파괴는 아닐 것이다. 미련을 갖는 사람은 열광자들보다는 모든 것이 못마땅한 뒤처진 사람들일 것이다. 영화는 모든 사람을 자신에게 끌어들이려고 하지만 가정주부는 영화관의 어둠을 몇 시간 동안 감시받지 않고 앉아 있을 수 있는 피난처—아직 집과 저녁의 휴식이 있던 시절 창 밖을 물끄러미 내려다보던 것처럼—로 여길 것이다. 대도시의 실업자는 온도조절이 된 이 장소에서 여름의 시원함과 겨울의 따뜻함을 발견할 것이다(『계몽의 변증법』, 125/139/151).

이러한 포퓰리즘(호르크하이머의 것으로 보이는)은 '대중 인간'이나 대중 산업문화를 분석하는(하이데거의 '사람'(man)이나 오르테가[13]의 '대중의 반란'처럼) 같은 시대의 보수주의와는 확연히 구분되지만 그럼에도 불구하고 이념적으로는 연관성이 있다. 그렇지만 여기서는 이미 당대의 급진적 수사학에서 볼 수 있는 '한계적 존재'들이 등장한다. 이러한 인물들은 여성이나 실업자들, 특히 정신적으로 뒤처진 자들이나 사회발전의 희생자들로서 되블린의 『베를린 알렉산더 광장』(Berlin Alexanderplatz)[14]은 이에 대한 기념비적 작품이 될 것이다. 커다란 영화관의 안락한 어둠은 오디세우스의 뱃사공들이 여가시간에 쉴 수 있는 휴식처가 되지만 이들은 예전에 세이렌의 노래에 관심을 기울이지 않았듯이 스크린의 매혹적인 이미지에 무관심하다.

---

13) Jose Ortega y Gasset(1883~1955). 에스파냐의 철학자.
14) 감옥에서 출감한 주인공 Biberkopf가 사회로의 정상복귀에 실패하게 되는 과정을 그린 독일의 소설가 Alfred Döblin(1878~1957)의 1929년 작품.

그렇지만 그들이 관심을 기울인다면 어떻게 될까? 이 점에서 아도르노에게서 심미적 경험을 전혀 할 수 없는 사람들의 몰예술적 입장은 실제역사 속으로 들어가기 시작하면서 둘로 나뉘어진다. 이러한 양분과 함께 문화산업이라는 유명한 개념 자체가 출현하게 되는 것이다. 이제 예술적 경험에 대해 아무런 개념도 가지고 있지 않은 사람들과 함께 나란히, 그들 스스로는 그러한 경험을 하고 있다고 생각하는 사람들을 위한 자리가 마련된다. 여기서 문화적 경험에 참여하고 있다고 믿는 관중이나 청중을 위해 고안된 '대체' 예술에 대한 분석은, 이들은 여전히 예술이 무엇인지를 전혀 모르고 있음이 드러나며 또한 자신들이 진정한 심미적 경험을 전혀 이루지 못했고 그런 것을 박탈당하고 있다는 사실조차 모르고 있음이 밝혀진다.

'문화산업'은 『미학이론』에서 주된 역할을 하지 않지만 이미 부정적으로 사전 전제되어 있다. 사실 예전의 텍스트는 훗날의 기획 전체를 위한, 즉 '진정한' 경험도 그렇다고 비예술도 아닌 '심미적 경험(아도르노적 의미에서는 '위대한 예술'이 분명 아니지만 예술로 보이는)' 같은 예외적인 경우나 어중간한 중간층들을 어떻게 다룰 것인가에 대한 진지한 철학적 문제를 구성하고 있다. 『계몽의 변증법』의 '문화산업' 장은, '진정한' 예술이 아닌 종류의 예술(그렇다고 바로 '나쁜 예술'이라고 하는 것은 정확하지 않다)이나 진정으로 심미적이지는 않지만 그렇다고 달리 규정할 수도 없는(칸트의 용어를 빌리면 실천적이지도 인식론적이지도 않은) 실제적 경험을 이론화하는 딜레마를 배제함으로써, 이러한 구조적 문제를 처리하고 있다. 아도르노가 그렇게 했듯이, 대중문화에 대한 이러한 경험을 사실상 상품형식에 대한 경험이라고 말하는 것은, 그러한 경험의 객관성을 강조하는 것이기는 하지만(그것은 결코 '사이비 경험'이 아니다) 그렇다고 지금까지 살펴본 전통적·심미적 카테고리에 대한 이 새로운 코드(상품물신주의)의 관계를 아직 명확하게 표현하는 **것은 아니다.**

3 좌파와 문화개념의 변천

오늘날 아도르노의 가장 영향력 있으며 도발적이고도 악명 높은 이 문화산업 개념에 대해 이것이 겪어온 '운명'의 역사를 언급하지 않은 채 논의를 진행하기는 어렵다. 비록 『계몽의 변증법』의 전체 틀은 철학과 사회학의 결합을 추구하는 언어로 짜여 있지만 이 기본 텍스트는 (『최소한의 도덕』과 함께) 좀더 오래된 문학 장르에서 유래한 작품으로 다시 읽힐 수 있다. 다시 말해 이 텍스트는 유럽인들과 새로운 북미의 민주주의—적어도 최근까지 영향력을 잃지 않으면서 전(前)부르주아 사회의 문화 관념의 잔재를 여전히 남겨놓고 있는(부르디외의 '섬세한 구분'에서처럼 그러한 귀족적 형식과 카테고리를 시민계급 자체가 넘겨받아 재조직한 경우에서조차) 귀족적 구체제(ancien régime)와의 계급투쟁과 무관하게 생겨난 북미의 독특한 정치적·사회적·문화적 형식—의 경악에 찬 만남이 산출한 여행문학으로 읽을 수 있다는 것이다. 그러나 유럽의 지식인이 신세계의 대중민주주의라는 타자와의 만남에서 받은 충격은 예상치 못했던 역사적 구도, 즉 같은 시기에 발발한 히틀러 파시즘에 대한 인상이 가미되면서 독특한 양상을 띠게 된다.

오늘날 대중민주주의와 파시즘의 이러한 결합은 별 달리 패러독스한 것으로도, 우연한 것으로도 여겨지지 않는다. 히틀러주의는 오랫동안 지연된 사실상의 독일 시민혁명이며, 폭력적이고 소시민적인 사회적 · 정치적 · 문화적 평준화는 귀족적 형식들의 마지막 잔재의 파괴를 가져왔다는 역사가들의 객관적 지적처럼 아메리카의 대중민주주의와 독일의 나치즘이라는 두 현상은 서로 밀접히 연결되어 있는 것이다. 그러나 아도르노와 호르크하이머의 독창성은 처음으로 이 두 현상을 문화적으로 연결시켰을 뿐 아니라, 정치적 참여의 형식이라고 간주해도 손색이 없는 단호한 태도로써 문화산업과 파시즘의 분리 불가능성을 주장했다는 점이다. 그들은 미국의 경우와 독일의 경우를 너무나 도발적으로 뒤섞어버렸기 때문에 이에 대한 분개가 터져나오는 것은 피할 수 없었다. 제2차 세계대전의 결과 나치즘이라는 경쟁세력에 대해 문화산업이 승리했다는 것은, 하나의 패러다임에 대한 다른 패러다임의 승리가 아니라 동일한 패러다임 내부의 변주로 이해되었던 것이다.

　문화산업 개념은 그러므로 새로운 철학적 문체나 추상화방식을 수단으로 하지만 그 껍질을 벗기면 토크빌,[1] 디킨스, 트롤로프[2] 류의 미국방문기의 일종임이 드러난다. 서로 엇비슷한 이런 글들에 대해 미국 지식인들은 간단히, 거드름 피우는 속물근성이나 귀족적 편견으로 일축했다. 그러나 다른 지식인들, 즉 미국이라는 예외적 상황에 덜 매여 있는 좌파 지식인들에게는 아도르노와 호르크하이머의 비판이——이미 언급한 대중문화와 상품형식의 동일성이 인식되면서——자본주의 자체에 대한 문화비판의 기초로 여겨지게 된다. 미국에서 이러한 문화비판은 모더니즘의 심미적 가치——아도르노와 호르크

---

1) Alexis Tocqueville(1805~59). 프랑스의 정치가며 역사가. 『미국의 민주주의』 저술.
2) Anthony Trollope(1815~82). 영국의 소설가.

하이머의 경우에는 그러한 문화비판의 토대가 되지만—와는 무관하게 발전한다. 여기서는 예술적 모더니즘이 1950년대에 이르러서야 대학에서 주도권을 잡게 되고 전범으로 부상했다는 사실을 염두에 두어야 한다. 그 후 몇 년 동안(곧 60년대로 접어드는 동안) 몇몇 가변요소가 변화되며 이와 함께 문화비판 자체의 상황도 바뀌게 된다. 미국에서 이러한 연구분야는 그에 대한 동기나 가치와 함께 그 이후 좌파와 연결되어왔다고 단언해도 크게 틀리지 않을 것이다(지금까지 가벼운 삽화의 수준에 머물러 있던 우파의 문화비판이 정당성을 획득한 것은 극히 최근의 일이다).

그러나 사회적인 면에서 볼 때 1960년대에 다시 태어난 미국의 좌파는 예전의 포퓰리스트 전통을 재발견하게 되면서 그들의 문화적 입장을 본질적으로 포퓰리즘의 언어라고 볼 수 있는 것들에 의해 새롭게 규정하기 시작한다. 그 사이 본질적으로 유럽적인 전통이라 할 수 있는 심미적 모더니즘은 아카데미 내에서 전범으로 받들어지게 되면서 화석화되어 나쁜 의미에서 그야말로 '아카데미적'이 된다. 이런 종류의 모더니즘에 대한 좌파 포퓰리스트의 거부는, 사업(비즈니스)이 지배하는 미국사회에서 역설적인 이야기지만, 좌파에서나 우파에서나 똑같이 정치적 전통이 된 반지성주의와 뒤섞이게 된다.

다른 한편 예술운동으로서의 모더니즘 자체는—어떤 (좀더 포괄적인) 사회경제적 이유에서이든—이 시기 동안에 아니면 바로 직전에 종말을 맞게 된다. 이것이 의미하는 것은, 예술—기술적으로 가장 진보된 현대예술—은 "선험적으로 정치적 좌파다"(『미학이론』, 377/360/391)라고 말할 수 있었던 순간이 끝났다는 것이다.

1960년대(사실상 우리 자신의 시대까지 연장되는) 대중문화의 특징을 더 살펴볼 경우 고려해야 할 점은 소위 대중문화가 기술적 진보를 이룩했다(곧 보게 되겠지만 바로 모더니즘을 묘사하는 아도르노의 정신 속에서)는 것이다. 이러한 표현은 사실 부정확하고 비변증법적인데, 그 이유는 '기술적 발전'이 이미 일어났고 대중문화는 다만 거기로 나아가는 길을 마침내 발견한 것에 불과하다고 표현하는 것이기 때문이다. 대중문화에서나 테크놀러지에서나 실제로 일어났던 것은, 도약은 동시적으로 일어났으며 이러한 도약 속에서 양자의 발전이 처음으로 의식적으로 상호연결되었고 그 결과 미디어나 미디어 지향적 문화라고 불리는 것이 나란히 출현했다는 것이다. 이러한 발전을 부각시켜야만 하는 이유는 『계몽의 변증법』을 하나의 역사적 전망으로 만듦으로써 이 책을 역사적이 '되어버린' 무엇으로——이러한 주장이 제기할지 모르는 다른 요구들을 일단 제쳐놓는다면——읽기 위해서이다.

아도르노가 말한 문화산업의 생산물들은 이제 할리우드의 표준화된 2류영화('독창적 영화감독 이론'에 의해 이러한 영화가 재조직되기 이전의)와 동일시될 수밖에 없게 되었다. 여기에 속하는 작품들로는 30~40년대 유형의 라디오 코미디와 연속극들이 있으며(예를 들면 '피버 맥지'(Fibber McGee)와 '몰리'(Molly)), 음악에는 폴 화이트먼[3]——아도르노가 '재즈'라고 부른 것에 정확하게 해당될 수 있는 경우인데, 아도르노의 재즈 개념은 우리가 오래 전부터 발견해온 흑인문화의 풍요로움에 대해서는 별로 주목하지 않는다——같은 사람이 있다. 문화산업은 토스카니니(그에 대한 현대의 재평가는 여러 면에서 아도르노 자신에 의해 이미 선취되고 있다*)와도 약간 연관이 있으며, 1940년대말의 (밀턴 벌[4] 같은) 최초의 텔레비전 프로

---

3) Paul Whiteman(1890~1967). 미국의 재즈 왕.

* See Joseph Horowitz, *Understanding Toscanini*, Minnesota 1987 ; also Adorno's own essay on Toscanini, called 'Die Meisterschaft des Maestro', in *Gesammelte Schriften*, vol.16, Frankfurt 1978, pp.52~67.

4) Milton Berle, 본명은 Milton Berlinger(1908~). Mr. Television이라고 불

그램을 이미 예견하고 있다고도 할 수 있을 것이다. 현대의 복고 취향이 그러한 작품에 재투자하는 상황을 고려하지 않는다면, 이런 작품형식들과 오늘날 우리 자신의 대중문화 사이에 있는 단절은, 『계몽의 변증법』에 의해 고무된 분석적 사유(또는 '특정한 부정')와 현대의 대중문화가 요구하는 이론 사이에 유사한 역사적 단절을 설정하는 것을 정당화해준다.

이 후자의 이론을 포퓰리즘적이라고 특징지울 수 있는데 그 이유는 이런 이론이, 청중이 상품화과정이나 상업적으로 생산된 문화형식들에 수동적으로 굴복하고는 이런 문화에 동화되는 것을 '기분전환'이나 '유흥'으로 용인하고 내재화한다는 조작이론에 대해 점점 더 불만을 터뜨리기 때문이다. 새로운 독서 개념은 그러한 수용 개념에 대해 의혹을 품기 시작한다.

다른 한편 현대사회에서의 미시권력의 보편적 그물망에 대한 푸코의 묘사(음울하고 총체화하는 성격 면에서 프랑크푸르트 학파의 이론을 훨씬 능가한다)는, 역설적이게도 예전의 프랑스에서 볼 수 있던 저항 개념(프랑스에서 저항은 항상 원자화되고 개인적이고 절망적인, 그 때문에 좌절할 수밖에 없는 게릴라 활동이다)과 별 공통점 없는 '저항형식'을 내놓고 있다. 저항, 다시 읽기, 집단에 의한(그 형식상 이들을 위해 만들어진 텍스트가 아닌) 상업적 텍스트의 이해와 연관된 대중문화 이론은 문화의 생산이나 소비 모두에서 그 어떤 깊은 유토피아적 충동을 반영하고 있는 것처럼 보인다(그런데 이러한 사태가 일어나는 장소는, 블로흐가 제시했듯이, 사적이며 원자화된 사회의 경박스러운 개인적 유흥이 집합성을 점점 좀먹어 들어가고 있는 세계라는 것을 염두에 두어야 한다).

이런 이론들의 유토피아적인 원천은 그 후 (마르쿠제를 경유한)

리는 미국의 코미디언.

신좌파의 사회정치 이론에서 더욱 분명해진다. 여기서 보편화된 상품형식이나 후기자본주의가 일깨운 소비욕구는 역설적인 방식에 의해 체계 자체를 무너뜨릴 수 있는 뿌리 깊은 불만으로 여겨진다. 철학적으로는 하버마스가 이러한 입장을 약간 견지하고 있는데 그에게는, 부르주아 혁명, 부르주아의 정당성 그리고 민주주의가 약속하고 있는 것은 사회변화로 이끌 수 있는 잠재력을 지니고 있다고 여겨진다. 어떤 경우든 아이러니컬한 것은, 프랑크푸르트 학파의 조작이라는 관념을 문화산업 자체로 대체하는 신좌파의 대중문화이론에 들어있는 유토피아적 요소는 프랑크푸르트 학파의 사유 속에 있는 또 다른 유토피아적 측면으로부터 파생되어 나온다는 것이다.

대중문화의 새로운 형식들을 '포스트모더니즘'의 표명으로 뒤늦게 이론화하는 것은 이제 이들 새로운 입장들을 완성하면서 동시에 이 입장들을 깊숙이에서부터 문제화하는 것이다. 대중문화를 기술적으로 완성하는 것(이러한 완성은 고도의 테크놀러지가 그 안에 내용으로 새겨져 있는 포스트모던한 '이미지' 속에서 이루어지는데, 상품형식으로서 이러한 이미지는 또한 기술적으로 새로운 것을 문화소비의 대상 자체로 삼는다)은 사실 오늘날 모든 상업적 예술대상들의 새로운 품위를 그럴듯한 것으로 보이게 만든다. 이러한 대상들 속에서는 이제, 예술을 기술적 혁신으로 본 아도르노의 예술 개념에 대한 회화화가 저 소비대중——그들의 '취향'은 유효한 것으로 검증된——의 깊은 무의식 속에 숨겨져 있는 유토피아적 지혜에 대한 승인과 사이좋게 결합한다. 또한 아도르노에게서 볼 수 있었던 대중문화와 '고급문화'——모더니즘 같은——의 대립은 시야에서 말끔히 사라지고 그 대신 새롭게 보편화된 문화가 등장하면서, 이 문화의 논리는 예전의 고급과 저급이라는 가치대립 대신에 '예술'로부터 '유흥'에 이르는 매끈한 연속체를 만들어내게 된다.

상업예술의 구조를 비판적으로 폭로할 수 있는 관점인 '진정한 심미적 경험'이라는 아르키메데스 점은 이제 사라져버린다. 그러나 아직 사라지지 않은 것은 여전히 진정한 행복과 거짓 행복이라는 해묵은(플라톤부터 마르쿠제에 이르는) 철학적 문제이며, 기술적으로 기막히고 우아한 텔레비전을 일주일에 서른다섯 시간 보는 것이 1950년대 유형의 '문화산업' 프로그램을 일주일에 서른다섯 시간 보는 것보다 좀더 깊은 만족을 줄 수 있는가의 문제이다. 포스트모던한 텔레비전의 좀더 심층적인 유토피아적 내용은 보편적인 탈정치화의 시대에 약간은 다른 의미를 지니게 된다고 볼 수 있다. 반면 유토피아 자체의 개념—정치적인 면에서 무의식에 해당하는 개념인—조차, 억압이라는 것이 그러한 맥락 속에서는 어떤 의미를 지니게 될까라는 이론적 문제와 계속해서 부딪치게 된다. 특히 아직 결정할 수 없는 문제는, 오직 무의식적인 의미만이 정치적일 수 있는 작품에 우리는 어떠한 정치적 의미를 부여할 수 있는가의 문제이다. 그러한 텍스트는 자체 내에 어떤 정치적 기능이나 정치화하는 기능을 지니지 않고도 좀더 깊은 정치적·집합적 욕구나 갈망의 사회적 징후라고 말할 수는 있을 것이다. 좀더 유토피아적인 대중문화 이론들이 완성되어 실질적인 헤게모니를 잡은 듯이 보이는 오늘날은 수정된 새로운 조작이론이나 포스트모던한 상품화이론을 필요로 하는 것 같다(이런 이론은 어떤 경우든 이제는 역사 속으로 들어간 이론이 되어버린 아도르노와 호르크하이머의 이론과 같은 것일 수는 없다).

그러나 사실 '문화산업'의 장은 현대적 의미에서의 문화이론은 전혀 내놓지 않고 있다. 그런데도 불구하고 이 장이 종종 불러일으키는 흥분된 반응들은 그런 것이 있으리라는 오해에서 비롯된다고 볼 수 있다. 이미 고전이 된 레이몬드 윌리엄스의 '헤게모니' 이론을 다시 한번 환기하는 것만으로도 아도르노의 (또한 호르크하이머의) 작품에는 그에 상응하는 개념이 없다는 것을 인식하기에 충분하다.

우리 삶의 형식 전체를 포괄하는 실천과 기대의 총합, 우리 자신이나 세계에 대한 지각의 틀을 만드는 감각 또는 에너지의 할당. 그것은 살아 있는 의미와 가치의 체계——구성적이면서 구성을 하는——로서, 실천으로 경험되는 정도만큼 서로를 확인하는 행위이다. 그것은 그러므로 사회에 있는 대부분의 사람들에게 현실에 대한 감각을 구성하게 되는데, 이러한 감각은 절대적인 것으로서 대부분의 사람들의 경우 매일매일의 생활영역에서 이러한 경험된 현실을 넘어서는 것이 매우 어렵다. 이것을 우리는 엄격한 의미에서의 '문화'라고 말할 수 있다.*

아도르노와 윌리엄스의 대조는, 윌리엄스가 자신의 본래 주제로 돌아와(인용부분이 다루는 것은 헤게모니의 문제이지 문화가 아니다) "그러나 삶에서 경험한 특정계급의 지배와 종속으로 간주해야 할 무엇으로서의 문화"라고 덧붙일 때 더욱 날카롭게 두드러진다. 이러한 문화 개념은, 아도르노와 호르크하이머가 이런 것을 생각할 수 있었다면, 문화산업이라는 문제 자체에도 충분히 적용될 수 있는 개념으로 보인다. 그러나 이들은 그렇게 하지 않았는데 그 이유는 적어도 부분적으로, 『최소한의 도덕』이 증언하듯, '상처받은 삶'——바이마르 시절이든 나치즘 시절이든 또는 심지어 조야하고 물질주의적인 미국에서든——의 경험은 이런 종류의 사회적 재생산에 생각이 미칠 정도의 안정감이 들어설 자리를 마련할 수 없었기 때문일 것이다. 위에서 인용한 윌리엄스와 비슷한 어조는 독일의 경우 네크트(Oskar Negt)나 클루게(Alexander Kluge)에 와서야 발견된다.** 사실 문화라는 개념에 해당될 수 있는 전통적 용어인 '교양'은 너무나

---

* Raymond Williams, *Marxism and Literature*, Oxford 1977, p.110.
** See my "On Negt and Kluge", *October 46*, Fall 1988, pp.151~77.

계급적 색채가 짙고 '성숙되지 못한' 독일 부르주아 계급의 자기만
족을 짙게 풍기기 때문에 아도르노나 호르크하이머가 이 용어를 사
용하기에는 거부감을 느꼈을 것이다.

이처럼 '문화산업'이라는 개념은 문화의 이론이라기보다는 '산업'
의 이론, 즉 후기자본주의의 서로 맞물린 독점기업들의 한 분야로서
보통 문화라고 불리는 것으로부터 돈을 긁어내는 산업에 관한 이론
인 것이다. 거기서의 주제는 삶의 상업화로서 두 저자가 내놓은 문화
산업 개념은 현대적 의미에서의 '문화' 이론보다는 '일상생활' 이론
에 가깝다고 할 수 있다. 왜냐하면 윌리엄스의 이론은, 향수가 배어
있기는 하지만, 매우 현대적인 이론으로서 30년대에 생각할 수 있었
던 것(그 당시 포디즘이라고 불리는 문화상품의 산업적 대량생산은
이러한 과정의 시작에 불과하다)보다는 훨씬 철저하게 '총체적으로'
문화화된 사회생활에 어울리기 때문이다. 이런 의미에서 아도르노와
호르크하이머는 아직 '모더니즘'에 발이 묶여 있다. 왜냐하면 그들
은 이미지 사회로 변모되어갈 발전경향 전체를 정확하게 예견했음에
도 불구하고 이러한 과정의 가속화가 초래하게 될, 양(量)이 질(質)
로 전환되는 변증법적 전이과정을 내다보지는 못했기 때문이다. 그
들의 이론은 그러므로 '문화비판'이라기보다는 '이데올로기비판'에
머문다. 고전적인 마르크스주의에서처럼 여기서도 '이데올로기'는
여전히 중심개념이며 포스트모던한 사회질서의 요구에 의해 수정—
예를 들면 알튀세르에서처럼—을 아직 겪지 않은 상태에 머물러 있
다고 볼 수 있다.

4 '큰 사업'으로서의 대중문화

어쨌든 아도르노와 호르크하이머의 문화산업 이론은, 단순히 '나쁜 예술'에 대한 훈장투의 엘리트적 비방으로 환원하기에는 곤란한 대중문화경험의 이론을 내놓고 있다. 확실히 이들 철학자의 주장이 목표하는 것은 대중문화에 의해 구조화된 '경험'을 진정한 심미적 경험으로부터 구별해내는 것이다. 이러한 목표는 '유흥'·'재미'·'즐거움'을, 이런 용어로 기술하기는 곤란한 진정한 예술체험으로부터 분리시킴으로써 달성된다. 사실 독일적인 변증법은 골수에서부터 유머가 결여되어 있다고* 생각하는 사람들의 가장 고약한 우려가 이 책의 도처에서 발견되는, 웃음에 대한 편집적인 거부반응에 의해 확인된다. 이러한 기이한 편견은 이 책에서의 웃음이란 근본적으로 호머적인 웃음, 즉 희생자에 대해 이빨을 드러내고 웃는 잔인한 웃음——예를 들면 윈담 르위스[1]의 타이로스(Tyros)에서 보듯——이라

---

* Against the Grain, London 1986에 나오는 Eagleton의 불만. 또한 『최소한의 도덕』, 280/210/295에는 이렇게 씌어 있다. "사람들을 웃겨 자기편으로 만들 수 있는 사람은 증명을 필요로 하지 않는다."
1) Wyndham Lewis(1882~1957). 영국의 화가며 작가, 미래파에 가까운 취향을 가졌으며 파시즘을 찬양했다.

는 것을 깨달으면 약간은 다른 느낌을 주게 될 것이다. 더군다나 아
도르노는 그러한 사악한 '재미'와 확연히 구별되는, 막스 브러더스
(Marx Brothers)와 같은 진짜 광대의 웃음에 대해 호의적인 태도를
보이는 것을 자주 접할 수 있으며, 멀게는 아무 걱정 없는 '어리석
음'의 계기를 진정한 예술의 본질로서 주장하고 있는 것이다.[2]

그렇지만 즐김에 대한 분석은 소외된 노동과정의 이론 내에서 수
행되면서, 여가시간을 어떻게 식민화하고 상품화하는가에 대한 현대
의 수많은 논의들로 연장된다.

후기자본주의에서 유흥은 일의 연장(延長)이다. 유흥을 찾는 사
람들은 기계화된 노동과정을 다시금 감당할 수 있기 위해 그로부
터 벗어나려는 사람들이다. 그렇지만 동시에 유흥상품의 제조나
여가를 즐기는 사람의 행복이 철저히 기계적이 되어버렸기 때문에
그는 노동과정의 심리적 잔상 외에는 어떤 것도 더 이상 경험할
수 없다. 소위 내용이라는 것은 다만 이미 빛이 바랜, 전면에 나타

---

2) "모든 속박으로부터 해방된 유흥은 예술과 대립될 뿐만 아니라 예술의 극
    단적인 기능이다. 미국의 문화산업이 이따금씩 추파를 보내는 마크트웨인
    적인 어리석음은 예술에 대한 교정 역할을 할 수도 있을 것이다. 예술이
    진지하게 삶과 모순되면 될수록 더욱더 그 반대인 삶의 진지성을 닮게 된
    다. 다시 말해 예술이 삶의 중압으로부터 벗어나기 위해 자신의 고유한 형
    식법칙 위에서 스스로를 전개시키려 하면 할수록 그만큼 더 이해를 위한
    노고—자신이 그러한 부담을 부정하고 싶어했음에도 불구하고—를 요구
    한다. 내적 일관성이 있는 순수한 재미, 즉 긴장을 푼 상태에서 다채로운
    연상과 행복한 무의미에 자신을 내맡기는 재미는 문화산업에 의해 제공되
    는 재미에서는 삭감된다. 부연하면, 순수한 재미는 임시변통으로 끼워맞춘
    의미에 의해 방해를 받는 것이다. 어릿광대의 방울 달린 모자가 내는 딸랑
    소리 대신에 성공의 즐거움을 스크린에 담는, 자본주의적 이성의 상징인
    열쇠뭉치를 만날 뿐이다."

나는 이야기일 뿐이며, 뒤에 남는 인상은 오직 표준화된 업무가 자동적으로 흘러간다는 것이다. 공장이나 사무실에서의 노동과정에서 해방되는 것은 단지 여가시간에도 그러한 노동과정에 동화됨으로써만 가능하다. 모든 유흥이 괴로워하는 불치병은 이러한 상황에서 비롯된 것이다. 즐거움은 딱딱한 지루함이 되고만다. 왜냐하면 즐거움은 즐거움으로 계속 남기 위해 어떤 괴로운 노력도 더이상 지불하지 않으려 하며 이로 인해 닳아빠진 연상궤도 속에 갇혀서 그로부터 한 발자국도 못 나간 채 다람쥐처럼 쳇바퀴를 돌고 있기 때문이다(『계몽의 변증법』, 123/137/149).

마지막에 언급된 '연상'이라는 단어에 발걸음을 멈추고 이 단어에 함축된 철학적 의미가 갖고 있는 역사적 무게를 좀더 추적할 경우 이 단어는, 어떤 방식으로든 대중문화의 작품들에 부여된 유흥의 경험을 노동과정에 매개하는 역할을 하고 있음이 드러난다. 왜냐하면 가장 비타협적인 조작이론조차(아도르노와 호르크하이머가 발전시킨 조작이론은 이보다도 더 까다롭겠지만), 최면에 걸린 듯 텔레비전 앞에 앉아 있는 대중들에게서도 경험의 계기를 어느 정도는 인정하기──그 때조차 그러한 경험은 매수나, 중독, 가짜 즐거움 등등으로 다시 부정될지라도──때문이다. 아도르노와 호르크하이머가 스탕달[3]로부터 빌려와 자신의 것으로 만든 예술에 대한 놀라운 정의, 예술은 '행복에의 약속'이라는 정의는 그러나, 거짓된 행복이나 기만적 즐거움을 통해 순수한 즐거움이나 행복에 도달하는 데는 이론적으로 많은 문제가 산적해 있음을 암시한다(이에 반해 블로흐나 마르쿠제의 유토피아적 입장들은 그러한 잘못된 경험 안에 진정한 행복이나 즐거움이 어느 정도 새겨져 있다고 본다).*

---

3) Stendhal, 본명은 Marie-Henri Beyle(1783~1842). 프랑스의 소설가.

사실 아도르노와 호르크하이머는 그들에게 열려 있는 유일한 길을 전혀 흐트러짐 없이 일관성 있게 추구하고 있다. 그들은 즐김과 행복 사이에 결정적인 분할선을 그으며, 그들 중의 어떤 것도 독자적으로는 완전하고 충만된 경험이 될 수 없다는 것을 분명히 한다. 그 때문에 즐김은 어떤 중단도 모르는, 자연스럽지만 허망한 도피행각이 된다.

즐긴다는 것이 의미하는 것은 항상 무엇인가에 대해 더 이상 생각하지 않는 것, 고통을 목격할 때조차 고통을 잊어버리는 것이다. 즐김의 근저에 있는 것은 무력감이다. 즐김은 사실 도피다. 그러나 그 도피는 일반적으로 얘기되듯 잘못된 현실로부터의 도피가 아니라 마지막 남아 있는 저항의식으로부터 도피하는 것이다(『계몽의 변증법』, 130/144/157).

이런 형식 속에서, 예전 의미의 즐김 가운데 남아 있는 잔재는 "모든 화를 뒤집어쓴" 궁극적 희생자를 다시 한번 제물로 삼게 된다. 성(性)——보통 즐김의 전형으로 간주되며, 가끔은 별 생각 없이(아도르노 자신에게서조차 이런 낌새가 엿보인다) 예술 자체의 경험과 유사하다고 여겨지는——의 궁극적 비밀에 관해서는 라캉 식으로, 즐거움에 대해 성이 갖는 모든 연관성을 부정하는 것이 더 바람직해 보인다.

---

* 문화산업은 "행복에의 욕구를 부추겨놓고는 그것을 이용한다. 문화산업 속에 있는 진리의 계기는 그것이 실제적인 욕구, 즉 점점 커져가는 사회적 불능으로부터 터져나온 욕구를 충족시킨다는 데 있다. 그러나 이러한 만족을 제공하는 방법에 의해 문화산업은 완전한 비진리가 된다"(『미학이론』, 461/430).

기쁨은 가혹한 것이다. 성행위가 아닌 금욕이 신성한 행복에 도달하는 길이라고 가르치는 수도원의 이데올로기는, 막연한 예감에 가득 차서 탈선의 순간에 자신의 생명을 거는 연인의 진지함 속에 부정적으로 구현된다. 문화산업은 도취 속에서든 금욕 속에서든 현재하고 있는 고통을 쾌활한 거세로 대체한다(『계몽의 변증법』, 126~127/141/154)

즐거움의 참된 본질은 고통이라는 것, 이 패러독스를 마음속 깊숙이에서부터 느낄 때 우리는 경험 또는 진정성에 관한 아도르노 개념이 벌이는 변증법의 핵심을 만질 수 있게 된다. 나중에 보게 될 앞의 것과 연관성은 있지만 구별되는 행복이라는 개념도 비슷한 유형의 변증법을 펼쳐보이지만, 바로 블로흐적인 '아직은 아니다'의 정신을 지닌 이 개념은 유한하고 잠정적인 역사의 토대 위에 서 있다고 할 수 있다. 행복이란 지금 여기에서 가능하지만, 오직 아직은 존재하지 않는 것이거나 아직은 가능하지도, 달성될 수도 없는 것일 뿐이다. 예술은 행복이 아니라 행복에의 '약속'이라는 스탕달의 표현은 그것의 구성적 불완전성에 주목할 경우 강력한 설득력을 지니고 있음을 알 수 있다. 프랑크푸르트 학파는 스탕달의 이 표현을 좀더 냉혹한 자신의 스타일로 번역해낸다. "심미적 승화의 비밀은 약속의 좌절을 실현으로 보는 것이다"(『계몽의 변증법』, 125/140/152). 문화산업의 제공물은 진정한 예술이 될 수 없는 가짜라는 사실은 그 안에 포함되어 있는 경험의 잔재 때문이 아니라, 그러한 문화상품을 통해 동시적으로 구현되고 있는 행복의 이데올로기 때문이다. 이 이데올로기는 바로 즐거움이나 행복('유흥'은 이 둘의 그럴싸한 종합이다)이 이미 존재하고 있으며 소비될 수 있다는 관념이다.

여기서 우리는 '진정한 예술'과 문화산업이 제공한 것 사이에는 주제 면에서 어떤 차이가 있는지를 발견하게 된다. 양자는 자신의 존재 속에서 행복이라는 문제와 그의 가능성을 제기하지만 양자 모두 이 행복을 제공하지는 않는다. 그러나 전자는 부정과 고통을 통해 또는 그의 불가능성을 펼쳐보임으로써 행복에의 신의를 지키고 있다면 후자는 행복이 실제로 일어나고 있다는 것을 설득하려 든다("제공되는 것은 실제의 이탈리아가 아니라 그것이 존재한다는 증거다"(『계몽의 변증법』, 133/148/161)).

여기서 우리는 (앞에서 강조한) '연상'이라는 단어가 무엇을 함축하고 있는가라는 문제로 돌아가야만 하는데, 그렇지만 여기서 문제되는 것은 로크(John Locke, 1632~1704)로부터 출발하는 전통보다는 오히려 카테고리와 오성의 이론에 나오는 칸트의 굴절과 해결이다. 이곳은 물론, 이미 언급했듯이,[4] 진술하지 못한 온갖 기교나 장난을 빼면 판에 박힌 단조로움을 보여주는 할리우드나 문화산업의 생산물이 『순수이성비판』의 희화화면서 동시에 그 궁극적인 귀결점임이 드러나는 지점이다.

칸트의 도식이 감각적 다양성을 근본 개념과 연관지을 수 있는 능력을 주체에게서 기대했다면 산업은 주체로부터 그러한 능력을 빼앗아간다. 고객에 대한 산업의 가장 큰 봉사는 그러한 틀짜기를 고객을 위해 자신이 떠맡는 것이다. 칸트에 따르면 외부로부터 오는 직접적인 자료들을 순수이성의 체계에 끼워넣도록 도와주는 은밀한 메커니즘이 영혼 속에서 작용하고 있다고 한다. 오늘날 이 은밀한 메커니즘이라는 비밀의 수수께끼는 풀렸다(『계몽의 변증법』, 112/124/135).

칸트의 문제틀이 분명 이 메커니즘을 이런 식으로 응용하고 적용

---

4) 236쪽을 참조하라.

하는 것으로 자신의 수명을 다하는 것은 아니다. 왜냐하면 지각구조 (또한 그 상대역인 심미적 '유명론')의 문제는 '진정한 예술'의 문제 와 연결되며, 『미학이론』에서는 '보편'과 '특수'의 문제로 계속 거론 되기 때문이다. 그러나 여기서 칸트적으로 파악된 도식은 노동과정 과, 똑같은 것—반복과 친숙한 것—을 추구하는 '타락한' 유흥 사 이를 결정적으로 매개한다. 여기서 노동과정과 대량생산의 테일러리 즘[5]이나 합리화는 생산이나 수용 모두에서 거의 구별 불가능한 방식 으로 나타난다(그러나 수용을 생산과 동일시하는 것은 아도르노에게 는 당연한 현상으로서 '고급예술'에도 비슷하게 해당되는데, 다만 여기서는 이러한 종합이 여러 면에서 좀더 강한 자의식을 가지고 이 루어지기 때문에 생산—그러나 진보된 생산 또는 '고급' 테크놀러 지—의 수용이라고 특징지어도 좋을 것이다).

여기서 우리는 상품형식의 보편화라는 징후 속에서 본 대중문화의 제작물에 대한 소박한 분석은 넘어서는 것 같다. 좀더 정확하게 표 현하면 이 지점에서 중심이 상품의 이데올로기적 차원, 즉 상품형식 의 물신주의라는 '종교적' 비밀로부터, 마르크스의 실존적 내지 형 이상학적 차원이라 부를 수 있는 것—즉 교환 자체, 특히 현실이나 (인식론적으로 넓은 의미의) '추상화' 속에서 역사적으로 성장한 세 계를 조직하는 새로운 형식인 '등가교환'의 효과—으로 넘어가는 것이다. 이것은 물론 문화산업에 대한 분석이 자신을 감싸고 있는 상위의 틀, 즉 베버가 합리화라고 부르고 루카치가 물화라고 부른 '계몽의 변증법'으로 넘어가는 것이다. 이러한 '계몽의 변증법'은 앞장에서 보았듯이 지배의 주된 도구이며 권력에의 의지를 구현하는 정신활동으로서의 '동일성 원리'가 출현하는 것이다.

---

5) 미국의 기술자 F.W. Taylor(1856~1915)에 의하여 창시된 과학적인 경영 관리방법.

사실 『자본론』 제1장은 '등가교환'을 자연적 과정과는 전혀 다른
것으로 등장시키면서, '등가교환'이 창조적 정신활동이고 특이한 문
화적 발명품이며 동시에 객관세계에 대한 난폭하고 혁명적인 간섭임
을 보여준다. 우리의 감각 속에 있는 어떤 것도 유명한 코트가 비슷
하게 유명한 10미터의 아마포와 '가치의 측면에서' 등가가 되는 개
념적 도약을 뒷받침해주지 못한다. 또한 어떤 숫자의 형이상학——이
에 따라 1파운드의 쇠는 1파운드의 깃털과 등가를 이루게 된다——
도, 새로운 가치 '형식'(이른바 돈이라는 '가치의 보편적 형식'에서
역사적 발전의 정점에 도달하는)의 근거를 제공하지 못한다. 마르크
스에게서 가치가 통과하는 네 단계는 추상화의 전체 역사를 펼쳐보
였으며 그러한 역사 속에서 상품형식이란 다만 지엽적 요소에 불과
하다는 사실은 아직까지 충분한 주목을 받지 못했다(베버의 합리화,
지멜[6]의 지성화, 루카치의 물화 개념 또한 이러한 추상화를 자기 나
름대로 보편화하고 있다). 이런 의미에서 추상화는 다양한 인간활동
의 전 범위(생산으로부터 법에 이르는, 문화로부터 정치형식들에 이
르는, 또한 빠뜨려서는 안 될 것으로서 심리의 영역이나 무의식적
욕망의 좀더 어두운 '등가물들'에 이르는)를 포함하면서 다양하게
발전해나가는 '문명' 전체의 전제조건이 된다. 다양하기 이를 데 없
는 역사들은 추상화 자체의 역사 속에 포함될 수 있을 것이다.

『계몽의 변증법』에서 '등가교환'은 이러한 의미들을 견지하고 있
다. 이 책에서 등가교환은 차이와 타율성을 배제하고 "불가공약적인
것을 추방해버리며"(『계몽의 변증법』, 15/12/23) 다른 것을 같은 것
으로 만들고, 새로운 것에 대한 공포를 몰아냄으로써 비교 가능하고
측정 가능한 양적인 것이 조작될 수 있도록 만든다. 다른 한편 아도

---

6) Georg Simmel(1858~1918). 독일의 사회학자이자 철학자로 형식사회학
의 창립자.

르노와 호르크하이미는, '계몽', 과학, '도구적 이성'의 추진력에 의해 만들어지는 이 근본 과정을 다른 방식으로, 즉 우리가 보아왔던 미메시스라는 개념을 통해서도 기술한다. 이 미메시스 개념을 통해 그들은 주제 면에서 마르크스의 등가교환을 대체할 수 있는 대안 내지 제2의 언어 또는 제2의 코드를 열게 되는데, 이렇게 바뀐 코드가 목표하는 것은 인류학을 텍스트 내에 끌어들이는 것이다(우리가 보았듯이 신화와 계몽의 뒤엉킴은 이 책의 획기적인 변증법적 전환을 이룬다).

그 결과는 미메시스적 행동을 진정한 충동으로 확인할 수 있게 되며 동시에, 이 전혀 새로운 이론을, 어떤 경로를 통해 미메시스적 충동이 서구과학으로 변할 수 있게 되었는가를 설명하는 인류학적 서사로서 구상된 적절한 신화 속으로 끌어들일 수 있게 된다. 이에 따라 태초에 있었던 '근원적 장면'이 필요하게 된다. 이 근원적 장면 속에서 미메시스의 근본동기는 자연에 대한 공포와 무력감으로 설정되며, 이것을 지배하기 위해(자기지배를 수단으로) 의식(儀式)으로서의 미메시스와 과학을 사용하게 되었다는 설명이 나오게 된다. 다른 한편 '모더니티'로의 떠들썩한 진입이나 과학의 생성——예를 들면 인지에 기초한 '과학', '야생적 사고', 연금술로부터 수학적·비재현적 사유로 넘어가는 것에서 극명하게 드러나는——은 미메시스적 터부나 '우상금지'의 탓으로 돌려지는데, 이 우상금지는 또한 변증법적으로 그 자체가 자신이 억압하고 소멸하고 싶어하는 것에 대한 가장 깊은 미메시스(인류학적 의미에서)임이 드러난다.

하버마스는, 아도르노와 호르크하이머가 대안으로서 만들어낸 미메시스 개념——미메시스라는 코드——은 궁극적으로 자신들의 입장이 지닌 내적 논리의 필연적 결과라는 재치있는 제안*을 내놓았다.

---

*『미학이론』, 465/433을 참조하라.

이 내적 논리란 이성이나 합리성을 '도구적 이성'(이성보다는 오성
인)과 동일화하지 않을 수 없었던 그들이 '계몽'에 대한 긍정적 대
안개념을 발전시킬 여지를 상실하게 되자 자기들 특유의 신화적 사
유로 후퇴하지 않을 수 없었음을 의미한다. 나아가 하버마스는 미메
시스를 인간들 상호간의 관계로 파악할 수 있는 가능성—아직 실현
되지는 않은—에 대해 강조한다(이러한 관계 속에서의 상호이해는
서로에 대한 모방을 통해 이루어진다). 하버마스 자신의 이론적 토
대를 이루는 이러한 가능성은 그러나 아도르노나 호르크하이머에게
서는 대체로, 사회적으로나 지적으로나 생산적이지는 못해도 많은
것을 약속해 줄 수 있는 만큼이나 공포스러운 것으로 여겨졌다.

다른 한편, 문화산업 이론은 미메시스적 충동의 이러한 형이상학
적 전제에 의해 부당한 제약을 당하는 것 같다. 이러한 전제는 분명
예술이 가질 수 없는 문화산업의 좀더 깊은 유인력을 '설명해' 주겠
지만 이러한 설명모델은 너무 단순하고 자연주의적이어서(소외된 노
동이라는 도식을 좀더 깊숙이 자리잡고 있는 인간적 '충동'으로 환
원한다) 포스트모던한 대중문화가 요구하는 좀더 복잡하고 다양한
사변과 연구를 방해한다.*

---

* Andreas Huyssen은 *After the Great Divide*, Bloomington, IN 1986에서
아도르노의 바그너에 관한 저서와 그의 문화산업 이론은 긴밀한 연관성이
있음을 지적했다. 사실 문화산업의 생성은 이제 동종번식적인 것, 즉 제국
주의 시대에 몰락과정에 있는 예술이 스스로에게 부과했던 것과 비슷한 것
이 되었다(아도르노는 '전체예술작품'이라는 관념을 빌려 바그너에 관한
자신의 책을 니체는 '음악정신으로부터 영화의 탄생'이라고 불렀을지 모른
다고 말한다). 벤야민의 사상 속에서 '복제 가능한 예술작품'의 단계는 보
들레르적인 언어와 형식 속에 있는 전성기 모더니즘의 뒤를 따른다. 아도
르노의 경우 양자는 바그너에서 동시에 일어난다. 덧붙여서 '만화경'에 대
한 풍성한 논의(『바그너에 관한 시론』 6장)는 마르크스의 상품물신주의가
심미적 영역으로 어떻게 확장되는가를 보여준다.

특히 현대 대중문화에서 반복의 문제는 아도르노와 호르크하이머가 생각했던 것보다 훨씬 더 복잡하고 흥미로운 현상이 되었을 뿐 아니라, 그들이 제대로 설명하기는 어려웠던 유형의 매개를 제시한다. 즉 후기자본주의에서 일상생활의 독창성, 특히 좀더 새로운 이미지 사회, 볼거리 사회에 대한 매개를 제시해주는 것이다(기계적으로 복제 가능한 예술작품이라는 관념 아래서 펼쳐진 벤야민의 대중문화 이론 또한 이런 것들에 대해서는 별로 예견하지 못했다). '상투적'이라는 관념 또한 그 사이에 다른 것을 의미하게 되었다. 대중문화의 이런 구조를 지칭하는 '판에 박힌'(formulaic)이라는 용어의 부활은 갑자기 비자본주의적 또는 전자본주의적 사회에서의 문화적인 생산과 수용을 유추할 수 있도록 해준다. 이 문제 또한 『계몽의 변증법』의 역사적인 틀 속에서는 누락되어 있는 것이었다.

5 서사적 계기로서의 문화산업

　그렇지만 아도르노가 예술에 대한 부정성 또는 '대립물'을 어떤 식으로 생각했는가에 대한 우리의 물음이 아직 완전한 답을 얻은 것은 아니다. 사실 우리는 그러한 대립물로 하나가 아닌 두 개를 내놓았는데, 이들의 개념들이 서로 완전히 겹치지는 않는다. 이들 중의 하나는 예술이라는 것이 도대체 부재하는 것(비예술적인 것), 즉 오디세우스의 뱃사공들이 차지하는 자리이며, 다른 하나는 좀더 강한 부정적 용어인 반(反)예술 또는 '나쁜 예술'로서 문화산업이나 그로부터 배반당한 또는 그의 제물이 된 청중들이 차지하는 자리이다.

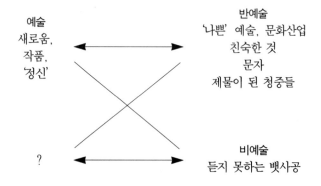

이 표에서 빠져 있는 네번째 자리는 새로운 형식의 문화(또는 그의 부재)보다는 앞의 세 용어에 대한 보편화된 부정에 의해 채워질 것이다. 이 주제 전반에 걸쳐 작용하는 이 보편화된 부정 자체는 다만 알레고리적으로, 아도르노의 이데올로기적이며 허깨비 같은 서사 속에 좀더 깊이 자리잡고 있는 인물과 동일화될 수 있을 것이다. 그러므로 이 '빈 자리'는 '반예술'에 대한 부정을 구성하지만, 이것은 문화산업의 종말과 새롭고 긍정적인 '부정의 부정'의 출현에 의해서가 아니라, 문화산업의 제물 만들기에 대한 대립물로서, 또한 이러한 제물 만들기의 대리인으로서나 문화산업 자체가 생산되는 장소로서이다. 이를 넘어서 이 용어는 물론 '예술적대자들'(philistine)─아도르노의 도식에 의하면 대중문화를 수동적으로 소비하거나, 뱃사공들처럼 진정한 문화에 대해서든 상업적인 문화에 대해서든 간에 감응기관을 갖지 않은 사람들이라기보다 예술에 대한 깊은 적대감을 가지고 있는 사람들─을 포함한다.

그러므로 예술적대자들은 예술을 조금도 이해 못하는 사람이라기보다는 현대예술에 대해 '이해하지' 못하는 사람들, 아니면 반대로 현대예술을 단지 너무나 잘 이해하는 사람들이다.

모든 사람들이 이해할 수 있다고 여기는 것들이 이해할 수 없는 것으로 되었다. 조작당한 현대인들이 이해할 수 없다고 제쳐놓은 것은 사실 현대인의 내밀하고 깊은 곳에서는 가장 잘 이해되는 것이다. 이것은 어떤 것을 낯설다고 생각하는 이유가 사실은 알지 못하는 사이에 그러한 것과 너무 친숙해 있기 때문이라는 프로이트의 금언과 유사하다. 그 때문에 사람들은 그것을 멀리하게 되는 것이다(『미학이론』, 273/262/287).

이런 의미에서 예술적대자들은 취향(taste)의 카테고리에 의해 파악될 수 없다. 그들의 계획은 훨씬 능동적인 것이며, 그들의 거부는 예술의 문제나 미학이라는 좀더 제한된 영역을 궁극적으로 초월하는 사회적 의미를 가진 제스처인 것이다.

문화로부터 배제된 자들은 예술의 정신화에 대해 원한을 품게 되었으며, 그 결과 소비예술이라는 장르를 만들어내게 되었다. 반면 이 소비예술에 대한 반감으로 인해 예술가들은 더욱더 가차없이 정신화를 추구하게 되었다(『미학이론』, 28/20/31).

현대예술은 기이하게도 즐길 수 없는 것이 되어버렸다는 것(또한 즐길 수 없는 것으로 만들려는 단호한 사명감)에 대해 논의하는 문맥 속에서 나온, 간단하게 요약된 이 신비로운 역사는 예술에 대해 적대적인 세 개의 분명한 입장이 분화되는 계기를 극적으로 보여준다. 세 입장은, 처음부터 예술에서 배제된 자들(오디세우스의 뱃사공들), 배제의 대가로 소비의 즐거움을 요구하는 사람들(문화산업의 청중), 그리고 마지막으로 과정 전체를(또한 오디세우스가 들을 수 있었던 것에 대해서도) 아주 잘 알고 있으면서 예술에 대한 보편화된 반감을 가지고 있는 사람들이다. 이제 이 마지막 부류의 성격을 좀더 분명히 규명해볼 필요가 있는데, 그것은 한마디로 니체가 실감나게 펼쳐보인 원한감정(ressentiment)에 정확하게 들어맞는 사례라고 할 수 있다.

왜냐하면 (현대적인) 예술작품에서 예술적대자들이 증오하고 혹은 "너무나 잘 알고 있으면서도" 전혀 이해하지 못한다고 잡아떼는 것이란 물론 예술의 최고 사명, 즉 예술이라는 '좌절된 약속'의 형식 속에 있는 '행복에의 약속' ―이러한 약속은 행복이 현재하고 있다는 것을 부정함으로써 행복의 이념을 생생하게 간직한다―이기 때문이다. '행복'이나 유토피아적 실현에 대한 이러한 궁극적 관계가

'원한감정을 지닌 인간'의 정열 속에서 활동하고 있으며, 다른 사회 영역에서도 비슷한 방식으로 표현된다. 사실 아도르노에게 있어서 예술적대자 개념의 강력한(또는 서사적인) 표현형식은 『미학이론』이나 『계몽의 변증법』의 '문화산업' 장이 아닌, 반유대주의를 다루는 『계몽의 변증법』의 마지막 장에서 발견된다. 반유대주의를 문화적 질투의 표현으로 보는 기이한 유토피아적 분석은 반유대주의적 열정을 행복 자체에 대한 증오감으로 보고 있다.

인간의 권리라는 것에 담겨 있는 의미는 권력을 갖지 않은 자에게도 행복을 약속해주는 것이다. 기만당한 대중은 계급이 있는 한 행복의 약속이 적어도 보편적 약속으로서는 거짓말이라는 것을 어렴풋이나마 예감하기 때문에 분노를 터뜨린다. 그들은 조롱당했다고 느낀다. 행복의 관념이 절실할수록 그들은 행복의 가능성이나 행복의 이념을 더욱 거칠게 추방하고 부정해야만 한다. 대대수에게 행복이 거부당하고 있음에도 불구하고 어디에선가 실현되고 있는 것처럼 보일 때 그들은 행복에 대한 그들 자신의 동경을 재차 억압해야만 한다. 그러한 억압을 되풀이시킬 수 있는 계기가 되었던 것——아하스바[1]나 미뇽[2]이나 약속된 땅을 상기시키는 낯선 것

---

1) Ahasver(Achasweresch). 전설적인 영원한 유대인. 예루살렘의 구두수선 공인 아하스바는 예수를 십자가에 못박으라는 외침에 동참했으며 그리스도가 십자가를 매고 골고타 언덕으로 가는 도중 자신의 집에 몸을 기대려 하자 욕을 퍼부으면서 쫓아버렸다. 그러자 그리스도는 "나는 서서 휴식을 취하겠다. 그러나 너는 최후의 심판의 날까지 걸으리라"라고 대답하였다. 그 후 아하스바는 휴식 없이 세계를 떠돌아다닌다고 한다.
2) 괴테의 『빌헬름 마이스터의 수업시대』에 나오는 우아하고 수수께끼 같은 소년 복장을 한 이탈리아 소녀. 미뇽의 노래(「그대는 아는가 저 남쪽나라를」)가 유명하다.

이나 섹스를 연상시키는 아름다움이나 잡혼을 상기시키는 저주받은 동물이건 간에——은, 그것이 그 자체로는 아무리 불행한 것이었을지라도, 고통스러운 문명의 과정을 결코 완성시킬 수 없었던 문명인의 파괴욕구를 불러일으켰다. 발작을 일으키듯 자연을 지배한 자들은 유린당한 자연에서 무기력한 행복이라는 도발적 이미지를 발견한다. 힘이 없는 행복이라는 관념은 그것만이 비로소 행복일 것이기 때문에 견딜 수가 없다(『계몽의 변증법』, 154~155/172/186~187).

이 장의 다른 곳에서(의심스러운 관심이 드러나는 다양한 설명모델들과 함께) 아도르노와 호르크하이머는 태곳적인 것——사회와 '자연' 속에 있는——과 미메시스라는 자신들의 주제에 대한 반유대주의의 관계를 뒤지는 방향으로 그들의 분석을 계속 전개해나가면서, 행복의 약속에 대한 증오감이라는 본래의 관념을 확장한다. 이러한 확장과정 속에는 예전의 공동체나 집합성 같은 덜 소외된 상태로 상상한 것에 대한 질투가 포함된다(이것은 바로 『오디세이』를 해석하는 정신 속에서 이루어지는데, 이 장에서 오디세우스의 계몽정신은 전자본주의적 형식들에 대한 억압과 포기로 해석된다). 반유대주의에 대한 사르트르의 이론과 함께 이 '유토피아적인' 분석은, 이런 분석들이 없었다면 순전히 심리적이고 비합리적인 충동으로 돌려졌을(그에 따라 정의상 구조적으로 파악 불가능한 것이 되었을) 것에 대해 가장 강력하고 설득력 있는 진단을 내놓고 있다. 이 특별한 분석은 그러므로 『권위주의적 성격』——이 책에서 사회적 행동으로서 '원한감정'이 지닌 의미는 물화되어 성격구조 이론에 흡수된다——의 심리화하는 관점으로부터 독립해 있다.

반유대주의자를 '예술적대자'의 가장 강력한 표현으로 파악할 경우, 우리는 『계몽의 변증법』의 '수렴이론', 즉 할리우드와 뉴딜의 미국과 나치 독일이 친족관계에 있다는 이론을 추인하게 된다. 나치 사회의 반유대주의자를 겉보기에는 좀더 무해하게 보이는 문화산업의 적대자와 동일하게 취급하는 것은 양자 사이에 좀더 깊은 연속성을 부여하는 것이다. 양자는 즉 계급사회가 만들어낸 깊은 원한감정의 부정적 구현이라는 것이다. 예술에 대한 가치평가 또한 자신의 좀더 근본적인 기능을 이러한 진단 속에서 발견한다. 이 기능은 바로 계급에 의해 일그러진, 또한 점점 더 관료제적 통제를 지향하는 사회질서 내에서도 끈질기게 버티고 있는, 불안정하고 죄의식으로 가득 찬 사회적 개인적 행복의 약속이 갖고 있는 기능이다. 이 포괄적인 틀로써 심리적인 것의 외연은 완성되고 『미학이론』은 자신의 중심주제, 즉 예술과 형식이 가지고 있는 내적 동력에 대한 탐사로 들어가게 된다.

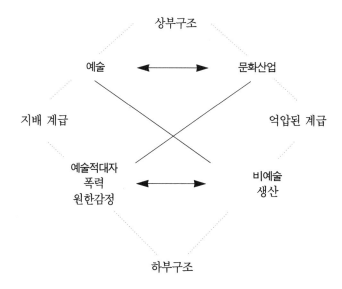

제3부

단자의 생산력

1 유명론

자신의 적들이나 허위에 찬 등가물에 대항한 예술의 이러한 방어에 내포된 가변적이고 애매모호한 이데올로기적 함의는, 예술이 지니고 있는 과정이나 가치로서의 보편적 이념으로부터 개별 예술작품 자체로 눈을 돌려 지금까지 본 논의과정을 완결지으려 들 경우 근본적인 변화를 겪게 된다. 이러한 변화——논의의 전체방향을 바꾸면서 오늘날의 관점에서 볼 때 아도르노의 비판적 방법 중 가장 생명력 있고 활용가치가 있는 것을 부각시켜주는——의 초점은 아도르노의 큰 주제 중의 하나인 '유명론'의 문제인데, 이 유명론에 함축된 다양한 의미에 대해서는 미학에 관한 논의의 서두를 여는 이 자리에서도 간단히 윤곽을 살펴볼 수 있다.

유명론은 아도르노에게 있어서 철학적 경향이자 역사적 사건이다. 미학에서 이것이 의미하는 것은 보편적인 것에 대한 거부인데, 그 예로서 예술을 장르나 양식으로 객관화하는 헤겔적 방법에 대한 거부를 들 수 있다(전략적 후퇴나 한계설정 형식에서 이루어진 변증법적 진보로서 이 주제는 크로체에서 처음으로 나타나지만, 그는 이른바 '모더니즘적'인——즉 유명론적인——예술이 생기면서 초래된 결과에 대해서는 연구하지 않았다는 아도르노의 지적은 매우 적절하다[『미학이론』, 398/377]). 이런 식으로 심미적 보편성을 역사화하는(예를 들면 헤겔의 상징적·고전적·낭만적 예술형식) 데 대한 거부에 덧붙여져야 할 것은, 아방가르드 운동의 '주의들'(isms)이라고 불리는 좀더 제한적인 보편과 추상에 대한 복합적인 비판 감정—이 책에서는 아도르노의 정신을 거스르는 방향으로 펼쳐보이게 될—이다. 이들 주의들은 나름대로의 진리를 여전히 지니고 있는데 이러한 진리는 이 주의들을, 철학에서 특수자를 보편자 속에 포섭하는 것처럼 개별 작품들을 자신 밑에 포괄하는 양식 개념이나 시대 개념으로서가 아니라 '새로움'에 대한 지적인 징후로서 파악할 때 가능하다.

이 점에서 아도르노는, 현대적인(또는 탈현대적인) '우상금지', 즉 역사기술의 서사 자체, 다양한 종류의 예술사, 좀더 포괄적인 시대 구분이나 역사발전에 관한 패러다임들—니체 이래 현재적인 것(개별 예술작품의 '현재성'도 포함하여)이 갖는 신선함은 항상 이런 것들 때문에 사라진다—을 모두 무너뜨려버리는 우상금지에 아주 근접하게 된다. 반(反)역사적이 되려 안달하는 이들 포스트구조주의와 아도르노의 차이는, '사건'의 현재구성적 성격(유명론이라는 개념은 역사적 경향들과 동일시되는 인과성을 포함한다)에 있을 뿐만 아니라 역사가 작품의 형식 안으로 이주하는 데 있다. 그 때문에 작품의 형식은 좀더 큰 사회적·역사적 서사 내부의 특권적인 실례로서 기능할 때보다 훨씬 깊게 역사적이고 사회적이 되었다.

그렇지만 유명론은 이처럼 여전히 역사적 유형에 머무는 거짓 '보편성' 뒤에서, 좀더 정태적인 칸트류의 보편성들을 찾아낸다. 오늘날의 우리에게 이러한 보편성들은 지극히 광대한 범위의 전문화된 분류를 가능케 한다. 이들을 일종의 원(原)심리학으로 파악할 경우 미학은, 문화산업의 장치들로부터 아리스토텔레스의 카타르시스(이것을 아도르노는 매우 조리있게 비난한다. 『미학이론』, 354/339/368~369 참조[1])에 이르는 다양한 종류의 외적 자극에 대한 분석으

로 환원될 것이다. 반면 이들을 이른바 감각적 지각작용의 근저에
놓인 개념망이나 카테고리들로 보는 것은, 아도르노가 볼 때, 육체
적 직접성을 '좀더 정신화되고' 관념론적인 추상적 사유형식으로 변
형시키는 부당한 시도가 된다. 그것은 승화를 수단으로 한 억압이
며, 심미적 경험 속에서든 아니면 다른 곳에서든, 철학화될 수 없는
것에 대한 철학의 불안이다.

　이렇게 되면 예술작품은 추상적 유형들로 해체되어, 보편론자들은
자신들이 그때그때 택한 이론에 따라 다양한 방식으로 예술작품을
생산해낼 수 있게 된다. 이러한 예로서, 구조주의자들은 전승되어온
심리적 카테고리 바깥에서 예술작품의 근거를 찾으며, 지극히 전통
적이고 고상한 철학은 예술작품 속에서 형이상학적 의미를 추구한다
(이 경우 개별작품—그리고 아도르노에 따르면 이들이 갖고 있는
그때그때의 진리내용—은 보편논리에 의해 종교적, 실존적, 심미화
된 종교적 '경험'으로 대체된다). 또는 조화, 일치, 비율, 심미적 가
상, 표현과 같은 카테고리를 포함하는 전문화된 철학적 미학의 특수
한 보편성이 나오기도 한다. 그렇지만 이처럼 특수하게 미학적이거
나 형식적인 카테고리들—이미 심미적인 것의 다양한 역사적 경험
들을 포함하고 있는—은 철학적 의미에서 단순히 허위만은 아니다.
왜냐하면 이러한 카테고리들은 자체 내에 그리고 자신의 공허한 개
념성 내부에 특수한 역사적 작품들의 침전된 경험을 담고 있기 때문
이다.

---

1) "아리스토텔레스 시학에서 감정의 순화는 플라톤처럼 노골적으로 지배에
　대한 관심을 드러내지는 않는다. 그러나 그가 말하는 승화의 이상은 관중
　의 본능이나 욕구의 실질적인 충족 대신 대리충족으로서의 미적 가상을 만
　들어내는 과제를 예술에 부과한다는 점에서 지배에 대한 관심을 버리지는
　않고 있다. 카타르시스란 곧 감정을 억압하는 순화행위로서 지배의 인정이
　다."

사실 철학의 한 분과로서 미학이 종말을 고한 후 그래도 여전히 철학적인 미학을 기획해보려는 시도는 이러한 죽은 개념들과 부딪치지 않을 수 없다. 새로운 미학이 이 개념들을 내다버릴 수는 없으며, 궁극적으로는 평가절하시켜 불신임하기 위해서라도 잠정적으로는 새로운 목적을 위해 다시 채용하지 않을 수 없다. '비율'·'미메시스'·'표현'과 같은 상이한 개념들이 자신의 순수한 형식적 본질을 근거로─그럴 만한 정당한 권한이 없으면서도─추구하고 있는 것은 예술작품 일반에 대한 통일적인 '정의'를 얻어내는 것이다(우리가 이미 알고 있듯이 이러한 노력은 예술과 예술작품의 뒤엉킴으로 말미암아 미궁에 빠질 수밖에 없다). 아도르노가 우리에게 가르쳐주고 있는 것은 이러한 문제란 보편과 특수의 관계로 파악될 수 있는 무엇이라기보다, 개별 예술작품뿐 아니라 예술 자체 내에 들어 있는 깊은 모순이나 풀 길 없는 긴장이라는 것이다.

그러나 이것이 의미하는 것은 그들 안에서 모순된 것을 분명히 하고 그들로부터 보편화하는 기능을 박탈하는 것이 체계적으로 보장될 경우, 전통적인 미학 개념들을 변증법적 방식에 의해 다시 사용하는 것이 가능하다는 것이다. 그리하여 비율 개념에 대항해서는 추(醜)의 개념이, 조화의 가치에 대해서는 단편(斷片)이라는 개념이 떠오르게 되며, 미메시스는 자신의 화해 불가능한 적수인 표현 개념과 하나의 사슬 속에 함께 묶이게 된다. 다른 한편 심미적 '가상'은 승리의 순간 심미적인 것을 넘어서고 단순한 가상을 극복하려는 보편적 충동에 의해 밑둥치가 파헤쳐진다(이러한 잠식은 우리가 유명론이라고 부른 프로테우스적 현상과 동일한 기도이다). 전통적인 미학과 형식적인 개념들이 전쟁상태에 돌입했음을 선포하는 것은 이들이 다양한 역사성을 지니며, 이런 저런 역사적 순간에 이루어지는 예술적 실천의 특수한 형식들 안에 뿌리박고 있음을 보여준다.

그렇지만 이런 점에서 아도르노는 또한 스스로를 논박해야만 한다. 『미학이론』이 전통적 의미에서의 '미학'을 완전히 이탈하고 있지는 않는 한, 아도르노의 미학은 하나의 중심을 이루는 형식적·기술(記述)적 카테고리, 즉 '구성'의 카테고리와 이것의 특수한 역사적 실천상황——말하자면 심미적 모더니즘의 유명론적 또는 미니멀리즘적 계기[2](쇤베르크의 표현주의로부터 베케트[3]의 연극에 이르는)——을 갖게 된다. 아도르노에 의해 특권적 위치를 갖게 된 이 형식 카테고리——다른 형식 카테고리들과 대립되면서 커다란 변증법의 소용돌이를 만들어내는——가 이러한 기능이나 전체를 조직하는 중심적 지위를 충족시킬 수 있을 만큼 충분히 전통적 개념들과 구별될 수 있는가, 또한 이러한 카테고리가 형식 면에서 제기하는 요구는 자신의 역사적·심미적 순간(이 순간은 이제 결정적으로 과거에 속하기 때문에 우리는 정당하게 전혀 다른 우리 자신의 시점을 이야기할 수 있다) 너머로 나아갈 수 있는가라는 문제야말로 『미학이론』이 우리로 하여금 직면케 하는 궁극적 문제라 할 수 있다.

그러나 유명론의 문제는 결코 이러한 개념 면에서의 어려움——헤겔의 표현을 빌리면 지금까지 '개념'이나 '이념'의 측면만을 다루어 왔다고 볼 수 있는데——만을 지칭하는 것은 아니다. 심리적인 주체 면에서도 동등한 문제가 발생하는데, 여기서 일어나는 보편성에 대한 저항 또한 유명론의 문제를 야기한다. 사실 현대의(포스트구조주의적인) 철학은 여러 면에서 파편화된 주관성의 묘사나 평가에 매달려왔다. 이 문제는 '주체의 탈중심화', '정신분열', 자아의 억압적

---

2) 외적인 군더더기는 떨쳐내고 본질적인 것이나 실체적인 것에 몰두하는 경향. minimalism이나 minimal art는 일반적으로 이러한 경향을 본격적으로 추구한 60년대말 뉴욕에서 일어난 시각예술이나 음악의 운동을 일컫는다.
3) Samuel Beckett(1906~1989). 아일랜드 태생의 프랑스 극작가. 부조리극 「고도를 기다리며」가 그의 작품.

기능, 그리고 개인적 동일성이나 생물학적 연속성이라는 환상으로부터 주체의 쇠퇴와 '소멸', 주체의 수준 저하나 무기력, 붕괴에까지 걸친 문제다. 의식은 의식 자체가 아닌 다른 무엇(무의식이든, 언어든, 신이나 이데올로기에 근거한 타자성이든)에 의해 결정된다는 것이다. 아도르노의 변증법적 관점에서 보면 이러한 현대의 현상 자체가, 주관성 자체에 침투하여 다양한 주관적 '경험'에 직접성을 부여하는 유명론의 징후로 여겨진다. 이런 직접성이 좀더 보편적이고 추상적이며 인류의 지적 능력에 적합한 무엇에 유사해진다고 완화되거나 무뎌질 수는 없다. 이것이 의미하는 것은 단순히, 이러한 발작적인 탈현대의 주관성이 보이는 심미적 취향과 좀더 단단하고 안정감 있는 자기동일성을 지닌 예전의 시민적 · 귀족적 청중 사이에는 근본적인 차이가 있다는 데 그치지 않는다. 이러한 상황 자체가 이미 모든 보편적 미학의 종말 또는 심미적 불변성에 관한 이론의 종말을 부추기는 것이지만, 이러한 경향은 심미적 통일성이나 예술작품의 자기완결성이라는 관념 자체를 문제삼는 데까지 나아가게 되는 것이다. 이로써 아도르노의 미학적인 기획은 결정적으로 위협을 받게 되며, 앞으로 보겠지만 아도르노는 이 문제에 대처하기 위해 라이프니츠(Gottfried wilhelm Leibniz, 1646~1716)의 모나드 관념에 의존하게 된다.

주관적 유명론이 의미하는 것은 또한, 예전의 주관성이 해체되면서 남은 파편들은 이제 패러독스하게도 그 자체가 객관적이라는 것, 또한 이러한 파편들——전통적으로 작품을 형상화하는데 필요한 재료로 생각되었던 전통적인 심미적 원자재나 예술적인 언어들 외에——자체가 이제는 예술작품을 구성하는 데 필요한 재료들, 즉 벽돌, 유리, 알루미늄 조각이 된다는 것이다. 위에서 이미 언급했듯이, 주관적인 것이 객관적인 것으로 바뀌는 이러한 변증법적 반전——거짓된 문제를 제거해버리는 데 있어서나 또는 이러한 반전이 열어놓은 아직 시

도되지 않았던 새로운 해석의 가능성에 있어서나——은 아도르노 미
학이 남겨놓은 중심 유산으로서 이에 버금갈 수 있는 것은 다만 몇
몇 러시아 형식주의자의 좀더 직관적인 사변뿐이다. 이런 관점에서
볼 때 지배적인 묘사가 전반적으로 음악을 통해 이루어지고 있지만
그것은 음악이라는 전문영역에 자신을 한정시키기 위한 것이라기
보다는 다른 예술과의 창조적 유추를 전개하기 위한 것으로 볼 수
있다.

　마지막으로 주목해야 할 것은 아도르노의『미학이론』이 하나의 사
건——특히 예술사 자체에서 일어난——으로서 '유명론'에 부여하고
있는 주된 의미는 무엇인가 하는 문제이다. 역사적 패러다임으로 남
아 있는 것은 우리에게 친숙한 모더니티(마르크스의 상품형식 이론
이나 베버의 합리화 이론에서 배울 수 있는)나 모더니즘(예술가들의
형상화 형식에서 드러나는데, 유럽인의 관점에서 볼 때 그 중 가장
눈에 띄는 것으로는 보들레르에게서 찾을 수 있다)의 출현이다. 자
본주의나 현대화로의 이러한 신비로운 '타락'은, 우리가 보아왔듯
이, 역설적으로 이미『계몽의 변증법』이라는 제목 자체에 이미 새겨
져 있다. 이 책에서 억압적이고 미메시스적이며 모순에 찬 추상화와
통제과정은 인류사의 근원에까지 거슬러 올라가며 호메로스를 넘어
주술적 자연지배의 최초 형식에까지 연결된다. 그러나 18세기에 이
러한 타락은 갑자기 변증법적 도약을 달성하는 것처럼 보이는데 이
러한 도약 속에서 일어나는 타락은 예전의 주술적이고 미신적인, 또
한 노골적으로 미메시스적인 형식을 격렬히 해체해버리지만 실상은
미메시스 과정을 훨씬 고도화된 추상성의 수준에서 계속 추진한다.
이러한 과정 속에서 이 타락은 미메시스의 잔재를 체계적으로 제거
하면서도 미메시스의 좀더 깊은 충동에 충실한, 또한 세속적이고 회
의적이며 수학적인 사유를 토대로 한 (아도르노와 호르크하이머의
표현에 따르면) '우상금지'가 된다.

과학적 합리성에 대한 묘사가 이루어지는 이러한 심미적 문맥에서
흥미를 끄는 것은, 매 단계는 전 단계를 해체하는 과정 속에서 어떻
게 역사성이나 과거를 생산하는가이다. 과학적 '진보'란 즉 통시적
이 아닌 공시적인 것인데, 그 이유는 이 진보가 예전의 생산양식을
'야만적 사고'로 치부하면서 몰아낼 뿐 아니라 매번의 새로운 발상
이 자신으로 하여금 '합리적'이고 과학적인 행동으로 이끈 바로 앞
단계를 미신이나 형이상학의 잔재로 탈바꿈시키기 때문이다. 아도르
노와 호르크하이머가 이 초기 저작에서 주로 관심을 기울인 것은,
그러한 계몽된 과학 속에 들어 있는 이론요소가 무자비하게 자신의
공식적인 철학을 계몽되지 못한 신화로 전도시키는 방법이었다. 그
결과 철학의 실현이나 종말에 관한 어떤 마르크스주의적 전망보다도
모든 철학을 신학으로 변화시키는 데 더 효율적이었던 실증주의마저
콩트의 그것은 미신적인 오류로 가득 찬 헤겔적·신비학적 잔재로서
추방되어야 할 무엇이 되고만다.

이러한 논의는 그러나 이론의 내재적 소실점 자체나 이성이 빠지
게 되는 궁극적인 블랙홀을 극적으로 보여준다. 자신의 머리카락을
잡고 수렁에서 빠져나오려는 뮌히하우젠[4]처럼 이성은 자신의 이론적
토대의 마지막 잔재마저 부정해버리고는, 자신의 최고도로 추상화된
소명으로서 사유 자체를 없어도 무방한 태초의 태곳적인 단계로서
제거하려 들게 됨에 따라 블랙홀 속으로 빨려들어가게 된다. 그런
다음 이러한 과학적 '유명론'은 주관성이라고 불려왔던 것도 없애려
하면서, 이제부터는 자신의 동력을 '경제적인 것'(마르크스적 의미
에서의 노동과정과 상품형식, 특히 등가관계나 동일성의 출현)과 얽
어맨다. 계몽적인 모더니티가 싹틀 때 함께 나타난 '심미적인 것'의
출현——미적인 것이 과학적·합리적 형식들과 급격히 단절되는 것

---

4) Karl Friedrich Hieronymus Freiherr von Münchhausen(1720~97).

그리고 감각, 지각, 재현, 미메시스적인 것이 새롭게 구성된 거부와 보상의 한계영역으로 도피하는 것—은 비본질적인 부수 과정이 아니라 계몽의 의미를 기술하기 위한 핵심 사항이 되었기 때문에 이후로는, 우리가 보아왔듯이,[5] '타락한' 문화산업만이 계몽의 식민화하는 논리가 어떻게 연장되어 나가는가에 대한 생생한 그림을 제공할 수 있게 된다.

그럼에도 불구하고 우리가 과학에 부여한 시간성은 의미심장하게도 (만화가 유추인 것과 마찬가지로) 심미적 모나드의 역사적 역동성과 유사하다. 전자의 패러독스는 후자의 패러독스를 비추어주는데, 특히 새로움이나 '새것'이라는 골치 아픈 문제에서 더욱 그러하다. 왜냐하면 미학에서의 새로움은 자신의 전사(前史)를 무효화하고 자신의 혁신을 낳은 바로 그 테크닉을 구식이 된 진부한 테크놀러지로 전환시켜버리기 때문이다. 그러나 여기서 이제 ('내재적'·'외재적'이라는 예전의 미학 용어보다 더 효율적인) 공시성 개념이 고집스럽게 주장되는데 그 이유는 이 개념이, 그러한 혁신이 외부로부터, 즉 반음계(바그너의 경우)나 '관점'(헨리 제임스[6]의 경우)의 기술이 생겨나는 과정을 차분히 관조할 수 있는—우리의 득점표를 열심히 계산하고 다양한 연주가들에 대한 특기사항을 첨삭하면서—친숙한 '통시적' 서사로부터 발견되고 기록될 수 있다는 환상을 파괴하기 때문이다.

개별 예술작품 속에서 문제가 된 역사성은 그러나 해체의 순간 속에 자신의 과거를 포함하게 되기 때문에, 헤겔의 지양 개념—개인이나 집단의 과거가 흔적도 없이 사멸하는, 물적인 단절과 격변으로

---

5) 문화산업은 소외되지 않은 주관성의 영역을 식민화한다는 것. 236쪽을 참조하라.

6) Henry James(1843~1916). 미국에서 태어나 영국으로 귀화한 소설가.

가득 찬 인류사를 돌아볼 때는 보통 관념론적으로 들리지만—은 여
기서만은, 즉 이 심미적 모나드 안에서만은 진실성을 지니게 되며
거의 유물론적인 기술(記述) 개념이 된다(그런 이유로 아도르노는
라이프니츠의 모나드 개념에 대해, 모나드는 영감 속에서 신비롭게
변형된 지극히 독특한 '물질적' 대상—곧 예술작품—을 담을 수
있게 된다고 말한다). 그 때문에 '새로움'의 경험은 외부로부터, 즉
신선한 어문학적·도해학적 정보를 토대로 예술작품의 경험에 첨
가될 수 있는 무엇이 아니다(비록 그러한 정보는 이러한 경험을 준
비하는 데 일정한 역할을 하겠지만). 새로움의 경험은 심미적 경험
과 동일한 것으로서, 더 깊숙이에서는 그 자체가 작품의 '진리내
용'이다.

우리는 여기서 잠시 멈추어 이미 언급한 결과들을 다시 한번 환기
해야 할 필요가 있다. 그것은 즉, 모든 모더니즘에서 '새로움'과 혁
신에 대한 전통적 가치평가가 전제될 경우 그러한 미학은 모든 '진
정한 예술'을 결국은, 지금까지 예술사적으로 단일 시대로 여겨온
'본래의' 모더니즘에 동화시킨다는 것이다. 이러한 동화에 결부된
근본 문제는 시대구분이라는 명시적 문제, 또는 다른 말로 하면 바
흐(Johnn Sebastian Bach, 1685~1750)나 크레티앙 드 트루아
(Chretien De Troyes, 1165~80)나 프로페르티우스[7]를 어떻게 다
룰 것인가의 문제에서 발생하지 않는다. 이제 막 출현한 화폐경제나
상업경제 속에서 그들의 내적 논리나 발전과정은 지극히 불균등한
방식으로 문화생산의 길을 가지 않을 수 없었다. 오디세우스를 최초
의 '시민'으로 묘사하는 『계몽의 변증법』의 도발적인 시간틀은 자본
주의적인 문화의 역동성을 (상당히 짧은) 산업자본주의의 생존기간

---

7) Sextus Propertius(BC 55~43년에 태어나 BC 16년 이후 죽음). 로마의
시인으로 작품에 「엘레게이아 시집」 등이 있다.

속에 가두어놓지 않는다.

　다른 한편 19세기 후반 성공적인 유럽 자본주의의 두번째 내지 '제국주의' 단계의 두드러진 특징인 '모더니즘'은 좀더 완만하고 좀더 재현적인 전(前) 단계 문화 속에 감추어진 '내적 진리'를 구현하고 있는 것으로 보인다. 이러한 상황과 밀접히 연관된 것으로서 더욱 충격적인 것은 인류학적으로 비자본주의적 예술이라 할 수 있는 것의 급격한 추방이다. 알타미라의 동굴벽화는 주술적 미메시스—이 말은 즉 원(原)계몽적인 자연지배—의 실례로서만 인용될 뿐 우리의 것과는 전혀 다른 예술 내지 문화형식임이 인식되지는 않는다. 비서구적인 음악의 지위 또한—헤겔로부터 물려받은 서구적 의미에서의 '예술의 종말'이라는 관념 속에서라면 혹시 몰라도—상상할 수가 없다. 아직 입 밖에 내지 않은 중심적인 주장, 즉 모든 위대한 음악은 시민음악이다*라는 주장은 오직 (포스트모더니즘이라는 현재의 이슈나 그것이 갖는 전통에 대한 관계를 넘어) 극단적으로 다른 사회나 생산양식—그러한 사회에서는 우리가 예술이라고 생각하는 것(특히 우리의 방식에 의거해 사회적으로 분화되지는 않는 '예술작품'으로서)이 다르게 불릴 수밖에 없을 것이다—에 대한 유토피아적 기획으로 생각할 수 있다.

　언젠가 사회의 원자적 구조가 변한다면 예술은 자신의 사회적 이념, 즉 특수자가 가능하다는 이념을 사회적 보편성을 위해 희생시키지 않아도 될 것이다. 특수와 보편 사이에 괴리가 있는 한 자

＊ 아도르노도 비슷한 말을 자신에게 허락한다. "오늘날까지 음악은, 파괴와 형성을 통해 전체 사회를 구현하고 심미적으로 기록하는 부르주아의 산물로서 외에는 존재하지 않았다. (……) 기존의 사회에서 부르주아 음악 이외에 다른 음악이 존재하는지에 대해서는 의문을 던져볼 필요가 있다"(『신음악의 철학』, 117/121).

유도 없다. 심미적인 것을 가능케 하기 위해 오늘날 예술가는 이 디오신크라시적인 강압에 따를 수밖에 없지만, 만약에 자유가 존재한다면 특수자가 바로 그러한 권한을 갖게 될 것이다(『미학이론』, 69/62/76).

우리는 후에 지극히 독특한 이 이념, 즉 현대 예술가의 자유란 기분대로 선택할 수 있는, 자유롭게 부동하는 주관성 속에 있는 것이 아니라 재료 자체가 요구하는 객관적 강압 밑에 있다는 관념으로 다시 돌아갈 것이다.[8] 보편과 특수 사이의 조화인 철학적 '화해'로 이 인용부분을 들먹이는 전통적 방식대로 그러한 관념이 아도르노 미학 속에서 규범적 역할을 수행한다고 결론짓는 것은 잘못이다. 오히려 그러한 조화('구체적 보편성')는 온갖 나쁜 의미를 지닌 규범성일 뿐 아니라──엄밀한 의미에서 그야말로 진정한 예술작품이란 보편과 특수의 불가공약성을 드러내며 이에 따라 모든 진정한 예술작품은 전통적이고 정상적인 의미에서는 필연적으로 '실패'가 될 수밖에 없는 상황(이를 위해 우리는 '유명론'이라는 단어를 사용해왔다)에서는──역사적으로도 실현 불가능하다.

아도르노의 '새로움'이라는 관념은 '생산력'──또는 마르크스가 "사회적 생산에 의해 도달된 발달 수준"이라고 부른 것──과 예술작품 자체와의 관계에 대해 좀더 정확한 지식을 가질 때 제대로 드러날 것이다. 그렇지만 지금까지 말한 것에서 알 수 있는 것은, '새로움'이란 현상학적 의미에서의 시간적 개념이 아니라는 것, 그리고 이 관념이나 이 관념에 대한 이론화작업──모더니즘의 전야에 보들레르에 의해 이루어진──은 유명론 자체와 밀접한 연관이 있다는 사

---

8) 미학상의 혁신은 창조나 발명이 아니라 발견이라는 관념. 389쪽을 참조하라.

실이다. 이제 보편성이란 동일한 것이 항상 반복되고 되돌아온다는
것으로서 이에 대한 유일한 저항—항상 깨어지기 쉬운 것이지만—
은 유일무이한 지금·여기일 것이다. 이 지금·여기는 이름도 없고,
비교할 수도 없으며 반복이 불가능한, 다른 어떤 것과도 바꿀 수 없
는 시점으로서 바로 그러한 결핍에 의해 '새로움'이 된다. 그 이유
는 이 지금·여기를 분류해 넣을 수 있는 어떤 유적 카테고리가 없
기 때문이다. 그런 의미에서 유명론은 나쁜 보편성에 대한 저항형식
일 뿐 아니라 일반화된 역사적 상황으로서 딜레마이고 위기인데, 이
것이 예술작품에 미치는 결과에 대해서는 이제 살펴보게 될 것이다.

2 가상의 위기

예술의 위기(모더니즘의 탄생)에 관한 아도르노의 견해를 알 수 있는 것으로서 가장 잘 알려지고 많이 읽히는 책은 아도르노의 『신음악의 철학』에서 영감을 얻어 쓴 토마스 만의 『파우스트 박사』이다. 이 소설에서 핵심적인 주제는 '가상'(Schein)의 위기인데, 영어에는 가상이라는 단어에 정확하게 상응하는 단어가 없고 보통은 '심미적 외양'(aesthetic appearance or show)이나 '심미적 환상'(aesthetic illusion)이라는 단어로 번역된다. 이러한 표현은 현상이나 환상 '뒤에는' 다른 무엇이 존재할 수 있다는 것을 암시하며, 또한 명백히 현존하는 '원본'의 관념이나 작품의 '진정한 의미' 외에도, 작품을 구성하는 일차적이고 비심미적인 재료들—예를 들면 유화물감, 단어, 의상을 걸치고 분장을 한 육체들—같은 다양한 것들을 암시한다. 가상 개념을 이런 식으로 볼 경우, 어떤 상황이 오면 가상은 완전히 걷히고 구경꾼은 더럽혀진 화폭을 한가롭게 응시하거나, 입을 벌린 채 어색하게 팔을 흔들면서 플랫폼 위를 걸어다니는 한떼의 사람들을 별 당황감 없이 목격하게 되리라는 생각이 반드시 곤혹스러운 것만은 아니다. 이것은 예술 자체를 무언가 낯선 것으로 묘사하기 위해 사용되는, 플로베르(Gustav Flaubert, 1821~80)나

톨스토이(Lev Nikolaevich Tolstoy, 1828~1910) 이후 잘 알려진 테크닉이다.* 환상이 붕괴되는(또는 그러한 환상에 대한 우리의 '믿음'으로부터 갑자기 깨어나는) 순간들은 심미적 형태를 띤 일종의 헛개비 지절(phantom member) 이론으로서 유용할 것이다. 이러한 순간은 우리가 사물의 바깥으로 걸어나가 사실은 어떠했던가에 대해 좀더 생생한 감각을 갖게 되는 순간일 것이다.

어려움은 오히려, 본래의 대상에 덧붙여진 단순한 장식이나 치장으로서의 의미밖에 없는 '심미적 환상'이, '환상'을 떨쳐버리고 본래의 실제 모습이 되고자 할 경우 예술은 과연 어떠할 것인가에 관한 상상을 부추긴다는 것이다. 현대 예술사에서 일어난 것(아도르노에게 이 과정은 앙시앵 레짐에까지 거슬러 올라가는 것으로 여겨진다)은 바로 이것이었다. 매번 뒤에 나오는 형식이나 세대는 바로 직전의 과거를 시시껄렁한 연애사건이나 거짓말 또는 헛소리에 불과하다고 비난하며 그에 비해 자신이 내놓은 것은 진리에 대한 열렬한 사명감과 정확하고 세밀한 묘사에서 신선함을 끌어내고 있다고 주장한다.

---

* 『전쟁과 평화』 8권 9장에는 이러한 묘사가 나온다. "2막의 무대장치는 비석들이 여기저기 널려 있는 풍경을 보여주는데, 뒤쪽 벽을 두르고 있는 천에는 달을 나타내는 듯이 보이는 둥근 구멍 하나가 뚫려 있었다. 푸트라이트에는 덮개가 씌워지고 호른과 콘트라베이스가 저음으로 연주되기 시작하자 검은 망토에 비수 비슷한 것을 손에 든 한떼의 사람들이 좌우에서 쏟아져 나왔다. 그들이 팔을 휘두르기 시작하자 다른 한떼의 사람들이 무대 안으로 달려나와, 아까는 흰옷을 이제는 하늘색 옷을 입고 있는 처녀를 끌고 나가려고 했다. 그러더니 그들은 갑자기 멈추어서서는 그 처녀와 함께 오랫동안 노래를 부른 다음 마침내 그녀를 데리고 나갔다. 그러자 무대 뒤에서 금속성 소리가 세 번 들리고, 그 소리에 맞추어 모든 출연자들이 무릎을 꿇고 기도의 노래를 부르기 시작했다. 이 일련의 동작은 열광적으로 환호하는 관중들 때문에 몇 번이나 중단되었다."

여기서 이미 우리는 한정된 형식 속에서나마 '우상금지'나 반(反)미메시스적 충동이 한계가 드러난 과거에 대한 치료수단으로 동원됨을 볼 수 있다. 세대간의 문제로 벌어지는 이러한 '가상' 비판이 항상 (가치 개념으로서의) 리얼리즘이라는 깃발 아래 전개된 것은 아니다. 이 개념만큼이나 '진리'라는 용어——또한 좀더 최근에는 '진품성'이라는 용어——도 활발히 등장한다. 그렇지만 어떤 것이든 규범 미학에 별로 구속받고 있는 것 같지는 않다. 심지어 '리얼리즘'이라는 용어조차 자신에 반하는 방식으로 사용됨을 볼 수 있다. 최근에 로브그리예는 '리얼리티'에 훨씬 충실한 혁명적 '누보로망'의 리얼리즘을 내걸면서 발자크 리얼리즘의 심장부를 이데올로기적 환상이라고 공격했던 것이다.

이처럼 '가상'의 위기는 모더니즘 미학의 '영구혁명'을 위한 주된 추동력으로서 끊임없이 탈바꿈해나가는 현대의 예술혁신을 위해 봉사하게 된다. 그러나 일부 외부관찰자들——또는 최소한 이러한 과정이 보여주는 엄청난 속도에 어안이 벙벙해져 일정한 거리를 유지하는 예술사가들——이 관심을 기울이는 문제는 이러한 운동이 언제 어떻게 끝날까이며, 궁극적으로는 심미적 가상을 완전히 벗어버린 예술을 과연 상상할 수 있을까 혹은 가상에 대한 의구심은 예술 자체를 파괴하는 데로 나아가지 않을까('예술의 종말'에 대한 헤겔의 생각과 연관지어)라는 질문을 낳는다. 이러한 과정의 궁극적인 결과는 승리감에 젖어 모든 형상을 흔적조차 남겨놓지 않고 제거해버리는 '우상금지'일 것이다.

이미 보았듯이 심미적 가상을 낙인찍게 된 더 깊은 동기는 바로, '서구' 문명의 여명기에 나온 세이렌의 노래에 관한 이야기에서 아무런 주석 없이 적나라하게 드러났듯이, 예술 자체가 지니고 있는 궁극적인 사회적 죄의식이다. 그러나 이 '원죄'는 분명 계급사회에 오면 합리주의와 세속화(좀더 좁은 역사적 의미로는 계몽)에 의해 더

욱 강화된다. 그 결과 심미적 가상이 아무런 거리낌없이 편안하게
살 수 있는 유일한 장소는 문화산업이 되었다. 자신마저 파괴한 다
음 침묵에 떨어지지 않고는 '가상'을 없앨 수 없는 진정한 예술은 어
쩔 수 없이 자신의 가상을 갉아먹고 살 수밖에 없으며, 반성이나 자
의식과 같은 기이한 이름으로 불리는 강렬한 죄의식이 자신의 형식
속에까지 침투하여 비현실적이고 사치스러운 유희를 벌이지 않을 수
없게 되었다. 그러나 다양한 스타일과 형식을 가진 '허구'(포스트구
조주의는 이 개념을 변주시켜 '재현'이라고 부른다)——가상에 대한
적절하고도 강력한 또 다른 이름으로서, 이 명칭은 가상의 의미를
유익한 방향으로 변화시킨다——는 문화산업이 팔아야만 하는 주력
상품이다. 그렇지만 이 끝이 없는 토크쇼, 퀴즈 프로그램, 게임쇼,
복권추첨, 텔레비전의 모의재판이나 심지어 뉴스마저, 사회주의 사
회에서 지가 베르토프[1]의 다큐멘터리들이 환기시키고 충족시키고자
하는 진리에의 갈증 같은 것을 보여주지 않는다. 이런 것들은 오히
려 대중문화 속에서 허구나 재현이 충족시킬 수 있는 즐거움을 은밀
히 좀먹고 있는 벌레와 같은 것이기 때문에 가상의 위기는 이제, 심
지어 가상이 안전하게 유지될 수 있었던 하찮은 상품영역까지 확장
되었다.

　그렇지만 대체용어인 '허구'의 의미는 그것의 본령——소설이나 영
화(안티로망으로부터 다큐멘터리에 이르는) 속에 나오는 이야기의
상상 가능한 모든 내적·외적 순열이 섭렵될 수 있는 곳——을 벗어
나 음미해볼 경우 훨씬 잘 드러난다. 그렇지만 비허구적인 건축은
어떤 모습을 가질까?* 여기서는 장식이나 치장은 제거되어야 할 허

---

1) Dziga Vertov, 본명은 Denis Arkadyevich Kaufman(1896~1954). 소련
　의 기록영화 감독으로 오늘날 벌어지고 있는 시네마 베리테(Cinéma
　Vérité) 운동의 선구자다.

구적 요소들로 전락하는 단호한 기능주의가 문제될지도 모른다. 다른 한편 충분히 상상 가능한 비허구적 회화는 이제 예술의 역사에서 거역할 수 없는 근본개념이 되었는데, 회화를 통한 이야기의 전달은—그리고 그 다음으로는 이들의 추상적 이념이나 '개념'마저—철저히 비판당하고 추방됨으로써 그림을 위해 사용된 재료들 자체만 결국 심미적 관조의 대상으로 남게 되었다(얼마 전까지만 해도 모더니즘 전통의 주도적인 서사는 그러했다). 그러나 허구의 또 다른 이름인 가상은 이들 기초적인 재료 속에 아직—최소한 박물관이나 예술관람을 위한 제도적 틀 속에서나마—살아남아 있는 것으로 보인다. 이런 것과 상당한 차이를 보이는 '추상'에 대한 아도르노 자신의 견해는 그만의 독특한 이디오신크라시적 변증법을 전개하게 되는데, 왜냐하면 그러한 변증법의 초점을 이루는 것은 상품형식과 '위대한 예술' 사이의 대립이 아닌 동일성이기 때문이다.

보들레르는 물화를 비난하지도 모사하지도 않는다. 그는 물화의 원형을 체험함으로써 물화에 저항한다. 이 체험을 표현하는 매체는 문학적 형식이다. 이로 인해 그는 감상적인 후기낭만주의를 훨씬 넘어서게 된다. 상품적 성격이 인간성의 모든 잔재를 삼켜버리게 된 엄청난 객관적 현실과 살아 있는 주체에 앞서는 작품 자체의 객관성을 연결함으로써 보들레르의 작품은 자신의 시대를 열게 된다. 절대적인 예술작품은 절대상품과 접하게 되는 것이다. 모더니즘의 개념 속에 있는 추상성의 잔재는 이러한 절대상품에 바쳐

---

* "위대한 건축은 순수하게 그 목적에 근거하여 이 목적을 자신의 사상내용으로서 미메시스적으로 표명할 때 비로소 자신의 초기능적 언어를 획득하게 된다. 베를린에 있는 샤룬의 필하모니 건물은 관현악곡을 위한 이상적인 공간 조건을 만들기 위해 관현악곡에 의존함이 없이 관현악곡과 유사해짐으로써 아름답게 된다"(『미학이론』, 72/76/79).

진 공물이다. 독점자본주의 하에서는 사용가치가 아닌 교환가치만이 향유될 수 있다면, 현대 예술작품에서는 그것의 추상성, 즉 그 당위성이나 목적에서의 짜증스러운 불확정성이, 존재하고 있는 것에 대한 암호가 된다. 〔……〕심미적 추상은 처음부터, 보들레르의 경우 추상이 되어버린 세계에 대한 반응으로서는 아직 초보적이고 알레고리적이지만, 차라리 우상금지였다. 이러한 터부는 특히, 무엇이 일어나고 있는지 아직 감을 잡지 못하는 이류들이 메시지를 전달한다는 슬로건 아래 아직도 구제하고 싶어하는 것, 즉 아직도 현상 속에는 의미있는 무엇이 남아 있지 않을까 하는 기대를 분쇄하기 위한 것이다. 감각이 파탄지경에 이른 이후 현상은 추상적이 되어버린 것이다(『미학이론』, 39~40/31~32/44~45).

이러한 추상 분석에 의해 희생의 제물이 되고 있는 것은 작품의 '허구적' 차원이라기보다는 작품의 '의미성' 또는, 이러한 표현을 선호한다면, 특수와 보편—대상과 그의 의미—이 어떤 방식으로든 (느슨하게라도) 여전히 '유기적으로' 또는 경험을 매개로 연결될 수 있다는 느낌이다. 여기서 유명론은 직접적으로 체험된 '보편 개념'—이제는 보편적 등가관계나 상품형식의 추상이 되어버린—의 잔재를 끊어버린다. 그렇지만 예술작품은 이들 사이에 존재하는 모순이라는 진리를 견지하기 위해 양자를 고집스럽게 붙들고 있다. 이로써 우리는 '가상'이라는, 처음에 설정한 본래의 문제틀로부터 멀리 벗어나게 된다. 사실은 여기서 심미적 가상 자체가 겪게 되는 급격한 변화와 마주치게 되는데, 이 가상 속에 편재하는 상품형식의 힘은 패러독스하게도 자신이 지배하고 싶어하는 심미적 충동을 위해 봉사하게 된다(문화산업의 영역에서는 어쨌든 성공을 거둔다). 그러나 여기서 역설적인 것은, 이 경우 모더니즘—또는 아도르노에게는 예술작품 일반—은 상품형식의 힘과 동일선상에 놓여 있기 때문에

이러한 상황보다 앞선 '심미적 충동'(예를 들면 미에 대한 취향)을
환기하는 것은 논리적으로 기만적인 결론에 빠지게 된다는 것이다.

그렇지만 상품형식의 보편성은 아도르노가 심미적 가상의 위기와 고
뇌를 극적으로 보여주는 코드 중의 하나에 불과하다. 이와 연관된
마르크스의 주제—생산과정의 문제—는 나중에 다룰 것이다.[2] 여
기서는 다만 상품형식의 보편성과 유명론적 언어—이미 살펴본 바와
같이[3] '비동일성'이라는 개념보다도 훨씬 더 『미학이론』의 '열쇠'가
되는 것(이 작품에서 자주 언급되는 제2 빈 학파의 위대한 '관현악
곡'들처럼 변화무쌍하고 무조음적인 텍스트의 성격에 일차적으로 주
목할 경우)—사이의 철학적 관계를 강조하는 것이 적절하다. 상품
형식이 유명론적 상황에 대해 갖는 관계는 거짓된 보편 개념이 생명
없는 개별자에 대해 갖는 관계와 같다. 전자의 공허한 추상은 아무
런 의미('의미'라는 것을 보편자 밑에 개별자를 포섭하는 전통적인
방식으로 이해할 경우)도 지니지 못하는 고립된 재료들의 다양성
을—세계 속에서나 자아 속에서나—결정하게 된다.

이러한 상황을 탐색하는 궁극적이고도 기본적인 매체인 음악은 이
제 이 모든 분석적 카테고리들을 구체적으로 동원함으로써 우리로
하여금 가상의 위기라는 문제로 돌아오도록 만든다. 이제 음악의 허
구성에 관한 질문이 제기되는데 그것은 비허구적인 음악이 가능한가
하는 문제이다. 허구적인 것이나 가상의 원죄가 결정적으로 시야에
포착된 후 이런 것들과 손을 끊고 싶어하는 음악은 과연 어떠할 수
있는가? 그러한 문제를 음악 분야에서 제기한다는 것은 이제 '가상'
이나 '허구'를 작품 자체의 '시간'과 동일시하기 시작하는 것이다.
그것은 또한 부분과 전체의 문제를 새롭게 설정하는 것으로서, 이러

---

2) 3부 5장(생산력)을 참조하라.
3) 3부 1장(유명론)을 참조하라.

한 설정은 그러한 관계를 듣거나 회상할 수 있는(또는 그럴 수가 없는 '청각의 물신화') '심리적 주체'를 등장시키는 것이며 동시에 부분들을 지각할 수 있는 '전체'나 포괄적 형식의 개념을 문제삼는 것이다. 이러한 상황은 또한 구성의 우위를 피할 수 없도록 만든다. 다른 예술매체들은 좀더 지엽적인 심미적 카테고리에 이러한 우위를 부여할 수도 있는데 여기에 해당되는 것은 언어의 경우 '표현'의 카테고리며 회화의 경우는 '미메시스'의 카테고리다.

전통적인 미학적 반성으로부터 물려받은 대립쌍들은 『미학이론』 전반에 걸쳐 다양한 변화 속에서 다시 등장하기도 하고 사라지기도 한다. 그러한 대립쌍들의 예로는 가상 대 표현(『미학이론』, 168/161/179[4]), 미메시스 대 구성(『미학이론』, 72/65/79[5]), 몽타주 대 의미(『미학이론』 231~233/221~223/246~248[6])가 있다. 아도르노의 경우 이러한 대립쌍들은 변화 속에 있는 구도라고 해석할 수 있다. 이 말이 뜻하는 바는 이러한 구도로부터——용어상으로나 내용 면에

---

4) "가상과 표현은 서로 대립명제를 이룬다. 표현은 고통의 표현말고는 달리 상상할 수 없다."

5) "모더니즘에서는 미메시스와 표현의 양 극단을 매개하기보다는 한 쪽만을 추구할 때 결실을 볼 수 있다. 양쪽을 동시에 추구하는 것, 즉 양 극단의 종합을 추구하는 것은 수상쩍은 동조의 기미를 풍긴다. 이 두 계기 사이의 변증법은 어느 한 계기 속에서만 다른 계기가 실현되는 것이지 양자 사이의 어딘가에서 실현되지는 않는다는 점에서 논리학상의 변증법과 같다. 구성은 미메시스적 충동으로부터 아무런 계획 없이 짜여져야 한다."

6) "예술은 의미 없음을 외쳐대는 행위 속에서조차 의미에 대한 암시를 줄 수밖에 없기 때문에 결국은 가상이 된다. 그러나 의미를 부정하는 예술작품은 내적 통일성을 이루고 있을지라도 혼란스러울 수밖에 없다. 이것이 몽타주의 기능이다. 몽타주는 예술의 타율적인 것에 예술이 미학내적으로 굴복하는 것이다. 종합의 부정이 형상화원칙으로 부상하는 것이다. 이 경우 몽타주는 무의식적으로 유명론적인 유토피아의 인도를 받는다."

서나—어떠한 확정적 해결이나 결단을 도출할 수 없다는 것이다. 구성과 같은 개념에 좀더 큰 비중을 두려는 경향이 없는 것은 아니지만 그러한 용어 또한 가능한 한 특권적 위치를 차지하거나 물화되어서는 안 되는 것이다(그렇게 될 경우 아도르노의 저서는 전통적인 미학으로 돌아가고 말 것이다). 다른 한편 대립쌍들은 두 개의 차원에서 역사화된다. 예를 들어 몽타주와 의미 사이의 대립은 현대예술의 발전 속에 있는 특수한 역사적 순간을 표현한다(그렇지만 이 대립쌍이 아도르노의 텍스트 속에서는 특수한 '역사적' 또는 서사적 순간에 등장하며 그 때문에 이 형식의 '외적인' 역사 속에서만큼이나 텍스트 안에서도 상황에 따라 유동적이고 잠정적인 성격을 가지게 된다는 것을 유념해야 한다).

마지막으로 이 모든 대립쌍들은 특수한 예술매체 내부의 논의를 위해 유용하게 동원될 수 있다. 예를 들어 음악에서 가상과 표현의 대립은 1911년에 갑자기 터져나온 표현주의를 지칭한다. 이 역사적 순간에, 주체의 절대적 표현을 위한 유명론적 충동—모든 저항의 진정한 원형을 이루는—은 예술작품이 아직 떨쳐버리지 못한 가상의 잔재와 충돌하게 된다. 이러한 잔재란 시간 자체(즉 작품의 길이나 음악적 전개가 지속되는 시간)와 일치한다는 것을 이해할 때, 또한 아도르노에게 있어서 '표현'이란 고통의 표현이나 외침으로서 순수한 부조화를 의미한다는 것을 이해할 때, 이러한 저항이나 모순의 극적인 본질이 어떠할 것인가 또는 비허구적인 음악이 얼마나 절실한 가라는 '문제'는 분명해진다. 음악에서의 허구성 또는 음악작품에서의 가상은 이제 단순히 시간적 지속이라는 문제가 된다. 제대로 된 음악 같은 것이 일어날 수 있기 위해서는 얼마만큼의 시간이 필요한가? 음표 몇 개는 이런 의미에서 '음악'이라고 볼 수 있는가? 하나의 단일한 악구(樂句)—지각할 수 있는 모티브나 테마나 멜로디—를 내뱉는 것으로 충분한가? 그렇지만 소나타 형식은 이런 입장에 반대하면서 모티브나 테마는 (적절한 변주를 거쳐) 반복되고 확인될 때 비로소 실제로 표현되었다고 주장한다.

반복은 소나타 형식의 핵심이다. 주제를 소급하여 전개하는 이 반복은 영화가 끝난 후 시작부분을 다시 한번 관람하는 관중에 대해 영화가 미치는 효과와 비슷한 것으로서 베토벤 이래 결정적인 역할을 해왔다. 베토벤은 자신의 등록상표가 된 '힘의 원무'를 사용하여 이 기법을 통달했다. 반복부를 도입할 최적의 순간에 그는 그러한 역동적 과정의 결과를 이미 존재하는 것에 대한 확인과 정당화로서 제시한다. 이것은 그가 위대한 관념론 체계의 죄나 변증법론자인 헤겔과 연루되어 있음을 보여주는데, 헤겔의 경우 부정이나 생성의 정수는 궁극에 이르면 존재하는 것에 대한 승인이 되고 말았던 것이다. 반복부에 의해 음악—그 자체 부르주아적인 자유의 의식(儀式)인—은 사회(음악은 사회 속에 존재하고 사회는 음악 속에 존재하는 것으로서의 사회)처럼 신화적인 부자유 속에 갇혀 있게 되는 것이다. 자기 안에서 돌고도는 자연연관을 조작하여 음악은, 마치 되돌아오는 것은 단순히 다시 돌아온다는 사실만으로도 기존의 것보다 더 위대하며 형이상학적 의미나 '이념'을 지닌 것처럼 보이게 만든다.*

그러므로 소나타 형식은 필연성의 이념이나 느낌을 만들어내며(사회적으로는 이데올로기적일 수밖에 없지만), 존재하는 총체성을 확인하고 정당화하게 된다. 동시에—그리고 아도르노 사상이 형이상학적 차원을 가지고 있는 한(이것은 예술과 자연의 관계를 논의한 후에야 분명해지겠지만)—소나타 형식의 이러한 이데올로기적 기능이

---

* *Mahler*, Frankfurt 1960, p.127.

나 허위성은 단지 왜곡된 역사적 반성 또는 모든 예술의 좀더 깊은
형이상학적 딜레마의 표현에 불과한 것이 된다.

어떻게 만듦이 만들어지지 않은 것을 현상으로 나타나도록 할 수
있을까, 자체의 개념에서 볼 때 참이 아닌 것이 어떻게 참으로 될
수 있는가. 그러한 것을 생각할 수 있다면 그것은 다만 가상과 구
별되는 사상내용을 통해서이다. 그러나 어떠한 예술작품도 가상을
통해서—즉 자신의 고유한 형태 속에서—가 아니고는 달리 사상
내용을 가질 수 없다(『미학이론』, 164/157/174).

'구성된 것'이 어떻게 하여 '자연스러운 진리'를 가질 수 있는가라
는 문제는 아도르노 미학의 형이상학적 차원 속에 들어 있는 중심주
제로서 나중에 다루게 될 것이다.[7]

그러나 여기서—즉 직접적인 음악의 문맥 속에서—문제가 되고
있는 것은 '인위적으로 구성된 음악적 시간이 어떻게 참이 될 수 있
는가'이다. 표현주의 음악이 두세 개의 짧은 계기들로 환원되는 경
향은 이 궁극적인 가상의 위기에 대한 외적 징후에 지나지 않으며,
공들여 만든 음악의 주제나 동기가 이해될 수 있다는 가능성을 부인
하기 위한 음악적 유명론 전체의 형식적 결과나 최종산물에 불과할
뿐이다. 그러나 이러한 결과는 음악의 궁극적 효과로서 나타나기보
다는 한 무리의 불협화음에 의해 생겨나는데, 이러한 불협화음에 들
어 있는 극적 요소는 고통의 표현을 기록하기 위해서라도 최소한의
시간이 필요하다는 사실에 있다. 변증법적으로 조금만 생각해도 알
수 있는 것은, 기록되기 위해서는 불협화음도 여전히 협화음을 필요
로 한다는 것이다. 그러나 협화음이란 청각의 습관이거나, 처음으로

---

7) 408쪽을 참조하라.

충격을 받은 청중이 갖고 있는 전통적 음악문화라는 사실을 생각한다면, 우리는 이러한 생각을 바탕으로 '현대음악의 노후화'나, 다른 모든 사건처럼 자신의 내부에 과거사가 될 능력을 가지고 있는 '새로움'의 패러독스를 상상해볼 수 있을 것이다.

반면에 시간적인 틀(스스로를 파기하기 위한 사전조건을 설정하는데 필요한 최소한의 시간)로서 불협화음이 항상 필요로 하는 협화음에 대해 생각이 미칠 경우, 자신의 진리—가상 자체가 아닌 가상의 위기, 죄, 허위성과 불가능성("아우슈비츠 이후에 시를 쓰는 것")—를 표현하기 위해서는 가장 짧은 시간 안에 스스로를 항구화할 수밖에 없는 가상의 위기가 처한 역사적 상황에 주목할 수 있게 된다. 아도르노는 표현주의의 위기에 대한 이러한 '해결'방식—후기의 쇤베르크나 12음 음악, 여기서는 협화음의 이념 자체 그리고 이와 함께 불협화음의 진실성이 완전히 사라진다—에 실망했던 것이다. 극단적인 표현주의가 발현되는 이러한 순간에 대해 아도르노가 보인 지대한 관심은 30년 후 새뮤얼 베케트의 형식들에 의해 예기치 않게 성취된다는 흥미로운 사실을 목격할 수 있다. 이 내밀한 역사(아도르노의 개인적 취향이라고만 생각하는 것은 성급한 판단이다)는 이제 표현주의로부터 미니멀리즘으로 도약하는 불연속적 불꽃임이 드러난다. 다른 한편 이러한 취향들을 좀더 세밀하게 구분하고자 할 경우 덧붙일 수 있는 것은 베버른[8]의 미니멀리즘이 보여주는 순수성도 아도르노에게는 역겨웠다는 사실이다. 아도르노는 극단적인 비순수성을 더 좋아했던 것으로 보이는데, 알반 베르크의 이러한 비순수성은 아드리안 레버퀸[9]의(쇤베르크나 스트라빈스키[10]가 아닌) 도

---

8) Anton Webern(1883~1945). 비엔나 학파의 일원으로 무조음악의 대가.
9) 176쪽의 역주 3번을 참조하라.
10) Igor Stravinsky(1882~1971). 러시아 태생의 작곡가.

취적인 후기 작곡의 모범이 된다. 비순수한 미니멀리즘! 이것은 얼마나 기이한 방식으로 저급한 대중문화의 온갖 잡동사니들을 자신의 주변에 긁어모았는가?

현대예술사에 대한 전혀 다른 철학적 관념은, 보들레르로부터 모더니즘의 고갈단계(예를 들면 쇤베르크의 12음 기법이라는 막다른 골목)에 이르기까지 좀더 관습적인 예술사를 기이한 방식으로 대체하게 된다. 모더니즘을 '위대한 예술' 일반으로 되돌려버리는 이러한 대체역사는 어디에나 존재하는 유명론적 모티브의 궁극적 기능이 무엇인지를 분명히 드러낸다. 왜냐하면 모더니즘에 철학적 근거를 마련해주기 위해서는 이 유명론이 필요하기 때문이다. 유명론이라는 딜레마의 관점은 예를 들어 "베토벤의 음악은 헤겔의 철학만큼이나 유명론적 동기에 의해 시달림을 당한다"(『미학이론』, 329/315/344)고 말하면서, 베토벤의 역사적 위상조차 현대 이전의 고전으로부터 가장 현대적인 '가상'과 구성의 변증법이 난무하는 장소로 바꿔버린다.

그러나 가상이 얼마나 큰 위기에 처해 있는가 하는 것은, 언뜻 보아 환상적 요인과 거리가 먼 듯한 음악도 그러한 위기를 겪고 있다는 사실에서 알 수 있다. 이러한 비환상적 또는 반환상적 음악에서조차 허구적 요소들이 승화된 형식들은 사멸하게 되는데, 그런 것들로는 실제로 존재하지 않는 감정표현뿐 아니라 실현 불가능한 것으로 판명된 총체성이라는 허구 같은 구조적 계기들도 있다. 베토벤의 음악과 같은 위대한 음악에서—시간예술에만 한정되는 것은 아니겠지만—작품을 분석할 때 부딪치는 소위 근원적 요소라는 것은 사실상 공허한 빈 껍데기이고 무가치한 것임이 드러난다. 그런 요소들은 무(無)에 수렴해가는 한에 있어서만 순수한 생성으로서 전체로 용해될 수 있다. 이런 요소들이 분별되어 부분적인 형상을 얻게 될 경우 그러한 깊은 충동들은 다시 주제나 모티브 같은 것으로 돌아가버리게 된다. 근본적인 결정요인들이란 이처럼 내재적으로 공허하다는 사실 때문에 통합예술은 무정형한 상태에 빠지지 않을 수 없게 된다. 예술작품이 고도로 조직될수록 무정형한 것에 이끌리는 중력은 더욱 커진다. 예술작품의 통합은 오직 무정형한 것에 의해서만 가능하기 때문이다. 예술작품이 완전해질수록, 즉 무정형한 자연으로부터 멀어질수록, 자연적인 계기, 즉 아직 형태나 명료한 표현을 얻지 못한 것들이 다시 돌아온다. 아무리 객관화가 잘 이루어진 작품이라도 너무나 가까운 거리에서 바라보면 그 어떤 요소들의 덩어리로 변하고 만다. 예를 들어 텍스트는 단어들의 덩어리로 변하고 마는 것이다. 예술작품의 세부요소들을 직접 손에 쥐었다고 꿈꾸는 순간 그것들은 갈기갈기 찢어져 불확정적이고 구별 불가능한 것으로 되어버린다. 예술적인 매개란 바로 그런 성질을 가지고 있는 것이다. 이것은 또한 예술작품의 구조 속에 있는 심미적 가상이 표출되는 방식이기도 하다. 미시적 관점에서 들여다보면 작품의 생명을 이루는 특수자는 증발해버리고 그의 구체성도 달아나버린다. 모든 예술작품에서는 과정이 결국 대상적인 것 속으로 흘러들어가게 되지만 과정은 '바로 이것'으로 확정되는 것에 저항하면서 자신이 본래 나왔던 고향으로 돌아가려 한다(『미학이론』, 154~155/148~149/164~165).

여기서 주장된 것은, 베토벤은 특별히 멜로디가 풍부한 작곡가가 아니라는 단순한 견해보다 훨씬 더 충격적이다. 오히려 더욱 문제가 되는 것은 베토벤의 으뜸가는 주제나 모티브는 일차적으로 '멜로디'처럼 보이는 것 이외에는 아무것도 아니라는 사실이다. 여기서 이 '멜로디'처럼 보이는 것은 의심할 여지없이 문화산업 속에서만 물신으로 존재한다. 오히려 위대한 주제들의 기능적인 힘은 형식의 기능적 요청에서 나오는 주제 구성의 인위성에 상응한다(이런 것들은 쉽게 변화를 주고 변주할 수 있으며, 사소한 변경을 가해도 간이통과 지점으로 이용할 수 있다. 간단히 말해 이들은 미리 만들어 놓은 건축자재나 르 코르뷔지에의 변조기처럼 들린다). 그럼에도 불구하고, 또한 바로 그런 이유 때문에 그러한 주제들은 의미로 충만된 심미적 형식 또는 '가상'으로서 우리 눈앞에 나타나는 것이다. 베토벤의 미니멀리즘이 베케트의 미니멀리즘과 구별되는 것은 베토벤의 미니멀리즘이 다만 유기적이고 낭만적으로 '보인다'는 이유 때문이지만, 이미 그 안에는 후기낭만주의적인 무정형성이 낯선 신기루처럼 부글거리고 있는 것이다. 그 때문에 아도르노의 베토벤은 피에르 므나르(Pierre Menard)가 개작한 『돈키호테』처럼 '원본'과 똑같아 보이지만 원본과는 극단적으로 다른 역사적 텍스트가 되는 것이다("17세기 초에 『돈키호테』를 만드는 것은 합당한 일일 뿐만 아니라 필연적이고 피할 수 없는 기획이었다고까지 말할 수 있지만 20세기초에 그런 일을 한다는 것은 거의 불가능하다").

그러므로 시대착오적으로 보일지 모르지만 베토벤의 음악은 몽타주이며 에이젠슈테인이나 후안 그리스[11]처럼 비허구적이다. "의미연관으로서의 예술작품"(『미학이론』, 233/233/247)에 대한 철저한 항의인 몽타주는 또한 구성원리의 승리를 의미한다.

미학적인 구성의 원칙, 즉 세부사항이나 이것들이 미시적 구조 속에서 지니는 연관관계에 대해 인위적 계획 위에 세워진 전체가 확고부동하게 우월한 위치를 차지한다는 원칙은 그에 대한 [겉으로 드러난 표면의 무질서에 대한—제임슨 첨가] 보완물이다. 미시

---

11) Juan Gris, 본명은 Jose Victoriano Gonzalez(1887~1927). 에스파냐의 화가로 Synthetic Cubism의 창시자.

적 구조에서 볼 때 모든 새로운 예술은 몽타주라고 할 수 있다(『미
학이론』, 233/233/247).

그러나 작품의 기본적 구성요소는 무가치하다는 이론이나, 겉보기
에는 의미로 충만되고 조화롭게 결합되어 있는 것이 환상에 불과하
다는 이론이 초래할 수밖에 없는 필연적인 결과로서, 예술가('천재'
운운하는 것은 어불성설이 될 것이고)에게 부여된 주체적인 힘에도
심각한 변화가 일어난다. 우리는 이러한 결과를 역동적 생산성이라
는 문제를 다루면서 좀더 상세히 살펴보겠지만[12] 몇몇 결과는 여기
서 이미 제시하지 않을 수 없다. 왜냐하면 구성을 위해 사용되는 재
료들은 패러독스하게도 작곡가든 청중이든 인간활동과의 연관 속에
서만 무의미하거나 무(無)가 되기 때문이다. 사실 그것들은 역사적
으로 특수한 재료나 테크닉으로서 자기 내부에 자신의 고유한 의미
를 지니고 있는데 이러한 의미가 형식면에서 그러한 재료들의 고유
한 발전을 결정한다.

통념과는 달리 기술과 사상내용이 얼마나 밀접히 연결되어 있는
가에 대해서는 베토벤 자신이 한 말이 있다. 그는 보통 작곡가의
천재성 덕분이라고 생각되는 많은 효과들이 사실은 단지 감7도 화
음을 적절히 사용함으로써 이루어진다고 말했던 것이다(『미학이
론』, 320/307/334).

전통적인 미학이론뿐 아니라 오늘날 우리에게는 완전히 낯설게 된
심미적 취향형식이나 고전적 미학관행을 상기시키는 부분과 전체의

---

12) 5장 생산력(특히 381쪽)과 6장 생산관계(특히 382쪽), 9장 주체, 언어
(특히 389쪽)을 참조하라.

관계는, 『미학이론』에서 잘 볼 수 있듯 역사적 위기나 해결 불가능한 구조적 모순으로 간주될 경우 포스트모던한 상황에도 놀라울 정도로 적용될 수 있음을 알 수 있다. 그러므로 유명론과 구성에 관한 이 절을 베토벤 자신에 대한 꽤 긴 글로써 마무리짓는 것이 적절할 듯하다.

베토벤은 단일성과 특수성 사이의 이율배반에 대처하기 위해, 그 전 시대의 음악에서 주로 그러했던 것처럼 개별자를 도식적으로 소멸시키는 대신, 당시 무르익어가는 시민사회의 자연과학 정신과 유사하게 개별자의 질(質)을 제거해버렸다. 이렇게 함으로써 그는 음악을 생성의 연속체로 만들 수 있었을 뿐 아니라 공허한 추상으로 떨어질 증대되는 위협으로부터 형식을 지킬 수 있었다. 개별 계기들은 사멸과정 속에서 서로 중첩되고 다른 계기들로 변하기도 하며, 이런 사멸을 통해 형식을 결정하기도 한다. 베토벤의 경우 개별자는 전체를 향한 충동으로서 존재하며 또 그렇지 않기도 하다. 즉 개별자는 전체 속에서만 그 본래의 의미를 지니게 되고, 자체로서는 음계의 단순한 관계 속에서 상대적인 불확정성 혹은 무정형의 상태로 되는 경향을 갖고 있다. 극도로 명료하게 표현된 그의 음악을 충분히 세심하게 듣거나 악보를 읽게 되면 그 음악이 어떤 무의 연속체와 유사해짐을 알 수 있다. 그의 모든 위대한 작품들에서 나타나는 곡예는, 글자 그대로 헤겔적으로 무의 총체성이 존재의 총체성으로 규정된다는 것이다. 이는 절대적 진리를 요구하는데(단지 가상에 불과하지만), 이 절대적 진리는 내재적인 엄밀성을 통해 최고의 사상내용으로 암시되기도 한다. 잠재적으로 불명료하고 파악 불가능한 요소는 이러한 요소들이 결합되어 무언가가 되도록 만드는 힘 못지않게 서로 양극을 이루면서 자연의 계기를 대변한다. 각 악장에서 최소의 단위들을 이루는 분화되지 않은 요소는 데몬, 즉 재료를 마음대로 주무르는 작곡가와 대치한다. 궁극적으로 볼 때 그러한 요소는 재료라기보다는 음계의 기본 관계가 가지고 있는 적나라한 연관체계이다(『미학이론』, 276/264~265/290).

사실 아도르노에게서 미니멀리즘의 문제는 그의 기획 자체가 갖고 있는 모호성 비슷한 것이다. 『미학이론』이 아도르노 개인의 심미적 경험에 대한 궁극적 표현이고 그리하여 생물학적으로 한정된 자신의 '취향'을 드러내는 것에 불과하다면, 이 책에서 드러난 철학적 입장은 꽤 쓸 만한 역사적 방식 정도로 상대화되어 이 작품은 자료의 수준으로(드문 지성과 풍부한 자원을 지닌 작품이기는 하지만) 격하될 것이다. 반면 예술작품에 관한 더 보편적인 진리들이, 예술사 속에 있는 유일하고도 특권적인 계기인 미니멀리즘으로부터 추론될 수 있다면, 우리는 예상치 않게 좀더 전통적인 철학적 미학으로 우리 자신이 되돌아감을 발견하게 될 것이다. 이러한 미학은, 포스트모던한 사유에서 보면 못마땅하겠지만, 여전히 특수자로부터 보편자를 추론해내고 있을 것이다.

아도르노 방식의 특징은, 이러한 미니멀리즘이 미니멀리즘에 대한 비판 또한 포함한다(이 이론의 틀이 '주의들'을 비판하는 것과 똑같이)는 데 있다. 그리하여 베토벤 분석에서 본 세부요소들의 운동—세부요소들이 '반(反)본질적'이거나 비(非) 또는 반(反)근본적이 되는 경향(헤겔은 '내용'의 실종이나 빈곤화라고 불렀을) 또는 어떤 내적 정당화에 대한 현대의 철저한 거부—은 다른 곳에서는 "세부요소들이 지닌 죽음에의 충동"(『미학이론』, 450/421)으로 표현된다. 반면에 구성이라는 중심원리의 승리—아방가르드 운동으로서의 '구성주의'에서—는 예술 자체의 종말을 일컫게 된다. "사실 구성주의는 무계획적이고 비자의적인 착상을 위해서는 어떤 여지도 남겨놓지 않는다"(『미학이론』, 450/421). 아도르노가 헤겔처럼 예술의 종말 이후의 예술(심지어는 몇 개의 예술)에 대해 그려보고 있다는 것은 호기심을 자아내기에 충분하다. 『부정변증법』에서 발전시킨 모델의 관념이 『미학이론』의 여록(餘錄)에서 다시 등장하면서, 예술-작품의 구체적 실현이 불가능한 상황이 오면 예술가들은 예술의 모델을 발명하고 기획하는 일을 하게 되리라고 말한다(『미학이론』, 452/423 ; 이에 상응하는 사실로서 포스트모던한 화가들은 다른 예술가들의 작품에 의한 실제 자극 대신 예술이론적인 글들로부터 자극을 이끌어낸다). 다른 곳에서는 비타협적인 무조음악의 형식이 끝나면 조성(調性)음악이 다시 복귀하리라는 예언도 한다. 무조음악의 헤게모니 아래서 조성음악은 기이하게 새로운 것이 되었다는 것이다. 그 비슷한 움직임이 사실 포스트모던한 음악에서 일어나고 있음을 목격한다(『미학이론』, 62/54/68).

미니멀리즘이나 구성이론을 제대로 사용하는 것은 치명적인 긍정성에 빠지지 않는 것이다. 규범은 없으며 존재하는 것은 다만 모순적 상황을 구성적(또는 재구성적)으로 재현한 수사학적 형상들뿐이다. 이러한 형상들은 극단에까지 나아가는데, 이러한 한계지점에서 파토스를 불러일으키기는 것은 예술의 불가능성이 아니라, 사실은 구체적인 역사의 모순이라는 명백한 구조의 폭로이다. 이 경우 달성될 수 있는 것 또는 그러한 실천이 가질 수 있는 효력은 사태가 끝난 이후에야 측정되고 평가될 수 있을 것이다. 예술에서도 그람시가 내건 "지성의 비관주의와 의지의 낙관주의"라는 슬로건은 현실적인 생동력을 지닌 유일한 윤리이다.

3 물화

아도르노의 사상을 변증법으로 작동시켜 이것을 상황의 맥락이나 모순관계 속에서 재해석할 경우 우리는 『부정변증법』의 저자가 보여 준 역사의 변증법이 어떠한 지위를 갖고 있는가의 문제, 특히 일치와 반영이라는 해묵은 문제(상부구조와 하부구조의 문제라고도 말할 수 있는 문제)에 다시 부딪치게 된다. 근본적으로 언어학적 문제라 할 수 있는 문화적 내지 심미적 행위와 사회상황은 어떠한 관계를 지니는가라는 문제가 제기되는 것이다. 이 문제에 대한 『미학이론』의 기발한 철학적 해결방식—다음 장에서 보게 될 창이 없는 모나드라는 예술작품 개념—은 모든 실제적 의도나 목적에도 불구하고 이 문제를 손도 대지 않은 채 남겨 놓는다. 다른 말로 하면 모나드는 반영이면서 동시에 반영이 아니라는 것이다. 그것은 마치 예술작품 자체가 사회적이면서 동시에 비사회적인 것과 같으며, 좀더 적절한 표현으로는 예술작품이 자신의 비사회성에 힘입어 골수에서부터 사회적일 수 있다는 것과 같다. 이것은 물론 고전적 형태의 헤겔 변증법, 즉 동일성과 비동일성의 동일성이다.

고전적인 견해를 복잡하게 만드는 것은 비동일성에는 하나가 아닌 두 개의 형식이 있다는 사실이다. 하나는 절대적 타자로서의 자연이

며 다른 하나는 사회인데, 사회는 앞의 것과는 전혀 다른 종류의 것
일 뿐 아니라 전통적 표현인 '제2의 자연'(비록 이 개념은 '존재자
의 총체성'이라는 존재론의 언어로 종종 환기되지만)과도 관계가 없
다. 여기서—사회가 문제될 경우—잘 알려진 '위대한 거부'의 반
향을 분명히 감지할 수 있다(좌파 정치에 대한 아도르노의 적대감을
제대로 설명하기 위해서는 긴 궤적을 밟아야 한다). "그 이유는 이
세상에 맞지 않는 것만이 진실되기 때문이다"(『미학이론』,
93/86/102). 그러나 이것은 고전적 형태의 비동일성과는 전혀 다른
종류의 부정성을 요구한다(이것은 또한 용어상의 어려움을 덤으로
초래한다. 이러한 어려움은 프랑크푸르트 학파를 다룰 때 항상 발생
하는데 그 이유는 이 학파에서 '실증적'(positive)이라는 용어—실
증주의와 연관된—나 '긍정적'(affirmative)이라는 용어—마르쿠
제의 '문화의 긍정적 성격'에서처럼—는 항상 부정적 의미를 함축
하고 있기 때문이다).

　이로써 모든 급진적 사상의 특징인 이원론적 양자택일이 운명적으
로 다시 등장한다. 어떤 형식이나 어떤 용어를 취하든 긍정이냐 부
정이냐, 진보냐 반동(퇴행)이냐, 저항이냐 굴복이냐, 근본(유토피
아)적이냐 이데올로기적이냐, 거부냐 공모냐 사이의 구별이 문제된
다는 것이다. 아도르노의 구체적인 분석은 이러한 판단들을 포함하
며, 이런 것들로부터 분리될 수 없다(심지어 정치적으로 낙인찍힌
단어인 '진보적'이라는 용어도 생산력의 발전이라는 다른 문맥 속에
서이긴 하지만 다시 등장한다). 그러한 판단들이 일치와 반영이라는
해묵은 문제(또는 상부구조와 하부구조의 모델)와 동일하다는 것은
분명하다. 왜냐하면 예술작품과 사회적 계기 사이의 거리만이 이런
문제들이 작동할 수 있도록 만들기 때문이다. 예전의 일치모델이 예
술작품의 자율성이라는 이론과 밀접한 연관 속에 있다는 것은 언뜻
보면 패러독스하게 여겨지지만, 페터 뷔르거(Peter Bürger, 1936~)

는 심미적 자율성이라는 이론(그리고 제도)이 그러한 정치적 판단을 가능케 한다는 것을 설득력 있게 증명했던 것이다.*

이 문제에 대한 아도르노의 예리한 통찰력은 다음 인용에서 볼 수 있다.

> 그러나 예술이 사회적인 것은 그때그때의 생산력과 생산관계의 변증법이 집약된 것인 예술의 제작방식을 통해서도 아니고 자신의 소재내용이 사회로부터 왔기 때문도 아니다. 오히려 예술은 자신이 취하는 사회에 대한 반대입장을 통해 사회적이 된다. 이러한 입장은 단지 **자율적인 예술만이** 취할 수 있다(『미학이론』, 335/321/ 350).

그러나 내가 말하고 싶은 것은, 언뜻 보기에는 분명한 윤곽을 지니고 있는 것처럼 보이는 이러한 반대입장이 사실상은 훨씬 더 복잡하고 변증법적인 변화를 보인다는 점이다.

예를 들어 심미적인 것을 '무관심의 관심'이나 '목적 없는 합목적성'으로 본 칸트의 정의를 아도르노가 어떻게 재해석하는가를 보자. 심미적 자율성에 대한 역사상 최초의 고전적 이론인 이러한 정의는 아도르노에 의해 엄청난 변증법적 변화를 겪게 된다.

> 무관심적인 것이 단순히 아무래도 상관없는 것 이상이 되기 위해서는 극히 강렬한 관심의 그림자가 거기에 수반되어야 한다. 또한 작품을 만드는 과정에서 떨쳐내야 했던 관심의 크기에 따라 작품의 품위가 좌우되는 경우가 수없이 많다(『미학이론』, 24/16/27).

---

* *In his Theory of the Avant-garde*, Minnesota, 1984.

아도르노는 다른 곳에서(『미학이론』, 396/375) '무관심'을, 계몽
의 변증법이 힘에의 의지라는 형태를 취하도록 만드는 자기유지에의
충동을 무력화하는 것으로 해석한다. 그러나 무관심성에 대한 이러한
'긍정적' 재평가는 곧장 변증법적으로 문제화된다.

그러나 예술작품이 현실의 부정성을 고수하면서 현실에 대해 어
떤 입장을 취하려 들 경우 무관심성의 개념 자체도 바뀌게 된다.
칸트나 프로이트의 해석과는 달리 예술작품은 자체 내에 관심과
이에 대한 거부 사이의 관계를 포함한다. 행동의 직접적인 대상을
없애버리는 예술작품의 명상적 성격은 직접적 실천의 거부를 의미
하지만 기존상황에 동조하는 것을 거부한다는 의미에서는 실천의
거부 또한 하나의 실천이다. 예술작품은 기존상황에 대한 반응방식으
로 파악될 경우에만 자신의 존재 근거를 갖는다(『미학이론』, 25~
26/17/28~29).

모든 것이 돈벌이가 되어버린 상품사회의 타락한 실천을 무력화하
고 부정하는 것은 서서히 좀더 높은 형식의 실천으로 전환되며, 이
러한 실천은 이제 예전의 '무관심성'이나 '무목적성'을 무효화하고
는 좀더 높은 형식의 관심이나 진정한 텔로스가 된다.*

---

* 『최소한의 도덕』 144번에 나오는 예술에서의 의미나 '무관심성'의 기원에
  관한 아름다운 명상을 보라. "계몽과 예술을 순수한 대립물로 보는 문화보
  수적 이데올로기는 미(美)를 발생하게 만든 계몽의 계기를 간과한다는 점
  에서 허위이다. 계몽은 미(美)가 고집하는 질(質)을 해체하지만 미(美)의
  질(質)을 만들어내고 있는 것 또한 바로 이 계몽인 것이다. 칸트가 언급
  한, 예술작품이 불러일으키는 무관심의 만족이란 모든 심미적 대상 속에서
  꿈틀거리고 있는 역사적 반명제를 숙지할 때 비로소 이해될 수 있다. 무관
  심하게 관조된 대상이 마음에 드는 이유는 그러한 대상이 언젠가는 무심한

예술에 관한 칸트의 정의에서 무관심성과 안티테제를 이루는 요소, 즉 예술작품이 소유하고 있다고 여기는 '합목적성'과 관심은 좀 더 복잡한 변증법적 변화를 겪게 된다. 왜냐하면 그러한 합목적성이나 관심은 사회의 역동성에 긴밀히 연루되어 있으며 그 때문에 극도로 의심스럽고 오염된 충동인 것처럼 보이기 때문이다.

칸트의 경우 예술과 자연의 내적 본질을 연결시켜주는 '합목적성'의 이념은 기술과 극히 유사하다. 예술작품이 합목적적으로 조직될 수 있는 것──단순한 현존재에서는 그렇게 조직될 수 없는데──은 기술〔독일어에서 이 용어는 테크닉과 테크놀러지 둘 다를 함축한다─제임슨 첨가〕때문이다(『미학이론』, 321/308/336).

칸트의 목적론을 자연으로부터 과학으로 전환시킴으로써 아도르노는 고의적으로 심미적인 것의 심장부에 자신이 비판한 '계몽'의 역동성이나 서구적 합리성과 지배라는 원죄를 끌어들인다. 칸트의 미학을 전도시켜 재사회화하는 모험이 어떻게 계속 진행되는가에 대해서는 나중에 심미적 '생산력'의 변증법에서 살펴보게 될 것이다.[1] 아도르노가 변증법 자체를 어떻게 운용하는가에 대해서는 이 주제가 물화라는 유사한 개념 속에서 어떻게 확장되어 나타나는가를 보면 분명해지는데, 이 물화 개념은 예술작품의 분석에서 똑같이 결정적

관조를 불가능하게 할 정도로 극도의 관심을 불러일으켰기 때문이다. 명상은 물신숭배의 찌꺼기지만 동시에 물신숭배의 극복이다. 금이나 보석 같은 사물은 사람들의 눈을 멀게 했던 주술적인 요구나 폭력을 포기할 때, 자연 지배로부터 치유된 폭력없는 형상이나 행복에의 약속으로 변하게 되는 것이다"(역자 첨가).

1) 예술적 생산력의 사회적·집합적·역사적 성격을 강조하는 것. 5장(생산력)을 참조하라.

이면서도 모호한 역할을 한다.

왜냐하면 아도르노 미학에서 물화 개념은 주로 긍정적인(즉 가치가 부여된 개념으로) 의미로 사용되는 개념으로서 통상적인 마르크스주의 전통 속에서 이 개념이 차지하고 있던 위치는 뒤집히기 때문이다.* 아도르노의 경우는 이 개념이 인간관계를 물적인 관계(돈, 즉 '금전관계')로 대체하는 것을 의미할 뿐 아니라 소위 상품물신주의라는 형태를 갖는 기이한 물질의 병리학을 지칭한다. 이러한 병리학 속에서 사용가치가 지배하는 예전의 단단한 사물세계는 추상적 등가관계로 변질되는데, 이 등가관계는 새로운 종류의 리비도적 물질성이라는 신기루를 상품 속에 투사한다. 이런 의미에서 '물화'는 사실 물질과는 반대극을 이루면서, 사물들 자체보다도 더 사물과 비슷한 기이하게 정신화된 대상들로 이 물질을 변화시킨다.

유물론자로서 아도르노는 그의 반자본주의적 미학—그 문맥을 지배하는 것은 『계몽의 변증법』에서 이미 진단한 보편화된 상품형식이다—을, 혐오감을 느끼면서 '내면성'이나 주관화라고 낙인찍은 반물질적 정신화라는 편리한 형식으로 만들 수는 없었다(이것은 적절한 자리에서 좀더 자세히 규명하겠지만[2] 『미학이론』 전체를 관통하는 철학 프로그램 중의 하나다). 아도르노는 또한 그람시나 사르트르가 관념론과 유물론의 이원적 대립이라는 고르디안(Gordian)의 매듭을 잘라버리고 이것을 다른 것으로 대체하기 위해 사용했던—둘의 방식은 서로 상이하지만—실천 개념에 의존할 수도 없었다. 그에 따라 나타난 결과는 휴식을 모르는 일련의 전환운동인데, 이러

---

* 84쪽과 358~359쪽을 참조하라.
2) "예술작품에서 주체의 참여분은 그 자체가 객관성의 일부이다"라는 명제에서 보듯 예술가를 집합적 객관정신의 수행자로 보는 것. 376, 379쪽을 참조하라.

한 운동 속에서 물화——아도르노에게서 예술작품의 절대적 본질을 이루는——는 사회적인 것으로부터 심미적인 것으로 넘어가는 과정(또한 그 반대의 과정) 속에서 자신의 원자가를 끊임없이 바꾸게 된다.

"물화라고 불리는 것도 극단화되면 사물의 언어를 만지게 된다. 그렇게 될 경우 인간적인 감각을 우선시함으로써 소멸되었던 자연의 이념에 사실상 접하게 된다"(『미학이론』, 96/89/104). 일종의 책략에 의해 자연을 파괴한 힘을 극단화하는 것은 이념적으로나마 자연의 회복에 봉사하도록 압력을 받게 되는 것이다. 그러나 이것이 단순한 국지적 전략에 그치는 것은 아니다. "물화는 작품에 본질적이지만 현상하는 것이라는 작품의 본질과 모순을 이룬다. 예술작품의 사물적 성격은 그의 형상적 성격만큼이나 변증법적이다"(『미학이론』, 153/146/162). 그러나 이것은 치명적인 해독제이다.

예술작품은 그 객관화의 법칙에 의해 선험적으로 부정적이다. 예술작품은 자신이 객관화하는 대상으로부터 삶의 직접성을 박탈함으로써 그 대상을 죽인다. 예술작품은 죽음을 먹고산다. 이런 점이 현대예술로 넘어가는 질적인 전환점이다. 예술작품은 **물화와** 그 죽음의 원칙에 미메시스적으로 자신을 내맡긴다. 이런 원칙에서 도망가려는 것은 예술의 기만적인 계기로, 보들레르 이래 예술은 체념적으로 사물들 가운데 하나의 사물이 되지 않기 위해 이런 계기들을 떨쳐버리려고 노력해왔다. 현대예술의 선구자인 보들레르와 포(Edgar Allan Poe, 1809~49)는 예술가로서는 최초로 예술 테크노크라트들이었다. 비소를 섞지 않는다면, 즉 잠재적으로 살아 있는 것을 부정하지 않는다면 문명의 억압에 대한 예술의 항의는 무기력한 위안물이 될 뿐이다. 모더니즘이 시작된 이래로 예술은 자신의 형식법칙 속에 완전히 변형되어 들어가지 않는 예술에 낯선 대상들을 흡수하게 되었다면, 예술의 미메시스적 계기는 자

신과 정반대되는 원리에 굴복하지 않을 수 없게 되며 이러한 굴복
은 결국 몽타주의 출현을 가져오게 된다(『미학이론』, 201/193/214).

이 지점에서 물화 개념이, 완전히 물화된 세계에서나마 심미적인
것의 생존—점점 불안하기는 하지만—을 가능케 하기 위해 사회
로부터 차용된다. 해독제가 어느 정도나마 이 물화된 세계로부터 심
미적인 것을 보호해주고 있는 것이다. 그러나 마지막 국면에 이르면
물화는 자기 자신에게로 총구가 향하는 무기로 변화됨을 볼 수 있
다. '정신'이라 불리는 예술작품의 속성을 위해 그리고 그러한 속성
에 반해 아도르노는 인위적으로, 생산되고 건축된 것이라는 예술작
품의 본질을 부각시킨다. "그럼에도 불구하고 예술작품이나 그 정신
의 객관성은 만들어진 것이다. 반성은 그러한 물신적 성격을 파악하
고, 또한 이것을 예술의 객관성에 대한 표현으로서 승인함과 동시에
비판적으로 해체해야 한다"(『미학이론』, 274/263/288). 비판적인 수
용행위가 작품 자체로부터 독립하며 예술대상 내에 들어 있지 않은
보충적 권한과 기능을 부여받는 것처럼 보이는 이러한 인용은 아도
르노에게 있어서는 아주 드문 경우다. 그는 반주관주의적 프로그램
의 정신 속에서 수용과정에 대한 연구를 거부했던 것이다. 비슷한
이유에서 지금 시대에 미학을 내놓는다는 아도르노의 기획 자체(이
것이 갖고 있는 문제점과 내적인 모순은 이미 언급되었다[3])가 문학
비평이나 해석의 자율성을 거부하는 것으로 해석될 수 있을 것이다.
이러한 거부는 이론적인 것이 헤게모니를 잡게 된 현재의 시대에는
충분한 타당성을 갖는 것으로 입증되었다. 그럼에도 불구하고 이 인
용부분의 의미는 분명하다. 상품형식은, 그것을 해체하는 행위가 무
위로 끝나지 않기 위해, 어떤 방식으로든 파악 가능하고 통제 가능

---

3) 320~322쪽을 참조하라.

해야 한다는 것이다. 작품은 상품의 상태로부터 탈출하기 위해 스스로가 먼저 상품이 되어야 하는 것이다. 그러나 이러한 표현 가운데 어떤 것도 다음의 문장만큼 놀랍고 예리하지는 않다. "예술은 단지 그 사회적 저항력을 통해서만 생명을 부지한다. 예술은 물화되지 않을 경우 상품이 되고말 것이다"(『미학이론』, 335/321/350─강조는 제임슨 첨가).

4 열려 있는 닫힌 공간으로서의 모나드

아도르노의 마르크스주의가 정통성을 지니고 있는지의 여부를 떠나 어쨌든 마르크스주의적인 미학자들 가운데 아도르노만큼 마르크스 자신의 방법이나 '재현' 방식을 고수하고 있는 사람도 없다. 확실히 『자본론』의 형식이 보여주는 거창한 건축구조는 역사적인 이유로 더 이상 그에게 적용될 수 없으며, 예전의 소나타나 교향곡 형식이 갖고있던 몇몇 요소들은 유명론에 의해 밑둥치가 파헤쳐져 더 이상 그런 형식으로 재구성될 수도 없다. 그렇지만 『미학이론』은, 하나의 카테고리(생산의 카테고리)가 다른 모든 카테고리에 대해 우선권을 지니지만 글쓰기에서는 이 카테고리가 지배적인 주제나 동기가 되는 것이 허락되지 않는다라는 1857년에 나온 『수고』 서문의 방법론적인 교훈을 엄격하게 지키고 있다.

포스트구조주의의 언어로 전환해서 이야기하면 이 카테고리가 자기 주변의 용어들을 특수한 코드(또는 '사적인 언어')로 조직하려 해서는 안 된다는 것이다. 그 때문에 마르크스에게 있어서 생산의 카테고리는 부침을 거듭하면서 어떤 때는 덜 중요한 카테고리들(분배나 소비)과 함께 등장하는 용어가 되기도 하고 어떤 때는 시야에서 완전히 사라지기도 하다가 갑자기 혜성처럼 나타나서는 역사를 추동하는 모터임이 증명된다. 여기서 이 용어가 지시하는 개념은 이 용어에 대해 어중간한 거리를 유지하게 되는데 이 용어는 개념을, 시적 언어의 특성이나 역동성에 접근함으로써 개념이 물화되는 것의 승리를 기록하는 언어학적 동일성으로 해체하려 위협하고 있다(우리는 둘 사이의 긴밀한 관계를 이미 관찰했다[1]).

그리하여 이러한 미학은 아도르노의 '방법'으로만 굳어질 수 없는 수많은 사변적 언어를 말할 수 있게 됨으로써 적절한 상표를 붙이면 루카치, 블룸(Harold Bloom, 1930~), 매커레이(Pierre Macherey), 바흐친,[2] 데리다의 방법에 원용될 수 있게 된다. 그 때문에 우리가 방금 보았듯이 아도르노의 형식 분석에서 물화 개념은 루카치 사상에서처럼 근본 역할을 하게 되며 종종 루카치 자신의 경우보다도 더 밀접하게 그의 독서와 연결된다. 그럼에도 불구하고 사람들은 아도르노를 '물화이론'의 주된 원천으로 여기지는 않는다. 미학이 처한 상황의 역사는 사르트르에게서처럼 여기서도 편재적이고 피할 수 없는 것이지만, 아도르노는 이런 상황의 '직선적 역사'를 쓰려 시도하지는——사르트르는 자신의 생애 중 두 번이나 그렇게 했지만*——않았다. 부분과 전체 사이의 모순은 심미주의자로부터 신비평주의(New Criticism)에 이르는 현대 부르주아 이론에서처럼 철저히 다루어지고 있지만 그 역동성이 결코 끊임없는 철학적 논의를 생산할 수 있는 이론으로 코드화되지는 않는다. 궁극적인 코드화가 일어나기 직전의 순간에 문제의 시야는 확장되고 용어는 변화를 겪으면서 우리는 다른 종류의 논의전개가 필요한 무엇이 '또한' 이야기되고 있

---

1) 동일성의 환상을 지칭하는 것으로 보인다. 82쪽을 참조하라.
2) Mikhail Bakhtin(1895~1975). 소련의 문예학자. 포멀리즘 이론을 발전시킴.
 * In *What is Literature*, and vol. 3 of *L`idiot de la famille*.

음을 문득 깨닫게 된다.

아도르노 사상을 제대로 이해하는 것, 그의 문장이 보여주는 프로 테우스적인 지성을 제대로 따라가는 것은, 생산 개념을 '테마화'(폴 드만의 적절한 표현을 빌리면)하는 것을 막기 위한 지칠 줄 모르는 노력(항상 실패할 위험에 처해 있지만)을 필요로 한다. 이 개념이 아도르노의 구성 개념에 근거를 제공하고 자양분을 공급한다는 것은 틀린 말이 아니지만 잘못된 길로 인도할 위험이 있다. 우리는 두 계 기 사이의 관계를, 깊은 전제에 도달하고 고유한 구조를 전개하기 위한 논리적 과정으로 파악하기보다는, 최소한 지금 순간으로서는, 하나를 다른 하나에 대한 변조로 보는 것이 더욱 적절해 보이는데, 이렇게 할 경우 전혀 상이한 개념이나 울림의 세계로 들어갈 수 있 을 것이다. 이 경우 방법은 마르크스의 것이지만 철학적 형식은 『피 네간의 경야』(Finnegans Wake)[3]에 접근하게 된다.

『미학이론』이 어떤 점에서는 다른 곳에서 행해진 구체적 분석에 대한 추상적 재현이라면, 이러한 미학적 카테고리들이 좀더 직접적 이고 적절한 이론을 만들어내고 있는 작품은 최초의 독립적인 음악 평전(1937~38년의 망명시기에 쓰여졌다)인 『바그너에 관한 시론』 이다. 이 탁월한 저서는 벤야민의 『바로크 비극』에 대한 이상적인 미메시스인데, 비슷한 시기에 출현한 에세이로 모더니즘과 대중문화 의 동시출현에 대해 묘사하는 벤야민의 「보들레르에게서 나타나는 몇몇 모티브에 대하여」에 버금가는 아도르노의 글이다.

바그너에게 있어서 형식의 변증법—작곡가의 딜레탕티즘 덕분에 가능한, 상대적으로 순박한 단순성으로부터 주목할 만한 '모더니즘' 의 혁신기술을 이끌어내는—은 구성과 표현 사이의 교과서적인 대 립을 보여주는데 그러한 대립 속에서는, 표현 충동과 구성의 건축술

---

3) James Joyce(1882~1941)의 1938년 작품.

이 충돌하면서 제1 빈 학파의 예——좀더 정확하게는 소나타 형식 속에서 시간성이 어떻게 완결되는가——를 보여준다. 그렇지만 바그너에게 있어서 표현은 자율적 카테고리가 아니라 자신만의 고유한 이디오신크라시적 운명을 갖고 있다. "아무런 제약도 당하지 않고 상승하는 표현의 계기는 시간의식 속에 갇혀 있는 것을 참지 못하면서 외적인 제스처로 터져나오게 된다"(『바그너에 대한 시론』, 35/39). 이 인용에서 암시되고 있는 것은 바그너의 주도동기인데, 아도르노는 이 주도동기를 때때로 만화처럼 조잡하게 과장함으로써 바그너의 극중인물이 보이는 독단적인 행동들을 극적으로 드러낸다. 그러나 바그너의 '제스처'를 잠시만 일별해도 분명해지는 것은, 이 제스처가 자립적인 카테고리를 견지할 수 있기보다, 자신이 나온 뿌리인 '표현'의 카테고리와 긴장과 모순 속에 빠질 수밖에 없다는 것이다.

연속적으로 하나의 제스처로부터 다른 제스처로 넘어가는 저 표현의 계기——가장 유명한 것은 『트리스탄』 서곡인데 여기서 표현은 '애달픈 한탄'의 표현이 된다——는 춤처럼 음조에 충실하게 반복하는 것을 배제하고는 포괄적인 변주를 요구하는데, 이러한 변주는 주도동기의 제스처적 성격에 의해 저항을 받음으로써 바그너의 '심리적 변주'의 원리로——음악 형식 자체에 폭력을 가하는 극도의 합리주의적 방식에 의해——대체된다(『바그너에 대한 시론』, 37/42~43).

그에 따라 추상적인 미학 카테고리들은 구체적인 음악의(또는 생산적인 다른 예술의) 상황을 측정하고 성격지우는 도구로 변하게 된다. 이러한 카테고리들이 (역사적 방식으로조차) 서로 조화롭게 합쳐져 포괄적인 또는 변증법적인 이론이나 미학으로 나아갈 수는 없다. 오히려 그러한 카테고리들이 갖고 있는 직접적인 양립 불가능성과 모순성은 기술적이고 역사적인 문제를 이루게 되며, 이러한 문제를 해결하는 것은 새로운 작품의 '새로움'이 된다. 이러한 새로움은 종(種)을 유(類)에 포섭하는 전통철학의 방식이나 특수자를 보편자로 변화시킴으로써 '독특한 스타일'을 만들어내는 유명론의 방식과도 전혀 다른 보편과 특수의 관계에 기초한다. 여기서는 역사적 상황, 문제, 모순이라는 관념 자체가, 보편과 특수 그리고 영원한 심미적 카테고리와 독특하고도 비교 불가능한 텍스트 사이를 매개한다.

가장 예리한 통찰력을 바탕으로 한 모더니즘의 탐사가, 온갖 예언가나 이데올로그들이 눈부신 활약을 보인 언어예술이나 회화 또는 건축이 아닌 음악에서 이루어질 수밖에 없었는가에는 심오한 이유가 있다. 그 이유는 음악이, 생산자와 이상적 소비자 사이의 거리가 최소화되거나 아예 사라져버리는 경향을 가진 예술이라는 것이다. 작곡가로서 아도르노는 음악작품들을 그 자신이 작곡한 것인 양 들을 수 있는 처지에 있었다. 다른 예술을 다루는 학자나 비평가는 아도르노가 보여준 것과 비슷한 전문가적 입장을 취하는 것을 주저하거나 주제넘는 행위라고 생각했을 터인데, 그 이유는 다른 수용태도 또한 똑같이 정당하며 충분한 방어력을 가지고 있다는 것을 알기 때문이다.* 그렇지만 음악에는 바깥 면이 없는 것처럼 보인다. 다른

---

* 그렇지만 『음악사회학 입문』 1장에 나오는 음악감상에 관한 균형이 잡혀 있고 충분한 설득력을 지닌 논의를 참조하라. 여기서는 음악감상의 유형을 일단 일별한 후——전문가, 좋은 감상자, 문화소비자, 감정적인 감상자, 원한감정에서 출발하는 감상자, 재즈 전문가, 재즈 팬, 유흥으로서의 음악소비자, 마지막으로 음악에 대해 무관심하거나 비음악적이고 반(反)음악적인 반(反)감상자——아도르노는 음악교육의 문제는 사회적 총체성과 매개되어야만 한다는 현명한 제안을 내놓는다.

"전체적으로 적대적인 분위기는, 음악적으로 올바른 처신도 전체 속에서 차지하는 자신의 위치에 의해 부정적인 전체 모습을 깨달을 수 있다는 사실

어떤 예술보다도 지각작용만이 전부를 이루며 청각의 계기 너머에 자신의 고유한 존재를 갖지 않은 것처럼 보이는 예술이 거둔 성과는 그야말로 패러독스하다고 할 수 있다.

다른 한편 음악의 이러한 희박한 대상성, 즉 예술의 대상이 철저히 감각기관 자체로 넘어가는 것—둘이 거의 구별되지 않을 정도로—은 예전의 주체/객체라는 문제틀에 전혀 다른 외관을 부여하는 것처럼 보이는데, 그렇다고 이 문제틀을 폭력적으로 '해결'하거나, 형이상학적이고 허위에 찬 것으로 폐기처분하거나, 양극 사이의 화해를 신기루처럼 만들어보이는 것은 아니다. 그렇지만 어쨌든 예술 작품이라는 것을 전혀 새롭게 기획하는 것은, 순수한 기술적 지식—그리고 자연과학에서처럼 엄격하게 진화해나가는 이런 지식의 발전과정—이 음악사 전체에 걸쳐 예외가 불가능할 정도로 압도적 우세를 보인 이 분야에서 나왔던 것이다(이것은 그 때문에 문학이나 회화의 역사에서 결정적인 그렇지만 불연속적인 순간들에, 어떤 언어가 잠재적으로 가지고 있는 운율, 또는 색채나 광선이 갖고 있는 정신생리학적 역동성에 관한 좀더 정확한 지식이 행한 제한적 역할과는 감히 비교할 수 없는 의의를 지닌다).

그 때문에 음악적 경험은 주체/객체 관계의 특별한 재현을 객관적인 기술적 역동성에 대한 강조와 결합하는 것을 허용한다. 이러한 결합을 통해 얻어진 색다른 구도로부터 새로움의 관념은, 모더니즘

속에서 표현된다. (……) 전문적인 감상자는 지금까지는 생각할 수 없었던 유형의 전문화를 필요로 한다. 좋은 감상자의 비율이 줄어드는 것은 아마 이러한 전문화 때문일 것이다. (……) 문화에 이르지 못하고 실패한다는 것은 그러나 인간에게 닿지 못하는 문화의 실패로 귀결된다는 결론이나, 이런 인간들로 이루어진 세계는 어찌 될 것인가라는 문제로 나아갈 수밖에 없다(*Einleitung in die Musiksoziologie, in Gesammelte Schriften*, vol.14, Frankfurt, 1973, pp.197~198).

의 다양한 이데올로기 속에서 새로움의 이데올로기가 고갈된 지 한참 후에야, 기적적으로 다시 태어나게 된다.

　이들 주제 중 첫번째 것— '창이 없는 모나드'라는 라이프니츠의 관념을 다시 부활시키는 형식을 취하는—은 주체/객체의 변증법으로 하여금, 상부구조와 하부구조에 관한 또는 심미적 작품과 사회현실의 '일치'(또는 '반영')에 관한 전통적인 마르크스주의의 딜레마를 '해결'할 수 있도록 만든다. 헤겔의 엄청난 문구, 동일성과 비동일성의 동일성을 미학적으로 번역하는 것은 주제넘는 일이다. 예술을 "엄격하게 미학적으로만 지각하려 들면 예술은 미학적으로조차 제대로 지각하는 데 실패하게 된다"(『미학이론』, 17/9/20)는 것이다. 예술작품의 심미적 자율성이라는 이론은 올바른 이론이지만, 심미화하는 이론이나 철학적인 '예술을 위한 예술'과는 정반대되는 것으로 파악될 때만 참이 될 수 있는 것이다. 예술작품은 골수에서부터 사회적이고 역사적인 것이며, 바로 그러하기 때문에 자율적이 될 수 있는 것이다. 문화적인 것이나 심미적인 것을 찬미하는 예술종교는 사회적 행위이며 예술작품 자체와는 무관한 이데올로기인 것이다.

　이 문제를 조금 다른 방식으로 접근해 보자. 분명한 사실은 예술작품이 '현실세계'로부터 나왔으며 예술작품의 모든 요소는 사회적이라는 것이다. 예술작품의 소재, 창조자, 그것을 수용하는 태도, 예술 자체(또는 문화), 여가계급의 활동 등등 모두가 사회적이라는 것이다. 세계 속에 존재하는 사물로서 예술작품은 사회적이지만 거기서 제일 중요한 것은, 그럼에도 불구하고 전혀 세계 '속에' 존재하고 있지 않다는 것이다. 세계 내의 사물로서 예술작품은 실제의 인간 욕구나 고통(또는 인간적 경험이나 사회관계라는 하부구조적으로 조건지어진 좀더 깊은 현실)과는 반대되는 사치품이거나, 또는 세계의 작은 단편으로서, 경솔하게든 책임감 있게든, 이 현실의 좀더 큰 단편을 반영하려 시도할 수 있다는 것이다.

이러한 관점에서 볼 때 예술작품은 '많든' '적든' 사회적이고 역사적인 현상으로 나타나게 된다. 그러나 이런 방식으로 정형화된 판단은 '진정한' 예술작품과 관계될 경우 부당하다고 아도르노는 생각한다. 키치나, 장식물, 응용예술, 문화산업의 산물들과 같은 나쁜 예술작품은 이미 사회적인 세계 속에 존재하는 물건이나 상품으로서 그러한 가치평가의 제물이 된다. 2부에서 보았듯이 예술이나 문화의 좀더 깊은 죄과도 부인되거나 정당화되거나 면책되지 않는다. 그러나 2부에서 드러난 것은 진정한 예술작품이 예술대상이나 예술제도와는 극단적으로 다르다는 사실이다.

모나드 관념을 끌어들이게 된 이유는 바로 이러한 기이한 문제, 즉 세세한 부분에 이르기까지 철저히 사회적이면서 그 자체는 비사회적인 것을 어떻게 생각할 수 있는가라는 문제를 해결하기 위해서이다.

예술작품은 합리주의 형이상학이 그 절정기에 이르렀을 때 세계의 원리로 선언한 것, 즉 힘의 중심이면서도 사물이기도 한 모나드이다. 예술작품은 서로에 대해 폐쇄되어 있고 외부를 볼 수 있는 눈이 없지만 그러한 폐쇄성 속에서도 밖에 있는 것을 표상한다. 그리하여 예술작품은 괴테가 모나드의 동의어인 엔텔레키(Entelechy)라고 즐겨 칭했던 자급자족적인 생명체로서 전통 속에 등장한다. 목적 개념이 유기적 자연 속에서 문제시되면 될수록 이 개념은 그만큼 더 예술작품 속으로 응축된다. 한 시대정신을 포괄하는 연관성의 계기로서 역사나 사회와 뒤엉켜 있는 예술작품은 아무런 창문도 갖고 있지 않으면서도 자신의 모나드적 성격을 넘어서게 된다(『미학이론』, 268/257/282~283).

엔텔레키, 정신-육체의 문제, 외적 구성부분의 내적 형식으로서의 영혼과 같은 관념론적 준거틀들은——아도르노에게 있어서 저 해묵은 문제들(의식, 영혼, 창조, 우주론)은 관념론적이고 거짓된 것이었지만, 예전의 형이상학 내부에서 이루어진 사이비해결(특히 이 경우에는 라이프니츠의 해결)은 다시 생각해 보면, 전혀 다른 성질을 지닌 예술작품의 유물론적 문제를 위한 왜곡과 신비화(이러한 해결만이 유효성을 지닌다)였다는 중요한 역사적 차이를 파악하지 못할 경우——아도르노의 모나드론에서 나타나는 경향들에 대해 깊은 의혹을 갖게 될 것이다.

논쟁적인 진리로서든 이데올로기로서든 예술작품 속에 사회가 '현상한다는' 사실은 역사철학적인 신비화를 잘못 유발하기도 한다. 사변은 세계정신에 의해 마련된 사회와 예술작품의 예정조화에 쉽사리 현혹되곤 한다. 그러나 이론이 예술작품과 사회의 관계라는 문제 앞에 굴복해서는 안 된다. 예술작품 속에서 이루어지는 진행이 정지상태에 이르게 되는 과정은 예술작품이 얽혀 있는 사회적 과정과 같은 의미를 갖는 것으로 생각할 수 있다. 즉 라이프니츠의 공식에 따른다면 예술작품은 창문 없이도 사회과정을 재현하는 것이다. 작품 전체에 대한 개별 요소들의 짜임관계는 외부 사회의 법칙과 유사한 내재적 법칙을 따른다. 사회적 생산력과 생산관계는 잡다한 군살을 제거한 후 예술작품의 형식 자체 속에서 다시 등장한다. 그 이유는 예술작품의 작업은 곧 사회적인 작업이기 때문이다. 예술작품은 항상 사회적 노동의 산물인 것이다. 예술작품에 있어서의 생산력이 본래부터 사회적 생산력과 다른 것은 아니다. 다만 다른 점이 있다면 그것은 예술작품에서의 생산력이 실제 사회로부터 유리되어 있다는 것이다. 암묵적으로나마 사회적 생산을 모방하지 않는다면 예술작품에서는 아무것도 행해질 수도,

만들어질 수도 없다(『미학이론』, 350/335/365).

이처럼 모나드론, 특히 하나의 이념을 이루는 창문없는 폐쇄성(예술작품이 '열려 있는가' 또는 '닫혀 있는가'에 대한 현재의 논의와는 철학적으로 아무런 관련도 없는)은 예술의 사회성과 역사성에 대한 포괄적 진술을 가능케 하는 것이다.

역사적 계기는 예술작품의 본질을 구성한다. 진정한 예술작품은, 그 시대를 초월하고 있다는 주제넘는 주장을 하는 대신 아무런 유보 없이 그 시대의 역사적 소재 내용에 자신을 내맡기는 작품이다. 예술작품은 자신도 의식하지 못하는 당대의 역사기술이다. 다른 무엇보다도 이것이 예술작품을 인식과 매개시킨다. 바로 그 때문에 예술은, 작품의 고유한 역사적 내용을 추적하는 대신 예술작품을 외적인 역사로 환원하는 역사주의와 아무런 공통점을 지닐 수 없게 된다(『미학이론』, 272/261/287).

그렇지만 여기서 주의해야 할 것이 있다. 모나드에게 역사나 사회 자체처럼 깊숙이에서부터 역사적이고 사회적이 될 수 있는 능력을 부여하는, 세상으로부터의 분리를 위해서는 대가를 지불해야 한다는 것이다. 그 대가란 예술작품이 '정치적'이어서는 안 된다는 것으로서, 이러한 주문은 사회주의 리얼리즘(또는 사르트르의 앙가주망)에 대한 아도르노의 견해나 브레히트에 대한 그의 깊은 적대감을 잘 알고 있는 사람들에게는 별로 놀랄 만한 사실이 아니다. 그리하여 '실천'은 이제 친숙해진 사유의 길을 걷게 된다. "실천은 예술작품의 작용이 아니다. 그것은 작품의 진리내용 속에 칩거하고 있다"(『미학이론』, 367/350/381). 아도르노는 어떤 경우든 역사적인 것, 사회적인 것, 정치적인 것의 세 차원이 분리되어 있다는 것을 분명히 한다

(패러독스하게도 이것은 나의 저서 『정치적 무의식』의 삼등분된 도
식이 충분한 타당성을 지니고 있음을 재확인시켜준다).

사회적 투쟁이나 계급관계는 예술작품의 구조 속에 화인(火印)
으로 찍힌다. 예술작품이 스스로로부터 취하는 정치적 입장은 이
에 비할 때 부수현상에 불과하며, 대부분의 경우 작품의 철저한
형상화에 짐이 될 뿐만 아니라, 결국에는 작품의 사회적 진리내용
을 형상화하는 데도 해가 된다(『미학이론』, 344/329/359).

아도르노의 이러한 입장이 좌파진영에 불러일으킨 정치적 분개(이
것은 분명한 도발이다) 때문에, 진정한 정치적 미학의 가능성 또는
심지어 필요성에 대한, 또는 '참여적' 예술작품의 즉각적인 정치적
효력에 대한 좌파 진영 내의 어떤 합의도 없었다는 사실이 망각되어
서는 안 된다. 동시에 이러한 논의가 얼마나 쓸모 없는가 하는 것
은, 이른바 '정치적' 작품들이——아도르노가 마음에 들어하는 브레
히트의 작품들을 다룰 때 보듯——얼마나 쉽사리 좀더 진지한 다른
카테고리로 넘어가는가를 깨닫게 될 때 분명해진다.
이러한 견해 속에 들어 있는 정신이나 그로부터 고무된 방법론이
무엇인가 하는 것은 아주 명확하다. 예술이나 언어 속에 얼마나 사
회가 각인되어 있는가 하는 것은 이러한 각인이 좀더 간접적이고 눈
에 보이지 않을 때 더욱 커진다. 예술작품이 "완벽할수록 사회와 자
아와의 관계는 덜 부각되고, 그러한 관계는 그만큼 덜 자의적으로
작품 자체로부터 결정(結晶)을 이루게 된다"(『문학 노트』, 55).
문화적인 것이 지니는 이러한 정치성에서 제기되는 근본문제는,
어떤 이유로 이러한 견해들이 개인과 사회 사이의 천편일률적인 낭
만주의적 대립으로 단순히 복귀하지 않는가라는 문제이다. 그 이유
는 바로 사회가 '개인'의 내부에 자리잡고 있으면서 사회 자체가 유

발한 개별화나 개별성을 갉아먹기 때문이다. 이것은 기이하면서도 패러독스하게, 좋은 의미든 나쁜 의미든, 노골적인 정치예술에 대한 거부의 이유가 된다.

오늘날 통용되는 참여예술 이론은 교환사회의 근본 상황, 즉 인간들 사이의 소외나 객관정신과 이 정신에 의해 표현되고 판단되는 사회 사이의 소외를 가볍게 넘겨버린다. 참여이론은 마치 이 보편적으로 매개된 세계에서 직접적인 것을 직접적으로 실현할 수 있는 것처럼 사람들에게 직접적으로 말을 건다(『문학 노트』, 120).

5 생산력

아도르노는 이런 상황에서 다시 한번, 거의 도발적인 방식으로 화살의 방향을 돌려놓는다. 그는 짐짓 놀라는 체하면서 이렇게 말한다. "미학에 대한 사회적 사유는 생산력 개념을 소홀히 하는 경향이 있다"(『미학이론』, 69/62/76). 사실 1960~70년대에 생산이라는 용어가 빈번히 사용되었음에도 불구하고, 마르크스주의 미학자 가운데 경제적인 생산의 관념—계급투쟁, 이데올로기, 정치적 입장과 같은 용어처럼 좀더 관습적인 개념들과는 달리—을 진지하게 고려한 학자는 별로 없다. 아무도 감히(문화스탈린주의자는 더군다나 말할 것도 없이) 순전한 경제적 생산성—이것이 뜻하는 바는 생산관계(계급적 입장이나 계급의식, 생산장소를 집합적이거나 권위적으로 조직하는 것)에 대한 생산력(기계나 기술)의 우위이다—이라는 속류마르크스주의자들의 관념이 미학에 적합하리라는 제안을 내놓지 않았다. 그러나 예술작품의 사회적 차원이나 역사적 차원 모두를 포괄할 수 있는 것은 바로 이 생산성 개념이다. 역사에 대한 예술작품의 관계는 그의 생산과정이 얼마나 진보해 있는가에 의해 결정될 수 있다면 예술작품에 내재하는 사회성은 애당초 생산 자체에 내포된 집합적이고 사회적인 성격에 의해 주어진다.

나는 당분간 생산력이라는 문제를 강력히 부각시키려 하는데 그 이유는 단지 이 개념이 아도르노 미학 가운데 가장 덜 친숙하며 전통에서 벗어난 개념이기 때문만이 아니라, 모더니즘 전반에 걸쳐 가장 중요한 현상인 '새로움'을 개념화할 수 있는 가능성을 다시 열어주기 때문이다. 지금까지 우리는 이에 대한 논의를, 새로움이 어쨌든 시간적 또는 현상학적 개념이 아니라는 소극적 이유로, 유보하지 않을 수 없었다. 이것은 자본주의가 시작된 이래 좀더 생산적인 새로운 기계는 자신보다 앞선 것을 진부한 것으로 만들면서 축출해버렸다는 의미에서 분명 현대화와 관계가 있다. 이러한 역사 패러다임은 예술적 '진보'의 역사에 대한 아도르노 자신의 견해와 매우 흡사하다. 예술적인 진보란 새로운 것이 예전의 형식이나 관습을 무자비하게 제거해버리는 것으로서, 특히 음악사에서 과학적 · 기술적 발명 같은 것은 예술적인 구성과 동일한 것이 된다.

우리에게 익숙한 이러한 패러다임은, 러시아 형식주의로부터 에즈라 파운드[1])에 이르는 매우 이질적인 아방가르드 운동의 다양하기 이를 데 없는 선언들을 관통하는, 모든 모더니즘 이데올로기의 근저에 놓인 중심 서사를 구성한다. 이에 관한 아도르노의 생각에서 특별한 점은 경제이론이라고만 여겨졌던 것을 철학에 끌어들임으로써, 스타일 변천이나 패션의 역동성이 만드는 광란의 역사라고나 여겨졌을 무엇에 정확한 근거를 제공했다는 것이다. 이러한 이론이 마르크스주의이다.

모더니즘의 많은 진정한 예술작품에서는 기계예술이라는 사이비 변형에 대한 불신 때문에 공업적인 소재를 주제로 다루는 일이 엄

---

1) Ezra Pound(1885~1972). 미국의 시인으로 유럽에 이주하여 '이미지즘'과 신문학운동을 주도함.

격히 배제되었지만, 이러한 소재도, 용인되는 소재는 축소되고 구
성은 날카로워짐에 따라 부정적 형태로나마——클레[2])에게서 보
듯——자신이 갖고 있는 저항할 수 없는 역동성을 사람들이 느낄
수 있도록 만들었다. 현대인의 생활에서 산업화가 절대적 영향력
을 행사하는 만큼이나 모더니즘의 이러한 측면은 별로 바뀌지 않
았다. 그리하여 이러한 상황은 모더니즘이라는 미학 개념에 기이
한 불변요소를 부여하게 되었다. 물론 이것 역시 지난 1세기 동안
19세기의 공장 형태로부터 대량생산을 거쳐 오토메이션에 이르기
까지 변천해온 공업적 생산방식 자체와 마찬가지로 역사적 역동성
을 지닌다. 그때그때의 가장 진보된 물질적 생산방식이나 이의 조
직은 그것이 직접 발생한 분야에만 한정되지 않는다는 사실로부터
모더니즘 예술의 내용적 계기는 자신의 힘을 끌어낸다. 사회학적
분석이 아직 제대로 이루어지지는 않았지만 가장 진보된 방식들은
멀리 떨어져 있는 생활영역 속까지 파고들며, 그러한 영향력을 전
혀 감지하지 못하면서 안전지대에 있다고 생각하는 주관적 체험의
영역 깊숙이까지 침투한다. 모더니즘은 자체의 경험방식에 따라
또한 경험의 위기에 대한 표현으로서, 지배적 생산관계 아래서 공
업화가 이룬 것을 받아들인다. 이러한 상황은 어떤 부정적 규범,
즉 그러한 모더니즘이 경험이나 기술면에서 거부한 것에 대한 터
부를 포함한다. 그러한 특정한 부정은 무엇을 해야 할 것인가에
대한 규범이 되기도 한다(『미학이론』, 58/50/60~61).

이 마지막 말들은 특별히 강조될 만한데 그 이유는 이 말들이 예
술의 '새로움', 즉 "지금·여기라는 순수한 현재처럼 공허한" 모더

---

2) Paul Klee(1879~1940). 스위스 태생의 독일 화가로 청기사(靑騎士) 운동
  에 참여함. 구체적인 현상에 의한 추상화를 주로 그림.

니즘의 "눈먼 지점"(『미학이론』, 38/30/43)이 갖는 수수께끼적 성격을 풀 수 있는 예상 밖의 실마리를 제공하기 때문이다. 새로움에 관한 아도르노의 기술적인 수사학은 위대한 예술의 항구적인 '새로움'이 매끄럽고 광택이 나는 미래파의 기계장치 속에서 찾아질 수 있으리라는 위험스러운 제안을 한다. 그러나 아도르노는 이러한 인상을, 그러한 '진보적' 장치만큼 재빨리 골동품화하는 것은 없다는 것을 상기하면서 곧바로 지워버린다.

그런데 문제는 심미적 현상 또한 문화적인 것 ― 즉 전체의 기능적 부분에 불과한(스스로는 이 전체와 맞먹을 수 있고 이 전체를 대체할 수 있다고 주장하지만) 상부구조 ― 으로서, 이데올로기적이라는 사실에 의해 더욱 복잡해진다. '새로움'은 그러므로 자본주의적 생산방식이 낳은 독창적 카테고리로서 심미적 가치를 지니지만 동시에 이데올로기적 보상물인 것이다. 그 때문에 『최소한의 도덕』에 나오는 한 예리한 잠언에서 아도르노는 벤야민의 생각을 넘어서는 통찰력을 보여준다. "새로움에 대한 숭배, 나아가 모더니티의 이념은 새로움이란 더 이상 없다는 데 대한 반란이다"(『최소한의 도덕』, 316/235/331). 모더니즘 전체는 이제 (벤야민의 에세이 「보들레르에 대한 몇몇 모티브」의 정신 속에서) "경험의 타락에 대한 최초의 자각"이 된다. 새로움은 야비하게 번쩍거리는 대중매체와 비슷한 센세이션이 되는 것이다("첫번째 유대인 학살이 자행될 즈음 괴벨스[3]는 적어도 국가사회주의자들은 지루하지 않다고 뽐낸다."〔『최소한의 도덕』, 319/237/334〕). 현대의 정치가 현대예술에 던진 으스스한 빛속에서 현대예술의 '진리내용'은 빛이 바래, 인위적인 자극이 대체로 그러하듯, 새로운 경험이 되고 싶어하지만 실제로는 단순한 반복에 지나지 않는 것이 되어버린다. "포·보들레르·바그너가 일종의

---

3) Joseph Paul Goebbels(1897~1945). 독일 제3제국의 선전상·정치가.

중독증 환자였다는 것은 아무런 이유가 없는 것이 아니다"(『최소한의 도덕』, 320/238/335). 그러나 이 중독물질은 아방가르드가 요구하는 예술(즉 "화학자의 증류기에 나타난 새로운 물질처럼 작곡가를 놀라게 하는 음악"*)과 더 이상 닮지 않았다.

그럼에도 불구하고 이제 '새로움'을 어떻게 '회상'할 수 있는가라는 문제는 이것이 지닌 심미적 가치의 핵심을 건드리는 성가신 의혹을 제기한다. 확고한 시간성을 지니는 것처럼 보이는 개념으로부터 시간성을 박탈하는 것은, 이 문제에 대해 가능한 한 덜 현상학적이고 덜 경험적인 방식으로 대답하도록 요구한다. 과거 한때 '새로웠던' 작품들이 이제는 어떠한 지위를 갖는가라는 문제에 눈길을 돌리면서 '역사주의'라는 용어—이것을 어떤 직접적인 의미에 가두어두려 결심해도—를 둘러싼 문제 전체가 다시 솟아오른다. 영점상태(과거는 더 이상 존재하지 않은 채 우리는 아무런 기억도 없이 현재 상태에 있게 되는 상상적인 출발점)로부터 환원적으로 선험적인 가능성을 재구성하는 데카르트적 방식으로, 과거의 '이해'라는 수수께끼와 마주서려는 시도는 번번이 그러하듯 여기서도 오류에 빠지게 된다. 오히려 우리는 경우에 따라 '이해'라는 단어가 가진 강력한 의미 속에서 과거를 이해한다는 전제로부터 출발해야만 한다. 즉 우리는 레닌이 이런 저런 조처 속에서 생각했던 것을 '안다'는 확신을 가질 수 있다는 것이다. 또한 우리는 1830년대 파리의 생활세계가 어떠했는가를 느낄 수 있으며, 루쉰(魯迅, 1881~1936)의 최초 저작들이 그 당시 사람들에게 충격을 주었으리라는 것을 알며, 제1차 세계대전 발발 시 유럽의 여러 수도를 뒤흔든 흥분이나, 라틴어가 아닌 자국어로 된 『노래집』(canzoni)[4]을 처음으로 만든 사람들이

---

* 'Vers une musique informelle', *Gesammelte Schriften*, vol.16, p.523.
4) 페트라르카(Francesco Petrarca, 1304~74)의 서정시 모음집.

가졌던 지적인 활력을 다시 느낄 수 있다는 것이다.

과거에 관한 그러한 확신의 순간들은 입증할 수 없고 금방 달아나 버리며 명료한 의식의 상태에서도 끝이 없이 교정되고 새로운 의심을 불러일으키기 때문에, 어떠한 실체도 없는 환상에 불과할지 모른다. 그렇지만 이러한 순간들 속에 담긴 내용이나 그 순간들 동안 진행된 과정은 그 자체 고유한 현상으로서 연구될 수 있다. 나는 어디선가 컬링우드[5]의 뒤를 따라, 이러한 순간들이 어떤 상황이나 문제에 대한 재구성을 포함하고 있으며 그러한 문제에 '대답하는 것'은 우리가 다시 그 행동에 참여하는 것과 같은 가치와 신선함을 지닌다는 것을 보여주고자 했었다.[*] 아도르노 미학은 그러한 역사주의나 '이해'의 문제를 제기하지 않는다. 그러나 예술을 생산으로 보는 그의 견해는 이러한 시각과 일치하며, 계속 발전될 수 있는 여지를 갖고 있다.

예를 들어 바로 앞에서 인용한 『미학이론』의 문장들이 암시하고 있는 것은, 옛것 속에 들어 있는 '새로움'에 최대한 접근해보려는 우리의 시도에는 터부, 강압, 부정, 제약, 금지, 혐오감들에 대한 직접적인 지각도 포함된다는 것이다. 그러나 터부나 강압 등은 전승되어 온 도그마들이나 심미적 모럴리즘이 아니며, 관습적인 청중의 존경할 만한 심미적 취향이나 행실(밝혀지지는 않은)과도 아무런 연관이 없다. 이런 것들은 '새로운' 터부이다. 사실 '새로운 것' 속에 들어 있는 새로움은 작품 자체(작품의 자부심에 가득 찬 기막힌 혁신들은 얼마 안 가 가장 가련한 골동품으로 여겨진다)라기보다는 이러한 새로운 금기들, 좀더 정확히 얘기하면, 무엇을 하지 말라고 말하

---

5) R(obin) G(eorge) Collingwood(1889~1943). 영국의 역사학자이자 철학자.

* See my 'Marxism and Historicism', in *The Ideologies of Theory*, vol.2.

는 것이 아니라 '더 이상' 무엇이 행해질 수 없는지 또는 어떤 것이 진부해졌는지를 명시하는 것이다. 이러한 금지란 뚜렷한 이유 없이 어떤 일을 하지 않아야 한다고 경고하는 내면의 음성(소크라테스의 다이아몬)인 것이다.

이러한 터부는 매우 광범위한 심미적 재료들과 관계한다. 여기에는 예를 들어 사용해서는 곤란한 종류의 문장들, 충분히 현실적이고 널리 퍼져 있지만 이제부터는 멀리하는 것이 최선인 감정들이 포함되며(이에 따라 야기되는 흥미있는 문제는 그러한 감정을 한번도 가져본 적이 없거나 상상조차 해보지 않은 인물을 생각할 수 있는가의 여부다), 그 외에도 지겨운 소리 조합, 짜증나는 구조를 가진 이야기, 그것이 갖고 있는 진리내용이 어떠하든 다시 반복하기에는 껄끄러운 철학적 주장 등이 포함된다. 새로움이란 이 모든 것이 배제될 때 일어나는 것, 그렇다고 침묵은 아닌 것을 일컫는다. 이러한 논의는 물론 자신의 내적 중력에 의해 미니멀리즘으로 나아가는 것으로서, 그 안에는 미니멀리스트의 가치가 어느 정도 구조적으로 새겨져 있다. 그러나 현대 예술사에서 더 자주 일어나는 것은, 낡은 미학상의 기술이 평가절하되고, 이제는 금지된 내용과 형식들 모두가 진부해지는 것이 해방으로 느껴지면서, 이러한 해방에 대해 발명의 정신은 산뜻한 새로운 형식으로 대답한다는 것이다.

베토벤에게 있어서 나중에는 악기가 무용지물이 되었다는 사실이 어떤 의미를 갖는지를 느끼는 것이 극복 불가능한 문제는 아니게 되었다. 문제는 오히려 거꾸로, 그가 악기 연주를 포기했다는 사실을 순수한 주관성이나 '천재성'의 공으로 돌리는 우(愚)를 어떻게 하면 범하지 않을 수 있는가이다. "예술작품에서 주체의 참여분은 그 자체가 객관성의 일부이다"(『미학이론』, 68/61/75). 이것을 어떻게 드러내고 증명할 것인가, 주관주의에 대한 우리의 집착을 실증주의에 굴복하지 않고도 어떻게 설득력 있고 명확하게 해체할 수 있을까 하

는 문제는, 이미 언급했듯이,[6] 『미학이론』의 가장 기본적인 과제 중
의 하나이다.

예술작품의 원자재는 철저히 역사로부터 유래한다는 사실은 아무
리 반복해도 모자람이 없는 유용한 교훈이다. 예를 들어 모더니스트
의 역사성을 프루스트로부터 배운 사람들은 이 이론을 적절히 고친
아도르노의 재해석을 제대로 감상할 수 있을 것이다.

프루스트(그리고 그의 후에는 칸바일러[7])는 회화가 우리의 관찰
방식, 그리고 이를 통해 대상들을 변화시켰다는 입장을 취한다.
이러한 입장에 상응하는 경험이 진실된 만큼 그에 대한 표현방식
은 너무 관념론적으로 들릴지 모른다. 전혀 반대로 이야기해도 설
득력이 없지는 않을 것이다. 즉 역사적으로 변화한 것은 대상들
자체이며 그 결과 인간의 감각기관은 이러한 변화에 적응하게 되
고 회화는 이를 표현할 수 있는 적절한 암호를 발견했다고 말해도
틀린 말은 아니라는 것이다. 이런 의미에서 입체파는, 기하학적인
계획에 의해 자신의 본질을 만들게 된 사회적 세계가 보여준 새로
운 수준의 합리화에 대한 반응으로 해석될 수 있다. 이것은, 인상
파가 그 이전의 철저히 계획되지 않은 산업화의 단계에서 추구했
던 것과 비슷하게, 경험과 상반된 경험의 단계를 가져오려는 시도
인 것이다. 인상파에 비해 입체파에서 새로운 질적 요소는, 인상
파가 자신의 내적 역동성을 수단으로 상품세계 속에서 경직된 삶
을 일깨우고 구해보려 했다면, 입체파는 그런 시도를 포기하고 세
계의 타율적 기하학화를 자신의 새로운 법칙이나 질서로 받아들임

---

6) 2부 1장(객관성에의 집착)을 참조하라.
7) Daniel-Henry Kahnweiler(1884~1979). 독일에서 태어나 프랑스에서 활
   동한 예술상, 출판인.

으로써 심미적 경험에 객관성을 부여했다는 것이다(『미학이론』, 447/418).

시각예술조차 외부 대상과 여기에 새겨진 변화를 기록하기 위해 발명한 '기술'의 차이를 구별할 수 있는 여지를 충분히 남겨놓는다. 그러나 프루스트 미학이 '낯설게 하기'의 기술——우선적인 효과는 정신적인 면에서 낯설게 하는 것——을 발명함으로써, 그러한 패러독스한 새로움의 힘에 의해 해체해보려 한 것은 바로 그러한 구별이었다. 주체와 객체를 구별하려는 경향이 별로 보이지 않는 아도르노에게 있어서, 음악은 이러한 과제를 적절히 수행하는 분야였다. 이에 대한 예로 푸가에 대한 아도르노의 언급을 들 수 있다.

그 때문에 푸가는 음계상의 제반 관계에 묶이게 된다. 푸가가 발명한 독특한 기법은 선법(旋法 : odality)이 옆으로 밀려나고 결국 음조가 모방적인 음악적 실천에서 주도권을 잡게 되는 변화과정으로부터 나온다. 예전의 다성법은 이제 음조의 단음적인 중심을 지양하고 음계를 다성음의 영역에 통합할 뿐 아니라 대위법적이고 화성적인 단계적 사유를 허용해야 한다는 새로운 과제와 부딪치게 되는데, 이 때에야 비로소 실제적인 또는 음조상의 대답으로서 푸가의 주제가 가져온 특수한 처리방식은 음악적으로 의미있게 된다. 푸가 형식의 모든 특성들은 작곡가들도 전혀 의식하지 못한 그러한 필요성으로부터 나왔을지도 모른다. 푸가는 음조화되고 철저히 합리화된 다성법의 조직형식이다. 이런 점에서 푸가는 개별 작품 이상의 의미를 지니지만 개별작품 없이 존재할 수 있는 것은 물론 아니다. 그 때문에 푸가 형식으로부터의 해방은 그 보편적인 도식 속에 이미 제시되어 있는 것이다. 음조가 일단 구속력을 잃게 되자 푸가의 기본적인 카테고리들——주도 테마와 종속

테마의 차이, 규범화된 종속부의 구조, 특히 주음조로 돌아가는데 도움이 되는 반복 요소 등——은 자신의 기능을 잃게 되고 기술적인 면에서 허위가 된다. 푸가는 자유의식이 생각하는 것보다 훨씬 분화되어 있었는데, 그러한 푸가를 개별 작곡가들의 분화되고 역동화된 표현욕이 더 이상 바라지 않게 되자 동시에 푸가는 객관적으로도 형식으로서는 불가능한 것이 되어버렸다(『미학이론』 297～298/286/313).

그 때문에 작곡을 하는 주체는, 자본주의 발달의 특정한 단계에 있는 위대한 발명가·기업가(에디슨)가 체계 전체에 대해서는 신경을 쓸 필요가 없는 것과 마찬가지로, 생산성이 처한 역사적 상황을 의식할 필요가 없다. 그러나 작곡가·발명가는 작곡행위 자체 내에 체계의 객관적 욕구를 기록하게 됨에 따라——아도르노는 '욕구'라는 단어를 사용하는데, 이 단어가 의미하는 것은 작곡가의 감수성, '표현욕구', 고도의 집중력을 지닌('명료한 표현을 얻고', 분화되어 있으며, '역동화된') 것이다—— '창조적 주체'의 수용능력은 비합리성(역사의 어느 지점에 있는지를 '좀더 의식하고 있는' 합리성의 반대편을 이루는 것)으로 쉽게 전략하지 않는다. 아도르노는 좀더 지적인 자의식의 형식과 대비되는 창조적 '직관' 형식을 설정하지 않는다. 오히려 내재적으로 작동하는 '창조적 정신'이란 헤겔이 '객관정신'이라 부른 것에 해당한다. 그러나 현재의 맥락에서 그것이 지칭하는 것은 역사발전의 특정 시점에서 한 사회가 갖는 집합적 생산성이라고 보아야 할 것이다.

예술적 선택과 결정이 무한히 작게 분화됨으로써 개별 예술가는 집합적 객관정신의 수행자가 되며, 그에 비해 그 자신의 개인적 역할은 사라지게 된다. 수동적 수취자라는 전통적 천재 관념 속에는 그와 비슷한 것이 암시되어 있다(『미학이론』, 402~403/381).

이 인용은 생산성에 대한 아도르노의 강조가 벤야민의 입장과 어떤 점에서 유사하고 어떤 점에서 다른가라는 문제에 대해 새로운 빛을 던져주고 있음을 알 수 있다. 벤야민 또한 두 가지 점에서 생산성에 우선권을 부여하고 있다. 그 하나는 (보들레르에 관한 에세이에서 보듯) 테크놀러지에 대한 강조로서 도시나 기계에서의 변화가 정신에 미친 영향이 갖는 알레고리적 의미이며, 다른 하나는 진보된 예술가의 작품 속에서 '생산성'이 차지하는 역할에 대한 (좀더 브레히트적인) 강조이다. 이러한 입장은 특히 「생산자로서의 작가」에서 전개되고 있다. 그렇지만 이 에세이는 가장 진보된 형식의 사회적 생산을 예술작품 '자체 내에서' 찾는 아도르노의 발상과는 매우 큰 차이가 난다. 그 이유는 벤야민이 현대의 아방가르드 예술가와 산업 프롤레타리아의 계급적 유대를 추구하기 때문이다. 그는 이러한 유대를 위한 연결고리를 두 생산형식의 동일성에서 구하기보다는 각각의 생산형식이 독립적으로 가지고 있는 진보적 성격의 동일성에서 찾는다. 공장노동자의 가치나 태도와 예술가의 그것 사이의 계급적 유대는 각자가 구현하고 있는 높은 생산성에 의해 가능하며, 그 때문에 그들은 서로에 대해 유대감을 느낄 수 있다는 것이다. 아도르노와 벤야민 사이의 비교는 어느 정도는 예견 가능한 결과로 귀결된다. 아도르노의 관점에서 볼 때 벤야민의 변증법은 너무나 피상적이거나(알레고리적 장치 때문에) 너무나 매개되어 있다는 것이다. 벤야민의 관점에서 보면 아도르노의 변증법은 산업생산과 내적 형식을 직접적으로 동일화한다는 점에서 너무나 관념론적이다.

그러나 생산력이라는 고립된 모델(마르크스주의에서는 생산에 대한 '속류적인' 또는 환원주의적인 관념)은 생산력에 대한 정통의 보완물인 생산 '관계'(계급관계나 이러한 계급관계의 서로 연결된 구성

요소들을 일컫는데, 이러한 구성요소들은 노동과정 속, 또는 부단한 변화 속에서 온갖 거래가 이루어지는 비즈니스 세계 속에 자리잡고 있다. 여기에 대해서는 예술가와 사라져가는 기업가의 유사성을 통해 이미 지적한 바 있다)라는 개념에 의해 보완된다. 마르크스의 생산성 개념이 이러한 '수준들' 사이를 매개하는 방식은, 그러한 매개란 어떤 특수한 경우에 오직 전술적으로만 부여될 수 있다는 것이다. 여기서 '진보적'이라는 용어는 그때그때의 발전단계를 지칭하거나 반대로, 부르주아적 사고방식이 전문적인 과학적·기술적 지식이나 숙련된 노동자의 경험(이것이야말로 진정한 인식론적 자본이라고 말할 수 있는데 이를 통해서만 오직, 전쟁의 완전한 잿더미 속에서 이런 저런 '진보된' 산업국가들이 이룩한 경이로운 부활을 설명할 수 있다)이라고 일반적으로 여기는 것을 지칭한다. 이른바 창조적 주체 또한 스스로의 내부에 이러한 수준의 집합적 경쟁력을 구현하고 있으며 여기에 못 미치는 것은 엄청난 미학상의 위험부담을 감수해야 한다. 그러나 예술적인 생산성을 이런 식으로—기술적 장치보다는 노동과 연관된, 사회의 평균생산성의 진보로서—유추할 경우, 아직까지 언급되지 않은 어려움과 모순을 초래하게 되는데 이러한 문제는 아도르노 미학에서 다른 것 못지않게 중심적인 의미를 지닌다.

6 생산관계

생산력 개념으로부터 생산관계 개념으로 넘어갈 경우 보통 마르크스주의와 연결된 온갖 부정적 징후들이 다시 나타난다. 그 중에 으뜸가는 것은 노동분업이라는 주제로서 이 주제는 생산력의 수준만큼이나 깊이 개별작품 속에 각인되어 있다. 우리가 지금까지 느슨하게 '창조적 주관성'이라고 지칭했던 것은 다음의 두 가지 전혀 상이한 구조를 포함하고 있음이 이 지점에서 분명해진다. 그 하나는 예술가의 정신적 작업이며 다른 하나는 위축되고 왜소해진 '자아'라는 현대의 **불구화된 주관성**이다. 이러한 주체는 자신의 주관적 고통을 작품을 통해 '표현'하게 됨으로써 고통이나 '주체' 자체(그의 불안한 자의식이나 정체감을 포함하여)가 실제로 작품의 원자재나 내용의 한 부분을 이루게 된다. 이것은 이미 인용되었던 문장, 즉 "예술작품에서 주체의 참여분은 그 자체가 객관성의 일부이다"(『미학이론』, 68/61/75)라는 문장에 함축된 또 다른 뉘앙스이다. 이 뉘앙스란 예술에서의 '주관성'이란 이것을 사회적·역사적 객관성의 일부로 드러내주는 관점을 취할 경우에야 비로소 파악될 수 있다는 것이다. 이것은 앞으로 보겠지만 아도르노가 '이차적 반성'이라고 특징지운──그렇게 적절한 용어는 아니라고 생각되는── '방법'이다.

　현재로서는 그 안에 내포된 모순들——이에 관한 다양한 표현들은 마르크스주의 사회과학에서는 익숙하지만 아도르노가 이러한 표현에 부여한 심미적 형식은 별로 친숙하지 못하다——을 짤막하게 열거하는 것으로 충분하다. 이를테면 노동분업에 의해 결정된 과정이 전통적인 부르주아적 사고방식에서처럼 개인과 집단 사이의 대립으로 여겨지기보다는, 이전 단계의 개별화 형식이 재조정되고, 문제화되고, 파편화되며, 종종 존재 자체를 위협받게 되는 **집단화** 경향으로 여겨진다는 것이다(『계몽의 변증법』은 그 구성체계에서부터 철저히 이러한 상황에 바탕을 두고 있다면, 『최소한의 도덕』은 주체의 관점에서부터 출발하고 있다). 그렇지만 집단화란, 보수적인 파토스의 감언이설에 굴복할 수도 없고——왜냐하면 개별성의 상실이란 항상 당연히 한탄해야만 할 무엇은 아니기 때문에——, 그것을 마르크스적 의미에서 '항상' 새로운 협동의 재탄생으로 여기는 사회주의 리얼리즘의 호언장담에 경의를 표하지도 않는, 객관적이고 변증법적인 과정이다. 이러한 과정은 무엇보다도 점점 증가하며 점점 복잡해져가는 **사회적 노동**의 집합적 성격과 결부된 문제이다(근원적인 '노동분업'은 루만에 따르면 무한에 가까운 내부운동 속에서 항상 다시 분해되고 새롭게 결합하는 일종의 지옥기계처럼 보인다). 이러한 과정은 그에 따라 베버가 관료화라고 부른 사회문제, 즉 우리 사회의 본질적 특징을 이루는 회사나 다국적기업의 집합적인 조직화를 지칭하게 된다. 이러한 과정은 또한, 고립된 개인의 낭만적 반항 같은 것이 사라지고 소위 '한계집단이나 대항세력'은 제도의 틀 속에 흡수되는 1970년대 이후의 지배적인 분위기 속에서, 대항집단에게는 거역할 수 없는 사실이 되어버린다.

　그러나 현대사회의 이러한 긴장이나 모순은 개별 예술작품에 다시 새겨지게 되는데, 그 방식은 이미 언급한 진보된 예술적 테크닉과 개인의 고독이나 주관성의 잔재 사이의 차이를 기록하는 것이다. 이러한 잔재는 주관적 표현의 마지막 남은 잔재를 작품에 요구하는 것처럼 보이는 순간 그러한 진보된 테크닉의 내용이나 원자재가 된다. 사실 포스트모더니즘—그런 것이 존재한다면—은 예전의 주관성이 모조리 사라지는(이제는 완전히 집합적인 것으로 넘어가면서) 순간이라고 이론화할 수 있을 것이다. 그 결과 베케트의 미니멀리즘을 구성하는 긴장이나 쇤베르크의 표현적 계기—침묵에 의한 고통의 외침—는 증발해버리고, 자유롭게 자기자신만을 '표현하는' 집합적 생산성이나 테크놀러지만 남는다. 그러한 과정의 최종산물은 이제 예술작품이라기보다는 상품이 된다.

그러나 생산력과 생산관계 사이의 차이는 또한 독자적인 변증법이나 모순성으로도 파악될 수 있기 때문에 둘 사이의 서열을 뒤집어 놓았을 경우 생산관계(다른 말로 하면 계급사회) 안에 있는 온갖 억압에 예술이 굴복하지 않을 수 있도록 보증해주는 것은 생산력의 우위이다.

작품 내부로 이전된 집합적인 힘들—언뜻 보면 주관적인 힘으로 보이지만〔개개인의 예술가가 갖고 있는 기술적 처리능력을 구현하고 있기 때문에—제임슨 첨가〕—은 사회의 생산력 수준에 상응하는 작품 내부의 잠재력이다. 모나드인 예술작품은 창문 없이도 이러한 것을 지니게 된다. 이러한 것은 예술가에 의한 비판적 교정에서 가장 두드러지게 나타난다. 예술가는 어떤 개선이 불가피하다고 여길 때, 또 종종 그가 일차적 충동이라고 여기는 것과 갈등을 일으킬 때 그는 자신의 의식이야 어떻든 개의치 않고 사회의 대리인으로 작업한다. 그는 사회적 생산력을 구현하는데, 그러한 과정 속에서 제반 생산관계가 요구하는 검열에 매일 필요는 없다. 오히려 그는 기법의 일관성을 통해 그러한 검열에 비판을 가하기도 한다. 〔……〕 그 때문에 모든 진정한 예술가는 자신의 소재를 기술적으로 어떻게 처리할까라는 문제에만 골몰한다. 수단의 물신주의도 이런 점에서는 정당한 측면이 있다(『미학이론』, 71~72/65/78).

그러므로 불구가 된 주체의 열정에도 불구하고, 또한 고통은 변증법적 과정을 거쳐 사회나 계급체계 일반(즉 생산관계)이 빚어낸 불의의 한 부분이 되기 때문에, 테크닉과 생산 '력'을 맹목적으로 신뢰하는—예를 들어 좀더 나아 보인다는 기술적 이유 때문에 본래의 작품내용을 변경하는 경우에서 보듯—예술가는 좀더 진실성을 지니게 된다.

그렇지만 생산력 또한 결국에 가면—베버적인 의미나 그후 프랑크푸르트 학파가 '도구적 이성'이라고 부른 의미에서—합리화가 일어나는 장소이다. 우리는 그러한 생산력이 물화나 상품형식으로 전환되는 변증법[1]을 이미 어느 정도 살펴보았다.

수단의 합리화 속에는, 다른 어디서나 마찬가지로 예술에 있어서도, 물신화라는 '텔로스'가 있다. 수단의 합리화를 제어할 수 있는 능력이 절대적이 되는 만큼, 똑같은 정도로 수단은 그 자체가 목적이 되려는 객관적 경향을 띤다(『미학이론』, 439/412).

여기서 이제까지 높이 평가된 생산력은, 도구적 이성 또는 암담한 '계몽의 변증법'이 저 깊은 심장부에 도사리게 되는 상황 속에서 트로이의 목마가 된다. 그럼에도 불구하고 이러한 이론은, 지금까지 이 책에서 보여주려 했듯이, 현대의 문학비평에서 나타나는 주관화

---

1) 개인의 고독이나 주관적인 표현마저 사라지고 테크놀로지만 남게 되면서 예술작품이 상품으로 나아가는 과정.

경향을 종식시키고는 형식적인 것과 역사적·사회적인 것이 대립관
계에서 벗어나 하나가 될 수 있게 한다는 점에서 큰 장점을 지닌다.
생산성 이론이 완전히 긍정적이고 비변증법적으로 될 경우 그것은
곧장 변증법을 작동시켜 '예술의 종말'이라는 또 다른 신기루를 어
른거리게 한다고 말하는 것이 합당할 것이다.

그러므로 이러한 논의는 부정적 결말에 이르게 되고 패러독스한
역전을 결과로서 내놓게 된다고 말하는 것이 적절할 것이다. 생산력
이론이 현대의 예술비평에 줄 수 있는 교훈은 미학적인 성공이 무엇
인가를 어떻게 파악할 것인가에 대해서보다는 미학적인 실패를 어떻
게 진단할 것인가에 대해서이다. "여러 모로 볼 때 예술작품에서는
형이상학적 비진리가 기술적인 실패로서 나타난다"(『미학이론』,
195/187/207). 그러나 이러한 입장——전통적인 이데올로기 비판과
기술적·형식적인 해석 사이에 다리를 놓는 입장——에 내포된 의미
는 아도르노가 『미학이론』에서 '나쁜' 예술에 대해서는 거의 다루지
않고 있다는 사실을 염두에 두지 않을 경우 제대로 음미될 수 없다.
여기서 그가 그리고 있는 미학적 실패란 상당한 수준에 올라 있는
진보적 예술작품에서 검출될 수 있는 실패를 일컫는 것이다(이러한
연관 속에서 자주 들먹이는 작품은 리하르트 슈트라우스[2]의 음악이
다[『미학이론』, 319/306/333~334 참조]). 이러한 주장은 다음의 인
용에서 보듯, 더욱 강화되어 알아보기 힘들 정도로 역설적인 전환과
변증법적 반전을 겪는다.

성공한 예술작품이라는 개념에서 볼 수 있는 이데올로기적 요소
나 긍정적 요소는 완전한 작품이란 존재하지 않는다는 사실에 의
해 비판을 받게 된다. 만일 완전한 작품이 존재한다면 화해되지

---

2) Richard Georg Strauss(1864~1949). 독일의 작곡가이자 지휘자.

않은 상태에서도 실제로 화해가 가능할 것이다. 물론 현재로서는 예술조차도 화해되지 않은 상태에 머물러 있다(『미학이론』, 283/271/297).

'성공한' 예술작품은, 모순이나 이 모순에서 잠시도 눈을 떼지 않는 확고한 태도로부터 자신의 깊은 진리내용을 끌어낸다. 이로부터 초래될 수밖에 없는 결과는 전통적 규범미학의 관점에서 성공적이거나 완성된 작품은 불가능하다는 것이다. 그러나 모든 진정한 예술작품은 필연적으로 실패할 수밖에 없다는 이러한 엉뚱한 관념은 이미 생산성 이론이나 그 안에 내포된 '새로움'의 개념 속에 내포되어 있다. "게르트루드 슈타인[3]이 언젠가 말했듯이, 모든 걸작은 추(醜)에 대한 척도를 가지고 세상에 나온다. 〔……〕 비판의 과제는 걸작과 정면대결하여 그의 추함을 발견하는 것이다."* 이와 비슷하게 아도르노는 새로움을 추(醜)나 상흔으로 본다.

모든 중요한 작품은 자신의 재료와 기술에 흔적을 남긴다. 현대 예술의 과제는 이러한 흔적을 추적하는 것이지 허공에 떠 있는 것을 냄새맡는 것이 아니다. 이것은 비판적 계기를 통해 구체화된다. 질적으로 새로운 작품이라면 매달릴 수밖에 없는 이 흔적은 선행한 작품이 실패한 자리이며 상흔이다. 새로운 작품은 바로 이 상처를 집요하게 물고 늘어진다는 점에서 흔적을 남긴 작품들에 등을 돌린다(『미학이론』, 59/52/65).

---

3) Gertrude Stein(1874~1946). 미국 출신의 여류 문필가로 파리에서 주로 활동.

* Gertrude Stein, *Four in America*, intro. Thornton Wilder, New Haven, CT 1947, p.vii.

이런 의미에서 사람들은 대체로 아도르노 미학을 상흔의 미학으로 규정하고 싶은 유혹을 받아왔다. 아도르노가 완고하게 고통의 계기를 고집하는 것이나, 풀 길 없는 모순을 얼마나 첨예하게 자신의 형식으로 만들고 있는가와 예술작품의 진실성을 동일시하는 것이 그러한 규정의 근거가 될 것이다. 그럼에도 불구하고 아직 해결되지 않은 문제——예전의 좀더 지엽적인 평전이나 비판적 분석들보다 훨씬 더 급박하게 『미학이론』이 제기하고 있는 문제——는 이 두 가지 문제, 즉 개인적 고통과 체계의 모순이라는 문제가 아도르노에게 있어서 궁극적으로 하나인가 아닌가 하는 문제이다. 『미학이론』에서 이루어진 주관주의에 대한 다양한 논박을 계속 살펴본다고 이 문제에 대한 대답을 얻을 수 있는 것은 아니겠지만 그러한 작업은 이 문제가 아도르노 사상의 좀더 깊은 문제를 이룬다는 것을 확인하는 것만으로도 충분한 값어치가 있을 것이다.

7 주체·언어

아도르노에 따르면 생산력은 "진정한 주체인 테크놀러지 과정 깊숙이에 자리잡고 있다. 주체는 용해되어 "테크놀러지가 되어버린 것이다"(『미학이론』, 69/62/76). 아도르노가 전적인 동의를 보내면서 인용한 아돌프 로스(Adolf Loos)의 "장식은 고안할 수 없다"(『미학이론』, 46/39/52)는 말로부터 더욱 발전시킨 결론은 미학상의 혁신은 발명이 아니라—'창조'라고 말하는 것은 더구나 언어도단이고—발견, 즉 자연과학과 유사하게 사물(여기서의 의미는 예술의 원자재) 속에서 지금까지 보지 못한 새로운 속성을 느끼고 기록하는 것이다(이것은, 곧 보겠지만, 예술적 '발명'이라는 개념에 흥미로운 결과를 가져온다).

이러한 입장은 이제 우리에게는 익숙하다. 그렇지만 이 입장은 텍스트를 새롭게 해석할 수 있는 가능성(또는 의무)을 의미하며, 시야의 극적 확장을 통해 작품 속의 주관적 요소로 보이는 것이 본질적으로 객관적인 것임을 드러내는 일종의 낯설게 하기 효과를 요구한다. 아도르노는 작품의 객관적 논리가 우위에 있음을 주장함에도 불구하고 그의 미학 속에는 비판적인 제스처나 텍스트의 비판적 변형을 위한 여지—비체계적으로, 그나마 매우 조심스럽게 주저하면서

'이차적 반성'이라고 이론화한 무엇——가 남아 있다.

그러므로 다음에서 대강 살펴볼 주관성에 관한 입장은 애매한 구석을 지닌다. 이러한 입장들은 대체로 주관성이 무엇인가에 대한 또는 주관성 자신이 스스로에 대해 생각하는 것에 대한 역사적.철학적 분석, 즉 이에 대한 객관적 환상(또는 이것의 이데올로기)을 자처한다. 동시에 우리는 그러한 입장을, 주관적 요소(또는 헤겔적인 용어를 사용하면, '계기')로 보이는 것이 우리의 독서과정 속에서 어떻게 객관화될 수 있는가에 대한 방법론적 제시로 읽을 수도 있다.

키에르케고르(Sören Kierkegaard, 1813~55)에 대해 쓴 아도르노 최초의 저서는 도발적인 방식으로 부르주아적인 '내면성'의 개념이나 경험을 비난하면서 부르주아의 영혼을 비더마이어[1] 가정의 '실내 공간'에 비유한다.* 이것은 물론 그 어떤 '정신화하는' 예술에 대한 심미적 판단이지만 이러한 예술이 질적으로 수준 높은 작품이 될 경우, 그러한 작품은 또 다른 의미로 재객관화되어 그것의 좀더 객관적인 '진리 내용'이 역사적으로 또는 철학적으로 파악될 수도 있을 것이다. 다시금 일종의 자아해체라는 이상은 다양한 국면 속에 놓일수 있으며, 때에 따라서는 작품 자체 속에서 작품의 객관적 경향이되어 나타나기도 한다. 또한 때에 따라 이러한 자아해체의 이상은 헤겔 미학의 객관화하는 정신이 찬미될 경우 작품에 대한 우리의 관계 속에서도 나타난다. 그 이유는 그러한 정신이 구성주의를 선취하면서, "작품의 주관적 성공을 주체가 작품 속에서 소멸하는 데에서 찾았기"(『미학이론』, 92/85/100) 때문이다.

---

1) 1848년 3월혁명은 19세기 독일 문학에서 분수령을 이룬다. 이 혁명 이전의 문학을 3월 전기(前期)문학(Vormärz)이라고 부르는데, 이것은 보통 비더마이어 문학과 '청년독일파'로 양분된다. 이 두 유파는 전형적인 순수-참여의 대립형태를 보여준다.

* 제2부 1장(객관성에의 집착)의 첫번째 원주를 참조하라.

그러나 이미 보았듯이, 아도르노의 철학하는 방식은 예전의, 가끔은 허위로 입증된 카테고리(또는 아직까지 존재한 적이 없는 새로운 유토피아적인 용어)조차 폐기처분하기보다는 그들과 철저히 대결하면서 그 비진리를 끝까지 추적하여 그 반대의 것이 나오도록 만든다. 예를 들어 '표현'의 카테고리는 철학적 · 역사적 문제(주관성이 처해 있는 사회적 처지)이면서 심미적 가치이다. 이러한 심미적 가치는 미메시스, 구성, 특히 가상과 같은, 유사하지만 양립 불가능한 카테고리들과 불안하고 적대적인 긴장관계 속에 있다. 이것은 아도르노에게 있어서 '표현'이란 항상 고통의 표현이라는 것을 상기한다면 크게 낯설지 않을 것이다. (이러한 '표현'은 불협화음이나 추(醜)의 형식을 취하기도 하는데 이 형식들 또한 심미적 가상이 지닌 가치나 가상의 위기―모더니즘의 본질 자체를 이루는―와 갈등을 겪는 경향이 있다.)

표현과 '가상'의 대립이 기본적인 것이다. 표현은 고통의 표현 말고는 달리 생각하기 어렵다. 기쁨은 표현에 대해 냉담하다. 이는 기쁨이라는 것이 본래 존재하지 않기 때문인지도 모른다. 반면 축복은 표현을 갖지 않는다. 그 때문에 예술작품 속의 표현에는 그러한 계기가 내재되어 있으며, 예술의 본질을 구성하는 한 요소인 이러한 계기를 통해 예술은 형식법칙에 종속되는 자신의 내재성에 반항할 수 있는 것이다(『미학이론』, 168~169/161~162/179).

그러므로 표현의 직접성이나 표현의 열정과 초조는 작품으로 하여금 순수한 심미적 대상으로 넘어가지 못하도록(또한 이를 통해 예술이 되는 것이나 상품이 되는 것을) 막는다. 예술이 예술로 남아 있을 수 있기 위해서는 현실과 진리의 반(反)심미적 요청을 외면하면

안 되는 것이다. 그러나 주관적 표현에서나 안식처를 구할 수 있는 이러한 진리는, (우리가 이미 테크닉의 측면에서 표현주의 음악이 지극히 호흡이 짧은 순간들로 움츠러드는 과정을 보았듯이) 심미적 가상을 송두리째 파헤쳐버릴 수 있는 위험성을 지니고 있다.

그러나 이것이 뜻하는 바는, 예술작품에서 주관적 표현이 작품 내의 이질적인 부분이나 낯선 충동으로 계속 남아 있다는 의미는 아니다. 이러한 충동은 기이한 방식으로 변형되고 객관화되는데, 이러한 과정을 규정하는 아도르노의 방식은 벤야민의 아우라 개념과 유사하다(『미학이론』은 이 아우라 개념을 받아들일 것인가 반대할 것인가를 둘러싸고 끝이 없는 물밑 대화를 벌이고 있다). "표현은 예술작품의 시선이다"(『미학이론』, 172/165/182). 그렇지만 이러한 문구의 가장 큰 아름다움은 여기서 아직 얘기되지는 않지만 창문 없는 모나드라는 관념과 연관된, 이 시선은 "눈이 멀었다"는 비유로부터 이끌어낼 수 있다. 눈이 먼 이유는 우리가 그 시선을 대상으로 보기 때문이며 또한 동시에 이 시선이 우리의 시선에 응답해주지도, 외부의 경험적 현실을 지각하지도 않기 때문이다.

그러나 표현은 또한 시간의 변증법에 매여 있는데, 그 이유는 단순히 그 내용—내용을 이루는 것은 특수한 열정으로 이 열정은 강렬하지만 시간적으로 한정되어 있다—이 항상 역사적이기 때문만은 아니다. 모든 특수한 내용들(이러한 내용 자체는 이미 순수한 고통, 즉 역설적으로 이야기하면 도대체 '표현'될 수 없는 것과 동일시됨에 따라 미분화된 상태로 다시 환원된다)을 넘어 표현은, 심리적 주체가 처해 있는 역사적 위치, 즉 그의 위축이나 역사적으로 억눌린 제약과 부자유를 드러낸다. 그와 마찬가지로 표현의 모든 순간은 자체 내에 공시적인 역사의 무게를 어깨에 지고 있는 것이다.

표현은 예술작품의 시선이다. 예술작품의 언어는 의미적인 언어에 비해 더 오래된 것이지만 그 안에 내포된 약속이 아직 실현되지 않은 언어이다. 예술작품은 자신의 구조를 통해 주체에 동화됨으로써 주체가 세계 속에 출현하고 이 세계로부터 해방되는 과정을 되풀이하고 있는 것처럼 보인다. 예술작품은 주체에 대해 말을 걸 때가 아니라 주체의 원(原)역사, 즉 주체에 생명과 영혼을 불어넣는 원(原)역사에 전율할 때 표현을 지닌다. 이러한 근원적 역사성에 대한 대용물로서 주체의 인위적 표현이 지니는 전율은 역겹다. 이러한 상황이 주체와 예술작품의 유사성에 대한 해명을 준다. 그러한 유사성은 주체 속에 그러한 원(原)역사가 살아남아 있기 때문에 아직도 남아 있는 것이다. 모든 역사 속에서 주체는 항상 다시 처음부터 시작한다. 스스로 직접적인 것이라고 망상을 하는 주체는 사실 매개된 것에 불과하지만, 그래도 주체만이 표현의 도구로 적합한 것이다. 표현된 것이 주체를 닮았을 때조차, 즉 표현의 충동이 주관적이라고 여겨질 때조차, 그러한 표현들은 비개인적인 것으로서 자아 전체를 관통하지만 자아로 완전히 환원되는 것은 아니다. 예술작품에서의 표현은 주체 자신이 갖고 있는 비주관적 차원으로서 주체의 복제물이라기보다는 주체 자신의 표현인 것이다. 자신들이 인간이 아니라는 사실에 대해 객관적으로 슬퍼하는 것처럼 보이는 동물들——특히 유인원——의 눈처럼 표현이 풍부한 것은 없다(『미학이론』, 172/165/182~183).

여기서 보여진, 표현과 심리적 주체라는 양극 사이에서 시계추 운동을 하는 주관성의 독특한 변증법——여기서 개개의 극은 다른 극이 변함에 따라 서로 안티테제를 이루면서 주관적이 되기도 하고 객관적이 되기도 한다——은 서정적인 것과 서정시에서의 대명사가 행하는 기능(이 대명사 자체가 주관성과 객관성 사이를 오락가락 한다〔『미학이론』, 249~252/239~241/264~266〕)에 관한 부언설명에서

비근한 예를 찾을 수 있는데, 「언어적 성격과 집합적 주체」라는 제
목을 가진 이 절은 이 주제에 관한 예전의 프로그램적 성격이 강한
에세이 「서정시와 사회」(『문학 노트』 49ff*)를 완성한다.

사실 언어와 스타일에 관한 아도르노의 생각은 매우 독창적인데
그 이유는, 그가 모든 현상의 가장 주관적인 것을 통해 드러나는 객
관성을 강조하기 때문이다(이러한 객관성은 바흐친의 집합적 언설이
나 포스트구조주의가 전면에 내세운 언어의 비인간적 차원과는 구별
되는 객관성이다). 여기서는 개념이나 사회적 총체성과 소원한 언어
의 차원이 스스로에 대해 등을 돌리게 된다.

> 시적인 내용이란 주관성 덕분에 객관적이 되는 무엇이라고 말할
> 수 있다면—그렇지 않으면 하나의 장르로서 서정시를 가능케 하
> 는 가장 단순한 사실, 즉 작가의 독백이 다른 사람에게 어떤 작용
> 을 할 수 있다는 것이 설명될 수 없다—, 그것은 다만 사회의 표
> 면으로부터 멀어져 자신의 내부로 철수하는 것이 작가의 의도와
> 무관하게 사회적 동기를 가질 경우에만 가능하다. 이를 위한 매체
> 는 언어이다. [……] 가장 위대한 서정시는 소재의 잔재가 완전히
> 제거되어버린 채 주체만이 언어 속에서 울리게 되어 언어 자체가
> 들리게 되는 작품이다. 객관적인 무엇으로서 언어에 자신을 완전
> 히 내맡겨버리는 주체의 자기망각과 그러한 표현이 지니는 직접성
> 이나 비자의성은 같은 것이다. 그처럼 언어는 서정시와 사회를 자
> 신의 가장 내밀하고 깊은 곳에서 매개하는 방식이다(『문학 노트』,
> 56).

매우 벤야민적인 이러한 이념은 두 방향으로 전개된다. 그 하나의

---

* translated in *Telos*, no.20(Summer 1974), pp.56~66.

방향은 명시적이고 극적으로 변증법적이며 유토피아적인 방법을 취하는데 이것은 뫼리케[2]나 게오르게[3]에 대한 아도르노의 독서에서 극명하게 드러난다. 이들 작가의 주관적이고 시적인 표현은 그것을 뒤집어 읽을 경우 사회에 대한 그들의 경험을 읽어낼 수 있는, 사진의 음화(陰畵)라는 것이다. 또 다른 방향은 그러나 모더니즘의 주관적 언어 속에 들어 있는 객관성의 형식을 향한다.

언어는 주체와 연결된 끈을 끊어버리게 되면서 더 이상 자신에 대해 이야기할 수 없는 주체에 대해 이야기하기 시작한다. 횔덜린은 이러한 예술을 예감한 첫번째 사람이었다(『문학 노트』, 478).

그러나 횔덜린의 신고전주의는 서사적인 것과 병렬적 서술(Parataxis), 그리고 『계몽의 변증법』에 의해 이미 그 사라지는 순간이 기록되었던 사회적·언어적 경험의 형식들로 돌아간다.

그러한 중얼거림[『오디세이』에 나오는 6보격(hexameter)]은 바로 서사적 언설의 목소리인데, 이러한 언설 속에서 확고한 하나의 목소리, 즉 자아정체감은 다의적이고 유동적인 목소리와 뒤섞인 후 다시 한번 당당하게 자신을 분리해내는 데 성공한다. 아무런 형체도 이루지 않은 채 흘러가는 신화는 항상 동일한 것이다. 그러나 서사의 텔로스는 다양성과 차이이다. 서사의 대상을 놓치지 않는 인정사정 없이 강인한 자아동일성은, 나쁜 동일성(이것저것 구별하지 않고 하나가 되어버리는 것)과의 비동일성, 즉 자신은

---

2) Eduard Mörike(1804~75). 독일의 시인이며 소설가. 내향성을 띤 작품을 씀.
3) Stefan George(1868~1933). 상징주의 경향을 띤 독일 시인.

남다르다는 것을 완수하는 데 봉사한다(『문학 노트』, 34).

바로 이 지점에서 아도르노의 간헐적인 문학분석은 당시의 변증법적 미학이 결정체를 이룬 기본서, 즉 루카치의 『소설의 이론』과 만나게 된다. 문학 형식의 운명 자체에 관해 『소설의 이론』이 펼쳐보인 묘사는 프랑크푸르트 학파의 연구가 돋보이는 변증법의 다른 카테고리들——개념·억압·주체·테크놀러지·의미——에서 일어나게 될 것에 대한 적절한 선례를 이룬다. 그렇지만 아도르노에게 있어서 리얼리즘의 가능성은 "주체의 손에 의해 변형되지 않은 내용을 참지 못하는, 그리하여 객관성이라는 서사의 명령을 불능에 빠지도록 만드는 주관주의를 요구하는 화자의 관점 때문에"(『문학 노트』, 41) 의문시된다.

그렇지만 이 지점에서 역사를 다시 쓰는 문제, 특히 서정시와 사회, 언어와 주체의 관계에 대한 역사를 다시 쓰는 문제가 급박하게 부상한다. 아도르노가 모더니스트임을 분명히 해주는 다음의 인용에서 보듯, 그는 서정시나 그의 언어가 오직 모더니즘적 현상임(루카치가 소설에 대해 내놓았던 주장)을 분명히 한다.

우리에게 직접적인 것처럼 보이는 서정시가 사실은 '제2의 자연'인 것처럼, 서정시의 개념이란 근본적으로 모더니즘적이라고 말할 경우, 우리는 서정시의 사회적 본질에 대한 지금까지의 통찰을 다른 방향으로 돌려놓을 수 있을 것이다. 비슷한 방식으로 풍경화나 풍경화가 제시하는 '자연'의 이념은 자동적으로 발달되었다. 나는 여기서 조금 과장을 하고 있으며 당신은 수많은 대항 예들을 제시할 수 있으리라는 것을 안다. 그 중에 가장 강력한 예는 사포[4]이다. 중국이나 일본, 아랍의 서정시에 대해서는 언급하지 않겠는데, 그 이유는 내가 그 원전을 읽을 수 없기 때문에 그런 서정시들은 번역과정에서 서구문화에 맞게 변조되어 올바른 이해가 불가능하리라는 의심을 품을 수밖에 없기 때문이다. 그러나 예전부터 전해 내려오면서 친숙해진 서정시에 관한 규정들은, 예전 그림의 배경 속에서나 이따금씩 근대적 풍경화가 예견될 수 있는 것과 마찬가지로, 단지 간헐적이고 단편적이다. 그러한 서정적인 순간들은 형식을 구성해내지 못한다. 문학사에서 서정시로 분류된 먼 과거의 위대한 시인들—예를 들면 핀다로스[5]나 알카이오스,[6] 또한 발터 폰 데어 포겔바이데[7] 작품의 대부분—은 서정시에 관한 현대의 관념과는 상당한 차이가 있다. 그들에게는 소재의 잔재를 더 이상 갖지 않는 직접적인 성격—옳든 그르든 이것을 서정시의 척도로 보는 것이 우리에게는 익숙해져 있으며 강도 높은 훈련을 통해서만 넘어서는 것이 가능한—이 결여되어 있다(『문학노트』, 52~53).

본질적으로 역사주의적인 이러한 입장—초기 음악에 관한 아도르노의 몇몇 성찰을 제외하면 다른 곳에서는 발견되지 않는데—은 마르크스의 생산양식 이론, 즉 예전의 생산양식에 함축된 '진리'는 좀 더 진보된 사회구성체(특히 자본주의)에 와서야 백일하에 드러난다는 이론을 재고하도록 만든다. 그러나 물론 예전의 형식(여기서는 간헐적인 서정시의 존재)은 완성과 동시에 폐기된다.

언어의 객관성에 대한 이러한 다양한 반성은 벤야민적 영감의 원

---

4) Sappho(BC 610~580). 그리스의 여류시인.
5) Pindaros(BC 518/522~BC 438). 고대 그리스의 서정시인. 오드(ode)의 완성자로 작품은 장중하며 남성적임.
6) Alkaeos(BC 620~BC 580). 그리스의 서정시인.
7) Walter von der Vogelweide(1170~1230). 중세의 고전시대를 대표하는 서정시인.

천으로 되돌아와, 『미학이론』에서 전개한 예술작품의 '언어유사성'이라는 기이한 개념으로 코드화되면서 이론적 정점에 도달한다. '언어유사성'이라는 관념은 역설적으로, 개별적인 언어작품을 그러한 언어의 단순한 예로 보는 언어이론이나 "새로운 예술은 의사소통적 언어를 미메시스적 언어로 변화시키고자 한다"(『미학이론』, 171/164/182)는 사실을 무시하는 의사소통이론과 반대되는 입장에서 도입된다. 언어(이러한 견해 속에서 모방되는 언어)와 그러한 언어를 모방하는 특수한 텍스트 사이의 대립은 마르크스가 천명한 '자본 일반'과 '많은 개별 자본들' 사이의 대립을 연상시키면서, 예상치 못한 것은 아니지만, 보편과 특수의 관계를 파악하는 색다른 방법을 제시한다.

왜냐하면 언어는 특수자에 적대적이지만 그의 구제를 목표로 삼기 때문이다. 언어는 보편성을 통해 그리고 보편자의 구도 속에서 특수자를 매개하지만, 언어 자신의 보편성이 경직되거나 즉자존재의 가상인 체 하기보다는 특수하게 표현되는 것[즉 특수자—제임슨 첨가]에 극도로 집중할 경우에만 자신의 보편성을 가질 수 있다. 언어의 보편적 성격은 자신의 내적 논리와는 대립된 과정으로부터 자신의 진리를 이끌어가고 있는 것이다(『미학이론』, 304/292/319).

동시에, 아도르노의 미학적 입장은 문예학의 방법에만 국한되는 것이 아니라 문학의 실제비평 일반에 훨씬 광범위한 결과를 가져온다. 이미 분명히 한 사실이지만 주관성이라는 선험적 관념을 미리부터 설정하는 비평방식은 체계적으로 배제된다. 수용은 구성의 우위에 의해 족쇄가 채워지며, 다양한 종류의 심리학적 연구는 단호하게 문화산업의 조작기술로 간주된다. 심지어 아리스토텔레스의 카타르시스조차 거부된다(아도르노는 프로이트를,* 칸트에서의 '심리적 요소' 처럼, 미묘한 뉘앙스 속에서 다룬다).

여기서 더 흥미를 끄는 것은 의미에 대한 다양한 비판적 접근방법들이 처하게 되는 운명인데, 그 과정은 훨씬 더 전략적으로 이루어진다. 그 이유는 아도르노가 철학적 미학에 비판을 가하면서 동시에 이러한 미학의 요청을 새로운 방식으로 재등장시켜 예술적 경험에 대한 철학의 우위를 다시 주장하기 때문이다. 그러나 대개 좀더 제한적인 문예학의 의미이론들은, 그러한 이론들을 예술작품의 내부로, 즉 그 내용으로 끌어들이는 변증법을 통해 와해된다. 이러한 와해과정에 의해 상징의 권리는 역사 속에서 박탈당한다.

예술은 더 이상 아무것도 상징하지 않음으로써 상징을 삼켜버린다. 진보적인 예술가들은 상징에 대한 철학적 비판을 완결짓는다. 모더니즘의 암호나 특징들은 완전히 절대적인 것이 됨으로써 스스로를 잊혀진 기호로 만들었다. 그러한 것들이 심미적인 매체에 파고들게 된 것과 어떤 형식의 의도에 대해서도 저항한다는 것은 동일한 것이 지니는 양 측면이다(『미학이론』, 147/140~141/157).

이 인용에서 결정적인 단어는 '의도' 라는 단어로서 이것은 의미에 대한 비판의 첫 단계를 이룬다. 그러나 아도르노의 입장은 이 주제에 관해 최근의 비판적 논의들이 취하는 방식, 특히 '의도' 가 텍스트에 기초해서 결정될 수 있는가(이 경우 의도를 천명하는 어떤 발언이 있다면 그것은 본래의 텍스트에 덧붙여진 텍스트에 불과하지 좀더 깊은 진리를 표명하고 있는 것은 아니다), 그리고 의도가 확립되어 있더라도 그것이 '이해' 를 위한 궁극적 근거가 될 수 있는가라

---

* 91쪽의 두번째 원주를 참조하라.

는 두 가지 문제에서 확연히 구별된다. 아도르노의 이론은 그러한 의미에서의 '이해' 이론이 아니지만, 특정 작품에서 의도를 찾아내는 것이 문제될 경우 그것은 역사적으로 매우 유동적이다. 그의 입장을 다른 학자들로부터 근본적으로 갈라놓는 것은, 그가 의도를 확정하는 경우조차 그것을 텍스트 바깥이나 텍스트의 뒤에 있는 무엇으로 인식하지 않는다는 것이다(그럴 경우 그러한 의도는 자신을 어떻게 하면 제대로 사용할 수 있는지에 대한 힌트를 제공할 것이다). 그와는 반대로 의도란 텍스트 자체의 일부로서, 창조적인 작가의 전기가 작품의 심미적인 '이성의 책략'이 되어 작품 내부로 끌어들여지듯이, 작품의 원자재를 구성하는 한 요소가 되는 것이다. 사실 어떤 특정 작품에서 의도가 밖으로 드러나는 경우는 대체로 부정적인 징후로서만 쓸모가 있다.

무엇보다도 의도가, 실제에 있어서는 신화의 반복에 불과한 저 영원한 진리라는 비진리를 위해 봉사할 때, 예술작품 속에서 진리와 의도를 구별하는 것은 비판적 의식에게는 가능하다(『미학이론』, 195/187/207).

이 인용에서 암시되고 있는 것은 의심할 여지없이, 죽음과 존재라는 영원한 수수께끼와 대결하는 위대한 예술작품이라는 하이데거적인 주제(또한 가다머에 의해 재확인된)이다. 이러한 영원한 진리는 또한 이러한 '인간조건'에 매료당한 휴머니즘적인 문학비평에서 너무나 쉽게 만날 수 있는 흔해 빠진 이야기이다. 여기서 의도라는 개념은 좀더 통상적 개념인 '의미'로 넘어가는데, 아도르노는 의미에 대해 그것이 어떠한 것이든 '진리내용'과 혼동해서는 안 된다는 사실을 집요하게 주장한다. "이해·의미·내용은 동등한 가치를 갖는 것이 아니다"(『미학이론』, 516/476). 의미와 의도는, "입센의 『들오리』에서 주관적 도덕성이 갖는 죄의식"(『미학이론』, 515/475)처럼, '진리내용'이 아니다. 왜냐하면 의미와 의도는, 판단은 형식분석의 언어로(의도는 실현되었는가?), 철학적인 언어로(그것은 '참'인가 '거짓'인가), 또는 역사적·사회적 언어(상황 자체에 대한 언어)로 전환될 수 있는가를 판단할 더 이상의 수단을 갖지 못한 채, 단순히 작품의 특정한 구성요소를 지칭하기 때문이다. 이러한 의미나 메시지의 카테고리는 부적절한 것이 되는데, 그 이유는 단지, 베케트에서 보듯, 의미의 부재가 작품의 의미로 될 수 있는 가능성—"의미에 대해 심리하면서 의미의 역사를 전개"(『미학이론』, 230/220/244) 함으로써—을 허용하지 않기 때문만은 아니다.

의미나 의도는 또한 이들 개념에 대한 관습적 사용방식에 있어서도 부적절하다. 그렇지만 동시에 이들 개념 자체는 중요한 징후를 이루기 때문에 포기할 수는 없다.

예술작품에서 의도가 작품의 사상내용은 아니지만—아무리 사려 깊게 마련된 경우라도 그것이 실현되리라는 보장은 없다는 것만 보아도 알 수 있다—그것이 하나의 계기로서는 충분한 자격을 가지고 있음을 부인하는 것은 엄숙주의에서나 볼 수 있는 일이다. 의도의 자리는, 예술작품의 미메시스적 계기와 계몽〔도구적 이성─제임슨 첨가〕 사이에서 벌어지는 변증법 속이다. 그 이유는 의도가 작품 속에서 소진되는, 주관적으로 움직여나가면서 조직하는 힘이라는 점에서도 그러하지만, 작품 자체의 객관성이라는 측면에서도 그러하다. 〔……〕 예술작품에서 재료란 진정으로 공허한 동일성에 대한 저항이라면 예술작품에서 의미의 과정은 본질적으로 재료와 의도 사이의 과정이다. 동일화하는 원리의 내재적 형태인 의도가 없다면 미메시스적 충동이 없을 때처럼 형식은 존재하지 않는다. 의도 안에 있는 잉여부분이 말해주는 것은 작품의 객관성이 미메시스로 완전히 환원될 수 없다는 것이다. 개별 요인들을 종합하는 의도의 객관적 담지자는 작품의 의미이다(『미학이론』, 226~227/217/240~241).

'의미'의 카테고리처럼 의도의 카테고리도 폐기되지 않는다. 이 카테고리는 전통 미학의 다양한 카테고리 중의 하나로서 이러한 카테고리들의 상호작용과 상호비판이 없다면 예술작품에 관한 논의는 공허하게 될 것이다. 프로이트는 꿈의 최종 형식이 동시적이면서 다층적으로 결정되며, 이러한 '길'들 중의 어떤 하나가 꿈의 중심을 이루는 핵으로 낙착된다는 발견——분석적인 해석과정 속에서 이루어진 발견——을 중층결정이라고 불렀는데, 이 비슷한 것이 아도르노에게서도 작동하고 있는 것이다. 아도르노에게 있어서 그러한 핵으로 기능하는 것은 물론 (아직 제대로 검토되지 않은 개념인) '진리내용'이다. 프로이트 해석학의 공간적 은유는 물론 여기서는 부적당한데, 그 이유는 아도르노의 경우 예술작품의 진리내용이란, 해석학적 이미지의 세계에서 원형을 이루는 저 '꽉 찬 골수'(라블레[8])처럼, 예술작품의 뒷면 어딘가에 또는 그 내부 깊숙이에 있기 때문이다.

그러나 그때그때의 특수한 카테고리는 '진리내용'으로 넘어가는 것을 가능케 한다. 『미학이론』에서 '분석적 방법'은 '이차적 반성'——이 용어로써 아도르노가 목표로 삼는 것은 분명 단순한 이차적 독서나 좀더 높은 단계의 반성 이상의 것이다——이라는 이름 하에 다만 간헐적으로 이루어질 뿐이다. 왜냐하면 작품의 일차적 질서에 대한 '반성'이란 집합적 지식이나 노동의 투입을 뜻하는 기술적이고 생산적인 에너지를 지칭하기 때문이다. 이것은 역사적으로 재

---

8) François Rabelais(1494?~1553). 르네상스 문학의 대표자. 가톨릭 교회의 부패를 공격하여 비판적·풍자적 작품을 많이 씀.

료의 역동성 또는 작품 창조자의 의도로 흘러들어가 표현되는 기술이나 사회적 생산성의 차원이다(여기서는 이미 보았듯이[9] 주체의 역사적 위치가 배제되지 않는다).

추정컨대 '이차적 반성'이 목표로 하는 것은 이 모든 것을 무시한 채 소박한 눈으로 본 예술작품, 즉 예술작품 속에 있는 특징적 경향이나 에너지가 아닌 예술작품 자체이다. 이러한 '방법'——또 다른 의미에서는 단순히 미학의 영역에서 펼쳐진 변증법 자체라고 할 수 있는——에 바쳐진 아도르노의 감질나는 언급에 암시되어 있는 것은 그러한 이차적 반성이, 작품 속에서 주관적으로 보이는 것을 객관적인 것으로 전환시키며 또한 객관적으로 보이는 것을 그 본래의 생산적 역동성으로 되돌리는 이중적 능력을 소유한다는 것이다.

아직까지 없었던 것인 새로움이 지니는 진리는 그 무의도성에 있다. 그러한 진리는 새로움의 추진력인 반성과 모순을 이루게 되며 그에 따라 반성은 이제 이차적인 단계로 넘어가게 된다. 이러한 반성은 철학에서 일반적으로 통용되는, 예를 들어 '감상적인 문학'에 대한 실러[10]의 이론——예술작품에 엄청난 의미의 짐을 지워주는 이론——과는 반대되는 것이다. 이차적인 반성이란 예술작품의 언어나 그 형성과정을 오성에 의해 철저히 꿰뚫는 것이지만 그 목표는 암흑과 같은 모름의 상태이다(『미학이론』, 47/39~40/53).

그러므로 이러한 '방법'의 목적은 예술작품에 대한 대용물로서의

---

9) 현대의 불구화된 주관성과 그의 표현이 갖는 객관적 성격. 382쪽을 참조하라.

10) Johann Christoph Friedrich von Schiller(1759~1805). 독일의 시인, 극작가. 처녀작 「군도」를 발표하고 괴테와 함께 독일 고전주의를 대표함.

개념적 인식을 어떻게 하면 피할 수 있는가이다. 그럼에도 불구하고
이러한 방법은 좀더 고차원적인 철학적 사유를 목표로 한다(아도르
노가 여기서 염두에 두고 있는 것은 분명 헤겔적인 '개념'의 개념이
다). 그러한 사유는 도취경 속에서 예술작품과 동일화되어 자신을
잃어버리지 않고도 구체적인 것으로 남아 있을 수 있을 것이다. 이
러한 사유는 좀더 넓은 관점으로부터 얻어진(나의 표현방식에 따르
면) 예술작품과의 거리를 유지하면서 새로운 종류의 의미를 확신하
지만, 그것을 표현하는 것은 언어에 대한 엄청난 감각과 절제력을
필요로 하게 된다. 이러한 미묘한 작업이 어떻게 진행되는가를 인용
하면서 이 장을 끝맺고자 한다.

  예술작품 속의 매개된 것—이를 통해, 형상화된 것인 예술작품
은 단순히 여기에 있는 것과는 다른 무엇이 된다—은 반성에 의
해 다시 한번 매개된다. 그러한 매개는 개념[헤겔적인 의미의 개
념-제임슨 첨가]을 수단으로 한다. 이것은 그러나 오직, 개념이
작품 속에 있는 특수자로부터 멀어지기보다는 이것으로 향할 때
가능하다. 베토벤의 피아노 소나타 26번('고별', les Adieux)의
제1장이 끝나기 바로 전에 세 소절에 걸쳐 말발굽 소리가 잠시 인
용되었다면 그것이 말하는 것은 어떤 개념화 작용도 부끄러워하는
획 스쳐가는 한순간으로서, 이러한 순간, 즉 그 악장의 문맥 속에
서 무어라 확정지을 수 없는 이 사라져가는 소리는 사라짐 속에서
영속하는 울림의 본질에 대한 보편적인 성찰보다도 더한 영원회귀
에 대한 희망의 울림이다. 그러한 미시적 형상들 전체를 가장 내
밀한 곳에 이르기까지 구성해내는 데 성공할 수 있는 철학만이 비
로소 자신의 약속을 간직할 수 있다. 그러한 철학만이 스스로의
내부에서 어설프지 않으면서 밖으로 충분히 매개되어 있는 사상이
될 것이다(『미학이론』, 531/490).

8 자연

마지막으로 예술적 형식이나 그와 결부된 온갖 생각들에 대한 복잡하게 뒤엉킨 역사적·기술적 반성의 끝부분에 오면, 스스로의 모순과 역사적 불가능성을 꼬치꼬치 검증해왔던 미학은——아도르노 자신은 빼버렸지만 사후에 출판된 책에는 '초기 서문'이라는 제목 아래 권말의 부록으로 실린 서문의 초안에서는——자신의 존재의미를 다시 주장하게 되며 철학은 다시 한번 심미적 인식 전반에 대한 자신의 우월성을 요구하게 된다. 우리는 그러므로 그런 식으로 철학하는 것이 어떤 내용을 갖는가를 음미해야만 하는데, 이러한 철학 속에 나오는 고독하고 수수께끼 같은 단어인 '진리내용'이라는 용어가 어쩔 수 없이 불러일으키는 의혹은, '진리내용'을 들먹이는 것이 진실성의 이론——그의 가장 큰 적수인 하이데거에게 있어서 이러한 이론이란 아무런 내용도 없는 이데올로기에 불과하다는 것을 아도르노는 끊임없이 공격한다——을 위한 완곡어법에 지나지 않는 것은 아닌가 하는 것이다.

이보다 더 당혹스럽게 만드는 것——뜻밖에도 자신의 적수와 수렴하고 있음을 드러냄으로써——은 예술작품의 본질을 파악하려는 시도의 가장 깊은 심장부 속에서는 **존재론**이 다시 부활하는 것처럼 보인다는 것이다. 그러한 부활은 비동일성이나 자연이라는 개념들과 부딪칠 때 엿볼 수 있는데, 이러한 개념들은 그가 낙인찍은 '존재'라는 개념의 대용물이 아닌가라는 의혹을 불러일으킨다. 그러나 이것은 결코 아도르노가 쇼펜하우어나 신비주의로——종교는 아니라도——복귀하고 있다고 비난하는 것은 아니다. 사실 호르크하이머의 경우는 만년에 이런 것에 이끌렸다("이 세계와는 전혀 다른 세계에 대한 이 끌림은 결국 〔……〕 형이상학의 특정한 경향들을 긍정적으로 재평가하도록 만든다"*). 그럼에도 불구하고 『미학이론』 전반을 살펴볼 때 예술작품에 대한 존재론적인 사회적·역사적 모순관계와 유지하고 있는 공존상태는 불편하기 짝이 없다. 물론 아도르노는 이미 보았듯이 이러한 사회적·역사적 요인에 가장 큰 가치를 부여하고 있기는 하다.

패러독스하게도 아도르노를 그 자신의 존재론——이러한 존재론 속에서 예술작품은 심미적 자율성을 지닌 무엇이면서 동시에 반(反)심미적인 것 또는 사회적이고 역사적인 것으로 특징지워진다——으로 이끄는 것은 순수한 관조라는 심미적 언어로부터 예술적인 힘을 짜내려는 의지나, 유물론이나 실증주의의 미학적 일원론을 물리치기 위한 변증법의 사명을 재차 강조하는 것이다.

예술작품은 정신에 의해 매개됨으로써 경험세계와 대조를 이루게 되는데, 이는 작품 속에 논증적 차원을 끌어들이지 않고는 실현될 수 없다. 예술작품은 순전히 직관적이기만 할 경우 감각적으로 직접 주어진 것이 갖는 우연성에 사로잡힐 수밖에 없다. 예술작품은 그러한 우연성에 맞서 그 나름의 논리성을 제시한다. 예술작품

---

* Introduction to M. Jay, *The Dialectical Imagination*, Boston, MA 1973, p.xii.

의 질이란 얼마나 그것이 구체적이고 명료한 표현을 만들어내며 충분히 분화되어 그러한 우연성을 떨쳐버릴 수 있는가에 달려 있다. 직관과 개념을 청교도적으로(그런 한에서 합리주의적으로) 분리하는 것은 이데올로기적인 목적을 위해 사회가 항구화시킨 합리성과 감각성 사이의 이분법을 강화하는 것이다. 예술작품들은 이와는 반대로 객관적으로 자체에 내재하는 형상에 의한 비판을 통해 그러한 분리에 반대해야 할 것이다. 예술을 감각적인 것에만 가두어놓는다는 것은 그러한 분리를 단지 확인하는 것에 불과하다. 예술이 반대하는 비진리는 합리성 자체가 아니라 합리성을 특수성과 무조건 대립시키는 비진리다. 예술이 특수성의 계기를 단순한 직관의 대상으로서 분리해낸다면 그것은 그러한 경직된 대립을 승인하는 것이고 사회적인 합리성에서 벗어나기 위해 이 합리성이 남겨놓은 쓰레기를 이용하는 것이다. 전통적인 미학의 계율에 따라 작품이 빈틈없이 직관적이 되면 될수록 작품의 정신적 측면은 물화되며, 현상하는 것을 형상화하는 대신 현상으로부터 분리된다(『미학이론』, 151/144/160~161).

그러므로 심미적 관조이론이라는 조잡한 유미주의로부터 예술작품을 구해내는 것은 타자성이나 자연, 존재와의 관계 속에서만 가능하다. 이 경우 기대하지 않은 또 다른 이점은 예술이 기술적 합리성과의 대립에 빠질 필요 없이 그 자체 집합적인 사회적 인식의 형식이 될 수 있다는 점이다.

이러한 미학의 양립 불가능한 두 가지 유혹——그 하나는 비동일성에 대한 형이상학적 관계, 다른 하나는 예술을 진보적인 사회적 생산성으로 보는 것——을 결합하는 이 이중적 결과는 예술작품의 비밀이나 이에 의해 제기되는 철학적 문제를 해명해준다.

오늘날 예술에 의해 제기된 형이상학적 문제는 정신적인 것, 만들어진 것, 철학적 용어로는 '단순히 설정된 것'이 어떻게 참일 수 있는가라는 문제를 둘러싸고 일어난다. 이러한 논의가 문제삼는 것은 직접적으로 현존하는 예술작품이 아니라 그의 사상내용이다. 그러나 만들어진 것이 어떻게 진리일 수 있는가라는 문제는 가상에 관한 문제로서 이 가상을 어떻게 진리의 가상으로 구해낼 것인가의 문제이다. 진리내용이 만들어진 것일 수는 없다. 예술에 있어서 만듦의 행위는 언제나 만들어진 것 자체와는 다른 것, 그리고 예술이 알지 못하는 것을 말하고자 하는 힘겨운 노력이다. 바로 이것이 예술의 정신이다.

억압된 자연, 역동적인 역사 속에 휘말린 자연을 다시 부활하려는 예술의 이념을 여기서 찾을 수 있다. 예술은 자연의 영상에 매달리지만 자연은 아직 존재하지 않는다. 예술에서 참인 것은 어떤 비존재자이다. 예술이 문제삼는 것은 저 타자인데, 이 타자에 대해 동일화하는 이성은 그것을 물질로 환원시키면서 자연이라는 이름을 붙인다. 이 타자는 단일체나 개념이 아니라 다수이다. 그 때문에 예술에서의 진리내용은 예술작품의 추상적 상위 개념이 아니라 다수성으로 나타난다. 예술의 진리내용이 개별작품 속에서만 실현되는 방식과 동일화되기를 거부하는 다수성 사이에는 끊을 수 없는 관계가 있다.

예술의 모든 패러독스 중에서 가장 깊은 패러독스는, 만들어지지 않은 것에 직접 다가가는 것이 아니라 만듦을 통해, 즉 특수하고도 자체 내에서 철저히 형상화된 작품을 만듦으로써 만들어지지 않은 것, 즉 진리를 만날 수 있다는 것이다. 예술작품은 자신의 진리내용에 대해 극도의 긴장관계 속에 놓여 있다. 진리내용은 개념 없는 것으로서 오직 만들어진 것 속에서만 현상하지만 만들어짐을 부정한다. 모든 예술작품은 만들어진 것인 한 자신의 진리내용 속에서 소멸한다. 진리내용을 통해 예술작품은 아무것도 아닌 것의 상태로 떨어진다. 이것은 물론 최고의 작품들만 경험할 수 있는 특권이다(『미학이론』, 198~199/191/211~212).

이 인용의 밑바닥에 깔려 있는 『계몽의 변증법』의 톤은, 역사와 자연——이러한 관계 속에서 우리는 형이상학(존재론)과 마르크스주의의 양립 불가능성을 탐지해낼 수 있을 것이다——이 풍부한 철학적 착상 속에서 서로 교대하고 있음을 환기시켜준다. 『계몽의 변증법』이라는 제목에 의해 명시된 과정은 그 어떤 본래의 적대적이고 위협적인 자연에 대한 반응으로 규정된다. 이러한 반응은 자연지배의 경향을 띠는데, 역사가 진행되면서 서서히 그를 위한 수단이 형성된다. 그러한 수단은 곧 '계몽', 도구적 이성, '나쁜' 합리성, 오성(이성과 구별되는)으로서 『계몽의 변증법』의 저자들은 이런 것들의 근원을 주문(呪文), 의식(儀式), 희생, 자연을 통제하고 지배하기 위한 계몽의 초기 형식으로서의 미메시스적 시도들에서 찾았던 것이다(그렇지만 여기서 미메시스적인 시도들이 학문으로 치환되는 변증법적 역전은 반(反)미메시스적 우상금지 속에서 미메시스가 스스로에게 등을 돌리게 되는 지점을 지칭한다). 억압당하고 손상되고 제물이 된 주체라는 주제조차 이미, 이성이나 '계몽'은 자신의 우월성을 확보하기 위해 내적 자연의 지배(본능의 억압)를 요구한다는 전제를 바탕으로 한다.

위의 인용에서 분명히 볼 수 있듯이 『미학이론』의 문맥에서 이것이 의미하는 것은, "억압된 자연의 회복이라는 예술의 이념"이 자연이나 존재의 현주소를 역사적 모순과 사회적 구도 속에서 확인할 수 있는 능력을 가지고 있다는 것이다. 왜냐하면 자연의 지배는 이것들 안에 그것의 궁극적 추동력으로서 새겨져 있기 때문이다. 동시에 역사가 한참 진행된 다음에 나오게 될 훨씬 더 복잡한, 인간 충동과 동기화의 사회적 형식들——생산성 또는 상품형식의 보편화(또는 교환관계를 정착시키는 데 일조하는 '동일화하는 이성')——은 자체 내에, 공포만이 아니라 자기유지의 '본능'으로서 자연과 관계 맺는 최초의 순간에 보여준 원(原)충동(또는 원죄)을 항상 지니고 다니게 된다. 근본적으로 끝이 없는 이 '계몽의 변증법'(또는 인간의 역사)은 어떤 실재하는 출발점을 갖고 있지 않다는 의미에서——왜냐하면 그 이후 '자연'이라 불리는 끔찍한 무엇은 인간의 공포를 통해 비로소 떠올려지는 것이기 때문에——사람들은, 아도르노가 그렇게 했듯이, "자연은 아직 존재하지 않는다"고 말할 수 있는 것이다. 이러한 블로흐적인 톤을 아도르노에게서(특히 『미학이론』에서는) 만나는 것은 흔치 않은데, 이 책에서 예술의 유토피아적 성격이나 희망 또는 아직 존재하지 않는 것에 대한 집착은 결정적으로 후퇴하며 기껏해야 몇몇 냉정한 언급 속에서만 울려나올 뿐이다.

우리가 아도르노 미학에서 존재론적 모티브라 불러온 것은 이러한 주제들을 다시 한번 일목요연하게 정리할 수 있도록 해준다. 이것은 무엇보다도 심미적 주체, 주관성, 주관주의의 비판에 관한 것인데 이것들은 이제 약간은 다른 조명 밑에서 나타난다. 심미적 경험에서 주체가 위치하는 진정한 장소는 그의 정화(아리스토텔레스적인 카타르시스)나, 객체와의 '화해', 객관세계의 우연성을 창조적으로 제어할 수 있게 되는 것(사르트르에게서처럼)이 아니라, 주체 자체의 격렬한 소멸이다. 그렇지만 이러한 소멸은, 자신을 초월하는 것 앞에서 주체가 굴복하고 제거되는 것(하이데거의 경우 칸트의 숭엄미에 대한 몇몇 해석에서 보듯)과는 확연히 구별된다. 더군다나 순간적으로 인류가 사라지는 것과는 전혀 거리가 멀다.

통상적인 체험개념과 날카롭게 대립되는 전율은 자아의 부분적인 만족이 아니며 쾌락과도 비슷하지 않다. 오히려 그것은 전율과 함께 자신의 한계와 유한성을 깨닫게 하는 자아 소멸에 대한 경고이다. 이러한 경험은 문화산업이 부추기는 자아의 무력화와는 반대된다. 문화산업에게는 전율의 이념이 공허하고 바보스럽게만 보인다. 이것이 아마 예술의 탈예술화를 부추기는 가장 내밀한 동기일 것이다. 자아는 자아라는 감옥을 넘어 조금이나마 밖을 볼 수 있기 위해 자신을 풀어놓아야 하는 것이 아니라 극도의 긴장을 필요로 한다. 그 때문에 전율은 타의에 의한 반응이지만 퇴행에 떨어지지는 않게 된다. 칸트는 숭엄의 미학에서 숭엄의 조건인 주체의 힘을 묘사했다(『미학이론』, 364/347~348/378).

그렇지만 타의에 의한 절멸의 순간에 주체에게 부여된 이러한 힘——이러한 힘은 주체로 하여금, (프랑크푸르트 학파가 파시즘이나 신화로부터 다양한 심미적 등가물에 이르기까지 세세히 목록을 작성한 다양한 퇴행적 행태에 떨어짐이 없이) 경험과 마주서는 것을 가능케 한다——은 또한 순간이나마 계몽의 변증법, 특히 '자기유지'의 충동이 주체에게 부과한 모든 상처를 포기하는 것이다.

쇼펜하우어가 잘 알고 있었듯이, 심미적 경험은 예술에 대한 초연한 관조를 통해 완고한 자기유지의 족쇄를 분쇄한다. 이러한 상태는 자아가 개인적 생존을 포함한 자신의 사적 이해관계에서 더 이상 만족을 느끼지 못하는 의식의 상태이다(『미학이론』, 515/475).

우리는 여기서 잠시 심미적 경험과 심리적 주체의 관계에 대한 새로운 유토피아가 칸트의 다음 두 모티브를 어떻게 다시 빨아들이고 있는가를 지적해야 한다. 이 모티브들은 이해관계를 떠난 초연한 관조와 숭엄의 이론을 일컫는데, 칸트의 숭엄 모티브는 그의 미학에서 존재론적인 중심을 차지하는 비자아(또는 타자)와의 만남으로 재해석된다. 아도르노의 해석은 종래의 다양한 묘사들을 통과하면서 변증법적인 운동을 보이는데, 이러한 해석은 그들에 대한 비판(특히 심미적 경험이 어떤 의미에서는 향유나 욕구만족과 동일시된다는 관념)으로부터 필력을 이끌어내지만 가끔은 이것들을 긍정적 방향으로 변조시키기도 한다.

실제로 예술작품은 더 많이 이해될수록 덜 향유된다. 오히려 예술작품에 대한 전통적 태도는—작품에 대한 제대로 된 태도일 경우—경탄이다. 즉 예술작품은 즉자적으로 존재하는 것이지 감상자를 위해 존재하는 것이 아니라는 데 대한 경탄인 것이다. 감상자를 매료시키는 것은 작품의 진리이다. 이는 특히 카프카와 같은 유형의 작가가 만든 형상에서 다른 계기를 압도한다. 예술작품은 좀더 높은 차원의 향유수단이 아니다. 주체의 예술에 대한 관계는 예술을 주체에 합병하는 것이 아니다. 반대로 감상자는 대상 속으로 사라지는 것이다. 이는 특히 영화 속의 기관차처럼 감상자를 향해 돌진해 오는 것 같은 때 특히 그러하다(『미학이론』, 27/19/30).

예술작품의 타자성(이것은 위의 인용에 비추어 볼 때 작품의 진리내용의 타자성보다 훨씬 정확하게 규정될 수 있는 것처럼 보이는데)은 마지막에 가면— '자연미' 라는 전통적인 주제에 바쳐야만 한다는 의무감을 느끼는, 조금은 낯설어 보이지만 핵심적인 부분에서— '즉자' 라는 개념과 동일시된다. "자연미는 보편적 동일성의 속박 속에서 사물들이 지니는 비동일적 요소의 흔적이다" (『미학이론』, 114/108/123).

여기서 작품 안에 있는 여러 뒤엉킨 충동들을 구별해야 할 필요가 있다. 무엇보다도, 자연에 대한 스쳐지나가는 경험조차, 비자아의 비밀, 동일성(자아 또는 상품사회의)에 저항하는 것의 비밀, 특히 주체에 의해 생산되거나 '만들어지지 않은' 것의 비밀(정의상 '만들어지거나' '구성된' 예술작품의 만들어지지 않은 '진리내용'이라는 문제에서 이미 등장했던 패러독스[1])을 감지한다.

자연미와 예술미가 서로 얽혀 있다는 것은 자연미의 경험에서 증명된다. 이러한 경험은 자연을 현상으로서만 대할 뿐 노동이나 삶의 재생산을 위한 소재로 대하지 않으며, 더군다나 과학의 토대로 취급하지도 않는다(『미학이론』, 103/97/112).

자연이 인간적 실천의 영역에 대해 갖는 이러한 거리로부터 자연 자체를 다음과 같이 보려는 불만족스러운 시도가 설명될 수 있다. "현상으로 나타나는 것인 자연미는 그 자체가 형상이다"(『미학이론』, 105/99/114). 이러한 묘사는 쉽게 아도르노가 불신한, 자연에 대한 관조적 관계의 묘사로 넘어갈 수밖에 없다. 이 지점은 아도르노가 실존철학과 가장 가깝게 접근하는 곳일 것이다. 이것은 또한 자연 속에서 현상으로 나타나는 것 또는 현현(顯現)은 일종의 사건이라는 관념 속에서 일어나고 있는 무엇으로서의 존재라는 하이데거의 이론을 연상시킨다. 또한 이러한 사건에 부정성이나 충격(극단적으로 주체가 아닌 것이 주는)의 힘을 부여하려는 노력은 사르트르적인 정신으로 보이지만 그럼에도 불구하고 강조하지 않을 수 없다.

그렇지만 아도르노는 그 다음 곧바로, 이러한 형이상학적이고 존재론적인 의미에서조차 자연에 대한 모든 경험은 역사적으로나 사회적으로 매개되어 있음을 우리에게 상기시킨다. 그리하여 자연경관에 대한 논의는 곧장, 스스로의 중력에 의해, '문화경관'이라는 전혀

---

1) 340, 408쪽을 참조하라.

다른 문제틀로 넘어간다(『미학이론』, 101~102/94~96/109~111).
이러한 문화경관 속에서 자연적인 지각작용은 문화적 · 역사적 지각
작용과 풀 수 없을 정도로 뒤엉켜 있음이 드러난다. "역사적인 기억
이 없다면 미(美)도 없을 것이다"(『미학이론』, 102/96/111). 여기서
분명히 존재론적 자연관은 이 개념의 역사나 자연스러움의 경험으로
넘어가면서 이러한 긴장에 대한 익숙한 변증법적 해결방식을 제공받
는다(이를 통해 우리는, 예를 들어, 자본주의에 의해 파괴당한 자연
의 생생한 모습을 만나게 된다).

그러나 자연을 형상으로(좀더 적절한 표현으로는 그러한 관조적
시선의 순수한 개념적 가능성으로) 관조하는 모티브는 아도르노와
그의 논적 하이데거의 철학적 유사성을 밝히려는 최근의 시도들이
전면에 내거는 구실이지만, 아도르노의 자연사 개념에서 무엇이 하
이데거적인 실존주의의 '존재에 대한 물음'과 양립할 수 없는가를
떠올려보는 것은 바람직할 것이다. 아도르노 '자연사' 개념(궁여지
책이기는 하지만 이 개념에 상응하는 것으로서 좀더 고상하고 형이
상학적인 개념을 하이데거의 '죽음을 향한 존재'에서 발견하는 것도
가능하기는 하다)의 유기체론적이고 다원적인 관점이 보여주는 현기
증 나는 공포를 제쳐놓더라도 아도르노가 고집하는 행복의 이념이나
유토피아가 언뜻언뜻 환기될 때 느껴지는 육체의 유물론은, 초기 하
이데거의 영웅적 파시즘이나, 「예술작품의 기원」에 관한 에세이가
폴리스의 탄생에 바친 경이로운 부분에서 후기 하이데거의 의식(儀
式)과 같은 경건함이 보여주는 정신과는 전혀 다른 것이다. 사실 하
이데거의 이 에세이는 어떤 의미에서 보더라도 아도르노의 어떤 글
보다도 더 정치적이다. 육체적인 계기에 대한 아도르노의 강조는 수
프와 담배라는 브레히트의 유물론만큼이나 경의를 표할 만 하다.

미학과 '진리내용'의 관계라는 결정적 문제와 대결하기 전에 마지
막으로 이 주제—역사와 자연 사이의 긴장관계—를 조금 다른 방

식으로 문제화할 수도 있을 것이다. 심미적 경험의 역사적 의미론과 위대한 예술의 '진리내용'이 갖는 사회적·역사적 성격에 대한 아도르노의 다음과 같은 가장 솔직한 진술이 그러한 딜레마를 단적으로 보여준다.

베토벤 교향곡은, 그 안에 있는 순수한 음악적 흐름을 이해할 수 없는 사람이나 프랑스 혁명의 메아리가 그 안에서 어떻게 울려 나오고 있나를 느낄 수 없는 사람에게는 접근이 허락되지 않는다. 이 두 개의 계기가 얼마나 서로 매개되어 있는가 하는 문제는 철학적 미학이 만나게 되는 피할 수 없는, 그렇지만 호락호락하지는 않은 문제이다(『미학이론』, 519/479).

이 예는 앞에서도 인용했던 베토벤에 관한 산만한 언급들을 염두에 두고 읽을 때 겉보기만큼 쉬운 문제는 아닌 것 같다. 문화적이고 정치적인 지성을 고루 갖춘 심미적 사상가로서 아도르노에 대해 경탄을 금치 못하게 만드는 모든 것이 이 문장에서 분명히 드러난다. 그러나 여기서 우리의 관심은, 이렇게 파악된 베토벤의 역사적 진리내용이 우리가 살펴본 형이상학적이고 존재론적인 비동일성의 미학과 얼마나 맞아떨어지는가의 문제이다. 다른 말로 하면, 프랑스 혁명이라는 엄청난 역사적 '새로움'에 대한 베토벤의 심미적 직관을 어떻게 자연경험의 타자성이라는 용어로 코드전환시켜 표현할 수 있을까의 문제인데, 여기에 또 다른 과제, 즉 형식적 방법과 역사적 방법의 상호매개라는 철학적 과제가 덧붙여진다. 이에 대한 실마리는, 사회적·역사적 이유로 미학사의 중심이 미에 대한 관조(칸트)로부터 예술과 자유의 구성적 관계에 대한 강조로 이동한다는 아도르노의 언급에서 찾을 수 있다. 아마 베토벤의 존재론적 동기는 정치적 해방의 경험과 자연 자체 속에 있는 자유에 대한 어렴풋한 느낌 사이에 있는 좀더 깊은 연관 속에서 파악될 수 있을 것이다. 그렇지만 가능한 해결책이 겉으로 어떻게 보이든 분명한 것은, 아도르노의 다양한 매개변수는 유별나게 다층적이고 광범위한 분석을 요구하지만 이런 분석을 완전히 수미일관한 이론으로 발전시키는 것은, 그러한 분석의 이상을 당대 미학의 야망을 훨씬 넘어서는 강도로써 내세웠음에도 불구하고, 불가능했다는 것이다.

9 진리내용과 정치적 예술

진리내용에 관해서는 그러나 철학적으로 기술될 수 없다는 사실만이 오직 가능한 것처럼 보인다. 왜냐하면 유명론적인 다양성이 만개하는 상황에서는 예술 자체보다는 개별 예술작품만이 서로 상이한 진리내용을 가질 수 있으며, 그 결과 서로 비교하고 공통분모로 묶거나 철학적으로 일반화하는 것은 불가능해 보이기 때문이다. 작품은 진리내용 속에서 자신의 고유하고 특수한 개념과 일치한다고 말하는 것은 헤겔주의자라면 몰라도 그렇지 않은 경우에는 별 다른 내용을 가질 수 없는 것처럼 보인다. 심미적 판단이나 묘사는 자신의 철학적 판단형식에 의해 완성될 수 있다고 주장한다면 그것은 한 발짝 더 나가는 것일 것이다.

작품의 진리내용은 작품이 의미하는 바가 아니라 작품이 그 자체로서 참인가 거짓인가에 대해 결정하는 것이다. 작품 자체의 이러한 진리 개념은 비로소 철학적 해석이 다가갈 수 있는 무엇으로서, 그 이념상으로 볼 때는 아무튼 철학적 진리와 일치한다(『미학이론』, 197/190/210).

이런 종류의 진리 판단과 하이데거적인 '진실성'의 차이는, 아무
런 내용도 가질 수 없는 후자(죽음이나 존재)의 공허성을 역사적 특
수성을 지향하는 아도르노의 해석방식과 비교해볼 때 잘 드러난다.
분명한 것은 아도르노가 '진리내용'이라는 개념을 통해 관습적 해석
이나 해석학적 틀 전체가 가진 한계를 넘어 미학적인 의미 바깥으로
나아가 이런 것들이 역사적으로 파악될 수 있도록 만든다는 것이다.
이렇게 확장된 '이차적 반성'의 능력은 의미의 역사적 배후를 파헤
치고 이데올로기적 분석을 가능케 하며, 좀더 광범위한 작품의 역사
적 '진리내용' 속에서 '허위의식'이라는 개념에 새로운 철학적 의미
를 부여할 수 있게 한다. 베토벤이 형식의 역사에 함축된 진리를 구
성할 수 있도록 해주는 특별한 예를 이루고, 쇤베르크와 베케트가
극단적 방식으로 형식상의 문제가 해결되는 예를 제공한다면, 아도
르노에게 있어서 바그너는 문제적 예술가의 원형을 이룬다.

그러나 예술작품이 그 실현을 통해 스스로를 초월한다고 해서
진리가 보장되지는 않는다. 극히 수준 높은 작품들이 자체로서 허
위인 의식을 표현함으로써 참이 되는 경우는 흔히 있다. 이것은
바그너에 대한 니체의 비판에서 보듯 초월적 비판을 통해서만 오
직 가능하다. 그러나 니체적인 비판의 한계는 작품 자체에서 척도
를 구하지 않고 위로부터 작품에 대해 판결을 내릴 뿐 아니라 진
리내용 자체에 대해서도 진부한 견해를 가지고 있다는 데 있다.
니체는 대개 심미적인 진리에 내재된 역사적 계기를 고려하지 않
는 일종의 문화철학적 관념을 갖고 있는 것이다. 자체로서 참인
것과 허위의식의 적절한 표현에 불과한 것을 구별하는 것은 받아
들이기 곤란하다. 왜냐하면 그러한 구분을 위로부터 조감할 수 있
도록 해주는 올바른 의식 같은 것은 오늘날까지 존재한 적이 없기
때문이다. 허위의식을 완전히 표현하는 일은 곧 올바른 의식이며

그 자체로서 진리내용이 된다. 그 때문에 예술작품은 해석이나 비판을 통해서뿐만 아니라 구제를 통해서도 전개된다. 이러한 구제는 심미적 현상 속에 있는 허위의식의 진리를 찾아내려 한다. 그런 의미에서 위대한 작품은 거짓말을 할 수 없다. 작품의 사상내용이 가상인 경우조차 그러한 가상은 어쩔 수 없는 것으로서 예술작품을 통해 증명되는 어떤 진리를 지닌다. 단지 실패한 작품만이 허위이다(『미학이론』, 196/188/208~209).

옳든 그르든 아도르노는 바그너에 관한 자신의 저서가 이 문제를 분석하는 데 가장 근본적인 기여를 했다고 느낀다. 이러한 태도는 그것을 읽는 사람들로 하여금 보수적인(반동적이라고까지 말하기는 곤란해도) 고전주의자와 협력해야 할 것 같은―지적으로든, 문화적으로든, 교육적으로든―의무감을 느끼도록 만든다. 그러나 그의 해결책―가장 어려운 해결책인데 그 이유는 거짓되고 이데올로기적인 것과 유토피아적인 것이 작품 속에서 동시에 주장되도록 요구하고 있기 때문이다―은 반동적인 작가를 강제로 진보적인 작가로 변화시키거나 아니면 전범들 전체를 내팽개치도록 만드는 다른 대안들에 비하면 바람직해 보인다.

예술작품의 철학적 '진리내용'이 어느 정도―적어도 '위대한 부르주아' 음악이나 예술에서는―작품의 기술적 혁신에 참여한다는 것은 이미 밝혀졌다. 그러나 이러한 혁신들 자체는 근본적으로 내적 '모순'을 지닌다. 바그너 음악에서 반음계의 사용은 고전적인 음악재료들을 자체 내에서 해체해버리는 것(심지어는 그의 서툰 기술)과 근본적으로 동일한 것이다. 그러나 이러한 찬란한 기술상의 실패―이러한 실패의 원자론적 논리는 가능한 모든 '생산력'을 자유롭게 풀어놓는다―는 그 자체가, 자신이 갖고 있는 '진리의 계기'와 자신의 한계를 느끼기 시작한 부르주아 사회 속에서 주체가 갖고 있는

퇴행적 입장 사이의 관계를 보여준다. 그렇지만 분명히 해야 할 것
은, 이데올로기와 진리 사이에서 벌어지는 미묘한 변증법은 자유주
의적인 미화나 속임수 또는 어설픈 환상을 용납하지 않는다는 것이
다. 바그너의 성격── '감상적인 마라'[1]──은 물론 항상, 이기주의와
비겁함으로부터 수치스러운 변절과 신뢰감이 안 가는 아첨에 이르
는, 온갖 결함과 불완전성이 넘쳐흐르는 보고를 이룬다. 그러나 악
극(樂劇)의 형식이나 세부사항 안에 있는 못마땅한 경향들을 아도르
노처럼 집요하고도 비타협적인 태도로 추적한 경우는 보기 어렵다.
그러나 이데올로기를 털끝만큼도 허락하지 않는 아도르노 판단들의
가혹함은 바그너의 작품이 포함하고 있는 진리를 변증법적으로 승인
하기 위해 지불해야 할 대가이다.

　　무(無)에 대한 예감을 그 무엇에 대한 예감으로 표현하는 트리
스탄의 말 "어떻게 그 예감이 나에게서 사라질 수 있을까?"는 완전
한 부정성이 유토피아의 환영을 피워내는 순간을 포착하고 있다.
그것은 각성의 순간이다. 『트리스탄』(Tristan)의 3막 도입부에 나
오는 장면, 즉 오케스트라의 호른이 무와 그 어떤 것 사이의 경계
위로 솟아올라 양치기의 슬픈 노래를 되받으면서 트리스탄이 활동
을 하게 되는 장면은 부르주아 시대의 근본체험이 인간에 의해 느
껴질 수 있는 한 계속 살아남을 것이다. 또한 브륀힐데(Brünn
hilde)가 깨어나는 장면은 작품 속에 나타난 저 깨어남의 흔적으
로서 이것이 없다면 바그너의 음악에서 풍겨나오는 무의 개념 자
체를 생각할 수 없다. 동정이라는 것이 동물에게 유보되어 있다
면, 동물이 이러한 순간에 참여하는 것은 당연할 것이다. 브륀힐

---

1) Jean-Paul Marat(1743~93). 지롱드 파에 의해 암살당한 프랑스 혁명기의
　 급진적인 정치가, 시인.

데의 말(馬)은 선사시대의 흔적이, 깨어 있는 지금의 순간 속으로 들어오는 것처럼 보인다. 이 선사시대란, 쇼펜하우어에 따르면 바로 무를 의미한다(『바그너에 관한 시론』, 192/151)

(『바그너에 관한 시론』의 모토는 "말(馬)들은 영웅시대의 생존자다"라는 것을 첨가하는 것도 불필요한 일만은 아닐 것이다.) 그러나 바그너의 '경우'가 궁극적으로 분명히 해주는 것은, 형식적 측면에서라도 '진리내용'의 개념이 해석방법으로 일반화되거나 변질될 수 없다는 것이다. 아도르노가 바그너에 대해 이야기한 모든 것은 바그너 작품의 독특한 계기로 돌아가도록 만드는데, 이 계기란 아직 '성숙'을 보지도 못했는데 벌써 쇠락을 경험해야 하는 독일 시민계급의 운명을 일컫는다. 그 때문에 바그너의 작품은 부르주아 시대와 겉도는 관계에 빠지게 되고, 이러한 겉도는 관계는 다시금 작품의 퇴행성을 가져오지만 이러한 퇴행성은 또한 동시에 형식면의 혁신과 창조를 가능케 한다. 그러나 이러한 독특한 분석방법을 아도르노의 유일한 '방법'인 양 모더니즘의 다른 형상들에게 적용시키려 들 경우 순수한 매너리즘에 빠지게 될 것이다. 그러나 이러한 방법은, 적어도 원리에 있어서 개개의 역사상황은—모든 상황이 총체적인 체계라는 속박 밑에 있음에도 불구하고—다른 역사상황과 근본적으로 구별된다는 전제에서 출발한다.

그러므로 아도르노 미학은 이데올로기 분석으로부터 분리될 수 없으며, 역사적 '계기'의 필요성을 끊임없이 강조하고 있다고 볼 수 있다. 이것은 결과적으로 이 동일한 미학의 반(反)정치적 성격이라고 특징지었던 문제로 돌아가도록 만든다. 아도르노는 그러한 입장이 나왔던 역사적 상황을 오해의 여지가 없도록 분명히 표현한다.

사회적 실천과 예술의 관계는 항상 가변적이기는 했지만 지난

40~50년 동안 특히 깊은 변화를 겪은 것 같다. 제1차 세계대전 중이나 스탈린 시대 이전에는 예술적인 전위와 정치적 전위는 항상 정신적으로 연결되어 있었다. 그 당시 의식 있는 사람들은 예술이란 선험적으로—예술이 선험적으로 어떠어떠했던 적은 역사적으로 한 번도 없지만—정치적 좌파라고 생각했다(『미학이론』, 376~377/359~360/391).

이런 것을 상기하는 것은 상당한 유용성을 갖는데 그 이유는, 미국의 문화에서는 예술에서의 모더니즘과 혁명적 정치 사이의 친화성이 한번도 부각된 적이 없을 뿐만 아니라 종종 이데올로기적인 이유에서 그러한 친화성이 부인되거나 완전히 거꾸로 이야기되었기 때문이다. 그러나 그러한 견해가 생겨나게 된 역사적 상황을 강조한다는 것은, 그러한 상황이 다시 바뀔 수 있는 가능성이나, 그러한 대립이 더 이상 타당성을 잃어버리거나 서로 대립된 용어들이 실질적 변화를 겪게 되는 전혀 새로운 상황이 생겨날 수 있는 가능성을 함축하고 있는 것이다.

그러나 여기서 강조하고자 하는 주안점은, 아도르노는 정치적 예술작품의 가능성을—가끔은 격렬하게—거부하는 것 같지만 그가 실제로 반대하고 있는 정치예술이란 직접적인 상황 속에서, 즉 매일매일의 투쟁과 사건 속에서 예술의 기능을 강조하고 부추기는 정치예술이지 사회적 갈등이나 역사적 모순에 대한 좀더 깊은 표현을 뜻하는 정치예술은 아니라는 것이다(반대로 이런 것은 이미 보아왔던 것처럼 항상 『미학이론』 속에 함축되어 있다). 이것이 뜻하는 바는, 개별 작품들은 하나의 카테고리에서 다른 카테고리로 넘어갈 수 있다는 것이다. 즉 아도르노의 가장 큰 적수인 브레히트에 대한 미묘한 인정이 보여주듯, 통상적으로 '정치적 예술'로 취급되어왔던 어떤 작품이 '위대한 예술'이라 불리는 전혀 다른, 비교 불가능한 무엇으로 탈바꿈할 때, 모든 상황은 완전히 뒤바뀌게 된다.

　주관적 뉘앙스나 행간에 감추어진 어조마저 확고한 개념적 객관성에 의해 분쇄하려는 브레히트의 노력은 단순한 설교라기보다는 심미적 수단으로서, 그가 만든 최상의 작품 속에서는 양식화의 원칙이 되기도 한다. 작품의 객관성이 주관적 의도와 맞아떨어지지 않는다는 사실만을 제외하면, 『갈릴레이』나 『세주안(sezuan)의 착한 사람』에서 작가의 의도가 무엇이었는가를 추측하는 것은 쉽지 않다. 실증주의적인 '의정서 문장'을 달갑지 않게 여기도록 만들 수밖에 없었던 브레히트의, 표현적 가치에 대한 알레르기 또는 질(質)에 대한 선호는 그 자체가 브레히트의 특정한 부정을 통해서만 언어화될 수 있는 표현의 한 형태이다(『미학이론』, 54/47/60~61).

　(나중에 아도르노는 『마호가니』에 나오는 학들의 노래를, 독특한 브레히트 미학이 탁월하게 실현된 실례로 본다.)
　사실 특정한 정치미학에서 아도르노가 분개한 것은 그들의 정치라기보다는 자기네 방식으로 예술을 견강부회하는 것이었다. 그들은 모나드로서의 개별적인 예술작품──아도르노가 과정이나 제도로서의 예술과 엄격히 구별하려고 했던 것──을 간과한다는 것이다. 때때로 『미학이론』 속에는 다양한 개별작품들 상호간의 관계를 특징짓기 위해 독특한 홉스적 표현이 나타난다. 아도르노는 "예술사가 만인에 의한 만인의 은밀한 투쟁으로 가득 차 있다"(『미학이론』, 67/60/74)고 말하는 것이다. 다른 곳에서는 또한 "예술작품은 서로 비교되는 것을 원치 않는다. 그들은 상대방을 없애고 싶어한다"(『최소한의 도덕』, 92/75/108)고 말하며, 이따금씩은 헤겔적인 어조도 나타난다(이러한 조합방식은 또 다른 사물의 질서에서, 즉 프랑스 실존주에서 중요하다). "예술작품은 다른 작품과 불구대천의 원수지간이다"(『미학이론』, 59/52/55 ; 313~314/301/328). 그러나 '진리내용'의 유명론적 성격이나 위대한 작품들이 묻혀 있는 고유한 역사적 상황의 환원 불가능성을 표현하기 위해 고안된 이러한 언어는, 심미적 모나드들이 그만큼 많은 숫자의 위성들처럼 반짝이는 거대한 역사의 하늘을 묘사하기에는 부적절한 것 같다. 오히려 그들은 본능적으로 서로를 밀어내고 있다고 말하는 것이 나을 것이다. 각자는 다른 존재들을 거의 인정하려 들지 않는다는 의미에서 절대적인 것처럼 존재하기를 요구한다. 그 때문에 베토벤은 바그너나 그리스 비극과 전쟁을 벌이지 않아도 되는 것이다. 그러나 각각의 별은 다른 별들이 사라져버림으로써만 자신의 절대적 진리를 드러낼 수 있다.

아주 비슷한 방식으로 각자가 처해 있는 역사적 상황은 절대적인 현재──투쟁과 실천과 고통의 현재──로서 연대기적인 역사주의 또는 기록보관소의 상대주의나 리얼리티에 대한 그들의 요구를 갉아먹을 수 있다. 정치적인 미학 또한 현재와 사건에 대한 이러한 우선권을 확보하고 싶어한다. 그렇지만 아도르노는 정치적 미학에서 무엇보다도, 모나드들을 집단별로 분류하고 줄세우며 작품 자체와 진지하게 씨름하는 것을 스타일이나 예술 일반에 대한 토론으로 대체하려는 시도를 읽어낸다. 이런 데서 연유한 듯이 보이는 '정치적 예술'에 대한 적대감은 아방가르드나 프로그램적 슬로건에 대한 적대감으로 해석할 수 있을 것이다.

그러나 미학의 내부에서 아도르노 작품에 대한 탐색을 마무리짓는 것은 생산적이지 못하다. 왜냐하면 이 영역은 많은 독자가 갖은 수단을 써서 빠져나오고 싶어하는 영역이며, 사람들은 분명 '목적 없는 합목적성'을 추구하는 이러한 철학의 궁극적 무용성을 확인하고 싶어하기 때문이다. (결론에서 보겠지만 상당한 의미를 갖는 것으로서, 오늘날 독일에서 아도르노는 주로 미학자로만 격하되는데, 이런 식으로 격하시키는 것은 이렇게밖에는 살아남을 길이 없는 변증법을 다루는 공인된 방법이 되었다.) 그러한 심미적 경험은——사실 정의 (定意)상 이미, 도구적 모티브에 지배당하지 않으며, 자기유지에 지나지 않는 궁극적 '목적'으로부터 자유로운 유토피아적 경험을 구제하기는 하지만——갈 곳이 없다는 것이 확실하다. 다른 한편 아도르노의 독자는 심미적 경험이란 '정의할 수 없는 무엇'으로서 특수하고 구체적이라는 것을 상기할 것이다. 사실 우리는 예술 일반의 죄— '심미적 경험' 일반이 갖고 있는 정당화될 수 없는 사치나 특권— 는 없애버릴 수가 없으며, 단지 개별작품 자체 내에서만 약간 완화될 수 있다는 아도르노의 주장을 보았었다. 그러나 이것이 의미하는 것은 심미적 경험이란 항상 또다시 우리를 역사로 돌아가게 만든다는 것이다. 이 역사란 바로 예술작품의 출현을 가능케 한 자본주의이며, 예술작품의 사상내용을 이루면서 유토피아적인 차원을 가능케 하는 계급구도와 도구적 합리성이다. 이런 점에서 미학은 항상 역사 자체로 돌아가며, 이런 점에서 예술의 '비동일자'는 사회라고 말하는 것은 정당하다고 본다.

또한 정치적 사유에 대한 아도르노의 살아 있는 관계는 그의 사상 속에 들어 있는 내용보다는 그 형식 속에서 발견될 수 있다. 이러한 형식은 정치 자체보다는 심미적 형식이나 철학적 내용을 개념화하면서——보통 정치적 분석이나 사회사에 의해 달성할 수 있는 것보다 훨씬 적나라하고 명쾌하게——복잡하게 뒤엉켜 돌아가는 역사의 변증법을 발견해낼 수 있게 한다.

포스트모더니즘과 아도르노

1 아도르노를 마르크스주의자로 보는 근거

아도르노의 저서와 입장에 대한 거부는 서로 완전히 상반된 두 그룹으로 나뉘어짐을 볼 수 있다. 하나의 그룹은 아도르노의 작품이 여전히 너무나 마르크스주의적이라는 것이고, 또 하나의 그룹(보통 훨씬 소수 그룹이라고 인정되는)은 그를 마르크스주의자로 보기는 어렵다거나 전혀 마르크스주의자가 아닐지도 모른다는 것이다. 사람들이 아도르노는 암묵적인(또는 공공연한) 헤겔주의라는 소문을 퍼뜨리고 다닐 때 사정은 더욱 어려워진다. 이러한 비난은 두 그룹 모두에게 파문을 선고하는 것처럼 보인다. 왜냐하면 이러한 비난은 반마르크스주의에게는 마르크스주의 자체의 지울 수 없는 헤겔적인 뿌리를 입증하는 것으로 보이며, 다른 한편 마르크스주의에게는 마르크스주의 유물론이나 정치, 미학과 결코 양립할 수 없는 관념론의 증후를 드러내 보여주기 때문이다.

이 전선들은 또한 제2열의 전선들과 불분명하게 중첩되는데, 이 제2전선을 이루는 비난들은 제1전선과 불분명하지만 모든 경계선에 걸쳐—아주 임의적인 방식으로—연관되어 있다. 이러한 견해는 아도르노에게 '모더니즘'이라는 딱지를 붙이고 있는데, 이 의미는 포스트모던한 감각에서 볼 때 아도르노가 모더니즘 예술에 대한 단순

한 심미적 연루를 훨씬 광범위하게 넘어서지만 낡은 철학적 태도와
방법을 고스란히 답습하고 있다는 것이다. (이런 점에서 아도르노
사상은 오늘날 행해지고 있는 포스트모던한 철학·사회학·정치학·
역사학·미학과 대비된다.) 하나는 마르크스주의에, 또 다른 하나는
모더니즘에 초점을 맞추는 이 두 비평태도의 주제들을 필자는 서로
결합시켜보려 하지만 그러한 시도가 잘될 것 같지는 않다. 그 이유
로 마르크스주의를 모더니즘으로 볼 수 있을 것인가에 대해 우선 곰
곰이 생각해봐야 하는데, 이 문제부터가 쉽사리 풀릴 수 있을 것 같
지 않기 때문이다. 그렇지만 필자는, 아도르노가 '포스트모던'하지는
않지만 현재의 포스트모던한 시대와 어울리고 적절할 수 있다는 입장을
지지함으로써, 이러한 태도를 앞의 복잡한 문제를 다루기 위한 균형
추로 삼고자 한다.

　첫번째 전선을 이루는 비난들에 관해서 필자는 아도르노를 마르크
스주의자로 보는 입장에 기꺼이 동조한다. 이러한 태도는 이 책의
주된 논점 가운데 하나였다. 그러나 이 경우에서조차 장 프랑수아
리오타르*나 위르겐 하버마스** 같은 상반된 철학적·이데올로기적
입장에서 나오는 비판들이 우리의 발목을 잡아놓는다. 그러므로 필
자는 우선 '아도르노를 마르크스주의자로 보기 어렵다'는 입장에
대한 답으로서 이 사상가는 근본적으로 마르크스주의적이라는 사실
을 다시 한번 확언하기 위한 필자 자신의 느낌과 근거를 정리하고
자 한다.

　이에 대한 가장 중요한 전거는 마르크스의 가치법칙과 함께, 도처
에서 만나는 총체성이라는 이름의 개념장치이다. 이 두 관념에 대해

---

* Jean-François Lyotard, 'Adorno come diavolo', in *Des dispositifs
  pulsionnels*, Paris, 1973, pp.115~133.
** 60쪽의 두번째 원주를 참조하라.

서는 이미 충분히 다루어졌지만 다시 한번 간단히 언급하지 않을 수
없다. 가치법칙—또는 최소한 자본주의의 역동성이나 자본주의의
발전과정과 역사의 한시적 법칙에 관한 마르크스의 일반적 이해—
은 항상 아도르노가 제공하는 해석의 토대를 이룬다. 필자는, 가치
법칙이 "다른 무엇에 앞서 도구적 이성의 통합원리가 되고"* 있는
『계몽의 변증법』의 역사 패러다임은 사실 마르크스의 패러다임을 변
질시키지 않은 채 마르크스의 사회사를 자연사로 고쳐 쓴 것에 불과한
것처럼 보인다는 사실을 누차 지적해왔다.[1]

　필자는 아도르노 철학의 전제들은 단순히 마르크스주의적일 뿐만
아니라 구식의 마르크스주의—문화와 이데올로기의 문제에 관한
한—라는 사실을 지적한 적이 있다. '문화산업'에 관한 장의 제목
자체가 아도르노는 후기의 레이몬드 윌리엄스와 같은 좀더 최근의
이론가들이 발전시킨 것과 비슷한 문화에 대한 관념은 갖고 있지 않
았다는 사실을 발견할 수 있도록 해주었다. 많은 관심과 논란을 불
러일으킨 「문화산업」의 장에서 아도르노의 관심은 유흥산업이지 문
화영역에 관한 이론—그는 이 영역 자체를 애초부터 인정하지 않았
을지 모른다—이 아니다. (예술이나 심미적인 것이 문화영역을 구성
할지는 모르지만 우리가 본 바와 같이 그러한 영역은 아도르노에 의
해 단호히 부정적으로 평가된다. 순수한 유미주의는 완전히 거부되
는 것이다. 개별적인 예술작품은, 미(美) 일반과는 다르며 불안정하
고 잠정적인 지위를 그때그때 특수한 토대 위에서 어렵게 획득해내
야 한다.)

　비슷한 이유로, 한 텍스트에 대한 날카로운 (계급의식을 예리하게
인식하고 있는) 이데올로기 분석을 그 텍스트가 갖고 있는 진리내용

---

* Dubiel, *Theory and Politics*, p.93.
1) 238쪽을 참조하라.

에 대한 환기와 거의 동일시하는 기이한 방법은 이데올로기를 단순한 허위의식으로 취급하는 상대적으로 낡은 관습——이러한 이데올로기관은, 좀더 연장자인 루카치나, 이 문제보다는 다른 문제에 관심을 갖고 있는 사르트르를 제외한다면(아도르노는 그람시를 별로 알지 못했던 것 같다), 대부분의 자기 세대 대표자들과 공유하고 있다고 보여진다——에 의해 설명할 수 있을 것이다. 이러한 구분은 철학에게 다시 한번 이 문제를 규명해야 할 일거리를 만드는 것처럼 보이기도 하지만, 주체의 관념을 중심으로 이데올로기 문제를 다르게 규정한 알튀세르에 따르면 쓸데없는 일이 되어버릴 것이다. 알튀세르가 제기한 문제—— 반동적인 작품들도 가치를 가질 수 있으며, 심지어는(하이데거!) 어떤 반동적 이념들도 자신의 진리내용을 가질 수 있다는 문제와 함께——는 여전히 우리가 힘겹게 씨름해야 할 문제일 것이다. 이데올로기에 대한 개념 자체를 포기할 경우——그렇지만 이러한 포기는 포스트모더니즘의 근본 전제를 이룬다——우리는 문제 자체를 시야에서 잃어버리게 될 것이다.

마르크스주의는 철학적 문제의 해결을 사물들의 미래질서에 위탁하는 것을 가능케 하는 한시적 차원을 가지고 있다고 본다면——라클라우(Ernesto Laclau)와 무페(Chantal Mouffe)*——아도르노는 통상적 마르크스주의자들보다 더 마르크스주의적이다. 왜냐하면 그의 철학 전체는 연기 및 비동시성의 관념이나, 화해를 미래에 넘겨준다는 관념에 바쳐지기 때문이다. 그렇지만 카타스트로프를 예측하면서 구원을 알리는 아도르노의 미래지향적 철학은 포스트모더니즘이나 후기자본주의의 일상사가 되어버린 항구화된 현재와 양립하기는 어렵다는 점이 인정되어야 할 것이다.

---

* Ernesto Laclau and Chantal Mouffe, *Hegemony and Socialist Strategy*, London, 1985.

이러한 비판들을 언급함에 있어 필자는 '총체성'이라는 주제를 결
론을 위해 유보해 왔다. 이 용어가 사회나 경제체계 같은 것을 의미
한다는 사실이 최종적으로 밝혀진다면, 이 용어의 사용을 회피하는
유일한 길은 사회라는 관념 자체를 단호히 거부하고는, 자신의 연구
물에 좀더 완화된 용어인 '사회적인 것'이라는 이름을 붙이는 것이
나을 것이다. (이 점에 있어 라클라우와 무페는 충분히 성공적이지
못했다.) 아도르노에게서 총체성이라는 용어가 초개인적 · 초월적 개
념인가 아닌가의 문제에 관해 필자는 이미, 그의 사회학적 사유의
정수가 간명하게 나타나있는 소백과사전의 '사회'라는 항목을 지적
한 바 있다.*

그렇지만 총체성이라는 개념에 관한 한 『독일 사회학에 있어서의
실증주의 논쟁』의 서문을 참조하는 것이 가장 좋다. 『부정변증법』에
서보다는 여기서 좀더 간결하게 핵심을 찌르는 표현이 나온다.

사실―총체성이라는 개념은 이것을 지양함으로써 개념이 되는
데―을 손가락으로 가리키듯이 총체성이라는 개념을 가리키는 것
은 불가능하다는 것을 말하는 것은 동어반복이다.**

오해는, 어떤 사실을 반복해서 말하면 그것을 좋아하지 않을 수
없게 된다는 생각, 또는 나쁜 소식을 가져온 사자인 양(그리고 그에
대한 결과를 짊어지는 사람인 양) 어떤 사실을 집요하게 주장하면
그 사실의 옹호자가 되어버린다는 생각 때문에 나오는 것 같다. 아
도르노가 부르짖는 것은 총체성 개념 자체가 아니라 이 개념에 대한
비판적 사용이다. 자주 인용되는 말인, 헤겔에 반대하여 "전체는 비

---

* 전집 제8권의 첫째 항목 「사회」(9~19쪽)를 일컫는다. 112쪽의 원주를 참조하라.
** *The Positivismus Streit in German Sociology*, p.10.

진리다"라고 말한 구절은, 이에 관해 떠드는 것을 그만두어야 한다
는 말이 아니다. 오히려 그 반대이다.

　총체성은 긍정적 범주라기보다는 오히려 비판적 범주이다. 변증
법적 비판은 총체성에 굴복하지 않거나 총체성에 저항하는 것 또
는 아직 존재하지 않는 개별화의 잠재태가 될 수 있는 것을 구원하
든지 또는 그런 것들이 만들어지도록 돕고 싶어한다. 사실의 해석
은 해석 자체가 사실이 되지 않도록 배려하면서도 총체성을 지향
한다. 총체성 속에 한 자리를 차지하고 있지 않은 사회적 사실성
은 없다. 총체성은 모든 개별 주체에 선행해서 확립되어 있는 것
이다. 왜냐하면 이 주체들은 스스로의 내부에서마저, 즉 모나드적
구성——이를 통해 비로소 총체성이라는 관념을 떠올릴 수 있는
데——속에서조차 총체성이 만든 제한에 복종해야 하기 때문이다.
이런 한에서 총체성은 가장 현실적인 것이다. 그러나 총체성은 개
인들에게는 자신의 모습을 쉽사리 드러내지 않는 개인 상호간의
사회적 관계의 총합이므로 총체성은 가상이면서 동시에 이데올로
기다. 해방된 인류는 더 이상 총체적이지 않을 것이다. 해방된 인
류의 즉자존재적 성격은, 그러한 즉자존재성이 진정한 사회적 실
체인 양 스스로를 내보임으로써 해방된 인류를 기만할 것이므로,
또한 동시에 그들의 부자유이다. 이러한 이야기가 알베르트
(Albert)가 하버마스에 대해 아쉬워한 것, 즉 하버마스가 어떤 모
순없는 것으로서 총체성 개념을 논리적으로 분석해내지 못했다고
아쉬워한 것을 충족시키지는 못할 것이다. 왜냐하면 그러한 분석
은 총체성 자체가 지닌 객관적 모순 속에서 종결될 것이기 때문
이다. *

---

* Ibid., p.12.

필자가 본론에서 보여주고 싶어했던 것이지만, 사실 궁극적으로 모순이라는 비판의 도구를 총체성 개념으로부터 떼어낼 수는 없다. 그렇지만 필자는 동시에 이러한 개념장치들이 마르크스주의에서만 살아남아 있다는 인상을 받아왔다. 그 때문에 필자의 견해로는 아도르노가 마르크스주의자가 아니라는 입장을 받아들일 수 없다. 헤겔주의라는 비난에 대해서는 약간 더 언급해보고자 한다.

2 포스트 이론들과 아도르노의 관계

그렇지만 마르크스주의에 대한 탄핵은 그렇게 간단하지가 않다. 필자가 보기에 여기에는 몇 가지 골치 아픈 상이한 문제점들이 뒤엉켜있는 것 같은데 이 문제점들은 오늘날 독일의 진보적인 (또는 하버마스적인) 흐름들이 어떻게 아도르노의 위치를 자리매김하고 있는가를 살펴봄으로써 쉽게 풀릴 수 있을 것 같다. 여기에 관해서는 슈내델바흐(Herbert Schnädelbach)가 잘 요약하고 있다.

내 생각에 현재 아도르노 텍스트와의 직접적인 대화를 막고 있는 것으로는 세 개의 이론사적 요인들이 있는 것 같다. 첫번째로 무엇보다도 지난 20년 동안 철학계의 풍토가 근본적으로 변화했으며, 비판이론이 예전에 견지하고자 했던 것과는 전혀 다른 전선이 형성되었다. 우리의 문제는 더 이상 논리실증주의나, 체계에 대한 강박관념을 가지고 있는 다양한 형태의 관념론들이 아니라, 옥석을 가림이 없이 무조건 다양성을 찬미하는 태도 그리고 비합리주의—여기서 비합리주의가 의미하는 것은 분명 다양한 형태의 프랑스 포스트구조주의를 일컫는데, 이것들이 프랑크푸르트 학파적인 '도구적 이성 비판'을 기반으로 하고 있더라도 상황은 마찬가지다——이다.

두번째로, 우리는 또한 서독에서 분석철학의 수용이 우리에게 가르쳐준 새로운 형태의 엄밀한 분별력(precise discrimination)을——때때로 우리의 의지와는 어긋나지만——염두에 두어야 한다. 이러한 철학들은 많은 문제들을 해결하지는 못했지만 그것들을 좀 더 잘 표현할 수 있도록 해주었다.

세번째로, 철학적 언어형식으로서 심리주의(Mentalism)의 문제가 비트겐슈타인,[1] 라일[2]과 같은 많은 학자들을 고려하지 않을 수 없도록 만들었으며, 또한 독일의 아카데믹한 '의식철학'으로 하여금 자신의 전통적 패러다임을 재고하도록 요구한다.[*]

이것만으로는 불충분하다고 여겼는지, 슈내델바흐는 다른 곳에서 이렇게 덧붙인다. "'잘못된 상태에 대한 존재론'(『부정변증법』, 22/11/65)인 부정변증법은 원상태로의 복구가 불가능한 관념이다."[**]

슈내델바흐의 이 말은 언뜻 보면 좀더 발전된 영미의 철학 스타일을 받아들임으로써 독일의 철학적 유산의 마지막 잔재를 청산한 것을 발전의 징표로 보는 만족의 표현으로 들리지만 사실은 그 안에 적지 않은 아이러니를 내포하고 있다. 이런 점을 염두에 둘 때 슈내델바흐의 첫번째 비판점은 매우 부적절했으며, 해묵은 적들——무엇보다 넓은 의미의 실증주의——이 여전히 활개치고 있음을 짐작할 수 있다. 그러므로 이 '분석'은 다른 편에 가담했다는 것을 선언하는

---

1) Ludwig Wittgenstein(1889~1951). 오스트리아 태생의 영국 철학자. 논리 실증주의·분석철학의 형성에 공헌함.
2) Gilbert Ryle(1900~76). 영국의 철학자. 주저는 *Concept of mind*(1949).
 * 'Dialektik als Vernunftkritik', in *Adorno-Konferenz 1983*, ed. Friedeburg and Habermas, Frankfurt, 1983, p.69.
** Ibid., p.89.

이외에 별다른 인상을 주는 것 같지 않다. 이러한 아이러니는 물론, 분석철학이 최근에는 영미에서조차 자신의 에너지를 완전히 탕진했을 뿐만 아니라 대륙철학에 의해 생기를 되찾으려는 노력 또한 영미에서는 낡아빠진 복고풍으로 거부되고 있다——진정한 계몽의 변증법의 정신 속에서——는 사실을 감안할 때 더욱 증폭된다.

슈내델바흐의 흥미로운 진단이 갖고 있는 두번째 패러독스는 첫번째 항목과 세번째 항목을 임의로 분리시킨 데 있다. 그는 마치, 의식철학이나 주체철학에 대한 비판——현상학에 국한시키지는 않았지만 여기에 초점을 맞춤으로써——이 그 자신 비합리적이고 반계몽적이라고 비판한 포스트구조주의에 의해 주도되고 있다는 사실을 의식하지 않는 것처럼 보인다. 그 자신 첫 항목에서 이성의 폐기라고 비난한 것을 마지막에 가서는 의식철학에 대한 환영할 만한 비판으로 치하하고 있는 것이다.

그렇지만 필자는 이 부분에 대한 시비는 더 이상 파고들지 않을 것이며, 또한 분명히 요구되는 포스트구조주의에 대한 재평가도 유보한 채(이러한 작업은 그 자체만으로도 책 한 권의 부피를 요구할 것이다),* 이러한 조류와 아도르노 철학의 관계만을 약간 언급하고자 한다. 사유와 언어의 관계에 관한 한 아도르노는 의심의 여지없이 전통적인, 다시 말해 전(前)구조주의적인 철학자이다. 이러한 용어가 마음에 안 든다면, 그는 여전히 철학자이며, 새로운 포스트모던한 명칭인 '이론가'로 변신할 수는 없다고 말할 수 있을 것이다. 포스트구조주의의 승리와 그것의 언어학적인 불명료성 그리고 그것의 특이한 문화정치는 무엇보다도, 언어로부터 분리된 사유과정이란 있을 수 없으며, 사유라고 이름붙일 수 있는 모든 것은 좀더 깊이 생각하면 하나의 언어학적 사건이라는 확신에서 연유한다. 이러한

---

* But see Peter Dews, *Logics of Disintegration*.

'발견'은 철학적 체계가 하나의 책이나 기술(記述) 이상일 수 있다—어떤 식으로든 진리의 한 형태—는 환상의 파괴로 이끈다. 이러한 발견은 또한 의식이라는 범주, 특히 자의식이라는 개념, 나아가 간접적이기는 하지만 감각적인 지각이나 느낌이라는 해묵은 개념들에 대한 깊은 불신으로 이어지며 이에 따라 직접적인 육체적 체험마저 의문시된다.

언어에 대한 철학의 관계에 대해, 또는 수사학이나 물질적·언어학적 기술의 문제(무엇보다 『부정변증법』 서론의 말미에서 볼 수 있는)에 대한 철학의 관계에 대해 아도르노가 무어라 말하든 분명히 확언할 수 있는 것은, 그는 결코 포스트구조주의자들만큼 '멀리 나아가지는 않는다'는 것이다. 언어화라는 사유의 물질적 구현 저 너머에 언어화될 수 없는 사유의 잔여분을 인정하고 있는 아도르노로서, 초월·의식·진리의 잔재를 효과적으로 제거하는 포스트구조주의의 방식은 실증주의적으로 여겨졌을지 모른다. 부정변증법의 아르키메데스적인 문제들은 매우 곤혹스럽기는 하지만, 해체주의의 좀더 까다로운 아르키메데스적 딜레마와 유사할지는 몰라도 결코 동일시될 수 없는 문제들이다. 양자는 모두 체계를 비판하기 위해 체계 바깥에 있는 무엇을 필요로 하는데, 아도르노의 경우 이 무엇이 하나의 이념으로 살아남아 있다면, 데리다의 경우는 이상적인 경우에서조차 언어학적 가능성에 불과한 것이다. 둘의 유사성은 다만, 양자 모두 그 무엇에 대한 절박한 욕구는 정교한 속임수의 그물망에 의하지 않고는 달리 충족될 수 없다는 사실에서 온다.

다른 한편 여기서 한 가지 더 언급하지 않을 수 없는 것은, 아도르노에게 있어서 모든 것을 옥죄고 물화시키는 것인 '개념'은 포스트구조주의의 언어만큼이나 무너뜨리기 어려운 요새라는 것이다. 개념은 체계적인 것이고 동일적인 것이라는 속성을 내재적으로 지니고 있지만, 우리의 사유에 어떤 출구나 우회로도 제시해주지 않는 무엇

이다. 개념은, '서구 형이상학의 언어'가 프랑스의 철학 비평가들에
대해 그러하듯, 전혀 새로운 이상적 사유와 지금의 우리 사이에 놓
여 있는 것이지만 그 안으로 파고들어갈 수는 없는 무엇이다. 양자
모두에게 전제가 되고 있는 것은, 새로운 형태의 사유(또는 새로운
형태의 언어)는 사회체계——이것의 부분들이 합친 전체가 곧 전승되
어온 사유형식이나 언어형식을 이루는데——가 밑둥치부터 고쳐 만들
어질 때에야 비로소 가능하리라는 것이다.

이성에 관해서는* 이 개념이——하버마스의 의사소통 관념은 이 개
념을 교묘한 방식으로 복권시켰지만——생산적 논의의 구심점 역할을
하리라 기대하지는 않는다. 그러나 여기에서도, 지나간 역사책과 혁
명 박물관들을 쓴맛을 다시면서 기웃거리는 현대의 언어철학이, 철
지난 시민시대의 철학적 이상들을 파기하기도 하고 은유적으로 거기
에 재연관되는 경향들을 엿볼 수 있다. 이러한 자리찾기의 행태들을
논의의 장 안으로 끌어들이는 것은 일종의 정치적·문화적 결단인
데, 필자가 알기로는 이러한 문제에 대해 공개적 토론이 이루어진
적은 없다.

우리는 위대한 시민적·혁명적 이념들이 갖고 있는 유토피아적 내
용에 대한 하버마스의 판단을 기꺼이 받아들일 수도 있을 것이다. 이
는 물론, 그가 내놓은 근거들이 여전히 유효하다는 조건, 즉 이러한
이념들의 지속적 생명력은 그것들이 아직 실현되지 못했기 때문이라
는 (희미하게나마 아도르노 자신을 연상시키는 이념) 조건하에서만
그러하다. 그렇지만 의회민주주의나 자유시장의 이상이 경제적 평등
관념(이 관념은 앞의 이상으로부터 발전해 나왔음에도 불구하고)보
다 우월한 보편적 가치로 통용되는 시대에, 또한 우리가 포스트모던
하다고 부르는 시대에, 계몽적 이성 개념을 다시 활성화하는 것이 좋

---

* 60쪽의 두번째 원주를 참조하라.

은지는 쉽사리 판단내릴 수 없는 문제인 것 같다. 그렇지만 이 개념이 적에 의해 쉽게 정복당하도록 내버려두는 것 또한 문제일 것이다.

이성 개념을 방어하는 데 있어서 가장 큰 전략적 약점은 바로 도구적 이성 비판이 거둔 성공 속에 있다. 냉소주의가 만연해 있는 시대에 이러한 성공을 더 이상 없었던 것으로 되돌릴 수는 없다. 우리는 또한 포스트구조주의적인 사유행태가 거둔 주목할 만한 성과를 언급하지 않을 수 없는데, 이 성과들은—프로이트의 영향 아래 다양한 방식으로 표현되지만—우리가 보통 '비합리적인 것'이라고 부른 것이 전혀 비이성적인 것은 아니고 다만 지향성의 실천이 다른 방식으로 이루어진 것일 뿐이라는 사실을 보여준다. 프로이트 자신이 내놓은 심오한 계몽의 프로그램, "나는 예전의 그것(이드) 상태로 될 것이다"(무의식은 의식이 될 것이다)를 실현시키기 위해서는—즉 깊은 바다 속에 있던 무의식을 밝은 데로 불러내기 위해서는—긴 길을 걸어야 할 것이다. 그 때문에 예전의 건실한 시민들에 비해 오늘날의 사람들에게는, 제반 감정들로부터 파시즘에 이르는, 광고로부터 종교와 신비주의에 이르는 모든 것이 훨씬 투명하게 보인다. (예전의 시민들은 자신의 내부에 있는 무의식적 충동을 제어하기 위해 비합리성이라는 좀더 강력한 개념을 필요로 했을 것이다.)

보통 무의식적인 것이라고 간주했던 것들이 사실은 좀더 깊은 지향성을 가지고 있다는 사실에 대해 우리의 감각이 훨씬 예민해졌다는 것, 다시 말해 이성 개념, 아니 차라리 의미 개념이 훨씬 더 유동적이 되었다는 것은(지나는 길에 한마디 덧붙이면, 허위의식을 이데올로기로 보는 고전적 마르크스주의의 견해에서의), 이미 언급한 구조변화에 책임이 있을 것이다. 이런 관점에서 볼 때 이성 개념은 '과학'(이것과 이데올로기는 쌍둥이 개념을 이루는데, 이데올로기가 악한 편이라면 과학은 선한 편을 떠맡는다)에 대한 마르크스주의의 관념 못지않게 지금 시대와는 어울리기 힘든 개념일 것이다.

새로운 이성 개념을 대하는 것은 소쉬르[3]의 의사소통고리를 대하는 것과 비슷한데, 여기서 결정적 역할을 하는 것은 전파자의 입장에서 이야기하는가 아니면 수신자의 입장에서 이야기하는가이다. 우리의 경우 중요한 것은 전파자의 관점이 아니다. 이 말은 즉 무엇이 이성적이거나 합리적인 행동인가가 중요한 것이 아니라, 수신자의 관점, 즉 행동의 근거를 이해하는 것(다시 말해 왜 그러한 행동이 일어났는가, 왜 특정한 입장이나 가치가 옹호되었는가)이 중요하다는 것이다. 프로이트 이후(사실은 마르크스 이후), 또한 니체 이후나 푸코의 광기에 대한 연구 이후, 인간 행위에 대한 '공감'(sympathy : 이 단어는 루소적 의미에서의 이해(Verstehen)를 의미하는 것이지 적극적 승인이나 동조의 뜻은 아니다)의 여지가 엄청나게 확장된 이후, 이성에 대한 우리의 관념은 예전의 경계를 훨씬 뛰어넘는 범위로 확장되었으며, 예전의 건실한 소시민이 '비합리적'이라 부른 것보다 훨씬 큰 범위를 포용할 수 있게 되었다(온갖 '이유들'을 칸트적인 보편성의 시험대에 올려 그것들이 정당하다고 떠들어대는 것은 어렵지 않다. 두려운 사태이지만 '냉소적 이성'의 시대에 가장 '비합리적인' 사람들마저 자신들이 왜 그렇게 행동했는가에 대해 당당하게 상세한 근거를 제시할 수 있을 것이다).

사실 이러한 새로운 해석방식을 적당히 이용하는 것이 이제는, 이성의 유일한 대항개념으로—온갖 사악한 형태를 띤—비합리 개념을 설정하는 전통과는 전혀 다른 전통을 개념화함으로써, 충분히 가능한 것처럼 보인다. 사실 이러한 다른 전통이 프랑크푸르트 학파가 의존한 전통이었으며, 그 때문에 하버마스의 비난—즉 『계몽의 변증법』에서 펼쳐진 비판은 자신의 효력을 입증하고 펼칠 수 있는 어

---

3) Ferdinand de Saussure(1857~1913). 스위스의 언어학자. 저서로 『일반 언어학 강의』 등이 있다.

떤 진리의 지점도 소유하고 있지 않음을 입증함으로써 '계몽의 변증법'을 무로 돌리려는 기도――은 별 호소력을 얻지 못한다. 변증법을 좀더 높은 사유형식으로서 재평가하는 헤겔의 작업은(칸트처럼 변증법을 소피스트적인 미신의 도구로 보기보다는) 칸트가 구조화한 인식능력 또한 재조직한다. 이제 (변증법적인) 이성은 오성보다 더 높고 넓은 의미를 가진 것이 되며, 오성에 대해서는 '분석적 이성'(또는 프랑크푸르트 학파의 명명법에 따르면 도구적 이성)이라는 표현이 사용된다. 아직 존재하지 않는 사회적 조직형식에 상응하는 변증법적 이성이 아직까지는 주도적 위치를 차지할 수 없었다. 포스트구조주의자들은 개인적으로나 집단적으로나 하버마스 자신만큼이나 변증법에 대해 적대적이다. 그렇지만 다른 한편 문화나 '비합리'에 대한 그들의 다양한 해석은 변증법적 사유의 확장에 기여할 것이다.

 그러므로 이성 개념의 문제점은 이성 자체에 있다기보다는 그 반대 개념인 비합리성 또는 비합리주의라는 비공식적인 용어에 있다. 이 개념은 사람들이 배제하고 싶은 것은 어떤 것이든 쏟아부을 수 있는 쓰레기 처리장 역할을 하게 된다. 이 문제는 오늘날 서독의 정신계가 아도르노에 반대하여 제기한 두번째 이의에 눈을 돌리도록 만든다. 슈내델바흐에게서는 암묵적으로 들어 있는 이러한 이의를 하버마스는 공공연하게 떠들어댄다. 하버마스가 내리고 있는 결론은 도구적 이성의 비판이 모든 이성 개념, 나아가 철학이라는 개념마저 불가능하게 만들 것이므로 위험하다는 것이다. 그에 따라 아도르노의 '철학'은 미학의 문제로 취급된다.*

---

* See above all Bubner, 'Kann Theorie ästhetisch werden?' in *Materialien zur Ästhetischen Theorie*, ed. Lindner und Lüdke, Frankfurt, 1979. 아도르노는 『부정변증법』(26~27/24~25/69~70)에서 '문학적' 내지 '심미적' 철학 개념을 거부한다.

그러나 하버마스가 '산 것'이라고 말한 것이 아도르노 철학에서는 '죽은 것'과 동일하다는 사실을 이해하기 위해서는 철학적으로 훈련된 예리한 눈을 갖고 있지 않아도 충분하다. 철학을 잘 모르는 휴머니스트도 거기에 담겨진 함의가 무엇인지는 당장 알아챌 수 있는 것이다. 왜냐하면 하버마스가 가지고 있는 현대성의 관념 속에서 미학은 제3의 영역인데, 칸트의 충실한 추종자로서 하버마스는 '비합리적'이라는 딱지가 붙은 모든 기이한 물건들을 미학이라는 서랍 속에 쑤셔넣을 수 있기 때문이다. 이 서랍은 기이한 물건들을 감시하고 제어하기에 아주 적합한 장소가 된다. 심미적인 것은 아무튼 비합리적인 충동을 제어할 수 있는 안전밸브가 되는 것이다. 그러나 이러한 비난이 예사롭지 않다면, ——만약 아도르노 사상에서 심미적인 영역을 제외한 다른 모든 영역을 별 볼일 없는 것으로 밀쳐내버리고는 심미적 차원만을 유일하게 의미있는 것으로 부각시킬 수 있다면 이러한 비난은 사소한 것에 불과할지도 모른다——이 비난의 힘은 추상

"개념은, 개념 스스로가 미메시스가 되어 자신을 잃어버리는 것이 아니라 자신의 방식을 지키면서 미메시스의 얼마만큼을 자신의 것으로 만드는 방법 이외에는 달리 자신이 추방한 미메시스를 대변할 수는 없다. 그런 점에서 심미적인 계기는 철학에 본질적인 것이다. 그렇지만 심미적 계기를 현실에 대한 철학적 통찰의 구속력으로 지양시키는 것은 철학의 과제일 것이다. 철학과 예술의 친화성이 예술의 방식을 철학이 도용하는 것을 정당화하는 것은 아니다. 사유는 사유로부터 해방된 신선함을 간직한 어떤 샘물도 가만히 놔두지 않는다. 예술을 모방하며 스스로 예술작품이 되고자 하는 철학은 자신을 모호하게 만들다가 급기야는 스스로를 지워버리게 될 것이다. 철학은 동일성의 요구, 즉 철학은 타율적인 것에 대한 관계를 주제로 삼으면서도 재료인 타율적인 것이 선험적으로 순응해야만 하는 지상권(至上權)을 자신의 방식으로 선택함으로써 대상을 철학 속에서 해소시킨다는 요구를 제기하는 것이다. 철학은 개념을 통해 개념의 너머에 도달하려는 노력이다"(역자 첨가).

적 사유와 '단순한' 심미적 재현의 분리(이러한 분리는 그 자체 논
란의 여지가 많은데 포스트모더니즘에 오면 문젯거리가 안 된다)로
부터 나온다. 이 점에 관해서는 셸링에 호소하는 것이 상당히 유혹
적이지만, 그렇다고 셸링에게서 결정적인 답을 찾을 수 있는 것은
아니다(낭만주의자들에 대한 아도르노의 거부나 헤겔과 칸트에 대한
아도르노의 친화성을 생각할 때 이것은 사실 어려움이 있다).

하버마스는 이 문제에 관해 흥미로운 주장을 내놓았다. 그는 아도
르노에게서 미메시스 개념은 포기할 수도, 그렇다고 정의할 수도 없
는 개념으로서 아도르노 철학이 심미화할 수밖에 없게 만드는 원천
이라고 본다.* 미메시스는 "자신의 자리를 도구적 이성에게 빼앗긴
본래적 이성"의 주재자로서 이 개념이 새로운 중심적 위치를 차지하
기 위해 "호르크하이머와 아도르노는 미메시스 이론을 내놓아야 했
겠지만 그러한 행위는 미메시스에 대해 그들이 갖고 있던 관념으로
말미암아 불가능하다"는 것이다. 그러나 앞에서도 지적해왔듯이, 아
도르노와 호르크하이머에게 있어서 미메시스 개념은 예술뿐만 아니
라 그들의 사유와 철학 전반에 걸쳐 나오는 충동으로서 예술에 대해
서만 어떤 특권적 관계를 갖고 있는 개념은 아닌 것이다.

이 문제를 다른 측면에서부터 접근해보자(필자가 보기에 대부분의
오해들은 바로 이 방향에서 생겨나는 것 같기 때문이다). 아도르노
미학이 예술작품의 진리내용을 강조한다는 사실이 바로, 예술작품이
진리에의 유일한 접근통로이며 철학에 대한 대용물이 될 것이라는
주장, 또는 "헤겔이 예술과 철학에 대해 설정한 관계의 역전**——부
브너(Rüdiger Bubner, 1941~)가 격분한 점——을 의미하는 것은

---

* *Theory of Communicative Action*, vol.I, Boston, MA 1984, transl. T.
McCarthy, pp.382~383.

** *Materialien*, p.132.

아니다. 이러한 성격규정은, 그런 식의 '철학'이 이미 실현된 것으로 간주하는 루카치에게는 해당될지 몰라도 철학의 꿋꿋한 건재를 강조하는 아도르노에게는 부적당하다(부브너는 아도르노가 충분히 숙성한 본래의 예술에 지나친 철학적 요구를 부과함으로써 과도한 짐을 지우고 있다고 못마땅해하고 있는데, 이것은 앞의 문제와는 별개의 문제로서 이 문제는 아도르노 철학의 세칭 '심미적' 성격보다는 그의 모더니즘과 관계된 문제이다). 이러한 의혹에 대해 관대하게 용인해줄 준비가 되어 있는 비철학자나 문화종사자는, 그러한 기우란 문화나 일상생활——미학은 말할 것도 없고——에 대해 한번도 진지하게 생각해보지 않은 사회과학자나 철학자가 심미적 언급들을 상궤를 벗어나 이해 불가능할 정도로 텍스트 안에 많이 담고 있는 철학자들을 대할 때 느끼는 당황스러움을 반영하는 것으로 해석할 것이다.

사실 아도르노는, 칸트나 루카치와는 다르게, 심미적 체험의 '특수성'에 대해서는 별로 이야기하지 않는다. 그는 심미적 체험의 특수성을 당연한 것으로 간주할 뿐, 그것을 해명하거나 방어하기 위해 별다른 노력을 기울이지 않는 것이다. 아도르노 미학이 제기하는 문제들, 또는 그의 미학이 지대한 관심을 쏟는 문제들은 그와는 반대로 항상 역사적인 것들이다. 이 문제들은 바로 현대성의 본질, 유명론의 위기, 형식의 운명이다. 아도르노의 경우 모든 끈이 미학으로 연결된다면, 미학에서의 모든 끈은 다시 미학을 나와 역사 속으로 들어간다. 필자는, 철학에 대한 아도르노의 기여는 모든 추상적인 철학적 문제들이 본질적으로 역사와 결부된 문제——플라톤적인 접점(methexis)의 의미에서 이 문제는 또한 사회구조나 경제구조와 연관된다——라는 사실을 입증하려 했다는 입장을 견지해왔다. 우리가 그의 심미적 글쓰기에서 매번 만나는 인식도 바로 이런 것이다. 이러한 인식들은 우리가 보아왔듯이, 형식적인 문제들을 실체적인 사

회·경제적 문제로 전환시키고 번역하는 진정한 도구(Organon)이
다. 그 때문에 아도르노 철학이란 '단순히' 심미적인 것에 불과하다
는 사실을 입증하려는 노력은 한참 진행되다 보면 스스로도 불만족
스러운 결과밖에는 얻지 못할 것이다.

현재 유통되고 있는 세번째 이의——이것은 독일의 좌파에서도 발
견된다——가 여러 가지 점에서 가장 흥미로운데, 이 흥미는 이러한
이의가 새로운 발견들을 암시하고 있기 때문에 더욱 커지지만 여기
서는 이에 대한 어렴풋한 윤곽만을 그려볼 수 있을 것이다. 이러한
입장은 "잘못된 상태의 존재론"(『부정변증법』, 22/11/65)이라는 유
명한 슬로건을 가볍게 무시해버리는 태도 속에 숨어 있는데, 이러한
입장은 어떤 의미에서는 진정한 의미에서 (심미적인 의미가 아니라)
철학을 '가지려는' 아도르노의 요구를 재검토하지 않을 수 없도록
만든다. 이 슬로건 속에 내재되어 있는 것은, 후에 '자본의 논리'라
는 이름 아래 알려진 것과 다른 것이 아니다. 전통적 논리에 대한
비판을 발전시킨 것은 아도르노로부터 강력한 영향을 받은 젊은 철
학자들의 시도였는데, 이들은 자본주의 사회의 교역형식으로부터
논리 범주들을 추론해낸다. 이 자본의 논리의 핵심은, 이미 지적했듯
이[4] 아도르노 자신으로부터 유래하는, 개념적인 동일성의 논리를 교환
구조와 동일시하는 것이다. 이 철학적 단초가 충분히 성숙하여 제 모
습을 갖추게 되면 처음의 것보다 훨씬 넓은 범위를 포괄하게 될 것
이며, 이미 언급한 마르크스의 전혀 상이한 두 단계를 고려하게 될
것이다. 두 단계는 바로 상품의 논리와 함께, 이 상품의 논리로부터
발전하여 마지막에 드러나게 될 자본 또는 가치의 논리——상품의 논
리와는 매우 상이한 이 논리는 다층적이며 변증법적이다——이다.

교환행위로부터 파생된 것을 뭉뚱그려 '동일성'이라 부르고 그 테

---

4) 87, 97쪽을 참조하라.

두리 안에 지금까지 우리가 발전시킨 온갖 주제와 분석들을 집어넣게 될지라도, 좀더 복잡한 과정을 통해 형성되는 본래적 의미의 자본과 결부된 것들을 그 테두리 안에 포함시켜서는 안 될 것이다. 공간적으로 제한된 (생산물의) 교환은 추측컨대 태곳적부터 존재했을 것이며, 동일성이나 논리적 비교의 관념 또한 원시인류 때부터 우리에게 익숙한 것이다. 그러나 자본은 훨씬 뒤인 역사시대에 와서야 비로소 만들어진 것이다. 교환에 기초를 둔, 역사의 고유한 구성물인 자본은 자신의 논리로부터 파생되는 부산물을 함께 만들어내는데, 이것들의 대부분은 자본의 패러독스한 운동——이 운동은 하나의 보편적인 힘이면서 동시에 무수한 개별적 힘들이 벌이는 운동이다——과 결부된 것이다. 마르크스 『자본론』 제3권의 골격을 형성하고 있는 이 운동에 대해 로스돌스키(Roman Rosdolsky)는 『정치경제학 비판 서문』에 대한 주해서에서 상세하게 분석하고 있는데* 여기서는 단순한 동일성과는 차이가 나는 논리를 만날 수 있다. 사실 이 문제는 아도르노의 또 다른 큰 주제인 보편과 특수 사이의 긴장을 통해 설명할 수도 있을 것이다. 그렇지만 이 복합적인 주제는 동일성(또는 도처에서 만나는 비동일성)이라는 개념과 함께 주어지지만, 이 주제를 적절히 표현해줄 확정된 용어가 아직은 없다. 이 주제를, 그 자체 역사적 위기를 표현하는 개념인 '유명론'과 결부시키면 좀더 편리할 것이다. 좀더 체계적인 자본의 논리를 규명해내는 작업은 동일성과 유명론——이들은 각각 교환과 자본의 파생물인데——이라는 두 개의 뒤엉킨 모티브들을 풀어내야만 할 것이다.

---

* Roman Rosdolsky, *The Making of Marx's Capital*, London, 1977. 또한 Enrique Dussel : *La Producción teórica*, Mexico City, 1985 ; and Hacia un Marx deconcido, Mexico City, 1988은 『정치경제학 비판 서문』과 1860년의 『수고』에 대한 신기원을 이루는 주해서이다.

그러나 이 연구방향에 대한 하버마스의 잠정적인 폐기처분은 다음과 같은 상이한 두 계기를 결합시키고 있다.

마르크스는 사용가치와 교환가치인 상품의 이중 형식과 함께 자연적인 형식이 가치 형식으로 변화하는 과정을 분석하고 있다. 이를 위해 마르크스는 헤겔의 추상 개념을 원용하여 사용가치와 교환가치 사이의 관계를 마치 현상과 본질 사이의 관계처럼 다루고 있다. 오늘날 이러한 태도는 우리에게 어려움을 안겨주는데, 그 이유는 우리로서 헤겔 논리학의 기본 개념들을 어떤 재구성 없이 그런 식으로 사용할 수는 없기 때문이다. 마르크스의 『자본론』과 헤겔의 『논리학』에 대한 확장된 논의들은 이러한 문제점들을 드러내기는 했지만 해결하지는 못했다. 그러므로 필자는 상품형식에 대한 분석을 더 이상 깊숙이 진행시키지는 않고자 한다. 루카치도 이와 비슷한 입장을 취했다. 루카치의 관심을 끈 것은 다만 생산자의 노동력이 상품이 되는 정도에 따라 초래되는 물화효과였던 것이다.*

이 인용문에서는 하버마스의 결정적인 노선변경이 주제가 되고 있는데 하버마스는 여기서 이른바 물화이론과의 결별을 선언하고 있는 것이다. 이러한 결별에 어떤 의미가 담겨 있다면 그 의미는 마르크스의 생산 패러다임에 대한 하버마스의 비판보다 더 중요할 것이다. (생산 패러다임에 대한 하버마스의 비판은, 마르크스가 그의 주장만큼 생산주의자는 아니었기 때문에, 마르크스나 마르크스주의에 별 치명적인 타격을 가하지는 않는다.) 루카치에 대한 언급은 제대로 집기는 했지만 그에 대한 평가는 부적절하다. 왜냐하면 자본의 논리

---

* Habermas, *Theory of Communicative Action*, vol.I, p.357.

는 아도르노로부터 유래하는 것이며, 단순한 상품형식에 상응하는 논리적 범주가 지니고 있는 문제를 훨씬 상회하기 때문이다(아도르노가 소박한 물화이론을 참지 못했다는 사실은 또한, 그러한 물화이론에 부수된 논리적 문제들이 얼마나 다층적인가라는 문제에 대해 그 자신이 가지고 있던 감각을 엿볼 수 있도록 해준다).

포스트모던한 시대에, 이미 도달된 논의수준을 토대로 왈가왈부하는 것, 예를 들어 이 문제 또는 저 문제는 더 이상 논의의 여지가 없을 정도로 충분히 반박된 것이며 우리는 다른 문제로 넘어갈 수 있다고 확언하는 것은 대체로 설득력이 별로 없다. 칸트는 좀더 현명했다. 그는 신의 존재를 존재론적으로 입증하는 것이 불가능하다는 것을 밝혀냈지만(이것은 오해의 소지가 전혀 없는데), 그것이 어떤 '실천적 귀결'을 갖지는 않으리라는 사실을 잘 알고 있었다. 그러나 (예를 들어 다양한 포스트마르크스주의 이론에서) 하버마스나 데리다와 같은 유형의 사람 또는 이들보다 격이 떨어지는 힌데스(Barry Hindess)나 히르스트(Paul Hirst) 같은 사람이 사물을 보는 이런 저런 방식이 이제 낡아빠진 것이라고 확언할 때라도, 우리는 가까운 장래에 죽었다고 추정되는 유형들이 다시 리스트에 등장하리라는 것을 충분히 확신할 수 있다. (또한 분석적인 철학이 다양한 '사이비 문제'나 '형이상학의 잔재'로부터 우리를 해방시켰다고 주장할 때라도 똑같은 이야기를 할 수 있을 것이다.) 중요한 사실은, 어떤 전통이나 정전(Canon)도 승인하지 않는 포스트모던한 시대에 안전에 대한 보증서는 전혀 없다는 것이다. 어느 누가 어떤 무엇이 진실 아니면 허위임이 확실하게 입증되었다고 주장할지는 모르지만 아무도 그 말을 인정하지 않을 것이다. 이론의 운동은 매순간 새롭게 갱신될 수밖에 없기 때문에 전통적 방식에 의해 그 어떤 확고부동한 안정성을 획득할 수는 없는 것이다.

어쨌든 시대정신 또는 우리 시대의 정신적 상황에 대한 하버마스의 진단은 잘못된 것이라 생각하지 않을 수 없다. 시대의 풍향계에서 느껴지는 징후들은 새로운 형태의 헤겔 르네상스——자본의 논리의 부활을 함께 초래하면서——인데, 이러한 헤겔 르네상스는 헤겔이 여전히 번창하고 있는 영역(특히 국가이론에서 파생된 정치이론*)에 국한되지는 않을 것이다. 그러나 이러한 다시 읽기에 의해 등장한 헤겔은 우리에게 낯선 수학적이고 유물론적인 헤겔이다. 그러한 헤겔은『정치경제학 서문』'이후에' 등장한 헤겔로서 이러한 헤겔은 마르크스의 최초의 저서(『법철학』에 대한 출간되지 않은 주해서)보다 '선행하는' 관념론적이고 보수적인 헤겔과는 전혀 다른 모습이 되는 것이다. 다른 한편 자본의 추상적이고 논리적인 형식들이 일상생활과 '문화'——아도르노가 사용한 것보다는 훨씬 넓은 범위의 개념으로 이해되는——라는 새롭게 개발된 연구 테마 전체에 어떠한 영향을 끼쳤는가를 살펴보는 것은, 악명도 높지만 적지 않은 열매도 맺은 '문화산업'에 관한 장(章)에 함축된 의미들을 수정할 수도 있을 것이다.

---

* 이러한 전통에 대해 상세하고도 전문적인 연구보고서로서 다음을 참조하라. *The Capitalist State*, New York, 1982, ch.3. 또한 *Value, Social Form and the State*, ed. Michael Williams, New York, 1988. 이 책의 편집자는 다음과 같이 서두를 꺼낸다.

"다음에 열거되는 장(章)들은 현대의 마르크스주의가, 실증주의, 분석, 개인주의, 자연주의 등 정통 사회과학의 방법론으로 복귀하는 전반적 풍토에 대한 거부감에서 비롯된 것이다. 스스로 '분석적 마르크스주의'라고 이름붙인 이러한 최근의 복귀현상은 〔……〕 마르크스주의 이론에서 헤겔 변증법이 차지하는 결정적 위치에 대한 암묵적(또한 가끔씩은 명시적)인 거부에 토대를 둔다. 이러한 복귀는 또한 시민사회를 규제하는 데 의식의 형태들이 갖는 기능, 국가나 시민사회나 시민법 비판이라는 문제와 대결하고 있는 마르크스 초기 저작의 역할을 무시한다."

3 아도르노는 포스트모던한 시대에 적합한가

이미 암시한 바 있지만, 아도르노 사유가 근본적으로 얼마나 '모더니즘적인가'라는 문제를 둘러싼 일련의 이의들을 살펴볼 수 있을 것이다. 이 주제는 지금 우리의 포스트모던한 시대에 그의 사유가 얼마나 적합할 수 있는가에 대한 몇 가지 결론적인 성찰로 나아갈 것이다. 이를 위해서는 관점의 이동이 불가피한데, 심미적 모더니즘에 대한 아도르노의 관계는 일단 뒤로 미루고 그 대신 한 사람의 저술가나 철학자로서 그가 얼마나 모더니즘적인가라는 문제를 중점적으로 살펴보고자 한다. 그 이유는 이렇게 할 경우 어렵지 않게, 그 어떤 문화적·심미적 성향에 침윤되지 않은 그의 모더니즘적인 철학적 기획을 떠올려볼 수 있게 되기 때문이다.

모더니즘의 가장 두드러진 특징이나 징후들에 대한 목록표를 작성할 경우 아도르노가 갖고 있는 일련의 성향들은 그가 이 리스트의 중요한 후보가 되기에 충분하다는 것을 보여주지만 그러한 리스트로써 연구에 착수하는 것은 별로 효과적이지 못할 것이다. 필자는 이미 그의 저서 위를 맴도는 자기참조(auto-referentiality)의 숨결에 대해 언급한 적이 있다.[1] 이러한 자기참조의 경향은 특히 해체와 몰락이 만연한 가운데 가치와 언어를 보존하려는 고유한 기능을 스스로에게 부과할 때 특히 그러하다. 여기서 관점의 문제가 강력히 대두되는데,──비록 대학생이나 기층계급은 '역사의 주체'인가라는 1960년대말의 문제제기처럼 절망적인 아르키메데스 점을 구성하지는 않겠지만──이러한 문제에 대한 대답은 대체로 말을 돌리지 않고 계급적 특권이라는 문제를 건드림으로써 가능하다. 『최소한의 도덕』의 첫번째 잠언에서 이미 이 문제는 도전장을 던지듯 제기되었으며, 『부정변증법』에서도 다음과 같이 단도직입적으로 표명된다. "관리되는 세계에 의해 완전히 주조(鑄造)되지 않은 사람만이 그것에 대항할 수 있다"(『부정변증법』, 51/41/100).

이러한 상황은 호르크하이머가 예전에 생각했던 것보다는 훨씬 물질로부터 독립된 지성인의 변증법을 작동시키지만 이러한 종류의 지성인이 사실상 고사되어버린 1960년대에 와서는 명백히 문제가 되어버렸다. 지극한 고양 속에서 선각자와 예언자로서 행동하는 현대의 카리스마적인 예술가들이 자신들이 둥지를 틀고 있는 가지가 어떤 가지인지를 제대로 파악하고 있는지는 의심스럽다. 시인이란 무엇인가라는 문제가 머리를 치켜들 때면 철학자들이 비슷한 질문에 부딪쳤을 때와 흡사한 자기참조가 발견된다.

아도르노의 손에서 이 주제가 갖게 되는 즉각적인 역사성은 분명한 다음 발걸음을 시사해준다. 이 새로운 단계에서 우리 모두는 현대성의 명백하고도 근본적인 경향들──즉 시간, 시간성, 특정한 종류의 철학사 등──에 대한 비길 데 없는 후보자임이 드러날 것이다. 이러한 모티브들을 좀더 확장시켜볼 경우, 역사는 시간성의 내재화 속에서 파악될 것이며, 앞뒤로 향하는 실존적 시간을 도구로 외연적·집합적 역사의 역동성──다른 경우 같으면 무수하고 다양한 사실들을 통해 다가갈 수 있는──이 파악될 수 있을 것이다. 사실들을

---

1) 256쪽을 참조하라.

뒤지는 역사가의 정열이든, 일기나 자서전을 쓰는 사람에게 중요한 '내적 의미'든, 이 두 관점 중의 어떤 것도 그 자체로 이미 '현대적'이지는 않을 것이다. 반면 현대성 속에 나타난 주관성의 엄청난 기술적(사람들은 테크놀러지적이라 말하고 싶을지 모른다) 확산은——이러한 확산은 순간 순간의 일들을 기록하고 등재할 수 있는 엄청나게 확장된 새로운 작업장들을 포함하게 되는데——상상을 초월하는 역사적 격변이나 전세계의 종말과 시작을 고지하는, 멀리서 들리는 거리의 소음에 대한 산만하면서도 신경을 곤두세운 관심과 뒤섞인다.

이 두번째 것, 즉 현대성의 역사적·사회적 차원이 북미——북미 사람들의 모더니즘적인 판테온 신전은 대체로 '시대'나 '인물' 중심으로 분류된다——에는 결여되어 있다면, 그 이유는 (아도르노가 가르치고 있듯이) 미국 시민들이 위기, 카타스트로프, 혁명, 세계종말, 심지어는 옛 귀족제도의 사멸과 같은 수많은 시대의 종말 같은 것들을, 대개는 비난조로, 유럽적인 것으로 파악하기 때문이다. ('역사'란 유럽 사람들이 수치로 여겨야만 할 무엇으로서, 아도르노가 '올렛'이라는 잠언에서 미국 사람의 속성이라고 불렀던, 금전적이며, 수치심을 모르는 직선적 성격과는 대조를 이룬다〔『최소한의 도덕』, 259~261/195~196/274~276〕).

아도르노에게서 시간성이 지니는 이러한 특수한 현대적 기능을 충족시키는 계기들이 무엇인지를 우리는 이미 살펴보기 시작했다. 이러한 계기들은 무엇보다, 더 이상 없는 것들이나 시대착오적으로 살아남은 것들에 대한 개인적이고 이디오신크라시적인 감각과, 그 사이에 이제는 더 이상 단순히 비동시적인 것에 불과한 것이 아니게 된 역사적 패러다임들——이러한 패러다임 속에서 사회발전이나 생산발전의 '단계들'이 상호충돌하기도 하고 탈락하기도 하며, 자신들의 단계가 도래하도록 기대하게 만들기도 하고 이미 지나간 것이나 잊혀진 것으로 증명되기도 하는——사이의 좌표 속에 놓여 있다.

그렇지만 필자가 보기에 이들 중의 어떤 고립된 주제도—시간성과 같은 기본적인 주제마저—모더니즘의 특수한 제스처나 사고방식(또는 형식적 표현)이라고 단언하기는 어려울 것이다. 그 이유는 이미 벤야민이나 아도르노가 얼마나 '구도'라는 개념에 (지극히 모더니즘적으로) 열광했는가를 설명하면서 밝혔었다.[2] 구도의 개념은 끊임없이 변화하는 일련의 유동적인 계기들에 주목하는데, 이 계기들이 만드는 전체 구조는 그 속에 담긴 어떤 실체나 내용에 의해서가 아닌 계기들 사이의 상호관계에 의해 결정되는 것이다. 다시 말해 구도 속에는, 계기들 자체의 상호연관 외에 어떤 근본적인 속성도, 어떤 중심도, 어떤 '최종심급의 결정요인'도, 어떤 궁극적인 결과도 없다는 것이다. 이것은 사실 알튀세르적 문자 이전(avant la lettre)의 관념인데, 이 관념은 여전히 중심성이나 통일된(유기적일 필요까지는 없어도) 형식에 대한 향수 비슷한 것을 간직하고 있다. 이 비슷한 것을 데리다도 레비스트로스의 구조 개념에 대한 영향력 있는 에세이에서 보여주고 있는데 이 에세이는 구도의 개념과 어느 정도 유사성을 갖고 있다.* 우리가 오늘날 부르는 포스트구조주의의 시작을 알리는 글로 보통 인정되는 이 에세이에서 레비스트로스의 숨겨진 모더니즘적 성향을 들추어낸 데리다의 시도는 놀이와 우연(간단히 말해 '심미적인 것'—이 개념에 대한 왈가왈부를 일단 유보한다면)에 기초한 포스트구조주의를 진수시킨 첫 발자국이라고 보아도 무방할 것이다.

이 문제는 필자가 보기에 아도르노의 모더니즘에 대한 대차대조표

---

2) 150~151쪽을 참조하라.

* J. Derrida, 'La Structure, le signe et le jeu dans le discours des sciences humaines', *L`Ecriture et la différence*, Paris, 1967, pp.409~428.

를 만들 수 있는 지점이다. 그 이유는 특히 이 문제가, 지금 시대에 아도르노를 어떻게 읽어야 하는가라는 문제에서 중심적 요소임이 증명된 총체성이나 보편과 특수 같은 문제적 관념으로 돌아갈 수 있도록 만들어주기 때문이다. 그렇지만 데리다의 분석은 물론 현재 생성 중인 포스트모더니즘의 언어로 표현되어 있다. 즉 생성 중인 미래의 관점으로부터 제시되어 있는 것이다. 따라서 모더니즘의 관점에서 볼 때는 사물들이 좀더 다른 모습을 지니게 될 것이며, 이에 따라 데리다의 묘사를 재현의 위기——재현이라는 문제틀을 계속 진지하게 붙듦으로써——로 고쳐 쓰는 것이 적절할 것이다. 왜냐하면 아도르노가 우리에게 가르쳐주고 있는 것은——또한 포스트모던한 시대에 모던한 판테온 신전에 모셔져 있는 고전들이라는 봉인된 책들로 돌아가는 것은——재현의 문제란 (단순한 '규제적 이념'에 그치지 않는) 총체성 개념이 존재할 때에야 비로소 괴로우면서도 흥미로운 최고 관심사가 될 수 있다는 사실이기 때문이다.

개별적인 대상들을 재현하는 것은 기껏해야 심미적 가치평가나 순수문학적 관심사에 지나지 않는다. 또한 사회적 총체성에 대한 실체적인 접근이 당연시되고 사전에 주어져 있다면 재현의 문제는 진정한 문제나 딜레마로 떠오르지도 않을 것이다. 사회 전체의 파악 가능성에 대한 극단적인 심미적·인식론적 의혹이 피부에 와닿게 된 것은 제2단계의 독점자본주의가 들어서고 다양한 민족적 경험의 경계를 넘어선 고전적 제국주의 체계가 출현하면서부터였다. 이 극단적인 의혹이 모더니즘을 낳았고 재현이라는 이 고유한 드라마를 만들어냈던 것이다. 다른 한편 이 포스트모던한 다민족적인 시대에, 총체성이라는 관념이 절박하고도 중요한 주제가 더 이상 아닌 것처럼 보이거나 또는 그 부재에 만족하면서 정치적 이유든 도덕적 이유든 간에 더 이상 얻으려 애쓰는 대상이기를 그치게 되었다면, 긴박한 재현의 문제(철학적이든 형식적이든) 또한 사라지게 된다.

그러나 아도르노의 저서에서 중심이 되는 긴장은 바로, 사회적 총체성과 그 주체 사이의 객관적 긴장과 별개의 것이 아닌, 보편과 특수 사이의 관계가 만들어내는 긴장이다. 이 모더니즘에 특유한 긴장은, 철학적 기술(記述)의 한 방식으로서 부정변증법 자체의 특별한 건축적 해결을 결정했던 것과 똑같은 방식으로, 개개의 문장 속에도 주입된다. 필자가 이미 피력한 것이지만, 이러한 긴장은 '에세이' 형식에 대한 옹호 속에도 들어 있음을 주목하지 않을 수 없는데, 이 에세이 형식이 지니고 있는 가치는 지금 우리에게 좀더 친근한 포스트모던한 에세이 형식과 쉽사리 혼동된다. 마지막으로, 아도르노가 계속 되뇌고 있는 재현이라는 모더니즘적 문제는 오늘날의 사람들에게 절박한 관심사가 되기에는 철 지난 이야기이며, 이 문제에 접근하기 위해서는 우리 자신의 시대를 빠져나와 고전적인 현대성 속으로 들어가야만 할 것이다. 중요한 것은 현대성의 쇠퇴 자체를 음미하고 테마화하는 것, 그리고 그러한 몰락을 초래한 이유들이다. 또한 중요한 것은, 부정성이나 '비판이론'을 궁극적으로 과거사에 귀속시키게 될 새롭게 떠오르는 지성의 판도에 대한 예감일 것이다.

4 포스트모던한 시대에 아도르노의 가치

이제, 민족적 불균등성을 그대로 보존하고 있는 불균등한 초민족적 영역들 내에서 만개한 포스트모더니즘의 시대에 아도르노가 우리에게(좀더 정확히 말하면 발달된 자본주의 국가의 지식인에게, 아니면 오직 우리 북미의 지식인에게) 지니고 있는 가치를 평가할 시간이 된 것 같다.

우리는 우선 포스트모더니즘의 한 경우로서 아도르노적인 포스트모더니즘이나 그 어떤 포스트모던한 아도르노의 가능성을 인정해야만 논의를 시작할 수 있을 것이다. 그렇지만 이러한 주장은, 쇤베르크나 스트라빈스키 같은 고전적 모더니즘 작곡가들에게 차가운 기념비를 세워준 『신음악의 철학』 같은 정전보다는 다른 음악적 저술들을 근거로 삼아야 할 것이다. 좀더 덜 친숙한 텍스트들—무엇보다도 「비공식적인 음악에 대해서」*와 같은 에세이—에서는, 쾰른 라디오 방송국이나 크라니히슈타인과 다름슈타트의 실험적인 음악회—여기에는 그 당시는 무명이었던 불레즈[1]나 슈톡하우젠[2] 같은

---

* *Gesammelte Schriften*, vol.16, Frankfurt, 1978, pp.493~540.
1) Pierre Boulez(1925~). 프랑스의 작곡가, 지휘자, 음악이론가.
2) Karlheinz Stockhausen(1928~). 독일의 작곡가. 전위적 작품과 전자음

사람들이 참여했다──와 연관된 새로운 전후 음악생산물들에 대한
지지와 공감을 보여주는 풍부한 자료들을 찾을 수 있다. 그러한 공
감은, 말러[3]나 베르크에 대한 책들과 함께, 쇤베르크에게 중심적 의
미를 부여하는 아도르노의 역사적 평가는 특별한 개인적 성향이나
빈의 작곡가 · 이론가에 대한 선호와 연관성이 있다는 주장이 잘못된
것임을 보여준다. 아도르노는 되풀이해서 쇤베르크가 처했던 막다른
골목이 그러한 중심적 의미를 만들어낸다고 평가했던 것이다.

다른 한편, 수사학적인 분석을 글자 그대로 받아들여, 음악적인
체계 속에 있는 치유 불가능한 모순들을 강력하고도 명료하게 표현
해낸다는 것이 결국은 작곡을 그만두어야 한다는 것을 의미한다고
가정하는 것은 오류이다. 아도르노 자신도 그렇게 하지는 않았다.
유사한 판단들이 다른 예술과의 관계 속에서도 발견되는데, 여기서
나타나는 비슷한 모순성은 역사적 시간 자체의 본질 속에 있는 장벽
을 암시한다. 따라서 '비공식적인 음악'의 관념은 이미 지극히 포스
트모던한 것이다. 왜냐하면 이 개념은 시간 · 변화 · 진보와의 관계에
서 모더니즘 미학이 확정한 되돌릴 수 없는 필연성에 항거하는 것이
며, 우연이나 요행을 강조함으로써 쇤베르크 류의 체계들에 저항──
이러한 저항은 좀더 예측 가능한 것인데──하기 때문이다. 규칙들은
오직 한 번 쓰이기 위해 만들어진 것으로, 사람들은 (음악의) 역사
로부터 일탈하기 위해 안간힘을 쓴다는 것이다. (심지어는 존 케이
지[4]에 대한 우호적인 표현이 발견되며, 논문 전체는 음악적인 영역
으로 번역된 이탈리아의 『허약한 사유』(*Pensiero Debole*)를 연상시

악의 걸작들을 발표함.
3) Gustav Mahler(1860~1911). 오스트리아의 작곡가. 작품에는 교향곡 「부
   활」, 「대지의 노래」 등이 있음.
4) John Cage(1912~92). 미국의 작곡가. 도안 악보의 창안자로 '우연성의
   음악'이라는 사상으로 유명함.

킬 정도이다. 역사적 논리를 이처럼 느슨하게 만드는 것은, 벤야민
이 비슷하게 모순된 상황 속에서 머리를 짜내 만들어보려 했던 새로
운 미학과는 상당히 차이가 난다.

그러나 역사적 논리를 느슨하게 만드는 작업은 그가 가끔씩 자기
저서의 진정한 프로그램이라고 내놓은 아도르노 사유의 특정 요소들
과 썩 잘 어울린다. 아도르노는, 그의 논문 「형식으로서의 에세이」*
에서 특히, 체계의 배척과 함께, 단상(斷想)적인 것이나 우연적인
것, 주저(主著)에 대한 독일의 전통적인 동경이나 건축학적인 진리
를 기피하는 순간적인 것의 자유에 대한 의무감을 강조한다. 예나
낭만주의**를 연상시키는 아도르노의 이러한 어투는 루카치의 어
투——아도르노의 어투는 여기로 거슬러 올라가는데***——만큼이나
설득력이 없어 보인다. 루카치 또한 아도르노처럼 기질적으로 즐겁
고 무책임한 자유에 (니체처럼) 표현을 제공해주지도 않으면서, 자

---

* *Noten zur Literatur*, pp.9~33. 아도르노는 후설에 관한 저서 서론
(*Against Epistemology*, transl. willis Domingo, Cambridge, MA
1983, pp.3~40) 또한 거의 이 주제에 바쳐진 표명으로 간주한다. 「형식
으로서의 에세이」에 빠져 있는 것은 문화적 저널리즘이나 신문문예란 속
에 있는, 전형적이고 제도화된 에세이들의 하부구조에 대한 고려이다.
이러한 에세이에는 이 장르의 '자유'라고 부른 것을 상당한 정도로 제약
하며 탈신화화하는 결정요인들(determinants)이 있다.

** 예나 낭만주의자들(Jena Romanticism)에 대해 오늘날 정전으로 인정될
수 있는 Lacoue-Labarthe와 Nancy의 연구서 『문학적인 절대』에서 「단
상」에 관한 장을 읽으면 그들과 아도르노 사이에 상당한 차이를 발견하
게 될 것이다. 그들은 예나 낭만주의자들을 협잡꾼으로까지 생각하지는
않을지라도, 모든 표현의 필연적 불완전성에 대한 예나 낭만주의자의 자
멸적인 주장은 총체성의 재현을 둘러싼 필연적인 딜레마에 대해 아도르노
가 보이는 태도나 방법과는 그 정신면에서 아주 큰 거리가 있다고 본다.

*** See 'On the Nature and Form of the Essay', in *Soul and Form*,
transl. Anna Bostock, London, 1974.

신의 강력한 체계의 정신(esprit de syst me)을 밑도끝도없이 비판하였던 것이다.

아도르노는 확실히 수많은 짧은 글들을 썼고, (특히 『최소한의 도덕』에서) 단상들을 시도했으며, 정곡을 찌르는 다양한 잠언들을 내놓았다. 그렇지만 여기서 핵심을 이루는 것은 위대한 체계들이 종말을 고한 다음에 올 철학함 자체에 대한 그의 견해 속에 있다. 『부정변증법』의 '모델들'로부터 '비공식적 철학'의 실천이 나온다. 이러한 모델들은 리처드 로티(Richard Rorty, 1931~)가 제안한 것으로서 어쩌면 포스트모던한 것이라 부를 수 있을지 모른다. 이것은 우연성에 기반을 둔 철학함, 그때그때 특수한 문제해결, 일종의 열린 사유를 의미한다고 할 수 있을 것이다. 아도르노 자신은 다음과 같이 기술한다.

열린 사유는 임의적인 것으로 빠질 위험에 대해 무방비 상태에 놓여 있다. 그러한 위험을 견디어내면서 대상을 완전히 다루어낼 수 있는가에 대해서는 어떤 보증도 없다(『부정변증법』, 45/35/93).

즉각적으로 가장 무거운 의혹을 일으키고 비상벨을 요란하게 울릴 수밖에 없는 열림과 닫힘의 수사학은 현재로서는 불길하기 이를 데 없다. 물론 필자는 『부정변증법』의 모델들을 이와 같은 임의적이고 요행적인 것으로 읽지는 않았으며, 아도르노를 포스트모더니즘에 소속시키는 것은 그를 후기낭만주의로 분류하는 것만큼이나 설득력이 없다는 사실을 확신한다. 그렇지만 그의 사유가 포스트모더니즘이 출현할 충분한 여지를 자신의 내부에 포함하고 있다는 사실은 의심의 여지가 없다.

문화적 우세종이라는 강력한 의미에서의 포스트모더니즘에 대한 아도르노의 중요성은 차라리 그의 사회학적 내지는 철학적 비판 속에 있을 것이다. 사실 아도르노가 실증주의라고 부른 것은 자세히 들여다보면 오늘날 우리가 포스트모더니즘이라 부르는 것으로서, 이 포스트모더니즘의 좀더 초보적 단계가 실증주의라고 할 수 있을 것이다. 용어의 변천은 대단히 중요한 의미를 담고 있다. 즉 고루한 공화주의적 소시민의 과학철학이 19세기라는 타임캡슐을 빠져나와, 초국가적이고 다민족적인 자본주의의 따사로운 늦여름에 일상적 소비생활의 장밋빛 광채로 탈바꿈하는 것이다. 그러한 변천은 또한 진리가 그때그때의 지극히 참신한 상품으로, 시민적 자긍심과 부르주아적 지위의식이 고속도로와 해수욕장으로, 구식의 권위적인 가정과 구레나룻을 기른 교수가 권위에 대한 존경심의 실추(그럼에도 불구하고 권위가 계속 지배한다)와 자유분방함으로 변화하는 것을 의미한다. '아우슈비츠 이후 여전히 시를 쓸 수 있는가'라는 질문은, 수영장의 안락의자에 누워 아도르노나 호르크하이머를 읽는 것을 참을 수 있는가라는 질문에 자리를 양보한다.

이제 이 두 사람이 우리에게 제공할 수 있는 첫번째 봉사는 사실 그러한 것이다. 그것은 상가로의 오염된 대기 속에서 모든 사람이 피부로 실감하는, 위협적인 무엇이 머리를 짓누르는 느낌으로서 이러한 느낌은 재난과 위기에 대한 꽤나 오래된 고전적인 유럽의 느낌이다. 이러한 느낌은 유럽공동체의 국가들마저 이제는 기이한 변신을 통해 자신의 뇌리 속에서 지워버리려 하는 느낌인데, 이러한 변신에는 유럽 사람들보다 미국인들이 훨씬 유능할 것이다. 왜냐하면 미국은 유럽 국가들과 비교할 때 이러한 문제에 대해서는 훨씬 단련이 된 사회이기 때문이다(그러한 문제에의 단련은, 사르트르의 표현을 빌리면, 자신의 아버지보다도 나이가 먹었다고 말할 수 있을 것이다).

중요한 것은 그러나 재현의 문제이다. 녹슨 철도와 버려진 공장의 풍경은 이미 1930년대에 볼 수 있었던 풍경이며, 소비사회나 그 이미지(하얀 이를 드러내고 웃는 모습)에 대한 비판은 이미 1950년대에도 있었다. 이 모든 것들은 이제 이미, 그 요소들을 기발한 방식으로 재결합시켜 새로운 구조를 만들어낸다 할지라도, 진부한 것이 되어버렸다. 진정한 문제는 아마, 위에서도 이미 언급했지만, 바로 재현의 문제이다. 비록 모든 포스트모더니스트들이 총체성은 존재할지 모르지만 인식될 수도 묘사될 수도 없다고 주장하지만 그럼에도 불구하고, 문제는 이 총체성을 재현하는 것이다. 변증법이란——부정변증법 같이 실망과 분노를 자아내는 변증법일지라도——우리가 엄두도 내지 못했던 작업인, 이 원의 전체 넓이를 구하는 작업이다. 이 작업은 적어도, 이러한 작업이 주관적이고 개인적인 것에 그치는 것만은 아니라는 믿음을 한순간도 포기하지 않은 채, 의식의 내부로 들어가 머리 속에 있는 자질구레한 상념들과 함께 시작하지 않을 수 없다. 이러한 작업이 궁극적으로 성공하여 베케트의 『마지막 유희』에 나오는 인물처럼 두 눈을 뜨고 지금의 상황을 직시하는 것이 가능하다면, 역사의 사다리가 완전히 무너져내리기 전에 한순간이나마 살아 있는 현실을 엿보는 것이 가능할 것이다.

실증주의는, 낡은 패러다임을 사용하는 철학처럼, 자신을 완성하고 그에 따라 스스로를 폐기처분하게 될 때 포스트모더니즘이 된다. 아도르노는 실증주의의 사명을 글자 그대로 받아들임으로써 우리에게 유용한 묘사를 제공한다. 실증주의는 사상이나 해석이나 확신으로서 표명되는 주관성의 형식을 폐기시킬 것이라는 것이다(아마 실증주의는 또한 이런 것들에 상응하는 언어, 즉 시적인 것, 정서적인 것, 수사학적인 것도 폐기시키고 싶어할 것이다). 이 말은 즉 실증주의란 유명론이며, 유명론인 한에서 실증주의는 우리를 경험적인 현재로 환원시키고 싶어한다는 것이다(또는 이 경험적 현재를 다른 상황이나 시간적 계기들을 떠올리기 위한 유일한 규준으로 만든다는 것이다). 실증주의는 또한, 목적이나 목표에 대해 질문하는 모든 사상과 함께 가치라는 것을 폐기처분하게 될 것이며, 이러한 폐기처분

은 변증법을 배제하지 않을 뿐만 아니라 떠올릴 수 있는 모든 이데
올로기를 포함시키면서 이 이데올로기에 대해 무차별적인 '종말'을
선언할 것이다.

이런 의미에서 포스트모던한 것은 바로 자유주의—이데올로기나
가치로서 전통적 보수주의만큼이나 지탱하기 힘든 사상인 자유주의
는 자신의 사멸 이후에 이데올로기로서 더 큰 영향력을 행사하며,
(더 이상 정치적 프로그램이 아니라 단순한 상식이 되어버린) 시장
체제에의 관여라는 지극히 전통적인 형태로 스스로를 실현한다—의
완성이면서 그것의 폐기이다. 그러한 실증주의에 대한 모든 비판은
진실이지만 동시에 아무런 쓸모가 없는 것이다. 왜냐하면 그러한 비
판은 단지 골동품이 된 재현과 철지난 이데올로기만을 동원할 수 있
기 때문이다. 더 이상 없는 것은 한 번도 없었던 것이나 아직 없었
던 것, 앞으로도 있을 것 같지 않은 것만큼이나 부재하는 것이다. 존
재만이 여전히 남아 있지만 우리는 그것을 더 이상 존재라는 이름으
로 부를 수 없다. 왜냐하면 무(無)라는 단어가 유통구조 속에서 삭
제되게 됨에 따라 존재라는 단어 자체도 의미를 상실하여 대상 없는
무(無)가 되어버렸기 때문이다.

기성세력이 볼 때 아도르노는, 강력한 반대 정치세력이 아직 존재
하고 있었을 때까지는, 의심스러운 동맹자였다. 입장이 불분명하고
이해하기에 난삽한 아도르노의 정적주의는 그러한 저항세력에 대해
유보적인 태도를 취하는 독자들을 헷갈리게 하는 역할을 할 수 있었
던 것이다. 그러나 이제 그러한 조류들마저 입을 다물게 되어버렸기
때문에, 세상과 타협하지 않으면서 세상에 대한 심기불편을 줄기차
게 떠들어대는 아도르노의 태도는 현존하는 세상의 표면에 붙어 있
는 녹을 제거할 수 있는 세척제나 유쾌한 해독제가 되었다. 그의 고
풍스런 경제학마저 이제는 적절하고 시대에 걸맞는 것처럼 보인다.
이제는 완전히 유행이 지나버린 아도르노의 독점자본론마저 자신의

시대를 재구성한 그의 정신을 가감하지 않은 채, 스스로는 이 시대를 재현하는 어떠한 그림도 그릴 수 없는 우리에게는 커다란 호소력을 지닌다. 왜냐하면 어떤 편집증 없이도 이 체계의 후미진 구석구석과 갈라진 틈바구니들을 효과적으로 뒤지고 다니는 아도르노의 그림은 탈중심화된 현재의 체계에 어리둥절해하는—그 이유는 이 체계가 우리가 찾고 있다고 생각했던 음침하고 창이 없는 단자 같은 조망대 대신에 수많은 생산물들(또는 이것을 약간씩 변화시킨 규격품들)만을 제공하기 때문이다—사람들에게도 적당한 모범으로 기능할 수 있기 때문이다.

불균등한 발전의 초기 단계에서 아도르노의 변증법(또한 소위 말하는 서구 마르크스주의 일반)은 제1세계에만 해당하는 특수하고 국부적인 마르크스주의로서, 저개발국가나 사회주의 국가가 필요로 하는 마르크스주의와는 현저히 차이가 나는 지식인의 재산이나 전문화된 지식인의 도구—적당한 상황에서 적당히 잘 이용하면 옛날만큼 효용성이 있을지는 모르지만—로 이해되었었다. 세계 체계의 갑작스런 팽창은, 비슷하게 불균등한 방식을 통해서이기는 하지만, 이전의 불균등성을 무효화하고는, 우리 자신도 이해 못할 또 다른 불균등성으로 대체해버렸다. 신식민지가 된 제3세계를 뒤덮은 해방운동들은 하룻밤 사이에 증발해버렸다. 다른 한편 실제로 존재하던 사회주의 제도들도 따뜻한 햇살을 받은 눈처럼 녹아 없어지고 있는 듯이 보인다. 그렇지만 마르크스가 떠올렸던 사회주의로의 이행은 더 향상된 생산성과 더 진보된 기술의 지배하에서 가능한데, 이러한 가능 조건에 대해 사람들은, 소망이 사유의 아버지가 된다는 식으로, 엉뚱한 꿈을 꿔서는 안 될 것이다. 스탈린주의는 그것이 실패했기 때문이 아니라 성공했기 때문에, 즉 저개발국가의 급속한 산업화를 부추기는 자신의 사명—이러한 사명 때문에 스탈린주의는 제3세계의 많은 국가들에서 모범으로서 역할을 했었다—을 완수했기 때문에 사라지고 있다. 고르츠(André Gorz)의 말대로 그런 의미에서 공산주의는 사회주의를 향한 '제1보'였다(폴란드의 경우 국가라는 단일 경영체제 하에서 추진된 산업화가 전국적인 노동운동의 출현을 위한 사전조건이었다는 사실을 상기하는 것으로 충분하다)! 문제는, 아직 어디서도 답을 찾지는 못했지만, '제2보'의 도래를 어떻게 확보하느냐는 것이다.

권좌에서 물러나, 사회를 어떻게 재편성하는가 또는 사회주의를 실현시킬 미래의 청사진을 어떻게 만들어내는가에 대한 이데올로기적 책임을 내려놓은 '당'은 국가에 진공상태만을 남겨놓았으며, 이 진공공간은 곧바로—비록 과도기적인 현상이기는 하지만—지식인들(이제 스스로 권력을 손에 쥔 인텔리겐챠)의 활동무대가 되었다. 미래에 마르크스가 나온다면 그는 『브뤼메르 18일』에 나오는 해당 부분보다도, 부르주아 계급이 자신들의 직업을 통해 획득한 길드 가치들(표현의 자유나 자유선거)을 찬양하고 굳건히 하는 데서 느끼던 행복감, 이러한 행복감이 곧 생산의 위기에서 오는 비틀거림이나 싸움으로 전환되는 과정, 이 싸움에서 빠져나오자마자 이제는 위대한 맹방이었고 자유의 옹호자였던 사람들에게 돈을 구걸하게 되는 과정을 풍자하는 데 있어 옛날의 마르크스를 능가할지 모른다. 이 위대한 맹방이며 자유의 옹호자가 미국인데, 이 미국은 소련을 자신에게 유리하게 중립화시킨 다음, 이제 파나마를 재정복하고 온 세계에서 국지적인 '방어' 작전을 위해 이리의 이빨을 드러낸다.

이 대공위시대의 공백을 메울 수 있는 것은 다만, 국유화된 산업들을 싼값으로 사들이고 싼 노동력—자율적인 민족국가가 완전히 붕괴한 후 다국적기업의 손아귀에 떨어진—으로부터 이득을 취하는 큰 장사(big business)뿐이다. 예전의 제2세계가 급속도로 제3세계의 처지로 떨어지는 것이 현재의 역사흐름이 흘러들어가게 될 종착역이 되고 있다. 근근히 버텨오던 낡은 역사단계는 완전히 청산되고 새로운 전지구적 자본주의가 도래하며, 이에 따라 동구 사회주의의 구조적 취약성이 무자비하게 폭로되고 있다(제3세계의 자율적인 발전 또한 사형언도를 받고 조종이 울린다). 동구권에서 예전의 이상주의적이고 혁명적인 자세는, 아직 소비자나 외국자본을 위한 비참한 노동자로 전락하지 않은 광범위한 대중의 국가에 대한 적개심으로 전환되는 것처럼 보인다.

그렇다고 이러한 것들이 마르크스주의의 허위성을 입증하는 것은 아니다. 마르크스주의는 오히려, 상부구조의 환상에 찬물을 끼얹으면서 새로운 '거대한 구조변화'가 초래한 경제적 결과에 관심의 초점을 맞출 수 있는 유일한 사유틀일 것이다. 자본과 노동(또한 이들의 대립)은 새로운 체계 속에서도 계속 존속하겠지만, 과거처럼 미래에도 자본주의와 사회주의 사이에는 어떤 가시적인 '제3의 길'이 존재할 것 같지는 않다. 사회주의적인 어투나 용어가 관료들의 기계적인 상투어를 끊임없이 들어야 하는 사람들에게 불쾌감을 자아내기는 할 것이다. 그렇지만 깊숙한 이데올로기 문제나 정치 문제에 대한 좌파적 참여가 없는 미래는 상상할 수 없다. 그러한 참여의 원천이 가족과 어린 시절, 계급소속감과 경험에 의해 무의식적으로 중층결정된다는 것은 분명하다. 완전히 포스트모던하게 된 제1세계 안에마저 기질이나 가치관이 순종 좌파의 성향을 보이며, 장사꾼 사회의 규범들에 의해 억압당한 급진적 사회변혁의 환상을 좇는 젊은이들이 있다. 이러한 참여의 동력은 '마르크스주의의 고전들'을 읽음으로써 얻어지는 것이 아니라 사회 현실에 대한 객관적 경험으로부터, 또한 개개의 원인이나 문제들 또는 특정한 형태의 불의는 밀접하게 연결된 사회적 차원들을 하나의 총체성으로 응집시켜 사회적 변혁을 위한 정치적 참여로 이끌지 않고는 밝혀질 수도, 해결될 수도 없다는 인식에서 출발한다. 마르크스의 텍스트들이 갖고 있는 특권적 위치는——또한 그의 이름이, 오용되기도 하지만, 다른 사회사상가와는

달리 이러한 정치와 연관성을 유지하는 이유는──마르크스가, 출간
되거나 출간되지 않은 논문들의 발전노선이 이미 보여주고 있듯이,
자신의 공적인 인생여정을 시작하면서 이러한 총체적 경험을 자기
것으로 만들 수 있었기 때문에 가능했을 것이다. 그러므로 테이프에
담긴 기록들이 지워지고 있는 새로운 암흑의 시대에 마르크스주의라
는 단어마저 없어질지는 모르지만, 마르크스주의가 포착한 문제 자
체는 언제든지 다시 나타날 것이다.

현재의 상황에 관해서는──코르쉬(Karl Korsch)가 이미 오래 전에
마르크스의 원전에 기대어 부각시킨 문제이지만──연구분석들의 양
상이나 방법론이 객관적 사회상황의 변화들이 지니는 커다란 순환리
듬에 따라 주의주의와 운명론(결정론)으로 양극화하는 것 같은데,
이 리듬은 혁명전야라고 부를 수 있는 변화에 대한 희망으로부터 사
회의 판도가 어떤 변화도 상상할 수 없는 지경(우리처럼 짧은 인생
을 사는 생물학적 주체에게는)으로 경직되는 상황으로 넘어가고 있
다. 우리의 입장은 주의주의보다는 운명론에 가까운 것처럼 보이는데
그에 따라 우리가 유용하다고 발견한 사상들도 결정론에 가까운 것
으로 조정될 수밖에 없을 것이다.

이것이, 1990년대에 적합한 변증법적 모델로서 아도르노를 제시하게
된 필자의 정신이다. 내향적이며 반성적인 아도르노의 변증법은 개
인과 체계의 관계가 완전히 유동적이 되거나 해체되었다고는 말할
수 없어도 잘못 규정되고 있다고는 할 수 있는──새로운 전 지구적
세계질서의 다양한 차원들과 불균등성을 고려할 때──상황에 어울릴
것이다. 그 자신 이론──의식이나 그 생산물의 아포리아(미궁) 내에
서, 부재하면서 현존하는 총체성을 감지하는 것이라고 정의할 수 있
는──이라 부른 것에 대한 아도르노의 지나친 강조가 오늘날의 지식
인에게 나쁜 강의라고 말할 수는 없을 것이다. 왜냐하면 비판이론을
항구적인 부정성과 비화해적인 사회비판으로 간주하는 예전의 태도

는 포스트모던한 이론가의 이상이기보다는 사르트르적인 실천의 특징일 것이기 때문이다. '현재의 상황'은 분명히 변증법 이론 외에도 긴박한 요구들을 수없이 갖고 있을 것이다. 그렇지만 '이론뿐만 아니라 이론의 부재 역시 대중을 손에 넣자마자 물질적인 폭력이 될 것이다'.[5]

---

5) 117쪽의 두번째 원주를 참조하라.

옮긴이의 말

　우리를 둘러싸고 있는 세계에 대한 관심, 즉 세상은 어떠한 모습을 하고 있으며, 이 세상은 어디서 와서 어디로 흘러가는가에 대한 관심은 적어도 그것이 형상화되어 나타나기 시작한 신화의 시대 이래 떨쳐버릴 수 없었던 인간의 관심임을 확인할 수 있다. 그러한 관심의 표현 형식은 세상이 복잡해지는 정도에 비례해 그 또한 난해해져왔다. 이제 그러한 난해화의 과정이 마지막 정점에 도달한 듯이 느껴지는 포스트모던한 시대에는 세상에 대한 '전통적인' 인식과 재현의 불능을 확인하는 것이 학자들 사이의 합의사항이 되어버렸다. 지식인에 대한 전통적인 관념을 조롱하는 '신지식인'이라는 유행어에서 보듯 개인이든 집단이든 국가든 그러한 재현과 인식에의 열망을 낡아빠진 것으로 치부해버렸다. 오직 살아남기 위한 경쟁에 혼신의 힘을 쏟는 '세계화된' 지금의 현실에서 '인문학의 위기'는 이러한 정황의 한 징후로 느껴진다.

　어떠한 재현이나 인식도, 어떠한 의미나 가치도, 그것을 감당할 수 있는 개인적인 의식이나 주체라는 관념마저 부정되는 포스트모던한 시대에 이러한 조류의 중심에 있으면서도 그러한 전통적인 '재현'과 '인식'에의 관심을 포기하지 않는 것이 제임슨(Fredric

Jameson)의 매력일 것이다. 이러한 관심 속에서 제임슨은 포스트모
던한 지금의 시대를 해석할 수 있는, '1990년대에 적합한 변증법적
모델'로서 이 책을 내놓았다. 이 책을 통해 우리는 지금의 시대에
대한 '해석'을 열망하는 '이론'이 어떠한 모습을 할 수 있는가를 엿
볼 수 있을 것이다. 나아가 문화나 학문 전반에 걸쳐 핵심적인 문제
는 거의 빠짐없이 정확하게 맥을 짚어내는 경이로운 박학과 예리한
통찰력을 보여주는 제임슨의 이론은 탈중심화된 세상의 새로운 중심
을 만들어낸다는 점에서 '이론'이 도달한 수준과 표현 형식을 짐작
할 수 있을 것이다. 제임슨의 『후기 마르크스주의』에 대한 자리매
김, 이 책이 지닌 의의와 한계 등은, 새로운 '중심'에 대한 낡은 '주
변'의 비판이라고 해도 좋을 옮긴이의 논문 「포스트모더니즘, 아도
르노, 제임슨」에서 다루어지고 있다.

인용문에 표기된 쪽수는 독일어, 영어, 한국어 순으로 되어 있는
데(대부분은 옮긴이의 문체로 재번역했다), 참조한 한국어 문헌은
『부정변증법』(아도르노 저, 홍승용 역, 한길사, 1999), 『계몽의 변
증법』(아도르노·호르크하이머 저, 김유동·주경식·이상훈 역, 문
예출판사, 1995), 『미학이론』(아도르노 저, 홍승용 역, 문학과지성
사, 1984), 『최소한의 도덕』('한줌의 도덕'으로 번역되어 있음, 아
도르노 저, 최문규 역, 솔, 1995), 『신음악의 철학』(아도르노 저, 방
대원 역, 까치, 1979)이다.

세상에 대한 공부와 미국 체험에 도움을 준 제임슨 교수는 물론,
난해한 책이 우리 세상에서 빛을 보기까지 애써주신 한길사의 김언
호 사장님과 편집부에게 감사드린다.

2000년 7월
김유동

프레드릭 제임슨 연보

．

1934년 4월 14일 미국 오하이오주 클리블랜드에서 출생.

1954년 헤이버포드(Haverford) 대학 졸업. 액상프로방스, 뮌헨, 베를린 대학
　　　　수학.

1954~55년 우드로 윌슨 장학금 수혜.

1956년 예일 대학에서 문학석사 학위 취득.

1956~57년 뮌헨, 베를린 대학에서 풀브라이트 장학금 수혜.

1959년 예일 대학에서 철학박사 학위 취득.

1959~67년 하버드 대학 전임강사를 거쳐 같은 대학에서 6년간 조교수로
　　　　활동.

1961년 *Sartre : The Origins of a Style* 발간.

1967~76년 샌디에이고 주립대학에서 4년간 부교수를 지낸 후 같은 대학에
　　　　서 프랑스학·비교문학(French & Comparative Literature) 교수로
　　　　재직.

1968년 인문학 연구소(Humanities Institute) 장학금 수혜.

1969~70년 구겐하임(Guggenheim) 장학금 수혜.

1971년 『변증법적 문학이론의 전개』(*Marxism and Form*) 발간.

1971년 12월 윌리엄 릴리 파커 상 수상.

1972년 『언어의 감옥』(*The Prison-House of Language*) 발간.

1976~83년 예일 대학에서 프랑스학과 교수로 활동.

1979년 『침략의 우화』(*Fables of Agression*) 발간.

1979~80년 구겐하임 장학금 수혜.

1981년 『정치적 무의식』(*The Political Unconscious*) 발간.

1983~85년 샌타크루스에 있는 캘리포니아 대학 교수로 문학과 의식의 역사 (Literature and History of Consciousness) 분야를 담당함.

1984년 아트 & 사이언스 아메리칸 아카데미 훈장 수상.

1985년 *Yale French Studies*에 논문 "Sartre after Sartre" 발표.

1986년~현재   듀크 대학에서 비교문학 교수 및 문학 프로그램(Graduate Program in Literature and the Center for Critical Theory) 주임교수(chair)로 재직중.

1988년 *The Ideologies of Theory, Essays 1971~86* 발간.

1988년 그가 편집을 맡고 있는 잡지 *South Atlantic Quarterly*(88년 겨울호)에 논문 "Third World Literary and Cultural Criticism" 발표.

1989년 *Postmodernism, and Cultural Theories* 발간.

1990년 『후기 마르크스주의 : 아도르노 또는 변증법의 생명력』(*Late Marxism : Adorno, or, The Persistence of the Dialectic*) 발간.

1991년 로웰 상을 수상한 *Postmodernism, or The Cultural Logic of Late Capitalism* 발간.

1992년   *The Geopolitical Aesthetic : Cinema and Space in the World System* 발간.

1994년 *The Seeds of Time* 발간.

1998년 *Brecht and Method*와 *The Cultural Turn* 발간.

찾아보기

GB
한길그레이트북스

한길 그레이트북스 O48

후기 마르크스주의

지은이 프레드릭 제임슨
옮긴이 김유동
펴낸이 김언호
펴낸곳 (주)도서출판 한길사

등록 • 1976년 12월 24일 제74호
주소 • (413-756) 경기도 파주시 교하읍 문발리 520-11
www.hangilsa.co.kr
E-mail: hangilsa@hangilsa.co.kr
전화 • 031-955-2000   팩스 • 031-955-2005

제1판 제1쇄 2000년 10월 15일
제1판 제4쇄 2010년 11월 5일

LATE MARXISM
by Fredric Jameson
Translated by Kim, Yu-dong
Published by Hangilsa Publishing Co., Ltd., Korea

값 27,000원
ISBN 978-89-356-5259-4 94160

● 잘못 만들어진 책은 구입하신 서점에서 바꿔드립니다

한길그레이트북스 인류의 위대한 지적 유산을 집대성한다

● 한길그레이트북스는 계속 간행됩니다.